本书为国家社会科学基金项目"马克思的生态财富思想及其当代价值研究"（20BZX022）的前期阶段性研究成果

MAKESI DE
CAIFU XIANXIANG PIPAN
JIQI DANGDAI YIYI

马克思的财富现象批判及其当代意义

程建家◎著

人民出版社

目　录

导论　感性根源之财富现象与马克思的批判之维

一、问题的提出：作为"感性根源"存在的财富现象

新时代的社会主义中国统筹推进疫情防控和经济社会发展，有力应对并做好"加试题"，取得了决战脱贫攻坚的最后胜利。中国在解决困扰中华民族几千年的绝对贫困问题上取得了伟大历史性成就，创造了人类减贫史上的奇迹："改革开放以来，按照现行贫困标准计算，我国 7.7 亿农村人口摆脱贫困；按照世界银行国际贫困标准，我国减贫人口占同期全球减贫人口 70％以上。特别是在全球贫困状况依然严峻、一些国家贫富分化加剧的背景下，我国提前 10 年实现《联合国 2030 年可持续发展议程》减贫目标，赢得国际社会广泛赞誉。"[1]

对照而言，在西方资本主义社会肆虐的新冠肺炎疫情危机，再次明证了马克思的批判思想的真理性——富豪资本或资本富豪扩张财富的嗜血本性不会改变，只要当今西方社会的生产、生活方式中仍然有"资本的当代在场"，那么社会危机的出现只会加剧贫富差距。[2]危机期间西方社会的贫富分化与对立现象——作为客观的感性存在——如此"耀眼"，其内在本质就在于：当"劳动与资本的矛盾关系"在根源意义上是资本主义社会

---

① 习近平：《在全国脱贫攻坚总结表彰大会上的讲话》，人民出版社 2021 年版，第 9 页。

② 作为例证，社会贫富分化的相关网络报道有《美媒：报告显示新冠疫情加剧美国贫富差距》，《中国经济网》2020 年 9 月 22 日，见 https://baijiahao.baidu.com/s?id=1678539448203090089&wfr=spider&for=pc。

1

中一切社会关系的"一种普照的光"时，贫富分化与对立现象也就成为了资本主义社会中引起其他一切财富现象的现象，它是其他一切财富现象的感性"光源"所在。

中国特色的反贫困理论是马克思主义反贫困理论中国化的最新成果，中国特色的减贫道路本身离不开马克思要求批判和超越资本主义的思想指引。但是，新时代的中国已经不是马克思笔下曾经的中国。在这个世界百年未有之大变局的时代，中国日益走近世界舞台中央，有待以中国特色的东方智慧和定力去创造性地重塑与西方资本主义世界的关系。在坚定推进经济全球化、提升综合国力的过程中，中国坚持批判西方社会的资本主义生产方式及其导致的社会贫富分化与对立现象，是当代中国持续参与全球治理，为世界减贫事业做贡献，积极推进人类命运共同体建设的应然职责所在。

当今时代的中国并非没有更接近于马克思在《资本论》中浓墨批判的"纯粹"模型。毕竟，新时代中国特色社会主义的历史方位表明，在全面深化改革过程中利用和驾驭国内外资本推进社会主义生产力财富的发展，有其历史必然性，这已不是一个值得争论的问题。中国的世俗市场氛围让人们不再避讳"资本要素"参与财富分配的共同话语，人们对财富的渴望、追逐与创造的意识观念显著增强。在大变革、大转型、大发展的当下宏大背景下，中国社会总量财富迅速增长的客观存在已经将人们财富生活的物质状态与精神状态同时给予了格式化生成。尤其是在人们的精神状态方面，阶层化的民众心理意识在反映社会财富流转方式的同时，也迅速集聚成精神现象学的丰富理论资源。这仍需当代中国审视资本作为社会性力量增强（科学技术、自然资源、现代化大机器、社会分工和生产工人等）"结合的劳动"、推进社会生产力发展的文明限度，思考资本在社会意识上营造财富的抽象性存在、愚弄创造实体财富的劳动者的狭隘性。这同样需要当代中国从防控贫富差距加大、夯实脱贫攻坚成果的战略高度，坚持批判因劳动与资本的矛盾运动导致的贫富两极分化与对立现象。

社会的精神存在反映社会的物质存在。很明显，中国当前在社会精神层面出现的一些现象——无论是"暴富""仇富"的隐性状态还是"炫富"的显性状态，都是对社会物质层面出现的财富现象的反映。这一物质层面的财富现象在现阶段归根结底的意义上表现为社会贫富差距的实存状态。虽然中国共产党历经百年奋斗、领导团结中国人民成功解决了中国社会的绝对贫困问题，但并不意味着相对贫困问题就不存在。它与中国四十多年改革开放过程中因社会利益资源调整或再分配而在新格局下出现的社会资源与社会劳动之间的利益关系互动有着本质关联。一方面，既得利益者因占有、控制社会资源而形成了占有劳动创造的"剩余"的先机，以马太效应迅速积累了巨额财富并富荫"二代"；另一方面，放弃或失去了社会利益资源的广大劳动者又不得不依存于一定的社会利益资源之上才能获得并丰富自己的物质生活资料，从而就不得不面临相对意义上的现实贫困的存在，因为他们劳动创造的"剩余"必然有一部分被社会资源占有者所占有。

早在 20 世纪 90 年代，中国改革开放的总设计师邓小平就已经预见到了中国经过改革开放实现富裕繁荣过程中可能出现的贫富分化现象。邓小平睿智地指出："我们讲要防止两极分化，实际上两极分化自然出现。……少数人获得那么多财富，大多数人没有，这样发展下去总有一天会出问题。分配不公，会导致两极分化，到一定时候问题就会出来。这个问题要解决。过去我们讲先发展起来。现在看，发展起来以后的问题不比发展时少。"[1] 在这里，邓小平明确指出的——"实际上两极分化自然出现"，是其实事求是的高尚品格的体现。

不可否认，中国改革开放 40 多年来人民大众确实普遍富裕了，人们的物质生活水平也确实有了绝对性的提升，中国当前在迈进小康社会、实现第一个百年奋斗目标的道路上已经取得了决定性的胜利。但在这个前提

---

① 《邓小平年谱 1975—1997》（下），中央文献出版社 2004 年版，第 1364 页。

下，在中国实现富裕繁荣的经济发展过程中，事实上作为结果存在的贫富差距与分化现象，反过来又将作为原因成了引起其他财富现象的现象。通过脱贫攻坚，中国社会的贫富差距相对缩小，但还不能否定贫富差距与分化现象的事实存在。既然贫富差距与分化现象已经存在于我们的改革开放进程中，它就必然既作为结果又作为原因成了中国当前复杂多样的财富现象的最集中的表现。

但是，邓小平早就说过："我们干的是社会主义事业，最终目的是实现共产主义。……社会主义的目的就是全国人民共同富裕，不是两极分化"[1]，"在中国现在落后的状态下，走什么道路才能发展生产力，才能改善人民生活？这就又回到是坚持社会主义还是走资本主义道路的问题上来了。如果走资本主义道路，可以使中国百分之几的人富裕起来，但是绝对解决不了百分之九十几的人生活富裕的问题。而坚持社会主义，实行按劳分配的原则，就不会产生贫富过大的差距。"[2] 江泽民曾强调过："实现共同富裕是社会主义的根本原则和本质特征，绝不能动摇。"[3] 胡锦涛也要求："使全体人民共享改革发展成果，使全体人民朝着共同富裕的方向稳步前进。"[4] 在领导中国人民反贫困的社会主义新时代建设中，习近平更是明确强调："……贫穷不是社会主义，如果贫困地区长期贫困，面貌长期得不到改变，群众生活水平长期得不到明显提高，那就没有体现我国社会主义制度的优越性，那也不是社会主义，必须时不我待抓好脱贫攻坚工作。"[5] 很明显，自改革开放以来，中国共产党的历代领导人从经济发展的手段与目标辩证统一的角度，明辨了中国特色社会主义道路与资本主义道路的本质不同。

---

① 《邓小平文选》第三卷，人民出版社 1993 年版，第 110—111 页。

② 《邓小平文选》第三卷，人民出版社 1993 年版，第 64 页。

③ 《习近平新时代中国特色社会主义思想学习纲要》，人民出版社 2019 年版，第 44 页。

④ 《习近平新时代中国特色社会主义思想学习纲要》，人民出版社 2019 年版，第 44 页。

⑤ 习近平：《在全国脱贫攻坚总结表彰大会上的讲话》，人民出版社 2021 年版，第 3 页。

我们的社会主义现代化建设已经在社会"总体"上积累了相当巨大的财富,我们有充足的理由坚持中国特色社会主义道路自信。但是,当人们一味地把财富的"量"的积累作为"需要"和"欲望"时,人们的经济理性似乎淡忘了如何把金钱和财富上升到社会历史科学和经济哲学的高度来认识。这表明在财富现象学的理论形态上存在着这一理论"空场"——在社会主义新时代高质量发展的"质"态上,缺失对"财富作为社会关系"这一本质属性的深层判断和启蒙梳理,它要求对作为社会关系"感性根源"而存在的贫富两极分化与对立现象予以实事求是的科学认知。

因此,本书选择从社会历史科学和经济哲学角度探讨马克思的财富现象批判,为中国特色的反贫困理论开掘马克思主义的经典理论资源,就具有适时的理论意义和现实意义。

二、辨明批判语境中的"财富"概念与马克思的财富现象批判之维

马克思于 1859 年在《〈政治经济学批判。第一分册〉序言》中"简要"表述唯物史观之历史科学时,意味深长地回顾了《莱茵报》时期促使他研究经济问题的"苦恼"经历和"最初动因",并由此"叙述"了他进行政治经济学研究的经过。马克思自我指认的人生历程和思想历程符合约瑟夫·熊彼特在《经济分析史》中揭示的一个"常识":"经济学的内容,实质上是历史长河中的一个独特的过程。如果一个人不掌握历史事实,不具备适当的历史感或所谓历史经验,他就不可能指望理解任何时代(包括当前)的经济现象。"[①] 由此,约瑟夫·熊彼特在评价马克思时不得不客观、公正地认为:马克思"作为经济理论家"树立了"真正科学的理论"。[②] 确实,

---

① 　[奥地利] 约瑟夫·熊彼特:《经济分析史》第 1 卷,商务印书馆 1991 年版,第 28 页。
② 　参见李瑞芝:《试析熊彼特对马克思的学说的评价》,《西北大学学报》(哲学社会科学版) 1983 年第 2 期。

马克思以唯物史观之历史科学为前提的经济学说就是对资本主义时代"经济现象"的科学理解，但如果忽视马克思在政治经济学领域对与财富相关的经济现象予以"批判地仔细钻研"①的思想历程，就难以正确理解马克思"作为经济理论家"进行财富现象批判的理论意义和现实意义。为此，要合理解读马克思的财富现象批判思想，必然要求回答紧密关联的三个问题：第一，在马克思的思想历程中，如何理解其财富现象批判思想与唯物史观之历史科学之间的内在关联？第二，如何在马克思阐述财富思想的批判语境中理解他的"财富"概念及其所着力批判的财富现象？第三，如何理解马克思的财富现象批判之维和他由此要阐明的主要内容及其具有的理论和现实意义？

其实，对第一个问题的回答，同样可以从马克思自己"简短地叙述"的政治经济学研究之"经过"来看，《〈政治经济学批判。第一分册〉序言》是其文本根据。从该文中可以看出，马克思在《莱茵报》时期所实际了解到的社会现实——富人连自然界赐予穷人拾捡枯枝的权利也要霸占和摩泽尔农民的贫困等一系列社会现象，促使他基于"善良的'前进'愿望"②不得不对"物质利益"问题发表意见，为穷人的利益同官方展开论战。在这样的社会际遇中产生的"苦恼的疑问"，是马克思对现实的贫富分化与对立现象予以批判的思想开端。为此，马克思为了解决困惑自己的"苦恼的疑问"，他在批判性分析黑格尔法哲学的过程中洞察到"对市民社会的解剖应该到政治经济学中去寻找"③。而后经过巴黎时期和布鲁塞尔时期所不断进行的政治经济学研究，马克思说："我所得到的、并一经得到就用于指导我的研究工作的总的结果，可以简要地表述如下……"④马克思在

---

① 《马克思恩格斯全集》第31卷，人民出版社1998年版，第414页。
② 《马克思恩格斯全集》第31卷，人民出版社1998年版，第411页。
③ 《马克思恩格斯全集》第31卷，人民出版社1998年版，第412页。
④ 《马克思恩格斯全集》第31卷，人民出版社1998年版，第412页。

此"简要地表述"的"总的结果"即是他的唯物史观之历史科学的基本原理。随后，马克思在对曾困扰他的"苦恼的疑问"予以"自己弄清问题"的基础上，又继续运用历史唯物主义原理指导了自己在伦敦时期的"经济研究工作"，"批判地仔细钻研新的材料"①。

由马克思在《〈政治经济学批判。第一分册〉序言》中的"简短地叙述"可见，马克思进行财富现象批判的思想历程也大致呈现了出来。从马克思自身批判思想的丰富发展历程看，《莱茵报》时期的"苦恼的疑问"是促使马克思进行财富现象批判的思想开端，而后，马克思的财富现象批判历经了不同理论土壤的挂靠和摆荡而最终落实在唯物史观的理论基石上。（详见第二章第一节所述）如果说它显示了马克思深入追问和批判资产阶级社会贫富分化与对立现象的曲折致思，那么，在唯物史观之历史科学创立之后，它并不意味着马克思财富现象批判的初衷和主题有所改变，而是恰恰表明马克思此前坚守现实的财富现象批判成为他创制唯物史观之历史科学的重要实证材料。当然，在思想演进的路径上，马克思也并非仅仅满足并停留于因不断地深入追问和批判当初令他"困惑"的"物质利益问题"而最终成为他创制历史科学的一个重要学术因素上，他还在唯物史观之历史科学的基础上，进一步在《资本论》及其相关经济学手稿中深入追问和批判了资本主义社会中贫富分化与对立的财富现象，从而科学阐明了"社会的人"与"人的社会"的现实存在与历史发展。由此可见，即使是后来被马克思置于唯物史观之历史科学视域中的，并成为他继续深入追问和批判的财富现象也同样地主要指向资本主义社会中的贫富分化与对立现象。在马克思财富现象批判的"宏大叙事"中，其财富现象批判思想与唯物史观之历史科学有着彼此互证生成的逻辑过程和内在关系。当然，从根本的意义上看，唯物史观之历史科学是马克思的财富现象批判最终实现科

---

① 《马克思恩格斯全集》第 31 卷，人民出版社 1998 年版，第 414 页。

学化并表现为科学的政治经济学批判而不得须臾离开的理论基础。（详见第二章第二节所述）

对第一个问题的回答表明，马克思的财富现象批判思想自身有一个生成和不断发展的"宏大"历史进程。由此可见，如果说马克思的财富现象批判因最终建基于唯物史观之历史科学的理论基础之上而成为其趋向科学化的标志，那么，马克思因财富现象批判而形成的财富思想也是在他完成了唯物史观之历史科学的创制之后才趋向成熟的，但他的财富思想并没有脱离财富现象批判的理论语境。这就必然关涉第二个问题：如何在马克思阐述财富思想的批判语境中理解他的"财富"概念及其所着力批判的财富现象？

马克思写于1875年的《哥达纲领批判》明确阐发了《资本论》及其相关经济学手稿中的财富思想。在批判语境中，马克思对财富的界定强调了两个维度：人与自然界的关系的维度和人与人的关系的维度。针对哥达纲领草案中的"资产阶级说法"："劳动是一切财富和一切文化的源泉"，马克思明确指出："劳动不是一切财富的源泉"。① 马克思认为，劳动跟自然界一样都是"使用价值（而物质财富就是由使用价值构成的！）的源泉"②，且劳动受制于生产资料的"自然制约性"而必然出现这样的剥削"文化"：没有任何生产资料（财产）的劳动者，只有沦为劳动的物质条件的所有者的奴隶，受其剥削，才能生存。在马克思看来，人们创造财富的生产劳动既要发生人与自然界的关系，也要发生人与人的关系，即使单纯与自然界发生关系的孤立劳动是可能的，但只能生产出劳动产品的使用价值，并不能创造出真正的财富。因为创造财富的劳动并不是孤立地进行的，它总是在一定的社会分工和交换关系下进行的，劳动只有作为社会性的劳动才能成为财富的源泉。③ 由此，马克思批判了哥达纲领

---

① ［德］马克思：《哥达纲领批判》，人民出版社1997年版，第8页。
② ［德］马克思：《哥达纲领批判》，人民出版社1997年版，第8页。
③ ［德］马克思：《哥达纲领批判》，人民出版社1997年版，第10页。

草案空谈"劳动"与"财富"的关系的实质：脱离劳动的物质条件归谁占有这个社会关系的关键问题，掩盖资本主义财富剥削现象。一个"无可争辩"的结论是："'随着劳动的社会性的发展，以及由此而来的劳动之成为财富和文化的源泉，劳动者方面的贫穷和愚昧、非劳动者方面的财富和文化也发展起来。'这是直到目前的全部历史的规律。"①资本主义社会中贫富两极分化的财富现象最直接而又生动地反映了这样的历史规律。

马克思在《哥达纲领批判》中再次强调了财富的本质是基于物的关系之上的人的关系，财富既是一种反映了人与自然的关系的物性劳动产品，也是一种反映了人与人的关系的社会性价值关系，这即是表述在《1857—1858 年经济学手稿》的《资本章》中的观点："一方面，财富是物，它体现在人作为主体与之相对立的那种物即物质产品中；另一方面，财富作为价值，是对他人劳动的单纯支配权，不过不是以统治为目的，而是以私人享受等等为目的。"②马克思由此在《资本论》中从批判性透视资产阶级的商品财富入题，认为商品财富本身就是财富的物质内容（使用价值）及其社会形式（交换价值）的统一。商品财富成为马克思批判资本主义社会中的财富现象的一块重要垫脚石。在马克思看来，商品财富的社会价值形式是资本主义生产方式的"最抽象""最一般"的形式，正是它使资本主义生产方式成为人类历史上的一种特殊的社会生产类型；而如果像古典政治经济学那样只看到商品财富的物性自然存在，把资本主义生产方式粉饰为是永恒的社会生产形式，忽略商品价值形式的特殊性，就必然"忽略商品形式及其进一步发展——货币形式、资本形式等的特殊性"③。在资本主义财富生产方式中，货币既作为一般财富的物性代表，又作为"个体化的交换价值"，不仅使它与商品区别开来，而且使它成为了"一切个人劳动

---

① ［德］马克思：《哥达纲领批判》，人民出版社 1997 年版，第 10 页。

② 《马克思恩格斯全集》第 30 卷，人民出版社 1995 年版，第 479 页。

③ ［德］马克思：《资本论》第 1 卷，人民出版社 2004 年版，第 99 页。

的对象、目的和产物"①，使劳动必须成为被货币资本雇佣的雇佣劳动。由此，资本"作为结果实的东西"，获得了实现财富扩张的能力，因为"资本吃掉这个果实以后，可以重新结出果实"②。这样，资本与劳动之间的雇佣与被雇佣、剥削与被剥削的财富掠夺关系成为资本主义财富生产方式绕之旋转的"轴心"，并作为特殊的历史规律表现出来的就是：劳动表现为绝对的贫穷，资本则始终表现为现实性的财富。在这样的批判语境中，马克思的财富思想，从揭示资本主义的历史发展趋势的角度，阐述了资本（财富）与劳动之间分化、对立的矛盾关系只有从对立走向统一才能使"人的社会"和"社会的人"获得全面发展。

从马克思的财富思想看，正如学界众多学者所指出的，马克思的"财富"概念确实有着自然意义上的、法权意义上的、经济意义上的和哲学意义上的等几个方面的内涵③，但学界的众多论述明显忽略了马克思的"财富"概念在批判意义上的内涵，毕竟贯穿马克思思想历程始终的是他针对资本主义社会中的贫富两极分化与对立现象而展开的财富现象批判的"宏大叙事"——它以马克思亲自指认的、发生于《莱茵报》时期的"苦恼的疑问"为思想开端。马克思的财富现象批判历经宗教哲学批判、政治哲学批判和政治经济学批判（详见第二章第二节所述），正是在这样一系列演进的批判语境中，马克思科学地阐明了"财富"概念在自然意义上、法权

---

① 《马克思恩格斯全集》第 30 卷，人民出版社 1995 年版，第 176 页。

② 《马克思恩格斯全集》第 31 卷，人民出版社 1998 年版，第 159 页。

③ 关于马克思的"财富"概念的内涵分析，刘荣军的观点具有一定的代表性，他在代表作中阐述了马克思的"财富"概念在自然意义上、法权意义上、经济意义上和哲学意义上等四个方面的基本内涵。（参见刘荣军：《财富、人与历史——马克思财富理论的哲学意蕴与现实意义》，人民出版社 2009 年版，第 5—9 页。）另外，方蔚琼对学术界的相关研究进行了比较全面的述评。（参见方蔚琼：《关于"财富"概念的新认识与研究述评》，《邵阳学院学报》（社会科学版）2011 年第 4 期。）但很明显，学界的相关研究普遍侧重的是在建构性语境中分析马克思的"财富"概念内涵，很少有学者从马克思的财富思想所具有的批判性语境来分析马克思的"财富"概念内涵。

意义上、经济意义上和哲学意义上等几个方面的内涵。如果说，哲学意义上的"财富"概念是把其在自然意义上、法权意义上和经济意义上的内涵剥离出去之后抽象出来的规定，那么，马克思在批判意义上的"财富"概念则是在批判的语境中对"财富"的抽象内涵在自然意义上、法权意义上、经济意义上和哲学意义上等几个方面的具体辨明与澄清，这也正是马克思要将唯物史观之历史科学的一般原理"具体"地贯彻到对资本主义社会的政治经济学批判之中的意义所在。进一步说，马克思在批判的语境中所具体辨明的"财富"概念包括：

其一，在批判将自然与历史、人与自然予以对立和割裂开来的抽象自然观的过程中，马克思澄清的是自然意义上的"财富"概念。他既反对古典政治经济学用资本主义生产是"最生产的"观点维护资本扩张财富的资本逻辑所坚持的"抽象物质方向"，也反对以黑格尔哲学为代表的唯心史观以"深奥的哲学问题"的方式维护资本扩张财富的资本精神所坚持的"唯心主义方向"，批判了他们的"谎言"要么说人的经济生活还有私有财产或异化劳动这一基础，要么说关于人的历史科学还有在人之外的精神实体，而真正的以自然为基础的人的社会发展史在他们的视野之外，也就是说，资本通过最大限度地驱使剩余劳动加工自然对象，对自然资源和剩余劳动者予以双重财富掠夺的财富现象却在他们的视野之外。由此，马克思认为全部人类历史第一个需要确认的事实就是有生命的现实的个人对自然的关系，任何历史记载都应当从"人与自然的统一"因人们的物质生活而发生的变更出发。自然意义上的财富也就是马克思在《资本论》中所指认为的"自然财富"或"自然富源"，是人的社会或社会的人存在和发展的真实自然前提和作为使用价值呈现的"具体效用物"。

其二，在批判古典政治经济学混淆财富与价值的过程中，马克思澄清的是经济意义上的财富概念。在马克思看来，古典政治经济学的劳动价值论虽然将劳动确立为财富的主体性本质，但它又错误地将创造财富与创造

11

价值看成一回事，并以历史虚无主义的立场虚构了私有财产或异化劳动的前提性存在。古典政治经济学"在表示价值和财富一般的各个组成部分同其各种源泉的联系的经济三位一体中"①，将资产阶级生产方式予以神秘化，掩盖剩余价值的真实来源。这在根本上是"敌视人的"，因为它没有给人的劳动提供任何东西，却给私有财产提供了一切，掩饰了资本对劳动的财富剥削。古典政治经济学的非批判经济学实证主义并无意将资本与劳动之间的贫富分化与对立现象当作研究对象。由此，马克思在批判性指出古典政治经济学的缺陷的同时，认为只有活劳动才是创造新价值的唯一源泉，资本之所以实现了财富扩张是因为它无偿占有了活劳动创造的剩余价值。经济意义上的财富就是一切具有交换价值的人类劳动及其劳动产品。这时的财富与价值是对同一有用对象的不同方面的表征，财富在质的方面表征了对象物的使用价值，价值在量的方面表征了对象物的交换价值。

其三，在批判空想社会主义者和蒲鲁东这样的"保守的社会主义者"混淆财富与财产的过程中，马克思澄清的是法权意义上的"财富"概念。在马克思看来，他们虽然跟古典政治经济学家一样看到了贫穷与富有之间的对立，但只是将这种对立归结为"有产"与"无产"之间的对立，而没有将其上升为劳动与资本之间的对立，因而在不废除私有制的前提下只是主张在财富分配问题上做文章，无视"消费资料的任何一种分配，都不过是生产条件本身分配的结果"②这一本质性的内容，将财富等同于财产。他们这种主张都是在无批判的历史虚无主义的"沼泽地"为私有财产做辩护，将私有制错误地视作一种有利于创造和积累财富的所有权制度。在马克思那里，法权意义上的财富确实是所有权意义上归属具体的社会个体所有和支配的"财产"，但资产阶级的所谓"法定"财富是其凭借劳动的异

---

① ［德］马克思：《资本论》第 3 卷，人民出版社 2004 年版，第 940 页。
② ［德］马克思：《哥达纲领批判》，人民出版社 1997 年版，第 16 页。

化而成的私有财产无偿占有他人剩余劳动的产物，私有制是私有财产的法律用语，是致使财富异化和贫富两极分化与对立的制度根源。只有辩证扬弃资本主义私有制和私有财产，将法权意义上的财富归属"社会所有"，才能消除劳动与资本之间的贫富两极分化与对立的财富异化现象，才能真正实现劳动与财富的统一。

其四，在批判以黑格尔哲学为理论基地的"德意志意识形态"过程中，马克思澄清的是哲学意义上的"财富"概念。在马克思看来，德意志意识形态的"遗老遗少"们即使使用各种抽象的概念将"人"的口号喊得震天响，并试图在思想世界里描绘人们的生产活动，但他们以此作为理论出发点的始终是孤立存在的"抽象的人"。即使黑格尔"站在现代国民经济学家的立场上"①，把创造财富的劳动看作人的自我确证的主体本质，但他"惟一知道并承认的劳动是抽象的精神劳动"②，因而黑格尔的《精神现象学》在辩证否定的批判外表下，并不是对资产阶级财产权的否定，而是在立论资本主义伦理精神过程中阐明私有财产的个体意志是如何被规定着过普遍生活的。即使是在费尔巴哈那里，虽然他"向前迈进了一步"③，但他根本看不到世俗社会的自我分裂，没有批判现实的"人的关系"，只是用"最高的直观"将穷苦人和非穷苦人、健康人和非健康人在观念上予以"类的平等化"，重新陷入非批判的唯心主义。他们同"现代国民经济学家"④一样，维护的是资产阶级的意识形态。现实的人及其在现有的社会关系中通过对象化劳动创造的财富发生异化的"消极"现象在他们的视野之外。他们实质上割裂了财富归属于人的"对象性本质"和"主体性本质"。因此，在马克思

---

①　[德] 马克思：《1844年经济学哲学手稿》，人民出版社2000年版，第101页。

②　[德] 马克思：《1844年经济学哲学手稿》，人民出版社2000年版，第101页。

③　[德] 马克思、恩格斯：《德意志意识形态》（节选本），人民出版社2003年版，第34页。

④　国民经济学是当时德国人对英国人和法国人称作政治经济学的资产阶级政治经济学采用的概念。（参见《马克思恩格斯文集》第1卷注释5，人民出版社2009年版，第765页。）

那里，哲学意义上的财富是有生命的现实的个人通过对象化劳动而实现的、属于人的"主体性本质"与"对象性本质"的统一，它是现实的人在现有的人与自然之间、人与人之间的关系中的对象性确证和主体性发挥。

由此，我们也就看到了马克思的"财富"概念在批判意义上的"总体性"规定：财富是存在于人与自然、社会三者趋向辩证统一的历史性发展过程之中的、通过现实的个人的对象性物化劳动而实现的社会性价值关系及由此创造的物质生活条件。反映了人与自然之间关系的物性存在，作为现实的个人的物质生活条件，是财富的物质基础；反映了人与人之间关系的社会性价值关系是财富的本质所在。这样，马克思在历史辩证法的"总体性"批判语境中要建构的是人与自然、社会三者之间和谐发展与辩证统一的历史唯物主义财富观（详见第四章第三节所述）。

具体辨识和确认了马克思在批判语境中的"财富"概念，也使我们看到了马克思的财富现象批判与胡塞尔建构批判意义的现象学有着极为相似的一面。我们并不否认国内外的有些学者将马克思的学说予以现象学的某些理论解读①，但我们认为，马克思的财富现象批判明显具有黑格尔现象学的辩证批判意味。事实上，马克思的财富现象批判正是"从当前的经济事实出发"，透过资本主义社会中的贫富分化与对立现象，辩证批判和揭露了资本关系（资本与劳动之间的剥削与被剥削的关系）的剥削本质与历史命运的。

---

① 对马克思的学说予以"现象学"解读的国外学者中，马尔库塞将马克思的历史科学指认为"历史唯物主义现象学"，鲍嬅将马克思的政治经济学批判指认为"辩证现象学"，而德里达的著作《马克思的幽灵》被认为就是对马克思主义的"现象学呈现"；对马克思的学说予以"现象学"解读的国内学者中，张一兵作出了"历史现象学"的理解，邓晓芒则作出了"人学现象学"的理解，王峰明则作出了"经济现象学"和"生产关系现象学"的理解，而俞吾金所理解的"资本诠释学"则实际上是"面向资本本身"的现象学言说。此注转引了白刚的相关论定（参见白刚：《政治经济学批判与资本现象学——〈资本论〉的哲学革命》，《学习与探索》2013 年第 2 期）。

　　从相关理论资源的学术链条上看，毫无疑问，黑格尔对于"现象"的理解是深刻的。黑格尔既反对英法学者（包括英法的古典政治经济学家）的经验理性片面地把现象看作是唯一真实的观点，也反对康德的实践理性在现象之外片面地坚守自以为是唯一真实的抽象本质。但是，当黑格尔基于历史主义的辩证理性强调"凡现象所表现的没有不在本质内"的同时，他却将一切现象"统摄"为精神性的本质存在或"绝对精神"的外化表象。然而，当马克思批判性地"抓取"黑格尔《精神现象学》中的"最后成果"——"作为推动原则和创造原则的否定性"①辩证法，并将其注入"现实的个人"的对象性感性活动之中时，他由此在全面批判古典政治经济学和"德意志意识形态"，并划时代地创制唯物史观之历史科学的过程中，也就将一切唯心史观中的"精神现象"翻转为历史性的"物质现象"或"财富现象"，因为它与"现实的人的财富活动及其物质生活条件"和"当前的经济事实"具有本质同一性，它们都是马克思在历史科学的视域中予以批判考察的对象。

　　正如前文所述，即使是后来被马克思置于唯物史观之历史科学视域中的，并成为他继续深入追问和批判的财富现象也同样地主要指向资本主义社会中的贫富分化与对立现象。在马克思的历史科学视域中，从"财富现象"的概念本身看，虽然它的概念外延因相对集中而主要指向资本主义社会中的贫富分化与对立现象，但它的概念内涵却极其丰富。如果从马克思的财富现象批判思想透析"财富现象"概念的丰富内涵，那么，在《资本论》及其相关经济学手稿之中，当马克思将批判追问的对象具体化为资本主义生产关系总体系中的"劳动与资本之间的矛盾关系"时，"劳动与资本之间的矛盾关系"作为资本主义社会财富现象所反映的本质性社会关系所在，它也就与资本主义社会中贫富分化与对立现象形成了表里互释的内

———————————

①　[德]马克思：《1844 年经济学哲学手稿》，人民出版社 2000 年版，第 101 页。

在关系。这样，在马克思的历史科学视域中，当"劳动与资本之间的矛盾关系"作为资本主义生产方式绕之旋转的财富生产关系，生成为资本主义社会中其他一切社会关系的"感性根源"时，贫富分化与对立现象也就成为了资本主义社会中其他一切财富现象的"感性根源"，它是引起其他一切财富现象的现象。如果说，资本关系（本质上就是"劳动与资本之间的矛盾关系"）是决定着资本主义社会中其他一切关系的支配性关系，"是一种普照的光，它掩盖了一切其他色彩，改变着它们的特点。这是一种特殊的以太，它决定着它里面显露出来的一切存在的比重"①，那么，从资本主义生产关系总体系的角度看，贫富分化与对立现象同样是财富生产、分配、交换和消费等各个领域中的财富现象的支配性现象，同样是"一种普照的光"，它是资本主义社会中其他一切财富现象的"光源"所在。

当然，在马克思广博的历史科学视域中，他同样在生产关系的总体系中批判考察了基于资本主义财富生产的分配、交换和消费等领域中的财富现象，但在马克思的历史科学看来，改变了的社会财富流转方式是"以改变了的、由于历史过程才产生的新的生产基础为出发点"②。也就是说，针对社会各个领域——尤其是财富分配领域——中的财富现象而引发的关于财富问题的一切争论和批判还必须回归到财富生产方式这个"出发点"，即回归到基于"资本与劳动之间的矛盾关系"的财富生产领域进行深层的财富现象批判。马克思同样批判考察了资本主义社会中商品财富、货币财富和资本财富及拜物教现象，但在马克思的历史科学视域中，资本主义社会中的商品、货币、资本及拜物教现象的迷魅色彩只有从资本主义财富生产活动中才能得到合理的历史性理解，只有消灭以"资本与劳动之间的矛盾关系"为前提的资本主义生产方式才能根除神秘的拜物教现象。也就是

---

① 《马克思恩格斯全集》第30卷，人民出版社1995年版，第48页。
② 《马克思恩格斯全集》第31卷，人民出版社1998年版，第245—246页。

说，要从根本上祛除资本主义社会中充满迷魅的拜物教现象，同样必须回归到以"资本与劳动之间的矛盾关系"为前提的财富生产领域进行深层的财富现象批判。

在马克思的历史科学视域中，劳动与资本相互对立但又互为前提，成了资本主义财富生产的必然规律，其结果是劳动表现为绝对的贫穷，资本则始终表现为现实性的财富。在资本主义社会中，绝对的贫穷与现实性的财富之间的分化与对立是劳动与资本相对立的必然结果和表现。这是马克思的财富现象批判对资本主义社会中贫富两极分化与对立现象的因果判断。资本主义财富生产的实质是：资本把（雇佣）劳动这种生产财富的一般力量据为己有——它在社会形式上表现为资本的价值增值过程或者资本家剥削雇佣工人创造的剩余价值的过程。马克思由此感叹：资本主义文明的一切进步"都不会使工人致富，而只会使资本致富"①。

澄清了马克思在批判意义上的"财富"概念及其所着力批判的财富现象之后，我们也就可以回答随之而来的前述第三问题了——如何理解马克思的财富现象批判之维和他由此要阐明的主要内容及其具有的理论和现实意义？

首先，在马克思看来，基于唯物史观的历史科学既非像国民经济学那样罔顾劳动的异化现象、虚构私有财产存在的"经济事实"而不予以阐明的经济学实证主义，也不是像黑格尔思辨哲学那样醉心于唯灵论演化的观念实证主义，而是对现实的人的实践活动及其发展过程的实证批判。在历史科学的视域中，科学的实证主义进行的是有着历史主义性质的实证批判。离开了历史主义的批判性，实证主义研究没有任何价值。科学的实证主义本质上是历史主义的实证批判，它予以实证考察和描述的对象是现实的人和人的现实的历史，它予以实证批判的"事实"不是虚构的事实和思辨概念存在的事实，而是"当前的经济事实"。这样的事实"是一些现实

---

① 《马克思恩格斯全集》第 30 卷，人民出版社 1995 年版，第 267 页。

的个人，是他们的活动和他们的物质生活条件，包括他们已有的和由他们自己的活动创造出来的物质生活条件"①。因此，马克思的财富现象批判并非是无经验实证的纯粹历史理性批判。在马克思那里，它既避免了国民经济学的那种无历史批判的实证主义，又避免了黑格尔历史哲学的那种纯思辨批判的实则非实证批判的历史主义。财富现象批判在唯物史观之历史科学的统摄之下是实证的历史主义批判或历史的实证主义批判，历史唯物主义是它的理论基石，实证的历史主义批判或历史的实证主义批判是它的批判之维。

其次，马克思的财富现象批判并非单纯是为了批判而批判，它至少要通过批判阐明两大理论主题或内容：其一，通过财富现象批判科学阐明人的现实存在及其全面自由发展；其二，通过财富现象批判科学阐明社会的历史发展。由此，可形成三个论断：其一，阐明现实的人的历史发展及其解放是马克思的财富现象批判所展现的主体性价值取向，而通过对资本主义社会的财富现象批判阐明社会的历史发展则是马克思的批判理论所展现的客体性价值取向。马克思的财富现象批判所阐明的历史科学原理就是：人类史是以现实的人的历史发展为目的的社会历史发展过程。其二，马克思通过财富现象批判阐明了人的发展和社会的历史发展，但也在前提意义上阐明了自然不断人化的历史过程，强调人类史与自然史的彼此制约。马克思的财富现象批判不仅揭示了资本对剩余劳动予以最大限度榨取的财富掠夺现象，而且透视了资本对自然资源的肆意掠夺现象，进而在此基础上全面阐明了资本主义经济的社会形态被新的更高级的社会形态替代的历史必然性。其三，马克思通过财富现象批判所建构的是关于自然、人与社会三者协调发展的历史唯物主义财富观。

最后，在经济全球化的当今时代，资本及其拜物教的社会意识形态仍然"时代在场"，即使全世界的财富生产更有效率，但贫富差距却在空前

---

① ［德］马克思、恩格斯：《德意志意识形态》（节选本），人民出版社 2003 年版，第 11 页。

扩大，因此，马克思的财富现象批判在当代社会仍然具有重要的理论意义和现实意义。其一，在评判当代西方马克思主义（包括所谓的"后马克思主义"）理论和某些西方经济学说（尤其是关于金融资本"创生"价值与仅强调收入分配正义的理论学说）的过程中回归马克思的财富现象批判具有重要的理论意义。当代社会贫富差距的不断扩大仍旧根源于以"劳动与资本之间的矛盾关系"为前提的资本主义财富生产方式，当代社会虽然离不开资本但资本不能从根本上解决当今时代人与社会发展的危机问题。当今时代贫富分化与对立现象的现代性根源就在于：资本生产的财富扩张逻辑不断消耗"自然界的自然力""人的自然力"和"社会劳动的自然力"，催生了诸如劳动者贫困、自然生态贫困、社会精神贫困等问题，由此形成了否定资本自身的诸多社会危机问题。在财富现象批判的论域中理性解读当代经济社会发展的危机问题，尤其是深刻反思全球的新冠肺炎疫情危机，具有特殊的学术价值。其二，在社会主义新时代的历史方位，马克思的财富现象批判是中国特色反贫困理论的经典理论资源与思想沃土，它对于当代中国全面建设社会主义现代化国家、实现共同富裕的重要启示意义在于：一方面需要继续利用、驾驭和导控资本和资本市场，为提升中国特色社会主义生产力财富、彻底消除贫困和不断满足人民对美好生活的需要提供社会物质条件；另一方面需要从唯物史观的原则高度上批判、超越资本和扬弃资本市场，不断发展和完善中国特色社会主义市场经济，建构"以人民为中心"的社会主义财富观，推动中国社会的全面进步与发展，实现中华民族的伟大复兴之梦。

三、本书的主要内容、逻辑结构及其重、难点问题分析

基于经典文本研读与分析，本书探究了马克思将贫困与富有的对立现象上升为劳动与资本之对立的思路历程，并系统阐述了马克思由此着力进

行的财富现象批判。在此过程中，本书贯彻从经济哲学的理论视域中走向社会历史深处并关照社会现实的思想理念，遵循"史论结合""理论关联现实"的基本思路和方法，立意研讨马克思的财富现象批判的理论价值及其关联现实的当代启示意义。

本书遵循的"史论结合"，一是从经济思想史的学术链条上廓清前人、马克思同时代人的相关思想与马克思展开财富现象批判之间的思想渊源；二是从哲学思想发展史的角度"从后思索"马克思自身批判思想发展的逻辑进程并概述其财富现象批判思想的逻辑轮廓；三是从社会思想发展史的角度阐述马克思基于"三大"社会形态理论对社会主义历史方位予以判断的重要意义，并由此阐明社会主义自身发展的历史方位及其历史任务与财富现象批判的必要性关联。

本书遵循的"理论关联现实"，一是从理论结合现实的角度探讨了马克思的财富现象批判思想对于分析和解答当今时代人的发展问题与社会发展问题所具有的重要启示意义；二是从理论回到现实的角度探讨了财富现象批判对于当代中国在社会主义新时代批判性建构"以人民为中心"的社会主义财富观所具有的重要现实意义。

由此，本书的主要内容与逻辑构架，除了旨在梳理本书研究的现实背景、理论逻辑及其相关研究意义的"导论"部分外，共包括三大部分五章内容：

第一部分（包括第一章、第二章）主要是理论思想史层面的探讨。第一章"马克思财富现象批判的思想资源"，主要从经济思想史的学术链条上探讨古典政治经济学、德国古典哲学、空想社会主义和马克思同时代的理论家的相关理论思想对马克思展开财富现象批判的影响，阐明马克思的财富现象批判将人与物的对立、贫困与富有的对立上升到劳动与资本的对立所必需的理论资源及其批判性背景，并明辨了黑格尔哲学中历史主义的辩证法思想在方法论上对马克思的重要影响。第二章"马克思财富现象批判的逻辑轮廓"，主要是结合马克思的思想历程和社会境遇从思想发展史的角度，阐述马克思的财富现象批判在"宏大叙事"的逻辑轮廓中从宗教哲学批判到政治哲学批判再到政治经济学批判的逻辑进程及其对贫困的无产阶级的逻辑关切，从中揭示出科学的财富现象批判与政治经济学批判的内在关联，以及马克思的财富现象批判对其创制唯物史观之历史科学的重要意义，并由此阐明马克思历史科学视域中的财富现象批判具有实证的历史主义批判或历史性的实证主义批判的批判之维。

第二部分（包括第三章、第四章）主要是理论层面的论述。第三章"财富现象批判与人的现实存在及其发展"，着重论述马克思的财富现象批判一方面从"当前的经济事实"出发对资本主义社会财富异化现象和社会关系物化现象进行实证批判，进而阐明人的现实存在；另一方面又从人的"需要"与"劳动"的角度对资本主义社会中的财富现象予以历史批判，进而阐明人的"全面发展"和"自由发展"，并由此体现马克思财富现象批判以人的发展为目的的理论旨向和唯物史观本原。第四章"财富现象批判与社会的历史发展"，主要基于马克思的"三大"社会形态理论探讨马克思对资本主义社会贫富分化与对立现象和资本主义社会拜物教现象的实证批判和历史批判，以此论述马克思通过财富现象批判对社会历史发展的辩证阐明，进而分析马克思通过财富现象批判建构人、自然与社会和谐发展的历史唯物主义财富观的理论旨意。

第三部分（本书的第五章）主要是现实层面的探讨。第五章"马克思财富现象批判的当代意义"，一方面从当今时代人与社会的存在及其发展问题的角度阐明回归马克思财富现象批判的重要理论意义，从中强调的论断是：当代社会贫富差距的不断扩大仍旧根源于以"劳动与资本的矛盾关系"为前提的财富生产方式，当代社会虽然离不开资本但资本不能从根本上解决当今时代人与社会发展的危机问题；另一方面从当代中国现存的各种财富现象和中国社会主义的历史方位的角度，着重阐明在马克思财富现象批判的视域中批判性建构"以人民为中心"的社会主义财富观的重要现实意义。

在著述过程中，笔者既有重点问题之"突进"，也有难点问题之"瓶颈"。

就重点问题而言，其一，突出马克思在财富现象批判的不断理论跃迁过程中，抓取黑格尔哲学中"作为推动原则和创造原则的否定性"①辩证法、并将其注入"现实的个人"的对象性感性活动中的重要理论造诣，追溯其为马克思建构"实践"范式的理论"原点"，将其视作马克思之所以最终实现科学批判和全面超越古典政治经济学和以黑格尔哲学、费尔巴哈哲学为代表的一切旧哲学的理论"节点"，也因此强调马克思的财富现象批判对其创制唯物史观之历史科学的重要理论意义，以及财富现象批判自身由此实现科学化的辩证发展过程。其二，突出马克思的财富现象批判从社会历史观和方法论的双重视角对黑格尔思辨唯心主义、古典政治经济学的经济实证主义和费尔巴哈人本学唯物主义所展开的互文式批判，进而翻转以古典政治经济学为代表的非历史批判的实证主义和以"德意志意识形态"为代表的非实证批判的历史唯心主义，在历史唯物主义的历史科学视域中开启实证的历史主义批判或历史性的实证主义批判之批判维度。其三，突出马克思的"三大"社会形态理论在财富现象批判过程中的历史辩证法意义，其是马克思由此通过财富现象批判阐明"人的发展"与"社会的发展"的"总体性"统摄，也是马克思由此通过财富现象批判辩证阐明资本的伟大"文明面"及其历史"狭隘性"的理论基础。其四，突出强调在评判当代西方马克思主义（包括所谓的"后马克思主义"）理论和某些西方经济学说（尤其是关于金融资本"创生"价值与仅强调收入分配正义的理论学说）的过程中回归马克思的财富现象批判的重要理论意义，以及在马克思财富现象批判的视域中建构"以人民为中心"的社会主义财富观的重要现实意义。

---

① ［德］马克思：《1844 年经济学哲学手稿》，人民出版社 2000 年版，第 101 页。

就难点问题来说，其一，马克思的《资本论》及其相关经济学手稿是探源马克思财富现象批判思想的文本根据，但笔者对这些文本著作阅读不全和解读不深极大地影响了相关理论观点的提升与展开。其二，古典政治经济学和黑格尔哲学这两者与马克思批判理论之间的思想渊源是探究马克思的财富现象批判之理论跃升的重要背景知识，但笔者在此仅是作了"单薄"的线性分析，缺乏应有的论述宽度与理论张力，这与笔者自身过于弱势的背景知识有关，尤其是与笔者对黑格尔哲学中关于财富与劳动的众多辩证哲思缺乏耕读有关。其三，系统地阐述马克思基于财富现象批判所阐明的人、自然与社会和谐发展的历史唯物主义财富观，这关乎马克思唯物史观之历史科学的合理内核和理论旨要，笔者对其把握不透彻也在一定程度上影响了相关理论阐述的意境和深度。其四，全面地评判和分析马克思的财富现象批判在当今时代的理论意义和现实意义，这关涉哲学、经济学、社会学、历史学、文化学和人类学等众多学科在当今时代的前沿论域，文中虽然提及了相关学科的理论意境，但没有做进一步的深刻阐述，尤其没有就这些学科之间的理论交锋做透彻分析。因此，在书中，马克思财富现象批判的当代意义并没有得到更宽阔的理论拓展。其五，本著从财富现象批判的角度即使强调了这样的论断：当代社会的贫富两极分化仍旧根源于以劳资矛盾为前提的资本主义财富生产方式、资本不能从根本上解决当今时代社会发展的危机问题，但并没有从正面解答我们在历史的今天该怎样对待资本主义的财富生产方式；且囿于本书并非经济学实证研究，也难以用经济学的方式实证回答应该如何用社会主义财富生产方式驾驭和导控资本力量。

总的说来，虽然本书的重点问题有所"突进"，但其难点问题却凸显了自身不足。当然，本书难点问题的"瓶颈"所在，将鞭策笔者基于马克思唯物史观之历史科学的理论视域，在今后的理论研究中进一步予以"突破"和发挥。

第一章　马克思财富现象批判的思想资源

毋庸置疑，马克思进行财富现象批判有其丰富的思想资源。从总体上看，这样的理论资源主要有两部分：其一是前人或同时代人阐述财富问题的相关思想，尤其是他们在历史哲学或政治经济学视域中关于财富的生产、分配、交换和消费等方面的论述；其二是前人或同时代人基于经验感性认知或辩证理性思辨，对一定社会背景下的财富现象的相关批判，并在批判思想的学理层面表现出的关于财富现象批判的特有立场、方法、评判尺度和理论旨归等。应该说，这两者都是马克思予以辩证批判、继承和发展，进而促成其展开财富现象批判的理论前奏。这即是本章立意梳理的内容。当然，在这里理清相关理论资源的一个基本思路是：从它们评判相关财富现象的角度呈现据以批判的财富思想或因批判而形成的财富思想。

第一节　古典政治经济学的财富思想及其
对财富现象的评判

古典政治经济学的财富现象批判有其理论动机，即反封建主义僵化经济体制及其封建神学观念，并在倡导与维护资产阶级生产方式和意识形态方面与资产阶级启蒙思想同步。尤其是以抽象自然法和社会契约论为代表的资产阶级启蒙思想是古典政治经济学进行财富现象批判的隐性理论根据。古典政治经济学因其特有的阶级气质，即使有反封建主义的批判精神，但在社会政治和经济问题上对现实的财富现象予以批判时仍难免患得患失，往往表现出较为温和的"财富现象评判"。况且，它在反封建神性名义下追求世俗财富增长的真正目的并非是反贫困，因为古典政治经济学"虽然从劳动是生产的真正灵魂这一点出发，但是它没有给劳动提供任何东西，而是给私有财产提供了一切"①，对劳动者"持续不变的贫困"往往表现出伪善性或干脆视而不见。这也是其财富思想之所以具有历史局限性、不彻底性和各种二重性的重要原因。从学术链条上看，马克思对古典政治经济学的批判和改造，是其形成科学的劳动价值论、创立剩余价值学说并以此进行反贫困的财富现象批判的必要理论前提。这甚至是马克思创立历史唯物主义的重要学术背景。

一、重商主义反神性的财富祛魅路向

古典政治经济学并不是从重商主义开始的②，但重商主义毕竟以时间在先、逻辑在前的历史地位为古典政治经济学的开篇提供了批判的理论标靶，且两者都属于资产阶级经济学说。因此，为了全面分析古典政治经济学的财富理论及其对马克思的影响，很有必要在学术链条上首先厘清重商主义的财富思想及其对财富现象的经验主义评判。

重商主义产生和发展于 15 世纪至 17 世纪中叶，作为一种经济学说，它是欧洲资产阶级最早思考和研究财富问题的经济理论。它的代表人物有海尔斯、托马斯·孟、斯塔福德、柯尔培尔。

对于重商主义的财富思想，至少有双重解读：

---

① ［德］马克思：《1844 年经济学哲学手稿》，人民出版社 2000 年版，第 62 页。
② 马克思认为古典政治经济学在英国从威廉·配第开始，在法国从布阿吉尔·贝尔开始。（参见《马克思恩格斯全集》第 31 卷，人民出版社 1998 年版，第 445 页。）

其一，重商主义是欧洲资产阶级早期的财富观念和经济思想，故其被定位为欧洲资产阶级经济学的开端。这是在经济学说史视域中的解读。以此来看，重商主义的财富理论形成于欧洲资本原始积累时期，反映了早期商业资本的利益要求。重商主义经历了两个多世纪，大致分为早期重商主义和晚期重商主义两个发展阶段。基于当时资本主义经济发展的社会境遇，重商主义对财富现象有着经验主义的判断和认知，大多根据商业资本家的经营活动形成对社会经济现象的观察和分析，其财富思想的典型特征是主张货币财富的积累。因此在经济学说史上，重商主义又被称为古典货币主义学派。早期重商主义和晚期重商主义虽有不同的经济主张，但其财富思想是一致的，都将货币认定为财富的唯一形态，实体性的金、银之类物质形态的财富是其在经验总结层面获得的最高认知，从而将货币财富的多少看成一个国家或贫或富及其程度如何的衡量标准。在经济学说史上，对重商主义财富思想的解读，可以这样来总结，即重商主义一方面"认为商品高于它的价值出卖以及由此产生的利润，形成剩余价值，造成财富的绝对增加"；另一方面"仍然维护它们的这样一种观点，即单个资本家的利润无非是价格超过价值的这个余额"。①

其二，我们还应对重商主义有着历史哲学的解读。② 马克思对重商主义有一个精准的定位，即它是"资本的最初解释者"③。从 15 世纪到 17 世纪正是欧洲资本原始积累时期，重商主义的财富思想及其政策主张从根本上宣导的是商业资本的意识形态，反映了商业资本对（金、银）货币财富的炽热欲求。结合历史的时空经纬来看，重商主义在本质上是怀揣着马基

---

① 《马克思恩格斯全集》第 26 卷第 1 册，人民出版社 1972 年版，第 13 页。
② 在这里，借鉴了张一兵的相关观点。张一兵认为，人们至今都没有解读出政治经济学说史对重商主义予以定位的历史哲学内涵，由此，张一兵述论了相关见解。（参见张一兵：《回到马克思——经济学语境中的哲学话语》，江苏人民出版社 2009 年版，第 43—44 页。）
③ ［德］马克思：《资本论》第 1 卷，人民出版社 2004 年版，第 181 页。

雅维里的"恶"的欲望去进行"文艺复兴"式的货币祛魅。一方面，重商主义"丑恶"的财富欲望就像恩格斯所说的，他们"像守财奴一样相对而立，双手抱住自己珍爱的钱袋，怀着嫉妒心和猜疑心注视着自己的邻居。他们使用一切手段尽可能多地骗取那些与自己通商的民族的现钱，并使这些侥幸赚来的钱好好地保持在关税线以内"①。另一方面，重商主义的财富思想植于欧洲社会那个历史激荡、变革时期，有其矛盾性的特质。它既反映了商业资本不得不依仗封建权贵这个"母体"来攫取货币财富的心态，又表达了资产阶级反对封建主义经院哲学关于货币的神性教义和伦理规范，要求用世俗的眼光祛除货币的神性迷魅，主张货币（金、银）这个"旧时王谢堂前燕"能够"飞入寻常百姓家"。它开始在社会经济领域注入文艺复兴的祛魅主题，试图开启货币金钱关系变易封建人身依附关系的一个端口。

从历史与逻辑相统一的角度看，重商主义试图在社会经济领域摆脱封建主义经院神学对货币财富的伦理说教，主张用世俗的标准评判财富现象，宣导资产阶级渴求货币财富的意识形态，在实质上反映了欧洲社会从封建主义阶段向资本主义阶段转折、过渡的历史经纬。

若从经济学说史角度解读重商主义的财富思想，确实可以发现它的经验表象是荒谬的，因为它认为财富来源于流通领域，而财富创造的生产领域却在它的经验观察之外。也正是因为如此，重商主义的经济理论不可能对货币有经济学意义上的完整认识，更不可能在劳动、价值、资本问题上取得成果。这是其局限性。但是，在学说史的时间序列上，重商主义毕竟是资产阶级经济学说的开端，如果对其予以经济学说史和历史哲学的双重解读，就不仅可以挖掘出它的财富思想的历史内核，而且可以使它对财富现象予以世俗化评判的思路得以浮现。重商主义局限于特殊的社会历史条

---

① 《马克思恩格斯全集》第 3 卷，人民出版社 2002 年版，第 442 页。

件，将贵金属货币这种实体性的物质看成是唯一的财富，并没有意识到货币在本质上是人们之间社会经济关系的一般抽象，但它却集中表达了对人类物质财富的新认知，并从经验主义方法论层面要求人们"从这种不同于自然经济的新社会经济现实特别是人的世俗经济利益出发，关注社会生活中新的'人造事物'之间的因果关系，并在理论上确立了社会生活中'利大于义'的经济决定论原则。实际上，这也是经济生活决定政治活动的规律第一次在社会历史观中被予以正视，从而使资产阶级意识形态从中世纪的政治统摄观中挣脱出来"①。由此可见，重商主义的财富思想隐含了一个财富现象批判的思路，即对中世纪政治统摄的神学财富观的反叛，倡导用现世的经验观察而非先验的神谕观念来评判财富现象，并用贵金属货币财富这种实体性的物质财富观祛除封建主义的神学迷魅。因此，重商主义财富思想的历史性内核是：它虽然没有反贫困的世俗主张与初衷，却首先在社会经济领域扛起了文艺复兴的旗帜，反对神性的伦理教义，要求尊重世俗性的财富欲望。从历史哲学的角度看，重商主义实际上隐性地开启了反贫困的财富现象批判的"祛魅"之路向。当然，重商主义的历史局限性决定了它仅仅是引领了一个开端而已，在经济学说史上，它也必然被更进一步的重农学派替代和超越。

二、重农学派"替被压迫阶级申辩"的财富现象批判

在现代资产阶级经济学说史上，从重商主义向重农学派的转换过程中必然要提到英国经济学家威廉·配第（1623—1687）。

马克思认为，"真正的现代经济科学，只是当理论研究从流通过程转

---

① 张一兵：《回到马克思——经济学语境中的哲学话语》，江苏人民出版社 2009 年版，第44 页。

向生产过程的时候才开始"①，而配第就是现代"政治经济学之父"②。配第之所以获得如此高的评价，与其开启了理论研究"转向"有关，他比较早地摒弃了重商主义的财富思想，转向从生产过程来研究财富的来源。配第认为，财富不是来源于商业流通领域而是来源于劳动生产领域。这与他在《赋税论》中所说的经典名句——"土块是财富之母，劳动是财富之父，也是创造财富的能动要素"③是一致的。从探讨财富问题的理论内容上看，配第不仅将财富的来源界定在与土地等自然条件有关的生产劳动领域，而且潜在地置入了与土地等自然条件有关的自然法观念，这为重农学派的财富思想奠定了理论基调。其原因有三：

其一，在对财富问题予以探讨的理论路径和内容上，配第作为一位过渡性的经济学家，开始引领了不同于重商主义的研究路向——将理论研究从商业流通领域转向劳动生产领域，而这一研究路向又被重农学派所承接。配第在《赋税论》中说："土块是财富之母，劳动是财富之父，也是创造财富的能动要素。"④配第抽象地表达了"劳动价值论"的内核，这是在经济学领域对霍布斯、洛克等英国唯物主义经验论者提出的类似于"劳动是财富的源泉"的观点的回应。⑤在此，配第认为，财富的创造虽然有对自然条件的依赖、有其自然的限制，但也离不开劳动这个"能动的要素"。因此，配第在经济学领域论述财富时，并不是单方面从土地的自然状态出发，而是结合了劳动的观点。财富固然具有自然属性的某种使用价值、是自然财富，但它是社会性人力劳动和自然物质条件的结合。当然，正如马克思指出的："配第把使用价值归结为劳动，并不是不知道劳

---

① ［德］马克思：《资本论》第 1 卷，人民出版社 2004 年版，第 376 页。

② ［德］马克思：《资本论》第 1 卷，人民出版社 2004 年版，第 314 页。

③ ［英］配第：《赋税论》，马妍译，中国社会科学出版社 2010 年版，第 82 页。

④ ［英］配第：《赋税论》，马妍译，中国社会科学出版社 2010 年版，第 82 页。

⑤ 参见刘荣军：《财富、人与历史——马克思财富理论的哲学意蕴与现实意义》，人民出版社 2009 年版，第 20 页。

动的创造力受自然条件的限制。"①但不管怎么说，配第已然抽象地意识到了物质财富的二重性。从探讨财富问题的理论内容上看，配第不仅将财富的来源界定在与土地等自然条件有关的生产劳动领域，而且潜在地置入了与土地等自然条件有关的自然法观念，这为重农学派的财富思想奠定了理论基调。

其二，在财富研究的理论方法上，配第作为一位承前启后的经济学家，虽然在一定程度上受到重商主义的影响，但最终还是在方法论上有别于重商主义，因为他开始对社会财富现象进行本质探究和理性抽象，而不再像重商主义那样就现象而现象的单纯经验主义的观察，因而翻开了古典政治经济学的新篇章。当然，就理论方法的杂存状态而言，配第还遗留着重商主义那种经验主义的"根须"，虽然他认识到了劳动与财富的本质关联，但劳动这种创生财富的"能动要素"仍然停留在他眼光所及的经验实在层面，仍然是具体的实在劳动。所以马克思说："他受着货币主义的观念束缚，把特种的实在劳动即采掘金银的劳动，解释成生产交换价值的劳动。……认识了劳动是物质财富的源泉，并不排除不了解那种使劳动成为交换价值的源泉的特定社会形式。"②然而，配第的理论方法终究有别于重商主义，他并非是单纯的经验主义者，而是在努力开启一条从经验具体上升到理性抽象的方法论路径。虽然在配第那里，"长久的财富"就是金银，但这是他基于抽象的劳动价值论作出的判断。与重商主义相比，配第自然是前进了一大步，他毕竟在试图探究财富现象背后的抽象社会属性及其"特定的社会形式"。毫无疑问，配第的研究方法被其后的重农学派承接，并为整个资产阶级政治经济学奠定了方法论基调。

---

① 《马克思恩格斯全集》第31卷，人民出版社1998年版，第445—446页。
② 《马克思恩格斯全集》第31卷，人民出版社1998年版，第447页。

其三，在对社会财富现象予以评判的思路上，配第承接了重商主义对货币财富的"祛魅"主题，并在培根、霍布斯、洛克等唯物主义者的影响下，将"祛魅"的路径从财富现象的物性层面深入到与人的劳动相关的人性层面，从商品交换的流通领域转向人类劳动的生产领域。这一路径与重农学派有一致性。从历史哲学的角度看，如果说重商主义试图挣脱经院神学的伦理教义的羁绊，开始用世俗的眼光看待货币财富和流通领域中人与外部世界的依存关系，那么，配第则在此基础上从财富与人的劳动的内在关联的角度，为人的人身自由和解放进行了人的主体性确认。由此，配第展开的财富现象分析，在批判性层面至少有双重意义：其一，推崇抽象的劳动价值论所反映的抽象自然法则，要求祛除宗教的神性愚昧来评判财富现象。配第说："我也非常清楚，事物的发展遵循其固有的轨迹，自然规律是不可以被欺瞒的。"[①] 他的观点显然与霍布斯、洛克等人的进步思想是一致的。配第通过笃定人的劳动在创造财富过程中必需的自然条件，实际上批判了经院神学将封建主义伦理教义凌驾于自然规律之上的财富观念，为资产阶级新贵基于"自然法"的前提"合法"地占有财富（私有财产）提供了理论依据。其二，明确了财富与人的劳动的本质关联，并将财富生产的能动因素赋予了人的劳动，将社会财富现象中的公平、公正问题凸显了出来，从而将财富现象批判落实在现实的政治和经济问题上。配第认为，国家征收赋税"就是使财富和财产从某些占有土地而游手好闲的人手里转到那些聪敏而勤劳的人手中"[②]，这符合财富创造的自然法则，而"违背自然法则的民法是站不住脚的"[③]，"我们在政治问题和经济问题上也要有如此的认识"[④]。由此看来，配第虽然立足于抽象的自然法来评判财富现

---

① ［英］配第：《赋税论》，马妍译，中国社会科学出版社 2010 年版，第 4 页。

② ［英］配第：《赋税论》，马妍译，中国社会科学出版社 2010 年版，第 28 页。

③ ［英］配第：《赋税论》，马妍译，中国社会科学出版社 2010 年版，第 46 页。

④ ［英］配第：《赋税论》，马妍译，中国社会科学出版社 2010 年版，第 62 页。

象，反映了资产阶级新贵要求以"自然单位"的形式"合法"占有私有财产的诉求，但也在实质上确认了劳动在财富生产中能动的主体地位，进一步破除了劳动者受制于封建依附关系的藩篱，并基于抽象的劳动价值论，将财富现象批判与政治、经济问题联系了起来。

配第基于抽象的劳动价值论，对财富现象予以评判的思路是清晰的。配第的相关思想在重农学派那里得到了明显的反映，并表现出"替被压迫阶级申辩"的批判气质。

重农学派是18世纪资产阶级经济学崇尚重农主义的典型代表。重农学派对财富现象的研究主要体现在它的先驱者布阿吉尔贝尔和它的重要代表人物魁奈、杜尔阁的财富思想中。

布阿吉尔贝尔（1646—1714）同配第一样认为财富来源于劳动生产领域，但他以"农业的辩护人"自居而认为"一切的财富都来源于土地的耕种"[①]。在布阿吉尔贝尔看来，真正的财富就是农产品。马克思曾指出，布阿吉尔贝尔与"毫无气节"的配第不同，虽然他身为国王的地方官，"却既热情又勇敢地替被压迫阶级声辩"[②]。在当时的历史条件下，布阿吉尔贝尔在批判分析与生产、赋税、货币等相关的社会财富现象时比配第更激进，他已经在政治和经济层面坚决批判"路易十四的宫廷、包税人和贵族的具有盲目破坏作用的求金欲"[③]。应该说，布阿吉尔贝尔对社会财富现象的考察和批判都是基于农业生产的自然经济立场上的，他狂热地批判求金欲和货币主义，认为"货币是一个要求把一切自然财富作祭品的荒诞的摩洛赫"[④]，是对商品交换的自然平衡的破坏。当然，布阿吉尔贝尔对社会财

---

① [法] 布阿吉尔贝尔：《谷物论　论财富、货币和赋税的性质》，商务印书馆1979年版，第21页。

② 《马克思恩格斯全集》第31卷，人民出版社1998年版，第448页。

③ 《马克思恩格斯全集》第31卷，人民出版社1998年版，第448页。

④ 《马克思恩格斯全集》第31卷，人民出版社1998年版，第448页。

富现象的批判考察是不全面的，这导致他一旦考察资产阶级财富的特有性质时，"就认为有强挤进来的外来因素的干涉，并对一种形式的资产阶级劳动进行激烈的攻击，对另一种形式的资产阶级劳动却空想地加以赞美"①。当然，布阿吉尔贝尔"替被压迫阶级声辩"已经在公开地为劳动者争取财富的主体性地位，为反劳动贫困的财富现象批判预设了理论基调。

弗朗斯瓦·魁奈（1694—1774）的经济理论被奉为法国重农学派的经典。魁奈是一名医生，基于丰富的职业经验，他敏锐地意识到社会经济体系中财富的流转就类似于人体血液循环。他思考的问题是：财富来自哪里？财富如何分配？在什么条件下经济才可以繁荣？为了解答这些问题，魁奈勾画了一个基于自然秩序的经济图表，由此而一举成名。魁奈的经济图表思想显示，所有财富归根到底来自于农业生产，农业生产者之所以能自给自足，还能给那些不事农耕的"不结果"阶级提供食物和原材料，是因为土地的自然属性使农业生产者能获得比投入更多的收益，这是大自然的"无偿的馈赠"。这种馈赠代表着存在剩余——扣除生产成本之后的农产品剩余，即"纯产品"。"纯产品"意味着社会财富的增加，正是它在国家经济体系中流通，才使那些不在田地间劳动的人们得以生存。魁奈的经济图表是最早的经济循环理论之一。跟布阿吉尔贝尔一样，魁奈认为只有生产"纯产品"的农业才能使社会物质财富的数量增加，商业和工业只是变更社会物质财富的时空差距或是物理形态，是不生产物质财富的。在魁奈看来，财富的本质就是既能满足人们生活需要，又具有交换价值的物品；货币仅仅是一种交换媒介，而不是财富本身。魁奈的财富理论虽然同样也有低估货币的社会作用的片面性，但从批判重商主义的角度看却具有历史的进步性。

事实上，魁奈的财富思想具有强烈的现实批判性——对不事劳动却占

_____

① 《马克思恩格斯全集》第31卷，人民出版社1998年版，第449页。

33

有财富的既得利益者的批判。魁奈活动时期的法国封建政权奉行的重商主义政策，不仅使社会财富更加集中在少数人手中，而且使农民赋税沉重，民不聊生，农田荒芜。这样的历史背景促使魁奈在分析社会财富现象时总有大量的笔墨痛砭时弊。一方面，魁奈强烈批判重商主义给法国经济生产，尤其是对农业生产造成的严重危害，力主实行新生的资本主义"大农经营"的重农主义政策，以便发展农业生产，增加人口和财富，使法国走上经济繁荣之路。① 另一方面，魁奈批判君权神授之类封建传统观念，强调"自然秩序观"，反对封建王权对社会经济活动的"人为"干涉，将自己的学术和政治活动与同时代的启蒙思想家密切联系。因此，魁奈的财富思想明显体现出"替被压迫阶段声辩"的深刻批判性，但目的是为新生的农业资本主义扫清封建障碍。可见，魁奈有关财富现象的批判思想说明他理应是法国资产阶级大革命的直接先驱者之一。

杜尔阁（1727—1781）的财富思想集中体现在其 1766 年发表的著作《关于财富形成和分配的考察》中，该著言简意赅且内容紧凑。杜尔阁同样认定财富就是农业生产的"纯产品"，这使人们明显意识到他追随了魁奈的经济思想。杜尔阁进一步阐明了重农学派关于"纯产品"和"自然秩序"学说，认为"纯产品"作为社会财富是"自然界的赐予"。他看重农业，认为只有农业才创造新财富，是唯一产生剩余的生产部门，并明确地阐述了"纯产品"就是由农业工人创造的而被地主占有的剩余产品，从而比魁奈更为深刻地理解了剩余产品问题。杜尔阁最早将"资本"一词作为经济学术语来界定，他将资本定义为"积累的可动财富"②。杜尔阁关于社会财富现象的分析是基于对地租、工资、利润和国家税收等的全面考察，由此

---

① 参见 [法] 弗朗索瓦·魁奈：《魁奈〈经济表〉及著作选》，宴智杰译，华夏出版社 2006 年版，第 3—4 页。

② [法] 杜尔阁：《关于财富的形成和分配的考察》，唐日松译，华夏出版社 2007 年版，第 39 页。

他提出了代表新兴资产阶级利益的财富学说。杜尔阁同魁奈一样，反对商业资本的各种垄断，批判封建特权，要求废除封建贵族、僧侣、大地主等的免税特权。杜尔阁基本上"蜕脱"了重农学派的封建主义外观，提出了一系列纲领措施，这些纲领措施后来曾被法国大革命时期的立法机构恢复和执行过。由此可见，杜尔阁确实也是"法国革命的直接先导之一"①。当然，杜尔阁的财富思想的明显进步性表现在：明确分析并批判了劳动者生产的剩余产品（财富）被他者占有的财富分化现象，为剩余劳动和劳动贫困现象的批判分析提供了理论先导。

从经济学说史的角度看，重农学派反对重商主义的财富来源说，转向生产领域研究财富的来源问题，还将农业生产的剩余"纯产品"界定为社会财富，这样的财富视野虽有些狭窄，但为分析资本主义生产中的剩余价值现象开了先河。魁奈和杜尔阁都把社会财富的流转体系描述为一种循环，开创性地将动态的经济体系进行了形式化的抽象描述。他们理应被看作是科学政治经济学的奠基者。

从社会思想发展史的角度看，重农学派首创了自己关于自然秩序的学说，并将其与休谟、霍布斯、洛克等进步思想家的学说相糅合，一方面成为其考察和批判社会财富流转、分化现象以及劳动者何以被剥夺财富（致贫）的理论根基和出发点；另一方面也是其从政治和经济上批判封建官僚政府的理论依据，反对政府对社会财富流转和相关经济活动的干预，认为新兴资产阶级追求的经济自由和财产私有是自然秩序赋予人们的基本的自然权利，从而为欧洲资产阶级运动推波助澜。

总的说来，跟重商主义相比，重农学派的财富思想更具理论的相对合理性和"替被压迫阶级声辩"的现实批判性，虽然它们都具有"封建主义的外貌"，但重农学派对封建秩序的批判更符合资产阶级启蒙运动的需要，

---

① 《马克思恩格斯全集》第 26 卷第 1 册，人民出版社 1972 年版，第 366 页。

在社会思想主张上与当时的资产阶级启蒙思想家的"自然法"学说是一致的。另外，在经济哲学史上，重农主义者对社会财富现象的批判已经有了政治和经济的双重维度，他们对封建神性财富现象的批判，集中体现在强烈要求废除封建贵族、地主、僧侣等的免税特权的税收主张上，说明他们对封建神性财富现象的批判并不是像重商主义那样局限在对贵金属货币这个"物"的祛魅，而是基于劳动价值论所反映的"自然法"思想深入剖析财富的"合法"的主体性本质，将财富的主体性本质存在归结为人的劳动，进而在社会经济体系中分析社会财富的分配和流转。虽然他们激进的财富现象批判贬低了货币财富的社会作用，但他们却由此摒弃了对实体物性财富予以单纯经验观察的研究方法，转向从社会关系角度予以抽象分析，深入到财富现象背后剖析人的社会关系和财富的劳动本质，为科学分析、批判现代社会中何以出现不平等的贫富分化现象和劳动贫困现象设定了理论伏笔。这无疑是资产阶级政治经济学说史上的一次历史性进步。

三、斯密的财富思想及其后继者面对贫富分化现象的理论分歧

亚当·斯密（1723—1790）的《国富论》是一部辉煌的著作，具有划时代意义。跟重农学派的财富思想一样，斯密在《国富论》中研究财富的性质和财富增长的原因也是从生产劳动的视角进行的。在重农主义者关于社会三大阶级划分和生产部门划分的理论基础上，斯密在《国富论》中集中阐述了"分工"对于财富增长的作用，并进一步阐述了"资本积累"在社会财富增长中的决定性作用。一方面，斯密关于"分工"的思想表明他同重农学派一样，并没有忽视对财富生产过程中人与人之间社会关系的研究；另一方面，斯密关于"资本积累"的思想又将资本主义生产方式同财富的生产与增长紧密地联系在一起，明确确认了"最本质的东西，那就是：认为资本主义生产方式是最生产的（同以前的那些形式比较起来，它无疑

是这样的)"①。当然，斯密并不是像重农学派那样将财富的源泉仅仅归结为生产农产品的劳动，而是将一切生产有用品(即"生活必需品和便利品")的一般社会劳动都视为财富的源泉，并且，斯密不仅强调了物质类财富的使用价值，而且还指明了物质类财富的交换价值，因为构成这些物质类财富的"或是本国劳动的直接产物，或是用这类产物从外国购进的物品"②。另外，在"金银货币与财富的关系"问题上，一方面，斯密从对现实经济生活的考察中概括出自己的结论，即认为金银货币只是社会总财富的一个构成部分，而非全部，并认为金银货币不过是商品交换的媒介罢了；另一方面，斯密再次强调"世间一切财富，原来都是用劳动购买而不是用金银购买的"③，"劳动是衡量一切商品交换价值的真实尺度"④，可见，他也明确指认了人的劳动是财富的主体性本质所在，否弃了以金银货币的错觉出现的外在于人的财富现象。

确实如马克思所说，相对于重商主义和重农学派的财富思想，"亚当·斯密大大地前进了一步"⑤。在斯密那里，对于经济社会中财富创造活动及其相关财富现象，他给予了进一步的一般性抽象。他关于财富的来源、社会分工、市场交换、资本生产、主体劳动和理性经济人等理论，就是对现代经济社会财富创造活动的原初探索。斯密在劳动价值论基础上，实际上以"看不见的手"的语言表达方式阐述了现代经济社会之本质存在取决于人与人之间的社会关系，它隐藏在财富创造活动及其现象的背

---

① 《马克思恩格斯全集》第 26 卷第 1 册，人民出版社 1972 年版，第 195—196 页。

② ［英］斯密：《国民财富的性质和原因的研究》上卷，郭大力等译，商务印书馆 2003 年版，第 1 页。

③ ［英］斯密：《国民财富的性质和原因的研究》上卷，郭大力等译，商务印书馆 2003 年版，第 27 页。

④ ［英］斯密：《国民财富的性质和原因的研究》上卷，郭大力等译，商务印书馆 2003 年版，第 26 页。

⑤ 《马克思恩格斯全集》第 30 卷，人民出版社 1995 年版，第 45 页。

后，只能通过抽象显现出来，财富创造和增长的自然秩序和运动规律也是如此。从历史哲学的角度看，斯密对财富创造活动及其现象坚持抽象分析和概括，实际上是用经济学的语言抽象阐述了自欧洲文艺复兴运动以来启蒙思想家关于人的主体性问题。为此，马克思认可"恩格斯有理由把亚当·斯密称作国民经济学的路德"①。斯密明确否认了财富在人之外的与人无关的存在，人的劳动产品在自然而自由的秩序下，以私有财产的形式被人本身所规定，人本身就是财富的主体本质。由此可见，斯密基于为私有财产立言的阶级立场，表现出了评判那个时代财富现象的两个理论维度：一者是抽象人性论的属人的主体性财富状态，一者是抽象的自然而自由秩序下的有关财富生产的一般原理。

值得一提的是，斯密进行财富现象评判的两个理论维度早在《国富论》之前就已经确立，因为它们作为抽象人性论的伦理尺度早在《道德情操论》中有了全面的阐述。如果结合《道德情操论》分析《国富论》中的财富思想，就不难发现斯密评判财富现象的立场和维度。这无疑是重构和全面理解斯密的理论体系的一个重要视角。在《国富论》中，斯密实际上已经将《道德情操论》中确立的伦理尺度渗透在对财富现象予以评判的社会政治、经济思想之中了。

与重农学派一样，斯密也有在政治和经济问题上对财富现象予以评判的思路。立足于反映了资产阶级抽象人性论的自然秩序观点，斯密对封建体制下的重商主义政策，特别是与国民财富有关的税收、货币、对外贸易、殖民掠夺等政策给予了针对性批判。但是，在斯密那具有历史局限性的批判理论维度上，他做的是"从批判封建的生产形式和交换形式的残余开始，证明它们必然要被资本主义形式所代替"②。这在批判封建残余、为

---

① ［德］马克思：《1844 年经济学哲学手稿》，人民出版社 2000 年版，第 73 页。
② 《马克思恩格斯选集》第 3 卷，人民出版社 2012 年版，第 528 页。

资本主义的发展扫清障碍的时代是有一定进步性的，但斯密在考察资本主义生产形式下的（资本家）利润、（工人）工资和（地主）地租三者之间的财富流转关系时，又默认地主阶级的庸懒统治，美化资产阶级的极端自爱自利，并极力贬低工人作为财富的真正创造者具有治理社会的能力，无视工人阶级政治权利被剥夺和经济利益被侵犯的现实存在。因此，王亚南先生说："由他的阶级观点决定的这个二重的方法论，即一方面为内部联系的考察，一方面又为外部现象的考察的方法论，就使得他的每一个正确论点都表现为半截的、半途而废的、充满了矛盾的东西。"①其实，斯密的这一理论镜像也与他基于资产阶级抽象人性论的伦理尺度评判财富现象有关。虽然斯密具有其时代赋予他的难能可贵的实证主义精神，但由于他缺失历史科学的历史主义立场，所以他只是看到了那个时代的工场手工业和自由市场的优越性，并以为这就是自然的规律和永恒的东西。

值得肯定的是，在古典政治经济学史上，斯密关于现代经济社会的财富思想已经达到了相当的高度，尤其是斯密将市场交换行为者在概念上高度抽象为自爱自利的原子主义"经济人"的同时，又基于对社会财富生产与流转现象的实证考察，将"看不见的手"无意中还原为《国富论》中"市场价格调节机制""使财富增长的创造机制"以及《道德情操论》中的"赞许与谴责的伦理原理"。这种具有启蒙意义的"现象学还原论"是配第和重农学派所不具有的。这对马克思本人的影响也是显而易见的。后来马克思也自觉地意识到，作为财富分配的社会化抽象劳动和剩余劳动，成为一般社会现象，首先应该被还原到现代资本主义商品生产方式和社会经济关系中去分析。

当然，斯密的财富思想和财富现象评判在本质上坚持的是非历史的抽

---

① ［英］斯密：《国民财富的性质和原因的研究》上卷，郭大力等译，商务印书馆 2003 年版，改订译本序言，第 3 页。

象人性论原则，这决定了其学说的各种不彻底性、二重性和历史局限性。这就决定了斯密反贫困思想的温情幻想状态：一方面认为社会劳动生产率的提升是为了解决工人就业和收入问题；另一方面又在维护私有制利益前提下以社会"总的财富增长"的名义掩盖工人贫困与贫富分化的现实。斯密的矛盾分歧的思想在其后继者那里彰显了出来，尤其在工人贫困和贫富分化问题上，斯密的后继者——以大卫·李嘉图和西斯蒙第的相关思想为例——有明显的理论分歧。

大卫·李嘉图（1772—1823）继斯密之后将资产阶级政治经济学发展到了顶峰，被誉为古典政治经济学的集大成者和完成者。他的财富思想集中体现在其代表作《政治经济学及赋税原理》之中。

从其评判社会财富现象的理论角度看，李嘉图对斯密的学说有所取舍：其一，他继承和推进了关于资本主义生产是"最生产"的思想，"发展生产力的要求是李嘉图评价经济现象的基本原则"①。对于这样的评价原则，马克思认为"李嘉图的毫无顾忌不仅是科学的诚实，而且从他的立场来说也是科学上的必要"②，因为李嘉图的资产阶级立场，他把资本主义生产方式认定为"最有利于创造财富的生产方式，对于他那个时代来说，李嘉图是完全正确的"③。其二，李嘉图舍弃了斯密在《道德情操论》中的伦理原则，所以他"已经没有斯密那种对生产工人的温情和幻想了"④。斯密在《道德情操论》中至少认为提高劳动生产率的目的之一是增加劳动者的就业和提升劳动者的最低收入标准，并与人的幸福相关联⑤，但李嘉图认为"成为生产工人，这是一种不幸。生产工人就是生产别人的财富的工人。

---

① 《马克思恩格斯全集》第 26 卷第 2 册，人民出版社 1973 年版，第 124 页。
② 《马克思恩格斯全集》第 26 卷第 2 册，人民出版社 1973 年版，第 125 页。
③ 《马克思恩格斯全集》第 26 卷第 2 册，人民出版社 1973 年版，第 124 页。
④ 《马克思恩格斯全集》第 26 卷第 1 册，人民出版社 1972 年版，第 227 页。
⑤ 参见（日）堂目卓生：《解读亚当·斯密〈道德情操论〉与〈国富论〉》，杨玲译，求真出版社 2012 年版，第 63—67 页。

只有在他充当生产别人的财富的生产工具时，他的生存才有意义。因此，如果同量的别人财富能够由较少的生产工人创造出来，那末把多余的生产工人解雇，是完全恰当的"①。因此，李嘉图虽然重视财富的物性尺度，却失去了财富的人性尺度，他也就"被谴责为对'人'漠不关心，在考察资本主义生产时只看到生产力的发展，而不管这种发展以怎样的牺牲为代价"②。李嘉图的财富思想反映了其在工人失业和劳动贫困问题上的非人性立场。

自配第到斯密以来，古典政治经济学以讨论财富的来源、生产积累和市场交换等为主题，并在资产阶级抽象人性论的启蒙语境中指明了财富的主体性本质，这是符合工业革命前资产阶级的意识形态需要的。李嘉图作为资产阶级古典政治经济学体系的完成者，则是在前人基础上，继续阐明了资本主义工业革命之后的现代工业社会中的财富生产、交换和分配问题。李嘉图事实上承接了配第、魁奈和斯密等人关于财富的劳动本源确认，并站在现代资本主义工业化生产的时代背景下有了新的理论认知——随着大机器在财富生产中的应用和生产技术的不断革新，社会财富（商品）的成倍增长并不意味着商品交换价值的增长，这是因为商品交换价值的大小取决于投入生产的劳动量。因此，李嘉图主张在不增加劳动量的前提下使等量劳动更具生产效率③，因为这能增加商品的充足程度，并符合资本的利益。李嘉图的财富理论清晰地表明了现代工业社会的"物化"现象和社会关系的物化存在，这是其阐述财富思想的现实前提，并以此来看待劳动者在创造财富过程中作为工具性存在的物化结果。李嘉图明确了物性财富的前提性和目的性存在，人的劳动只是实现物性财富增长的工具或

---

① 《马克思恩格斯全集》第 26 卷第 1 册，人民出版社 1972 年版，第 227 页。
② 《马克思恩格斯全集》第 32 卷，人民出版社 1998 年版，第 462 页。
③ 参见 [英] 李嘉图：《政治经济学及赋税原理》，周洁译，华夏出版社 2005 年版，第196 页。

手段，成为交换市场上和其他商品一样具有一定交换价值的商品。这是典型的工具主义物性逻辑，它不是以劳动和从事劳动的人为目的。李嘉图的这一逻辑在现代工业社会符合资产阶级的需要，虽然他作为经济学家"科学地"分析了工人、资本家和地主三者之间利益对立的社会现象，但他的劳动价值论却从商品交换价值的角度有意凸显财富的客体性（物性）存在，将经济利益的矛盾现象置于一个物与物打交道的看似平等交换的市场环境，以此遮掩财富生产过程中资本家对劳动者予以剥削的社会关系。他迎合了资本扩张财富的逻辑，高扬了"资产阶级社会物化生产关系之'普照的光'"①，但本质上是敌视人的。

可以看出，同样是评判经济社会中的财富现象，李嘉图与此前的古典政治经济学家不一样。从配第到斯密以来，他们在批判重商主义货币财富的物性思维的同时，在资产阶级启蒙语境中高扬"自然法"观念下的自由秩序和人性伦理，在财富本源问题上确认了财富的主体本质，凸显了人的主体性存在和财富的属人存在，并由此展开了对封建秩序的政治经济学批判。但李嘉图表面上继承了前人尊重劳动的传统，然而又在分析财富与价值的本质区别过程中，无视财富的主体性存在和人的尺度，有意凸显了财富的客体性存在和物的尺度，要求"为生产而生产，为发财而发财"②，进而论证了资本主义生产方式是"最生产的"。

不能否认，李嘉图有对财富现象予以客观分析的立场，他看到了资本主义工业社会的物化场景和社会关系的物化结果，由此强调了财富的客体性（物性）存在。这是他尊重客观现实的经验判断。然而，李嘉图在由具体经验上升到抽象分析的路径上，对物化的社会关系的分析仅仅是顺应了

---

① 张一兵：《回到马克思——经济学语境中的哲学话语》，江苏人民出版社 2009 年版，第 58 页。

② 张一兵：《回到马克思——经济学语境中的哲学话语》，江苏人民出版社 2009 年版，第 58 页。

物性的工具理性思维，将工人、资本家、地主三者的社会矛盾关系抽象地还原到侧重物的交换价值的市场交换秩序之中，而无意继续推论劳动力商品的市场交换价值与工人进行财富生产的劳动时间在价值量上的不对等以及由此出现的剥削现象和不平等现象，他对劳动者的贫困现象也就"视而不见"和"漠不关心"了。

在马克思看来，李嘉图确实是"诚实"地分析了资本对于物性财富的无限扩张状态，并看到了资本主义生产方式的相对性和内在的矛盾性，但当这种内在矛盾性暴露时，"李嘉图就否认矛盾，或者确切些说，他自己就以另一种形式表现矛盾，……而不考虑生产者了"①。以此来看，李嘉图竭力维护的是资本主义生产的这种"绝对形式"，劳动者就是为资本生产财富的工具，由此形成的劳动创造的财富被剥削和贫富两极分化现象就不在他的视野中了。

从经济哲学的视角看，李嘉图立论了价值决定于劳动量或劳动时间，并揭示了工人、资本家、地主三者之间的经济对立，但不能历史主义地看待现代经济社会中财富增长的同时（自由）劳动时间与工人解放的意义关联，这也就导致了李嘉图评判财富现象时的历史局限性，他执意地顺应物性思维，忽视人的尺度。虽说李嘉图没有从劳动时间的角度确立财富现象评判的主体性尺度，但也在理论提示意义上指引了"劳动由异化劳动（雇佣劳动）向自由劳动转化，时间由劳动时间向自由时间生成的人的全面发展的意义——人的解放的意义实质上正就是人的劳动时间的自我回归"②。这对于马克思科学地推进政治经济学批判是有积极影响的。

西斯蒙第（1773—1842）是李嘉图的同时代人，但他对后者"见物不见人"的财富思想进行了尖锐的批判。西斯蒙第作为法国资产阶级古典政

---

① 《马克思恩格斯全集》第 26 卷第 3 册，人民出版社 1974 年版，第 54—55 页。
② 刘荣军：《财富、人与历史——马克思财富理论的哲学意蕴与现实意义》，人民出版社 2009 年版，第 31 页。

治经济学的"结束者",与李嘉图不同,他似乎坚守的是斯密在《道德情操论》中的人性论的伦理评判原则,他批判了资产阶级社会中劳动创造财富的物化现象反人的一面。因而,西斯蒙第是一个持资产阶级立场的与众不同的经济学家。

西斯蒙第在《政治经济学新原理》中自始至终阐述的是财富现象评判的人性论原则,在财富思想上坚持的是财富的主体性向度。他坚持从主体性角度确认财富的内涵,认为人的主体自身需要的满足才是财富生产的目的,而不是李嘉图等人所说的"为生产而生产"。西斯蒙第明确提出了"财富正是属于人而且为人所享受"①的财富评判尺度,并批判性指出,英国古典政治经济学只知道无限制地进行财富生产而不考虑人的问题。由此,他针锋相对地批判了李嘉图等人坚守财富客体性存在的物性逻辑,将其认定为非人的"财富学派",指责他们无视人的主体性存在,只是将社会视作财富的堆积,盲目地纵容财富增长的欲求。西斯蒙第认为,李嘉图等人"见物不见人"的财富观念和经济评判尺度,从根本上就是为了物而牺牲人的主体性需要和发展,实际上就是颠倒了社会生产与消费的应有关系。他结合英国社会各阶级的财富现状,愤慨地责问:"英国所积累的如此巨大的财富究竟带来什么结果呢?除了给各个阶级带来忧虑、困苦和完全破产以外,另外还有什么呢?为了物而忘记人的英国不是为了手段而牺牲目的的吗?"②他尖锐地指责了李嘉图等人在财富问题上颠倒物与人、手段与目的的理论误区。

很显然,与李嘉图等人不同,西斯蒙第实质上是从人性论角度批判资本主义工业社会财富堆砌物"埋没"人的现象的。如果说李嘉图立足于工业社会物化现象的客观现实将评判财富现象的尺度从财富的主体性存在

---

① [瑞士] 西斯蒙第:《政治经济学新原理》,商务印书馆 1964 年版,第 47 页。

② [瑞士] 西斯蒙第:《政治经济学新原理》,商务印书馆 1964 年版,第 7—9 页。

"诚实"地扭转到财富的客体性存在，那么，西斯蒙第则回到了资产阶级人性论的伦理立场，强调契约社会中人的"自然权利"，将评判财富现象的尺度再次拉回到主体自身。虽然西斯蒙第囿于自身资产阶级的立场，不可能在理论上理解他们的矛盾冲突实质上反映了：资产阶级的抽象人性论与社会契约前提下生产资料的私有化存在之间的本质矛盾，但是他已经在财富现象层面抽象地意识到了资本主义生产方式中人与物、主体存在与客体存在的内在矛盾，并在考察工业社会各阶级的财富现状的过程中试图探究这种生产方式的内在矛盾性。特别是经历了1825年的资本主义经济危机之后，西斯蒙第进一步在社会现象层面确认了"资本主义生产是自相矛盾"的结论，进而认识到："对于在资本主义社会内部发展起来的生产力，对于创造财富的物质条件和社会条件，必须有占有这种财富的新形式与之适应，资产阶级形式只是暂时的、充满矛盾的形式，在这种形式中财富始终只是获得矛盾的存在，同时处处表现为它自己的对立面。这是始终以贫困为前提，并且只有靠发展贫困才能使自己得以发展的财富。"①

由此可见，由于西斯蒙第评判财富现象时坚持了人性论的思路，所以正像重农学派和斯密等人由此形成对封建制度予以政治经济学批判一样，西斯蒙第最终表现出对资本主义生产方式本身进行政治经济学批判的理论气质，这是他的同时代人所没有的。西斯蒙第确实在发展古典政治经济学的道路上"走向了资本主义生产方式的否定结构"②，这又是与他坚守自己财富现象评判的尺度有密切关联的，因为他由此深刻地分析和批判了资本主义生产方式的"自相矛盾"。所以相比于李嘉图"不断地在绝对的矛盾中运动而毫不觉察……西斯蒙第由于觉察到了这种矛盾而在政治经济学上

① 《马克思恩格斯全集》第26卷第3册，人民出版社1974年版，第55页。
② 刘荣军：《财富、人与历史——马克思财富理论的哲学意蕴与现实意义》，人民出版社2009年版，第33页。

开辟了一个时代"①。正因如此，马克思认为，"如果说在李嘉图那里，政治经济学无情地作出了自己的最后结论并以此结束，那么，西斯蒙第则表现了政治经济学对自身的怀疑，从而对这个结束作了补充。"②

然而，西斯蒙第进行财富现象评判的人性论尺度毕竟是基于资产阶级的伦理立场，所以"他中肯地批判了资产阶级生产的矛盾，但他不理解这些矛盾，因此也不理解解决这些矛盾的过程"③。因此西斯蒙第在将财富现象评判"回落"到人的主体性尺度时，无非是从工业主义到重农主义的立场"回迁"，实质上是在小生产者的主体视域中，以一种浪漫主义的情结怀恋温情脉脉的小生产方式，并无限伤感地看待现代资本主义工业化生产。面对资本主义生产导致的贫富两极分化现象和工人的贫困，虽然他跟李嘉图有情感上的对立，但他也不可能找到反贫困的正确道路。

四、古典政治经济学对马克思财富现象批判思想的影响

起初，古典政治经济学立论的财富思想，是与资产阶级启蒙思想伴随始终的，因而在经济学说史上，它也是在经济学领域开展的一场资产阶级性质的启蒙运动。很明显，古典政治经济学的财富现象批判有其理论动机，即反封建神学及其僵化经济体制，并在倡导与维护资产阶级生产方式和意识形态方面与资产阶级启蒙思想同步。尤其是以抽象自然法和社会契约论为代表的资产阶级启蒙思想是古典政治经济学进行财富现象批判的隐性理论根据。

当然，社会发展史上的资产阶级因其特有的阶级气质，使得古典政治经济学即使有反封建主义的批判精神，但在社会政治和经济问题上对现实

---

① 《马克思恩格斯全集》第 26 卷第 3 册，人民出版社 1974 年版，第 285 页。

② 《马克思恩格斯全集》第 31 卷，人民出版社 1998 年版，第 455 页。

③ 《马克思恩格斯全集》第 26 卷第 3 册，人民出版社 1974 年版，第 55 页。

的财富现象予以批判时难免患得患失，往往表现出较为温和的"财富现象评判"。这也是其财富理论之所以具有历史局限性、不彻底性和各种二重性的重要原因。总的来说，它是为了维护私有资本的利益，而不是以反劳动贫困为目的。

但从学术链条上看，马克思对古典政治经济学的批判和改造，是其形成科学的劳动价值论、创立剩余价值学说的必要理论前提，马克思由此确立了批判劳资对立和贫富分化现象的科学依据，并基于此展开着反贫困的财富现象批判。这甚至是马克思创立历史唯物主义的重要学术背景。①

重商主义的财富学说是资产阶级意识形态的先导，它在反封建神学体制的同时，通过对货币这一物性财富的祛魅，实质上在财富流通领域确立了财富现象世俗化评判的物性尺度。配第和重农学派在批判重商主义"非科学"的财富理论时，在抽象的劳动价值论和自然法前提下，将反封建神学观念的历程从物性祛魅转向人自身的主体性确认，第一次在社会生产领域明确了财富的来源和财富的主体性本质存在，并确立了财富现象评判的主体性尺度。斯密延续了重农学派的思路，在发展劳动价值论的同时，既在道德情操论的立场上高扬了资产阶级抽象人性论尺度，又在社会分工和自由交换的立场上宣扬了资本主义生产是最能促进国民财富增长的物性尺度，以此来评判与财富生产、积累、分配和市场交换等相关的财富现象，并将其延伸到对封建残余体制的政治经济学批判。再其后，李嘉图和西斯蒙第分别延续了斯密评判财富现象的物性尺度和人性尺度，并形成了两者理论对峙的局面。综合来说，资产阶级古典政治经济学在研究财富问题和评判财富现象过程中不断丰富和发展了自己的财富学说，最终确认了财富

---

① 此处借鉴了张一兵的观点。张一兵认为，马克思在青年时期，相对于此时居于主导地位的人本主义逻辑，古典经济学中社会唯物主义的这条新的逻辑思路才真正是马克思后来走向历史唯物主义的科学开端。（参见张一兵：《回到马克思——经济学语境中的哲学话语》，江苏人民出版社 2009 年版，第 231—232 页。）

在客体层面和主体层面的双重存在，并在评判财富现象的尺度上呈现出物性和人性的双重理论逻辑。

应该说，资产阶级古典政治经济学在经济学说史上首次明确了财富的主体性和客体性的双重存在，这是其理论成就。然而古典政治经济学却不能实现财富存在的主客体之辩证统一。斯密虽然试图消弭财富存在的主客体分裂，但在其抽象自然法和人性论的理论前提下，"看不见的手"调控下的"理性经济人"并不能消除工人创造的财富被分离为一个非主体存在的财富剥削现象。而李嘉图和西斯蒙第在评判资本主义社会财富现象时各执一端的矛盾对峙状态，固然说明无论是资产阶级政治经济学还是资产阶级哲学，自近代以来，都具有主客体二元分裂的理论特质，虽然他们都力图消弭人与物、主体存在与客体存在之间的分裂，但无论是像李嘉图那样诉诸资本主义工业化生产的物性手段，还是像西斯蒙第那样回归温情脉脉的小农经济生产的人性方式，都不可能彻底解决财富的主体性存在与客体性存在的二元分裂现象。而在古典政治经济学的结束时期凸显了李嘉图与西斯蒙第财富思想的对立，则说明——只要他们站在资产阶级的立场上就不可能理解他们的矛盾冲突实质上反映了：资产阶级的抽象人性论与社会契约前提下生产资料的私有化存在之间的本质矛盾。古典政治经济学的资产阶级立场，必然使其在评判资本主义财富现象时以私有财产或雇佣劳动（异化劳动）的存在为出发点。这样，劳动者（工人）创造的剩余产品和剩余价值被一种人格化的物即资本盘剥就被设定为应然。也就是说，人（创造财富的劳动者）与物之间的分裂、对立本身就是古典政治经济学的应然理论前提。即使"以纯经济的方式，从资本主义生产本身出发，表明了资本主义生产的界限，表明了它的相对性，即它不是绝对的生产方式"①，以李嘉图为代表的资产阶级经济学家仍然将资产阶级生产视作永恒

① 《马克思恩格斯全集》第32卷，人民出版社1998年版，第462页。

的"绝对形式"。这样一种资产阶级意识形态下的古典政治经济学"自然"成为青年马克思批判的对象，并以"经济学—哲学批判"为主旨表达在1844年的《巴黎手稿》之中。

事实上，马克思打开从经济哲学视域进行唯物史观研究通道，实现政治经济学的科学革命，正是基于对古典政治经济学的批判和改造。马克思的著作中对古典政治经济学有相当多的详尽分析和评判。① 由此不难看出，古典政治经济学对马克思有着重要影响，古典政治经济学的财富理论和财富现象批判思想必然也是马克思学术立论的重要"靶标"和理论资源。

虽然古典政治经济学家面对众多的社会财富现象，能进行从"多"到"一"的抽象概括，且其方法与自然唯物主义经验论并不相同，但它实质上依然是一种经验归纳式的实证经验抽象。这样，被斯密抽象出来的"经济人"只能以"资本主义生产当事人"的身份僵化地看待经济活动表面所呈现出来的现象与现象之间的联系。即使是在古典政治经济学体系的完成者李嘉图那里，他"同亚当·斯密的贯穿全部著作的内在观察法和外在观察法之间的矛盾断然决裂"，但他超越现象之"多"概括本质之"一"的方法仍然是一种经由经验具体到概念抽象的"形而上学"，只是将斯密的"经济人"变成了非人的"帽子"，而不可能以彻底的历史主义立场自觉推进概念抽象向理性具体的辩证转化。古典政治经济学的实证经验抽象最终只能僵化地完成对资本主义这顶非人的"帽子"的辩护，抽象地论证资本主义生产方式的永恒性，但它排斥了历史主义和辩证法的科学立场，它不

---

① 刘荣军在《财富、人与历史——马克思财富理论的哲学意蕴与现实意义》中集中梳理、总结了马克思分析和评判古典政治经济学的四处文本表现：第一处在《1844年经济学哲学手稿》的"第三手稿"的"私有财产和劳动"一章；第二处在《1857—1858年经济学手稿》的"导言"中；第三处在《政治经济学批判》第一分册的第一篇第一章（写于1858年11月—1859年1月）中；第四处在三卷本的《剩余价值理论》（写于1862年春—1862年年底）中。（参见刘荣军：《财富、人与历史——马克思财富理论的哲学意蕴与现实意义》，人民出版社2009年版，第36页。）

可能像批判封建残余体制那样对资本主义社会中人与物对立、贫与富两极分化的财富现象予以彻底的批判。

在辩证批判古典政治经济学的研究方法的基础上，马克思认为，要实现对政治经济学的科学革命，就必须将它的概念、范畴和理论与一定的社会生产关系相联系，运用历史分析法和科学抽象法进行辩证考察和研究。① 古典政治经济学在研究方法上的偏颇使其只能在现象的经验层面进行"描写、分类、叙述"和"简单概括"，停留在财富现象的表层简单判定财富现象所体现出来的人与物之间的关系，而看不到人与物的关系背后深藏的人与人的关系。

虽然在总体的抽象上，古典政治经济学家也能看到与财富生产、交换、分配、消费相关的社会贫富两极分化与对立现象，并从研究国家税赋、社会济贫政策的角度表达资产阶级抽象人性论的慈善立场，但他们也仅能从人与物之间的对立关系来分析。在这样的阶级立场和理论视域中，大多数的古典政治经济学家最终选择物性尺度"赞赏"资本主义生产方式是"最生产的"，并追求社会整体的最富裕状态。一旦他们"不安"地意识到资本主义生产的历史相对性和界限时，就僵硬地认为资本主义生产"本身的目的即充裕"，进而维护一部分人（有产者阶级）剥削占有另一部分人（无产者阶级）的财富的资本主义生产关系，执意无视深藏在人与物的关系背后的、人与人之间的阶级利益对立关系。由此，马克思感叹道："古典政治经济学几乎接触到事物的真实状况，但是没有自觉地把它表述出来。"②

可以说，马克思在批判和改造古典政治经济学的财富思想的同时，将人与物的关系（生产力）和人与人的关系（生产关系）视作财富问题的两

---

① 参见《马克思恩格斯选集》第 30 卷，人民出版社 1995 年版，第 3—11 页。
② ［德］马克思：《资本论》第 1 卷，人民出版社 2004 年版，第 622 页。

个方面进行研究，并将对社会财富现象的分析深入到了社会历史的层面进行辩证批判，进而在财富的物质内容（生产力）和社会形式（生产关系）相统一的前提下阐述人类社会通过生产力财富的发展来消除贫困、推进人自身全面自由发展的历史过程。马克思承接古典政治经济学所进行的财富现象批判就是进一步深入探究资本主义生产关系的内核，在剖析资本主义生产方式所造成的"贫困的积累"和"财富的积累"中，对资本主义贫富两极分化与对立的财富现象予以科学的政治经济学批判。

第二节　宗教改革背景下的财富现象与德国古典哲学的批判逻辑

自近代欧洲文艺复兴以来，除了古典政治经济学在经济学领域中旗帜鲜明地展开对封建神学秩序的批判和对世俗财富现象的评判外，以霍布斯、休谟、洛克、笛卡尔、卢梭等为代表的英法思想家在哲学、政治思想领域也表达了对各种社会现象的理性批判和祛魅主张。而在以康德和黑格尔为代表的德国古典哲学中的财富思想与批判逻辑则深受同一时期的宗教改革运动的影响。因本书主题所限，在此仅讨论康德哲学和黑格尔哲学中的某些思想及其对马克思进行财富现象批判的影响。

一、世俗世界中的财富与康德哲学的批判逻辑

从 14 世纪开始，尤其是在 15—16 世纪，西方的拉丁语世界和日耳曼语世界纷纷展开了针对封建神学秩序的批判和变革。如果说文艺复兴运动是在拉丁语世界开展的理性批判运动，那么宗教改革运动则是在以德国为代表的日耳曼语世界开展的理性批判运动。因此，相对来说，宗教改革运

动对德国古典哲学的影响更大。

宗教改革运动是导致西方社会开启现代转型的一个重要原因。这是宗教改革运动无意中导演的"历史吊诡性"结果。马丁·路德和加尔文等人推动的宗教改革运动的目的是破除中世纪虚伪的宗教信仰，回到真诚信仰和纯洁道德的宗教状态，但无意中开出了一个意料之外的新世界，竟然推动了西方社会的现代化转型。① 结果之一即是导致了资本财富的增值和积累，这也就是马克斯·韦伯所指认的，新教运动创生的资本主义精神为现代资本主义经济的发展提供了合理性根据。② 新教运动把"因信称义"的宗教活动转变为世俗劳动，其重要的精神宗旨就是主张勤奋节俭，它无意中构成了资本主义财富积累的精神原则，结果导致了资本主义经济的发展。按照这种精神原则，只要勤奋劳动和节俭生活，人就能得到上帝的恩典，因而人们理应理直气壮地去追逐财富，这是为了增加神在人间的荣耀。人人都为上帝而勤奋劳动，结果导致了世俗财富的繁荣。因此，汤因比说："世俗世界的巨大成就往往是圣城工作的意外收获。"③

宗教改革运动对隶属于日耳曼语系的德国古典哲学影响深远。在社会财富现象层面，宗教改革使世俗世界收获了财富繁荣景象。这样的财富现象被予以理性的追根溯源，并在更深的层面确认了宗教信仰在创制财富过程中的重要作用。于是，康德在开启德国古典哲学那一刻起就刻意为信仰留下地盘，直到黑格尔沿袭神秘主义的"通灵说"传统以理性的逻辑语言设计了人何以拜谒上帝的"精神现象学"。这不能不说是宗教改革运动对德国古典哲学的深远影响。

---

① 参见赵林：《西方文化转型的历程：信仰与理性关系的辩证演进》，《江海学刊》2012 年第 1 期。

② 参见〔德〕马克斯·韦伯：《新教伦理与资本主义精神》，马奇炎等译，北京大学出版社 2012 年版，第 27—38 页。

③ 赵林：《西方文化转型的历程：信仰与理性关系的辩证演进》，《江海学刊》2012 年第 1 期。

就康德哲学中的财富思想及相关批判逻辑而言，一方面，康德批判了英法学者在认识论上蔑视神的"独断论"，以实践理性开拓信仰疆域的目的论立场将英法学者的经验理性或自然理性限定在或搁置在"现象界"，并在《纯粹理性批判》一书中要求批判考察人类理性的精神结构，以此开启"哥白尼式革命"。另一方面，康德又以新教伦理的立场思考了"崇高"论域中的经济财富和财产法权问题，以把握宗教式的"资本主义精神"。在康德看来，放弃娱乐、饮宴等的满足"实际上会使你更富有，哪怕你在生命的尽头通常要放弃对这些财富的使用。把享乐控制在你手中这种意识正如一切理性的东西一样，……要更加有益、更加广博"①，这种精神崇高性才是批判考察现实社会中的财富、财产法权的标尺。

同样是资产阶级的道德伦理学的立场（新教伦理本身就是资产阶级伦理的体现），斯密的"同情说"是"此岸世界"的经济伦理，康德的"崇高说"则是"彼岸世界"的宗教伦理。康德设定"崇高说"超越"同情说"的实践理性根据是这样的"绝对命令"——永远把自己和每个他人的人格中的人性同时作为目的，而不只是用作手段。这也是康德考察社会经济现象的伦理尺度。从经济思想的角度看，康德的主张和古典政治经济学一样，也是在肯定个人主义的立场上，形成了对建立在交换和分工基础上的经济社会的肯定性认识。但康德力图将道德行为设定在先验的法则下予以批判考察，将"目的王国"这一先验综合理念作为进行现实批判的根据。虽然康德的批判哲学中没有过多地集中论述经济和财富问题，但卢卡奇认为，康德在信仰领域中确立的"自在之物"，实际上也即是斯密在经济学视域中表述的"看不见的手"，康德用哲学语言表达的同样是资本主义社会的物化结构。② 其实，从新教运动对康德哲学的影响看，康德不仅仅是认可斯

---

① ［德］康德：《实用人类学》，邓晓芒译，上海人民出版社 2005 年版，第 50—51 页。

② 参见刘荣军：《财富、人与历史——马克思财富理论的哲学意蕴与现实意义》，人民出版社 2009 年版，第 39 页。

密在世俗的现象世界对人的劳动的"主体性本质"的确认，而且以"目的王国"这个先验综合理念为评判尺度试图批判性考察人的主体性自由的限度。可以说，康德有关主体性自由的限度的思想是与财富活动的道德性同构的，因为康德是从自由的角度理解和批判性考察财富活动的，即在康德看来，"没有自由就不会出现任何可能创造财富的活动。"①

莱斯利·阿瑟·马尔霍兰认为，康德为财产的获得性法权提供的普遍法则就是由自由所决定的，即每个人的自由得以相互共存。②虽然康德很少使用"财产"这一概念，但他的财产理论的显著特征是，在不考虑功利主义的条件下，"财产不是作为实现幸福的手段而得到证成的，或像黑格尔那样，为了使自由'作为理念'而存在而获得证成"③。由此可见，主体性自由与"目的王国"的道德法则的互释，使得主体性自由实质上成为康德评判财富活动及其现象的现实尺度。很明显，康德以此尺度对财产法权的证成，也就是对在财富（财产）与幸福关系上主张功利主义的观点的批判。它对黑格尔后来表述"财产是自由的定在"的财富思想是有影响的。

康德的批判指向对罗尔斯的影响很大。罗尔斯在20世纪80年代倡导回到康德，批判了以肯定资本主义为前提的财富再分配的社会民主主义方案，强调必须改变导致贫富不均的那种体系，主张以"财产所有的民主制"作为"资本主义的替代方案"，这样就能实现康德式的"自由主义的社会主义"。很明显，只要回到康德的批判逻辑——不是从利益和幸福而是从"自由"去评判财富活动及其现象——就必然指向以每个他人为目的的自由人的"联合王国"。这对马克思的共产主义思想也是有一定影响的。

---

① ［德］康德：《历史理性批判文集》，商务印书馆1990年版，第73页。
② 参见［美］莱斯利·阿瑟·马尔霍兰：《康德的权利体系》，赵明、黄涛译，商务印书馆2011年版，第245—247页。
③ ［美］莱斯利·阿瑟·马尔霍兰：《康德的权利体系》，赵明、黄涛译，商务印书馆2011年版，第246页。

从总体上看，康德的批判逻辑，尤其是实践理性批判，集中体现了康德以主体性自由为评判尺度的财富理念。从宗教改革运动对康德哲学的影响看，康德基于"目的王国"的自由法则（道德命令）对功利主义的批判，在一定程度上体现了他倡导宗教式的资本主义精神的理论指向，这也符合他力图为宗教信仰开拓地盘的初衷，并与他对经验理性的批判同步。很明显，康德将主张财富创造和积累的资本主义精神做了实践理性的先验设定，进而将世俗的社会生活再次交给了虔诚信仰那只"看不见的手"的指引。但他在确立符合资本主义精神的宗教式的"目的王国"时，试图通过对人类理性的精神结构予以批判考察，根据自由法则为人类理性划界，进而又表现出一个明显的意图——在实践理性的名义下化解宗教信仰那"不可知"的迷魅。这是康德批判逻辑的折中性质，他又努力调和理性和信仰、经验和先验、世俗世界和天国、现象界和自在之物。然而，康德自己总结的二律背反现象宣告了他的努力是不成功的。康德设定了对立面的存在，却找不到对立双方互通的桥梁，即使他意识到了矛盾，却找不到解决矛盾的办法，他试图为资本主义精神确立宗教的体系，但并没有成功地理性化解宗教信仰的迷魅。

因此，在占有"私有财物"的贫富有别的现实矛盾问题上，康德即使看见了跟私有财产相关的贫富不均与不平等现象，但他仍然只能用先验的法权观点来折中调和。在他看来，"除法律上平等之外，'私有财物在数量上和等级上'即经济上的不平等是完全合理的，并不要求这方面的平等。"[①]这跟他维护资产者利益，建构宗教式的资本主义精神体系的立场相关。因此，马克思指出："康德只谈'善良意志'，哪怕这个善良意志毫无效果他也心安理得，他把这个善良意志的实现以及它与个人的需要和欲望之间的协调都推到彼岸世界。康德的这个善良意志完全符合于德国市民的

---

① 全增嘏编：《西方哲学史》下册，上海人民出版社1985年版，第99页。

软弱、受压迫和贫乏的情况⋯⋯"①

二、黑格尔的财富思想及其反贫困理论

在德国古典哲学史上，完成康德开启的历史任务的是黑格尔。黑格尔哲学不仅是德国哲学的高峰，而且完成了资本主义精神大厦的建构。他延续了康德表述财富思想的伦理立场，《法哲学原理》的"伦理"篇即是其阐述财富思想的文献。当然，黑格尔的财富思想早在《精神现象学》中就已经呈现。在黑格尔看来，财富和伦理在精神意义上是本性相通的。一方面，"伦理本性上是普遍的东西，这种出之于自然的关联本质上也同样是一种精神，而且它只有作为精神本质才是伦理的"②，精神是现实的、伦理的本质；另一方面，"财富虽然是被动的或虚无的东西，但它也同样是普遍的精神的本质"③，财富的创造和消费体现了伦理的普遍性和善。很明显，如果说康德的财富思想是以主体性自由为评判尺度表述信仰（宗教）伦理，那么，黑格尔则是在精神现象学意义上直接论述财富伦理。

同样是继承了日耳曼民族神秘主义文化传统，与康德将主体自由引向神秘而不可知的信仰领域不同，黑格尔则是将资产阶级"自由树"④的自由精神本身上升到神秘的形而上学层面，使之变成自因自为且能自我认知的辩证理性，虽然它用逻辑语言表达起来晦涩玄奥。这样的自由精神不仅是具有自我意识的主体，而且是在辩证的外化运动中可以自我认知、自为存在的实体，宇宙万物都是它实现自己、认识自己的外化表象，它就是绝

① [德] 马克思、恩格斯：《德意志意识形态》（节选本），人民出版社 2003 年版，第 110 页。
② [德] 黑格尔：《精神现象学》上册，贺麟、王玖兴译，商务印书馆 1979 年版，第 8 页。
③ [德] 黑格尔：《精神现象学》上册，贺麟、王玖兴译，商务印书馆 1979 年版，第 46 页。
④ 1788 年至 1793 年，黑格尔在图宾根大学学习，时值法国大革命爆发，他曾和谢林同植"自由树"，表现了欢庆法国大革命的热情；他在和谢林共同组织的政治学会里，也是一个具有资产阶级的自由、博爱等思想的成员。

对精神。在黑格尔看来，财富和伦理都是绝对精神的本质存在，是精神的外化表象，含有辩证本性的精神才使财富伦理具有现实性、辩证性和普遍性。

在德国古典哲学史上，黑格尔是将作为资产阶级精神实体的拿破仑解读为"骑在马背上的绝对精神"的第一人，他在资产阶级意识形态下完成了对其予以宗教式的形而上学建构，并顺延着日耳曼民族的文化传统用辩证理性完成了对这一宗教体系的解魅。自此，黑格尔在知性意义上解读资产阶级的"绝对精神"的同时，又为人们如何去拜谒神秘的绝对精神这只"看不见的手"而进行着宗教式的布道。这是在德国"这个庞大的奥吉亚斯的牛圈"里盛开的一朵美丽的唯灵论鲜花，它把整个人类历史解读成"精神"的外在表象，法国大革命是它外化的历史见证。于是，"近代欧洲在实践领域中的任何一次进步，都立即在德国转化为丰硕的思想果实。近代德国人一方面以巨大的毅力忍受着经济上的贫穷和政治上的专制，在英法等国的物质成就和社会进步面前自惭形秽；另一方面却在圣灵一般神奇的精神世界（宗教和哲学）中对现实生活进行着深刻的哲学反思和理论批判，在自我意识疯狂膨胀的晕眩中超越和遗忘着现实的苦难。"[①]黑格尔的财富思想及其贫困理论就是在这样的背景下论述的。

当然，黑格尔有经济学的背景知识，他的财富思想在一定程度上就是把政治经济学的某些范畴，特别是"劳动"范畴，进行哲学改造的结果。马克思曾指出："黑格尔站在现代国民经济学家的立场上。他把劳动看作是人的本质，看作人的自我确证的本质，……黑格尔惟一知道并承认的劳动是抽象的精神的劳动。"[②]卢卡奇后来在《青年黑格尔》中也做了指认：黑格尔是把英国古典经济学的问题与哲学问题联系起来的唯一的德国

---

① 赵林：《论德国哲学的神秘主义传统》，《文哲史》2004 年第 5 期。
② ［德］马克思：《1844 年经济学哲学手稿》，人民出版社 2000 年版，第 101 页。

思想家。①

应该说，黑格尔的"绝对精神"比康德的"先天综合判断"更具有扩张性，前者更符合资产阶级需要扩张财富的欲望及其精神现象，它是在古典经济学基础上深刻反思需要（欲望）与劳动之间关系的逻辑起点，进而在伦理范畴下切入对财富现象与贫困问题的思考。

尽管都是基于资产阶级的立场，但是黑格尔的财富思想比古典经济学基于自然理性的抽象劳动价值论有明显进步。

其一，黑格尔的概念辩证法明确陈述了主体性劳动的辩证本性。这是古典政治经济学在分析财富现象时其经验主义方法所不能见的。黑格尔的概念辩证法既反对英法学者片面地把现象看作是唯一真实的观点，也反对康德在现象之外片面地坚守自以为是唯一真实的抽象本质。他强调凡现象所表现的没有不在本质内的。在指认劳动是创造财富的手段的同时，黑格尔认为劳动作为财富的主体性本质自身也具有辩证本性——在与异己的他者和创造物（财富）的对象性的辩证扬弃中证实了人的"内在确定性"。它被明确表述在《精神现象学》中："劳动对于意识证实了对它自己本身的内在确定性，这种确定性，我们看见，是通过扬弃和享受异己的存在，亦即通过扬弃和享受以独立事物的姿态出现的异己的存在而达到的。"② 为此，马克思说："黑格尔的《现象学》及其最后成果——辩证法，作为推动原则和创造原则的否定性——的伟大之处首先在于，黑格尔把人的自我产生看作一个过程，把对象化看作非对象化，看作外化和这种外化的扬弃；可见，他抓住了劳动的本质，把对象性的人、现实的因而是真正的人理解为他自己的劳动的成果。"③ 应该说，黑格尔有关主体性劳动的辩证

---

① 参见李光林：《哲学家黑格尔的经济学贡献》，《马克思主义来源研究论丛》第 19 辑，商务印书馆 1997 年版，638 页。

② [德]黑格尔：《精神现象学》上册，贺麟、王玖兴译，商务印书馆 1979 年版，第 146 页。

③ [德] 马克思：《1844 年经济学哲学手稿》，人民出版社 2000 年第 3 版，第 101 页。

分析对马克思有重要影响，它是青年马克思在《1844 年经济学哲学手稿》中就完成对古典政治经济学的解剖和超越的重要学术要素之一，马克思借此全面解析了"财富的主体性本质"和私有财产（富有）和异化劳动（贫困）的关系问题。正是因为黑格尔抓住了劳动的对象性的辩证本质，他实际上在《精神现象学》中意识到了劳动的异化现象，如，在论述"主人与奴隶"关系时，黑格尔说："主人把奴隶放在物与他自己之间，这样一来，他就只把他自己与物的非独立性相结合，而予以尽情享受；但是他把对物的独立性一面让给奴隶，让奴隶对物予以加工改造。"① 这样，奴隶的劳动创造物反而是独立于自己的，并被主人尽情享受。由此看来，劳动与异己的他者和创造物的对象性关系"就发生了一种片面的和不平衡的承认"②。如果说，论述这样的异化现象是黑格尔对前资本主义社会中统治者与被统治者之间非人关系的批判，那么，这样的批判也存在于有着契约关系的市民社会之中。黑格尔后来在《法哲学原理》中分析道："当市民社会处在顺利展开活动的状态时，它在本身内部就在人口和工业方面迈步前进。人通过他们的需要而形成的联系（本质上就是体现契约精神的相互关系——引者注）既然得到了普遍化，以及用以满足需要的手段的准备和提供方法也得到了普遍化，于是，一方面财富的积累增长了，因为这两重普遍性可以产生最大利润；另一方面特殊劳动的细分和局限性，从而束缚于这种劳动的阶级的依赖性和匮乏，也愈益增长。"③ 这也就是被黑格尔指认和批判的资本主义社会中的财富异化和贫富分化现象。它体现了黑格尔概念辩证法关于历史事物的洞察力，对此，列宁曾深刻地说："黑格尔在概念的辩证法中天才地猜测到了事物（现象、世界、自然界）的辩证法。"④ 用黑格

① ［德］黑格尔：《精神现象学》上册，贺麟、王玖兴译，商务印书馆 1979 年版，第 128 页。
② ［德］黑格尔：《精神现象学》上册，贺麟、王玖兴译，商务印书馆 1979 年版，第 129 页。
③ ［德］黑格尔：《法哲学原理》，范扬、张企泰译，商务印书馆 1961 版，第 244 页。
④ ［俄］列宁：《列宁全集》第 38 卷，人民出版社 1959 年版，第 210 页。

尔自己在《精神现象学》结尾处的表白来界定就是："被概念式地理解了的历史"就是"精神现象的知识的科学"。① 它也是黑格尔在分析和批判财富现象时的另一特质——辩证的历史方法或历史主义的辩证法。这也是古典政治经济学的抽象劳动价值论不可能有的。

其二，黑格尔在概念推演中展开"辩证否定"式的历史主义辩证法具有深刻的批判性。黑格尔的"概念"是处于辩证否定之过程中的概念，但它并非没有现实性。对此，黑格尔在《法哲学原理》的第 1 节就指出，只有概念才具有现实性，其他所有东西都是暂时的缺乏本质的现象。② 在黑格尔看来，历史事物的存在即是它的概念，由此表达了"对历史的概念式理解"的历史主义方法：依据概念的批判性考察（辩证的否定）揭示历史事物的合理性和合法性。黑格尔的辩证法是基于概念的辩证推演的历史主义辩证法。历史主义辩证法具有批判的本性，它不崇拜任何神圣的权威。在历史主义辩证法的批判性视域中，历史中的一切东西都是暂时的存在，都有向其反面过渡的必然性和普遍性。在《法哲学原理》中，黑格尔遵循历史主义的辩证法原则，对现代社会法权关系下的财富现象的批判集中体现在他的财产权批判的思想中。他反对洛克在财产权问题上的肯定性理解，提出了一条批判性的辩证否定的历史路径，并将其体现在"三阶段式"的"概念"结构中。在这里，他将财产权批判推进为对"如何消除贫困现象"的思考。

黑格尔除了在《法哲学原理》中有关于贫困理论的表述外，在《耶拿体系草稿Ⅰ》《耶拿体系草稿Ⅱ》和《伦理体系》等文本中皆有对贫困问题的探讨。他注意到了社会分工的片面化和现代生产的机械化导致的贫困问题，机器生产排挤劳动者，"生产的抽象化使劳动越来越机械化，到

---

① ［德］黑格尔：《精神现象学》下册，贺麟、王玖兴译，商务印书馆 1979 年版，第 275 页。
② 参见［德］黑格尔：《精神现象学》下册，贺麟、王玖兴译，商务印书馆 1979 年版，第 272—275 页。

了最后人就可以走开，而让机器来代替他"①。黑格尔已经认识到现代社会中以劳动分工为前提的财富生产与贫困生成之间的矛盾关系。在他看来，"怎样解决贫困，是推动现代社会并使它感到苦恼的一个重要问题"②。

在贫困问题解决方案上，黑格尔认为应该按照市民社会的利益准则来解决。第一，从市民社会的"需要体系"的环节入手，放大贫困者的利己心，通过商业贸易和海外殖民等方式来加大私人财富的积累，满足他们的需要。第二，从市民社会的"普遍财富的所有权保护"的环节入手，一方面保护私有财产，积累社会财富；另一方面建立帮扶机制，消除贫困者对社会的反抗情绪，防止穷人向贱民转变。第三，从市民社会的"警察与同业公会的关怀"的环节入手，实施相关社会职能解决贫困。但黑格尔认为，前两个环节违背市民社会利益准则，是不充分的，助长了穷人不劳而获的心理和"丧失正义、正直与自尊"的情绪。市民社会"所占有而属于它所有的财产，如果用来防止过分贫困和贱民的产生，总是不够的"③。因此，解决贫困问题需要"国家的普遍行动"，如"同业公会的关怀"。只有在同业公会中，"对贫困的救济丧失了它的偶然性，同时也不会使人感到不当的耻辱……正直才获得其真实的承认和光荣"④。为此，他批判和反对用慈善行为和慈善事业消除贫困现象的通行见解，其理由是：慈善行为和慈善事业虽然有其进步性，但仍然是"道德"的主观"任性"，是自由意志发展的"特殊性"阶段，其建立在个人主观性基础上的善行具有偶然性，是靠不住的。他认为要解决财富分配和贫困现象问题必须诉诸"国家的普遍行动"，演进到普遍性的"国家"概念。

应该说，黑格尔跟英法的古典经济学家在关于财富现象批判的财富思

---

① ［德］黑格尔：《法哲学原理》，范扬、张企泰译，商务印书馆1961年版，第210页。
② ［德］黑格尔：《法哲学原理》，范扬、张企泰译，商务印书馆1961年版，第245页。
③ ［德］黑格尔：《法哲学原理》，范扬、张企泰译，商务印书馆1961年版，第245页。
④ ［德］黑格尔：《法哲学原理》，范扬、张企泰译，商务印书馆1961年版，第250页。

想方面也有相同的地方，即两者都有基于资产阶级伦理的批判立场，本质上都是维护私有财产利益。但黑格尔的精神现象学将批判成功地指向对一切历史性的暂时的事物和现象的概念剖析，因为关键在于他在方法论上卓异的辩证法思路。在方法论上，黑格尔看到了现象和本质的辩证统一，将概念辩证法（概念自身的辩证否定和扬弃的过程）表达为"对历史的概念式理解"的历史主义方法。这也是黑格尔哲学之所以超越古典政治经济学和康德哲学的地方。在此，就不难理解黑格尔对马克思的直接影响。马克思自己也在《1844年经济学哲学手稿》的序言中意味深长地说："对黑格尔的辩证法和整个哲学的剖析，是完全必要的。"①

但黑格尔的财富思想及其反贫困理论执意于概念辩证法或精神运动的外化形式，尤其是关于解决贫困问题的思考，仅是形而上的外部反思而已，解决不了现实问题。在概念推演中，黑格尔认识到市民社会自为存在的"不充分"，它导致了贫富分化和贫困现象，但是，市民社会作为伦理国家的过渡环节，任何问题都能在国家层面解决，普遍性的"国家"概念能扬弃市民社会的贫困现象。只能说，如此书生气十足的书斋哲学确实是德国这个庞大的"奥吉亚斯的牛圈"里盛开的一朵美丽的唯灵论鲜花。

三、德国古典哲学批判逻辑的实质及其对马克思影响

在以康德和黑格尔为代表的德国古典哲学发展史上，康德的批判哲学的意义之一就在于指认了这一事实：英法学者在各个领域中的理性祛魅只能认识表层现象，而不能达及深层本质。这种深层本质领域就是精神迷魅的王国，由此，黑格尔的精神现象学批判，作为德国古典哲学的顶峰，其意义在于展开了不同于英法传统的理性祛魅与批判。在财富思想上，德国

---

① ［德］马克思：《1844年经济学哲学手稿》，人民出版社2000年版，第4页。

古典哲学，尤其是黑格尔哲学，进一步将李嘉图的"帽子"编织成抽象概念，深入剖析和确认了精神领域中存在的、斯密所说的那只"看不见的手"。德国古典哲学将物质经济领域中的财富现象和贫困问题布置在了精神异化和不断扬弃进程之中，这是德国古典哲学进行形而上学批判所要达到的目的。

至于德国社会的普遍物质贫乏和市民社会中的贫民都是边缘现象，不是他们的理论研究核心，因为这些贫困现象，在他们看来，是必然要被理性精神扬弃的。这不能不说，在反贫困的财富现象批判方式上，德国古典哲学的善良意志或理性精神在协调它与"个人需要和欲望"时，又走向了神秘的"彼岸世界"，是醉心于唯灵论的软弱表现。

但就异化存在之不断被扬弃的批判立论和逻辑推理而言，德国古典哲学的财富思想及其关于贫困问题的反思无疑具有辩证法的批判意义。于此，德国古典哲学——尤其是黑格尔哲学——的财富思想及其辩证批判逻辑，对马克思反贫困的财富现象批判的影响非同一般。一方面，它是马克思真正完成对古典政治经济学财富学说的超越、对资本主义财富现象予以历史辩证法的科学批判的重要方法论"地平"；另一方面，它为马克思反贫困的财富现象批判提供了理论环节、批判素材和超越目标。

就黑格尔对私有制社会中财富现象的批判而言，不能否认他与马克思有并立而行的地方：其一，对财产权的批判，主张生命权大于财产权，拒斥"私有财产神圣不可侵犯"的洛克教条。在黑格尔看来，生命权作为人格的权利是"最隐秘的财富和我的自我意识的普遍本质的福利，……享受这种福利的权利也永远不会失效"[①]。与之相比，财产权只是自由的"有限的"定在。当生命权与财产权处于冲突之中时，黑格尔运用概念辩证法表达了一种特殊的批判意味：生命权就是对财产权的否定——批判财产所有

---

① ［德］黑格尔：《法哲学原理》，范扬、张企泰译，商务印书馆1961年版，第73页。

权教条。黑格尔基于对财产权的批判实质上是认可穷人为了维护自己的生命权有"对有产者进行劫掠的权利"。这与马克思论证无产阶级的权利和历史使命是相近的。其二，黑格尔承认劳动分工对增加普遍财富的积极作用，但批判了因劳动分工而导致的异化现象。他指出："劳动变得越来越冷漠无情，这里没有为知性考虑的多样性。劳动者的依赖性是工厂的一个结果，他们使精神在劳动中迟钝了，他们变得完全不自主，他们变得完全片面的，从而几乎没有别的办法维持生计，因为他们只专心于这一个工作中，只习惯于它，他们变成各方面都是最不自主的人，精神沉寂了。……劳动分工越广泛，就变得越缺乏精神，越机械，越加贬低人的地位。"① 这与马尔库塞关于"单面的人"的思想和马克思关于异化劳动的阐述是比较接近的。其三，黑格尔对市民社会中贫富分化现象的批判。市民社会基于"需要的体系"满足原子式的个人通过彼此依赖的社会劳动取得财富的需要，以"司法"维护所有权，并以"警察和同业公会"保护个人的私有财产。这样的社会实质上就是现代资产阶级社会。黑格尔在论述市民社会的财富状态时指认了其中的贫富分化现象，即一方面是财富不断积累和增长，而另一方面是劳动者不断增长的依赖性和匮乏。贫富分化现象导致了贫困和"贱民"的产生。黑格尔认为，"尽管财富过剩，市民社会总是不够富足的，这就是说，它所占有而属于它所有的财产，如果用来防止过分贫困和贱民的产生，总是不够的。"② 在追求个体私利和财产占有的市民社会的内部，贫富分化和贫困现象是不可能消除的，因为自由意志的所有物即私有财产对贫困的抵抗是无限顽强的。黑格尔认为，只有在更高的伦理实体——国家中，才能彻底解决贫富分化和贫困现象，它要求批判和辩证扬弃"市民

---

① 转引自陈飞：《黑格尔法哲学中的财富思想》，《广西社会科学》2012年第10期。在文中，陈飞指出，黑格尔这样的观点在《法哲学原理》中没有明确论述，而是格里斯海姆（黑格尔的学生）在听课笔记中详细记录下来的。

② ［德］黑格尔：《法哲学原理》，范扬、张企泰译，商务印书馆1961年版，第245页。

社会"这一伦理实体。在这里，黑格尔对贫富分化和贫困现象的指认和批判同样被涵括在概念的辩证扬弃的过程之中，在历史主义层面指向对市民社会财产权的现实批判和对"国家"的理想追求。黑格尔深入贫富分化和贫困现象的"概念"本质展开对财产权的批判充满思想性，坚持国家对市民社会的扬弃、普遍性伦理对特殊利益的优先又凸显了历史主义的理想指向。对此，张盾认为，黑格尔对市民社会财产权的批判是"把现代性之批判和拯救的目标定位为特殊性与普遍性的统一，把这种统一具体地标识为'国家'，这个国家不是任何现实的国家，而是一个建构性理想，性质类似于马克思的'自由人联合体'"①。

当然，黑格尔历史主义的辩证法虽然在方法论上体现了其哲学的批判气质，使其得以在理论气质上超越英法古典政治经济学关于财富现象批判的思想，并大致接近马克思的社会批判思想，但黑格尔在方法论上的努力总体上是为了教会人们如何认识和拜谒具有神秘主义色彩的绝对精神，以此来建构他的历史哲学体系。这样，为了迎合自己的通灵论和唯灵论的哲学体系，黑格尔的历史主义的辩证法的批判气质难免被扼杀，正如马克思和恩格斯多次指出的，黑格尔的唯心主义体系最终窒息了辩证法的生命力。马克思在《1844年经济学哲学手稿》中曾指出："在《现象学》中尽管已有一个完全否定的和批判的外表，尽管实际上已包含着往往早在后来发展之前就先进行的批判，黑格尔晚期著作的那种非批判的实证主义和同样非批判的唯心主义——现有经验在哲学上的分解和恢复——已经以一种潜在的方式，作为萌芽、潜能和秘密存在着了。"②

正是因为如此，黑格尔的神秘主义的"理性狡计"将自己的财富思想及其批判逻辑实质上庸俗化到和古典政治经济学一样的抽象伦理学立场，

---

① 张盾：《财产权问题与黑格尔法哲学的当代意义》，《人文杂志》2011年第5期。
② ［德］马克思：《1844年经济学哲学手稿》，人民出版社2000年版，第99—100页。

尽管他提出了历史主义的方法论，但最终还是为了立论资本主义伦理精神。黑格尔的财产权批判并不是对市民社会中资产阶级私有制的否定，而是在辩证扬弃的名义下阐明私有财产的个体意志是如何被规定着过普遍生活的。这样的普遍生活是个人权利（财产权）的特殊性经过不同的伦理实体（家庭、市民社会和国家）辩证趋向公共善（伦理国家）的理性归宿。在这里，伦理国家作为最高的伦理实体沿继了康德的"目的王国"的信仰"启示"，它为资本主义精神辩证趋向信仰意义上的绝对精神（上帝）提供了合理性根据。对此，费尔巴哈指出："黑格尔的辩证法的秘密，最后只归结到一点，就是：他用哲学否定了神学，然后又用神学否定了哲学。开始与终点都是神学，哲学站在中间，是作为第一个肯定的否定，而神学则是否定的否定"①，"黑格尔哲学是一个最后的巨大的企图，想通过哲学将已经过去的，没落了的基督教建立起来"②，黑格尔哲学就是"神学的最后避难所和最后的理性支柱"③。马克思在《1844 年经济学哲学手稿》和《神圣家族》中非常赞赏费尔巴哈的观点。在实质上，他们都指认了黑格尔的劳作：黑格尔是德国古典哲学家中真正完成资本主义精神之宗教体系的建构者。在这样的思想劳作中，黑格尔的财产权批判要解决贫富分化和贫困现象的主张并不是通过暴力革命——像法国大革命那样的暴力运动，而是主张在不废除私有制的前提下实现公共善对私利的规制和统一。在此，马克思与黑格尔有本质区别："马克思的目标是全体个人对社会财富总和的联合占有，其问题意识执着于经济领域和市民社会批判，尤其执着于解决现代最大难题财产权问题，显示了高度的政治理想主义。黑格尔的问题意

---

① ［德］费尔巴哈：《费尔巴哈哲学著作选集》上卷，生活·读书·新知三联书店 1959 年版，第 149 页。
② ［德］费尔巴哈：《费尔巴哈哲学著作选集》上卷，生活·读书·新知三联书店 1959 年版，第 149—150 页。
③ ［德］费尔巴哈：《费尔巴哈哲学著作选集》上卷，生活·读书·新知三联书店 1959 年版，第 115 页。

识本乎财产问题而充满现实感，但就其坚持普遍物对特殊利益优先、国家对市民社会优先来说，又超越了市民社会、经济领域和财产权问题，而指向更高远的理想，政治气质近于古典共和主义"①。

　　但是，黑格尔哲学毕竟是马克思创立新唯物主义的直接思想来源。其中，马克思对黑格尔辩证法的改造以及马克思基于历史辩证法对古典政治经济学的批判和最终在《资本论》中完成政治经济学批判，都显示了黑格尔辩证法思想对马克思的影响，其当然是马克思基于唯物史观进行反贫困的财富现象批判的重要方法论资源。

　　当费尔巴哈判定黑格尔辩证法的秘密是完成否定之否定的神学重建时，当费尔巴哈在全盘否定黑格尔唯灵论哲学的过程中，将辩证法这个具有生命力的婴儿和肮脏的洗澡水一起从澡盆里泼出去时，马克思却毅然指认了黑格尔哲学的主要成果，即"作为推动原则和创造原则的否定性"②辩证法。黑格尔的辩证法"把人的自我产生看过一个过程，把对象化看作非对象化，看作外化和这种外化的扬弃；可见，他抓住了劳动的本质，把对象性的人、现实的因而是真正的人理解为他自己的劳动的成果"③。这是马克思在改造黑格尔的否定性辩证法时对其作出的一个唯物主义的本质判断，是把否定性辩证法的能动创造原则注入"对象性的感性活动"的一个天才创举。马克思敏锐地捕捉住了黑格尔的辩证法成果，并用"对象性的感性活动"重新表述和阐述了辩证法的唯物主义存在论根基。它意味着新唯物主义的哲学革命的真正开启。马克思的"历史科学"的所有创制和科学的财富现象批判都是立足于这一革命的基础之上的。单单着眼于马克思基于唯物主义的历史辩证法进行反贫困的财富现象批判的系列文献成果而言，历史辩证法是马克思基于唯物主义立场对黑格尔辩证法予以改造的结

---

① 张盾：《财产权问题与黑格尔法哲学的当代意义》，《人文杂志》2011 年第 5 期。
② [德] 马克思：《1844 年经济学哲学手稿》，人民出版社 2000 年版，第 101 页。
③ [德] 马克思：《1844 年经济学哲学手稿》，人民出版社 2000 年版，第 101 页。

果，黑格尔的辩证法是马克思在历史主义视域中完成财富现象批判的重要
方法论资源。

在《1844 年经济学哲学手稿》中，马克思在异化理论的形式下初步
展现了否定性辩证法对异化劳动和私有财产的批判功能；在《哲学的贫困》
中，马克思在批判蒲鲁东"均分财富"的"辩证怪论"时，基本上肯定性
地评价了黑格尔"从抽象上升到具体"的辩证法逻辑，并指出，黑格尔的
辩证法是新经济学的方法论形成的批判性前提之一。后来，马克思在书信
中对恩格斯说："我又把黑格尔的《逻辑学》浏览了一遍，这在材料加工
的方法上帮了我很大的忙。如果以后再有功夫做这类工作的话，我很愿意
用两三个印张把黑格尔所发现、但同时又加以神秘化的方法中所存在的合
理的东西阐述一番，使一般人都能够理解。"① 在这里，马克思已经认可黑
格尔的辩证法是他经济学思想的方法论基础，并表达了要对其进行改造的
必要性。这个改造工作是在《资本论》的创作过程中完成的。马克思认为，
思辨辩证法本身就是历史辩证法的反映，辩证法从本质上说是批判的和革
命的。马克思在《资本论》中运用的就是这种方法，这也许能从方法论角
度解读《资本论》的副标题为什么是"政治经济学批判"的原因了。

黑格尔的辩证法是马克思表达经济上的批判思想的重要方法论资源。
对此，马克思在《资本论》的跋言中再次承认，自己是这位大思想家的学
生，并且在有些地方"卖弄起黑格尔特有的表达方式"②。但是，马克思又
严正申明："我的辩证法，从根本上来说，不仅和黑格尔的辩证法不同，而
且和它截然相反。"③ 马克思的辩证法是对黑格尔的辩证法的唯物主义改造。
类似的改造，还包括在对黑格尔反贫困理论的批判基础上的理论超越。基
于此，马克思把反贫困的批判理论上升到一个有机统一的现实高度：消灭

---

① 《马克思恩格斯文集》第 10 卷，人民出版社 2009 年版，第 143 页。

② ［德］马克思：《资本论》第 1 卷，人民出版社 2004 年版，第 22 页。

③ ［德］马克思：《资本论》第 1 卷，人民出版社 2004 年版，第 22 页。

私有制（资本）、阶级革命、消灭贫困与创立自由全面发展的新社会。①

第三节　19 世纪初期三大空想社会主义者
反贫困的财富现象批判

正如马克思在《哲学的贫困》中所论述的，以亚当·斯密和李嘉图为代表的古典派经济学家是资产阶级的学术代表，而空想社会主义者则是无产阶级的理论家。②事实上，资产阶级社会中的生产关系具有"两重的"性质，它导致了在其中产生财富的同时也产生贫困，它只有在产生不断壮大且贫穷的无产阶级时，才能产生资产阶级的财富，并且这样的现象一天比一天明显了。③但是与古典派"出于天真"而对无产者的贫困和疾苦"漠不关心"不同，空想社会主义理论家们"为了满足被压迫阶级的需要，想出各种各样的体系，并且力求探寻一种革新的科学"④。在此过程中，空想社会主义者猛烈抨击资本主义制度，批判资本主义社会财富分配在形式上的虚假性，进而"追求人与人之间的实质性平等、财富分配结果的平等"⑤，他们所导引的实践活动是一次次社会主义尝试。

自 16 世纪以来，空想社会主义就有了自身的发展史，且与资本主义的发展同步。但直到 19 世纪初期三大空想社会主义者（圣西门、傅立叶、欧文）的出现，空想社会主义运动不仅达到高潮，而且出现"社会科学化"

---

① 相关论述参见周露平：《马克思对黑格尔贫困理论的批判性超越》，《中国地质大学学报》（社会科学版）2020 年第 7 期。

② 参见《马克思恩格斯文集》第 1 卷，人民出版社 2009 年版，第 616 页。

③ 参见《马克思恩格斯文集》第 1 卷，人民出版社 2009 年版，第 614 页。

④ 《马克思恩格斯文集》第 1 卷，人民出版社 2009 年版，第 616 页。

⑤ 鲁品越：《人间正道——重读〈社会主义从空想到科学的发展〉》，人民出版社 2013 年版，第 5 页。

和"社会实验化"的趋势。相对而言，19世纪以前的空想社会主义者过多地披着文学（如英国的托马斯·莫尔的《乌托邦》和意大利的托马斯·康帕内拉的《太阳城》对理想社会的空想描写）、宗教（如德国神父闵采尔领导的宗教运动式的暴力革命）或是抽象法权思想（如法国人摩莱里的《自然法典》和法国神父马布利的《论公民的权利和义务》对理想社会的法理论证）的外衣来描述社会主义的美好图景，对资本主义社会的批判局限于表层。他们批判政治、经济、法律上的不平等的等级制度，但"把'平等'理解成'绝对平均'，不是以全体人民的富裕生活为目标，而是以共同贫穷的平等为归旨"[①]，主张回到完全平等的原始共产主义社会。马克思把这些早期的空想社会主义思想称为"倡导普遍的禁欲主义和粗陋的平均主义"[②]或是"粗陋的共产主义"[③]。

毫无疑问，19世纪初期的三大空想社会主义者对资本主义工业社会的批判思想是空想社会主义发展史上的最高成就。在反贫困的财富现象批判方面，他们基于同情无产阶级的立场，继承了古典政治经济学派的财富思想中的科学因素，考察了资本主义社会因阶级剥削而出现的贫富分化现象，对资本主义社会给予了猛烈的批判。

一、圣西门的"实业制度"理想及其反贫困的批判思想

圣西门（1760—1825）受法国启蒙学者达兰贝尔（百科全书派的代表人物之一）的影响，崇尚人类理性，由此认为人类社会是有规律可循的。他经历过法国大革命的洗礼，一开始满怀热情投身革命运动，但后来又

---

① 鲁品越：《人间正道——重读〈社会主义从空想到科学的发展〉》，人民出版社2013年版，第14页。

② 《马克思恩格斯文集》第2卷，人民出版社2009年版，第62页。

③ 《马克思恩格斯文集》第1卷，人民出版社2009年版，第185页。

对暴力革命持否定立场，开始撰写空想社会主义著作，如《论实业制度》《日内瓦书信》《新基督教》等，最终转变成了一位空想社会主义者。圣西门认为"劳动者"是社会财富的创造者，在"劳动者"之中，存在着有产者（贵族、资产阶级）与无产者之间的斗争。恩格斯说："这在 1802 年是极为天才的发现。"[①] 他把"劳动者"又称为"实业家阶级"，认为由实业家掌握财产权的"实业制度"才是理想的社会制度。在《给一个美国人的信》中，圣西门认为，在实业制度的社会中"政治学就是关于生产的科学，也就是以建立最有利于各种生产的事物秩序为目的的科学"[②]。因此，在他看来，"尊重生产和生产者的原则，要比尊重占有和占有者的原则有益得多"[③]。这一观点蕴含着近似唯物史观的经济思想萌芽。对此，恩格斯评价道："如果说我们在圣西门那里发现了天才的远大眼光，由于他有这种眼光，后来的社会主义者的几乎所有并非严格意义上的经济学思想都以萌芽状态包含在他的思想中。"[④]

在圣西门的"实业制度"理想中，其财富思想具体包括四个方面[⑤]：第一，强调"满足人们的需要"是社会组织生产劳动的目的；第二，发现"劳动者"创造社会财富的过程中存在着有产者和无产者之间的阶级斗争；第三，提出"人人应当劳动"，国家应当理性安排劳动的计划经济思想；第四，主张社会财富按劳分配的思想。可以说，这正是圣西门展开反贫困的财富现象批判的思想前提，基于此深刻地批判了资产阶级社会。

圣西门的"批判的空想社会主义"学说有自己明确的批判尺度。在《给一个美国人的信》的第八封信中，他在总结萨伊的《政治经济学教程》中

① 《马克思恩格斯文集》第 3 卷，人民出版社 2009 年版，第 530 页。
② [法] 圣西门:《圣西门选集》第 1 卷，商务印书馆 1979 年版，第 169 页。
③ [法] 圣西门:《圣西门选集》第 1 卷，商务印书馆 1979 年版，第 167 页。
④ 《马克思恩格斯文集》第 3 卷，人民出版社 2009 年版，第 530—531 页。
⑤ 参见鲁品越:《人间正道——重读〈社会主义从空想到科学的发展〉》，人民出版社 2013 年版，第 18—20 页。

的经济财富思想基础上指出:"在批判一切社会制度和社会问题时,应当以这种利害关系体系作为唯一的尺度。"①在这里,他作为唯一批判尺度的"利害关系体系"指向的是最有利于财富生产的关系体系和事物秩序。为此,从这一原则出发,圣西门针对资产阶级社会的财富现象批判,集中体现在对破坏财富生产和导致财富与劳动关系异化的社会弊端的批判。

首先,圣西门严厉批判了资产阶级的社会"一切灾难中最严重的灾难"②——无政府主义。在此,他将批判指向了资产阶级社会的财富生产的无政府状态。基于对欧洲社会状况的经验观察,圣西门认为资本主义无论在生产领域还是在其他领域都缺乏经济生产的组织力量,都是生产的无政府主义占统治地位,生产的无政府主义"肆意制造破坏,直到它所累及的民族全体陷入贫困为止"③。在此,圣西门的批判有不同于其他空想社会主义者的独到之处,即他把批判生产的无政府状态同批判资产阶级学者鼓吹的经济自由主义联系了起来,尖锐地指出经济自由主义是导致生产的无政府状态的原因,认为只有他自己设计的"实业体系"才能消除财富生产的混乱状态,因为"实业体系"的重要特征就是有计划地组织社会生产。

其次,圣西门尖锐地批判了资本主义社会中贫富颠倒和统治者剥削劳动者的不公平现象。他气愤地指出,这"完全是个是非颠倒的世界"④。在资本主义社会,为社会的财富生产真正做贡献的劳动群众受苦受难,而游手好闲的统治者却作威作福地盘剥劳苦大众并享尽富贵。他批判地说:"国家把穷人应对富人宽宏大量作了一条基本原则,结果不得温饱的人每天还要省出一部分生活资料,来为阔老爷们锦上添花"⑤,这个人类社会

---

① [法]圣西门:《圣西门选集》第 1 卷,商务印书馆 1979 年版,第 169 页。
② [法]圣西门:《圣西门选集》第 1 卷,商务印书馆 1979 年版,第 13 页。
③ [法]圣西门:《圣西门选集》第 1 卷,商务印书馆 1979 年版,第 13—14 页。
④ [法]圣西门:《圣西门选集》第 1 卷,商务印书馆 1979 年版,第 239 页。
⑤ [法]圣西门:《圣西门选集》第 1 卷,商务印书馆 1979 年版,第 239 页。

"就政治方面而言还处在没有道德的状态"①，因此统治者不仅是剥削者，而且是重大罪犯和大盗。由此，圣西门断言，这个社会的"政治机体有病了，而且病入膏肓"②，坏到不可救药了。

另外，圣西门还猛烈地批判了对财富充满贪婪情感的利己主义。他尖锐地指出，资本主义社会中的利己主义者日益增加，贪婪已变成占统治地位的情感，它是人类利己主义的坏疽，侵害着一切政治机体，"我们这个时代的政治病，也应当归因于这种利己主义"③。因此，圣西门认为，贪婪的利己主义就是造成资本主义充满罪恶的根源。

综合观之，圣西门通过对资本主义社会中贫富分化与对立现象的分析和批判比较深刻地控诉了资本主义社会的罪恶，表现出同情劳苦大众和无产阶级的倾向，这跟西斯蒙第之类浪漫主义经济学家是有本质区别的，具有进步性的。但在圣西门的科学社会主义批判体系中，因囿于资产阶级的启蒙思想而将批判的尺度定位于抽象而理性的"利害关系体系"和"事物秩序"，这必然导致他的批判是基于"空想"性质，至多是道德说教和伦理批判。另外，圣西门的批判语境中并没有触及资本主义私有制，而是将资本主义社会的罪恶和病因简单归结为经济自由主义学说和"利己主义"情感，这样的批判思想是肤浅的，是不可能解决劳苦大众的贫困问题的。

二、傅立叶的"和谐制度"理想及其反贫困的批判思想

傅立叶（1772—1837）曾研读过伏尔泰和卢梭等启蒙思想家的著作，并认为自己跟牛顿一样因为"一个苹果"的思考而发现了社会历史的发展规律。由此看来，傅立叶和圣西门一样受到了启蒙学派的熏陶，但不一样

---

① [法]圣西门：《圣西门选集》第1卷，商务印书馆1979年版，第238页。
② [法]圣西门：《圣西门选集》第1卷，商务印书馆1979年版，第239页。
③ [法]圣西门：《圣西门选集》第3卷，商务印书馆1985年版，第201页。

的是"圣西门对社会历史规律作了唯理论的解释，而傅立叶则对社会历史规律作了情欲论的解释"①。

在傅立叶对社会历史规律的情欲论描述中，他有着对社会历史现象予以辩证分析的观点②，并相当深刻地论证了关于财富问题的经济思想。尤其值得注意的是，傅立叶在设想未来理想的"和谐制度"时，阐述了关于愉快劳动的财富生产思想，即"劳动和享受的同一性"。他认为，劳动权是人"最主要的天赋人权"③，与文明制度（傅立叶说的"文明制度"实际上指的就是资本主义制度）不同，和谐制度是以诚实的劳动为基础的和谐社会。在和谐社会中，每个劳动者天生的好胜欲被自然合理的竞赛激励，从而激发着他们的创造性劳动，使劳动变成快乐的满足人们最高情欲的活动。那时的"娱乐活动将吸引人们去劳动。而劳动成了比现在看戏和参加舞会还更诱人的事了"④。对此，恩格斯指出，剥离傅立叶"情欲论"的神秘主义外衣，就能发现傅立叶的"劳动与享受同一""劳动与财富同一"的社会哲学思想。⑤ 在这里，傅立叶确立的"社会哲学"原理是"如果每一个个人都凭自己的爱好做自己愿意做的事情，那么，即使没有现在的社会制度（资本主义制度——作者注）所采取的那些强制手段，也将可以满足一切人的需要"⑥。另外，傅立叶阐述了"劳动与享受的同一性"的评判原则。他指出，现在的社会制度却将劳动与享受分裂开来了，将劳动变成做苦工，将享受变成大多数劳动者得不到的东西，这是不合理的；在合理

---

① 刘荣军：《财富、人与历史——马克思财富理论的哲学意蕴与现实意义》，人民出版社2009年版，第58页。

② 恩格斯曾评价："傅立叶是和他的同时代人黑格尔一样熟练地掌握了辩证法的"。（《马克思恩格斯选集》第3卷，人民出版社2012年版，第648页。）

③ ［法］傅立叶：《傅立叶选集》第2卷，商务印书馆1982年版，第7页。

④ ［法］傅立叶：《傅立叶选集》第3卷，商务印书馆1982年版，第44页。

⑤ 参见《马克思恩格斯全集》第3卷，人民出版社2002年版，第477页。

⑥ 《马克思恩格斯全集》第3卷，人民出版社2002年版，第448页。

的制度下，劳动就能成为所要成为的东西，成为一种享受，因为每个人能根据自己的爱好工作。①

　　傅立叶根据自己的评判原则，认为资本主义社会是"虚伪的、零散的、可恶的、虚假的行业"充斥的丑恶社会，而未来的和谐社会则是"自然的、联合的、诱人的、真正的行业"组成的"协作"社会。"协作制度"是未来理想的和谐社会的一个基本条件。这表明傅立叶能够认知到"协作"在创造性劳动和财富生产中的作用：劳动者在财富生产的创造性劳动中协作起来，既能节约劳动时间，又能促进生产发展；既能不断激发人们的创造欲望和竞赛欲望，又能使劳动和享受保持同一性，进而满足人的需要。并且，在傅立叶的经济思想中，协作制度并不主张平均主义，而是主张"按比例分配"，即理想社会中的分配原则是"使每个人手能按照他的三种手段——劳动、资本和才能而获得满意的报酬"②。在这里，傅立叶关于财富分配的主张确实有调和劳动与资本之间的社会矛盾的暧昧思想。

　　傅立叶的财富思想虽然有主观臆想的成分，但它毕竟是建立在对资本主义社会中的贫富分化与对立现象予以尖锐批判基础之上的。并且傅立叶通过这种现象批判将资本主义社会的丑恶揭露得风趣而又深刻。对此，恩格斯说："我们在傅立叶那里就看到了他对现存社会制度所作的具有真正法国人的风趣的，但并不因此就显得不深刻的批判。"③

　　其一，傅立叶对资本主义社会中荒谬的致富欲望进行了刻薄讽刺和批判。他说，这是资本主义社会中将个人的财富欲求与掠夺建立在别人的痛苦的基础上的普遍战争，④ 如医生希望患寒热病的同胞越多越好，律师则希望所有家庭每天都有诉讼纷争，建筑师希望大火把城市烧掉四分之一，

---

① 参见《马克思恩格斯全集》第 3 卷，人民出版社 2002 年版，第 478 页。

② ［法］傅立叶：《傅立叶选集》第 2 卷，商务印书馆 1982 年版，第 173 页。

③ 《马克思恩格斯选集》第 3 卷，人民出版社 2012 年版，第 646 页。

④ 参见［法］傅立叶：《傅立叶选集》第 3 卷，商务印书馆 1982 年版，第 57—58 页。

安装玻璃的工人希望冰雹打碎所有的窗玻璃。在这里，傅立叶显然是看到了资本主义社会中个人利益与集体利益的尖锐对立状态，认为这是资本主义本身的制度结构导致的这样一种罪恶的致富心理和社会现象，并将其归结为"富人巧妙地掠夺穷人"的普遍现象。当然傅立叶对这种现象的批判语言是幽默的，但并没有认识到现象背后的深刻根源。

其二，傅立叶尖锐地批判了资本主义社会中的财富异化现象，并指明其给工人阶级造成的贫困和痛苦。傅立叶指出，在资本主义制度下，工人劳动创造了大量产品，工人却得不到好处，而且随着资本主义工业生产的发展，工人创造的财富越多，工人就越贫穷。[①] 贫苦的工人阶级根本得不到财富增加后应得的份额，只会更加贫困。因此，工人不仅对自己的劳动成果漠不关心，而且痛恨"令人厌恶"的劳动。资本主义工厂成了"温和的监狱"和"贫困的温床"，而资本主义雇佣劳动制度则成就了富人的幸福，给工人阶级带来的却是贫困和痛苦。于是，傅立叶基于对这种财富异化现象的批判分析而断言："在文明制度下，贫困是由富裕产生的。"[②] 这一著名的论断表明，傅立叶已经初步意识到随着资本主义大工业的发展，工人阶级与资产阶级、穷人与富人实际上愈益处于经济利益对立的"恶性循环"的关系之中。但是，傅立叶对财富异化现象的批判只是用华丽的语言表达了肤浅的认识，因为他将财富异化现象仅仅归因于资本家的奸诈人性和工人不得不接受更低工资的残酷竞争。

其三，傅立叶较为深刻地分析和批判了资本主义社会中的财富浪费现象。他认为，资本主义社会的工业生产陷入无政府状态是必然的，因为资本主义社会的工业生产是零散的、分离的和不协调的，这也是资本主义社会生产出现财富浪费和灾难后果的主要根源。他必然导致社会生产的无

---

① 参见［法］傅立叶：《傅立叶选集》第 3 卷，商务印书馆 1982 年版，第 53—59 页。
② ［法］傅立叶：《傅立叶选集》第 3 卷，商务印书馆 1982 年版，第 59 页。

政府状态下的生产过剩的经济危机，加之商人资本家的投机和买空卖空，驱使资本家不惜把过剩产品烧毁。① 它不仅造成社会财富的惊人浪费，而且也会给工人带来失业、饥饿和贫困的生存危机。对此，恩格斯评论道："傅立叶把第一次危机 ② 称为……由过剩引起的危机时，就中肯地说明了一切危机的实质。"③ 当然，傅立叶对资本主义社会生产无政府状态的揭示和对社会财富浪费现象的批判，并不意味着他真正了解造成资本主义经济危机的根本原因——社会化大生产与生产资料的资本主义私有制之间的矛盾，而是仅仅将其归因于生产的分散性、不协调性和商人资本家的投机活动。

总的说来，傅立叶和圣西门一样，切实地看到了资本主义社会中的贫富分化与对立现象，由此展开的财富现象批判也表现出其同情贫困的工人阶级和劳苦大众的倾向，但正如恩格斯所总结的，"傅立叶主义还有一个不彻底的地方，而且也是非常重要的一点，那就是他不主张废除私有制"④。

三、欧文的"共产主义"理想及其反贫困的批判思想

欧文（1771—1858）接受了法国启蒙思想家爱尔维修的观点，即"人是教育和环境的产物"，且跟圣西门、傅立叶一样，把对社会的分析基于抽象的人性论原则之上，在考察社会历史发展时，也同样认为人类社会发展史是合乎理性规律的。但与圣西门、傅立叶不一样的是，欧文对人类发展史的研究着重于考察私有制的产生和发展史，且自觉运用自己的同时代

---

① 参见 [法] 傅立叶：《傅立叶选集》第 1 卷，商务印书馆 1982 年版，第 120—123 页。
② 文中所指的是傅立叶亲眼所见的、爆发于 1825 年的资本主义经济危机。
③ 《马克思恩格斯选集》第 3 卷，人民出版社 2012 年版，第 648 页。
④ 《马克思恩格斯全集》第 3 卷，人民出版社 2002 年版，第 478 页。

人李嘉图的政治经济学原理对资本主义私有制予以批判分析。这样，欧文在私有制问题上形成了社会历史观和经济学两大视域的交集，从而使他对私有制的批判具有历史的辩证的观点，即认为私有制的产生是社会发展史中的一个必然和进步，且必将被公有制取代。因此，欧文比圣西门和傅立叶对资本主义制度的批判要深刻得多，因为后两者根本就没考察过资本主义私有制的问题。而且，正因为欧文基于政治经济学的劳动价值论对私有制社会中的财富现象进行了批判，因此相较于圣西门和傅立叶仅只充满情感的语言批判，欧文的财富现象批判更具深刻性和学术性。总之，无论是在社会历史发展观上还是在经济学研究上，欧文要求批判和否定资本主义私有制，主张实行公有制。于此，欧文比圣西门和傅立叶更激进，因为后两者没有反对私有制的明确认知和立场。正因如此，圣西门、傅立叶只能被指认为空想社会主义者，欧文就可配上空想共产主义者的称号。

在财富问题上，欧文对资本主义社会中财富现象的批判有更明确的指向和倾向。因为此时随着英国产业革命进入高潮，英国社会已迅速分化为资产阶级和无产阶级的对抗性存在。在财富现象上亦是如此，即工人阶级劳动创造的财富因被资本家掠夺和侵占而越发贫困化。为此，欧文在对资本主义社会中贫富分化现象予以分析和批判时，将批判的矛头明确指向了资产阶级，而对无产阶级表达了同情的倾向。这样明确的阶级立场使得欧文的财富现象批判，比其他的空想社会主义者，自然进步了许多。欧文对资本主义社会中的财富现象的批判主要体现在：

其一，批判资本主义私有制并指认其是造成资本主义社会贫富两极分化现象的根源。欧文极为气愤地指出："现在世界上充满了财富，而且这种财富有继续大量增加的可能性，但到处是一片贫困！"[①]他将这样的贫富分化现象之所以产生的根源归因于资本主义私有制。欧文认为私有制和宗

---

① ［英］欧文：《欧文选集》上卷，商务印书馆1965年版，第218页。

教、资本主义婚姻制度是资本主义社会的"三位一体的祸害"，但私有制是首要的祸害。在《新道德世界书》中，他说："私有财产是贫困以及由此在全世界造成的无数罪行和灾难的唯一原因。"① 欧文指出，正是私有制使穷人坠入深渊，使富人变成了贪婪的"两脚兽"，造成了贫富两极分化。并且，"私有财产或私有制过去和现在都是人们所犯的无数罪行和所遭受的尤数灾祸的原因"②。因此，欧文批判和反对一切形式的私有制。

其二，依据李嘉图的劳动价值论，尖锐地批判资本主义社会中的剥削现象。在空想社会主义发展史上，这样的财富现象批判是欧文的一个创举，因为是他第一次将政治经济学的原理作为批判的武器，对资本主义的剥削现象进行了比较深刻的揭露和批判。欧文认同李嘉图"劳动时间决定商品价值"的观点，认为物质财富是由"适当支配下"的体力劳动创造的。由此，他做了进一步推论：既然劳动创造了财富，那么全部劳动产品或财富就应该归劳动者所有。但他看到的现实是资本家侵占了工人生产的"剩余产品"。他认为这就是资本主义制度造成工人贫困的直接原因和资本家剥削工人的实质。当然，欧文并没有揭示出资本主义剥削现象是雇佣制度下合乎"规律"的现象，而仅是将其归结为财富分配不公平的结果，故而主张"劳动者生产出剩余产品以后，应当得到公平合理的报酬"③。另外，欧文以劳动价值论为依据，在批判剥削现象时，常常把货币也看作是产生剥削现象的原因。他认为，劳动才是衡量价值的自然尺度，但正由于有货币这种人为价值尺度的存在，就破坏了等价交换原则，进而便于资本家剥削劳动者。④ 欧文说："现在，货币成了一种最流行的欺骗工具。富人们用外行人所不了解的手法，利用货币从那些用繁重劳动创造出最宝贵财富的

---

① ［英］欧文：《欧文选集》下卷，商务印书馆1965年版，第14页。
② ［英］欧文：《欧文选集》下卷，商务印书馆1965年版，第13页。
③ ［英］欧文：《欧文选集》上卷，商务印书馆1965年版，第304页。
④ 参见［英］欧文：《欧文选集》下卷，商务印书馆1965年版，第30页。

人的手里夺取这种财富，所以，货币也使社会上即使不是最有害的成员、也是最无用的成员得以积累和享用财富。"① 由此看来，欧文因其只具备有限的政治经济学常识而既对货币的本质缺乏了解，也不能揭示造成资本主义剥削现象的真正根源是什么。

其三，进一步从造成经济危机的角度批判资本主义社会财富分配不公平、不合理的现象。欧文的批判的逻辑是：由于财富分配不公平、不合理的现象的存在，即使整个社会的财富增长了，但受剥削的广大劳动群众并没有得到应得报酬，使市场购买力日趋缩小，商品销售困难，导致生产过剩的经济危机，进而引起普遍的灾难。资本主义不公平的财富分配现象的存在必然导致生产过剩的经济危机。欧文推论资本主义经济危机的必然性无疑是合乎逻辑的，比同时代的一些著名的经济学家（如李嘉图）都有理论眼光。当然，欧文并不了解经济危机产生的根源在于资本主义生产方式本身的内在矛盾。他只不过是用经济危机所引起的灾难来强化他对财富分配不公平现象的批判力度而已。或者说，他与同时代的另一经济学家西斯蒙第的观点相近似，都误以为危机产生的原因是不公平的社会财富分配引起了消费不足。②

综合来看，欧文的财富现象批判，尤其对资本主义私有制的批判，实质上已经在自觉地探索对资本主义制度予以政治经济批判的路径，因此当他从历史的辩证的角度运用古典政治经济学原理批判资本主义制度时，他不仅在学术视野上比圣西门、傅立叶宽广和深邃得多，而且在批判立场上也要进步得多。如果说圣西门和傅立叶都是过多地从理性原则和伦理观点的角度批判资本主义社会中的财富现象的话，那么，欧文则已开始在此基础上探索从政治经济学出发展开对资本主义的财富现象批判，从而为他论

---

① ［英］欧文：《欧文选集》下卷，商务印书馆 1965 年版，第 30 页。

② 参见丁冰：《圣西门、傅立叶和欧文》，经济科学出版社 1986 年版，第 142 页。

证公有制替代私有制、共产主义的"合作公社"超越资本主义的"万恶社会"开辟了一条学术通道。可以说，欧文的探索路径与后来马克思立意用政治经济学解剖市民社会的思路极其相似。但是，即使是像欧文这样认为"人是环境和教育的产物"的活动家，也是无法理解马克思基于唯物史观所得出的这一判断："环境的改变和人的活动或自我改变的一致，只能被看做是并合理地理解为革命的实践。"① 也就是说，欧文只要是始终基于他的唯心主义历史观，即使是同情无产阶级的贫困处境而主张批判和否定现有的资本主义社会环境及其私有制度，也是不认可无产阶级使用暴力的革命实践推翻资本主义制度的，而是一味幻想用共产主义"合作公社"的示范实验去开导统治阶级和平地改造资本主义，进而达到实现共产主义的目的，这无疑又是不切实际的空想。应该说，欧文这样的空想意境又使得他与圣西门和傅立叶一样了，即他们对资本主义社会的财富现象批判都只不过是空谈而已，根本不可能解决现实的贫困问题。

四、空想社会主义者反贫困的财富现象批判对马克思的影响

如果加以对比，同样是对现实社会的财富现象批判，不难发现，青年马克思在《莱茵报》时期"苦恼"的思想同 19 世纪初期的三大空想社会主义者的窘迫经历仿佛就是同一个历史镜像。两者都同样是在分析和批判现实社会中的贫富分化与对立现象时，坚定地谴责有产者的贪婪、残忍，对贫困的劳苦大众充满同情；同样是在理性的"自然法"前提下的批判，似乎有严密的逻辑推论，但面对严酷的社会现实又都是同样的苍白无力。但不同的是：三大空想社会主义者基于空想社会主义实验还在不断地"形上"思索未来理想社会的美好蓝图；而马克思则在编辑报刊过程中开始接

① 《马克思恩格斯文集》第 1 卷，人民出版社 2009 年版，第 500 页。

触、收集关于社会主义和共产主义的思想材料的同时，不断地改造自己的社会历史观和哲学世界观、直至后来基于唯物史观和剩余价值学说对空想社会主义的批判和改造，则更是显示了两者在反贫困的财富现象批判方面有着本质区别的理论品质。当然，马克思这一创立科学社会主义的思想发展轨迹也恰好证明：他对空想社会主义的学说既有批判也有继承和发展。

马克思、恩格斯创立科学社会主义学说的一个直接思想来源就是19世纪初期的空想社会主义学说。对此，恩格斯中肯地说："德国的理论上的社会主义永远不会忘记，它是站在圣西门、傅立叶和欧文这三个人的肩上的。虽然这三个人的学说含有十分虚幻和空想的性质，但他们终究是属于一切时代最伟大的智士之列的，他们天才地预示了我们现在已经科学地证明了其正确性的无数真理。"① 对于欧文他们对资本主义社会的批判，马克思给予了赞扬，并指出："他们推测出了（见欧文及其他人的著作）文明世界的基本缺陷；因此，他们对现代社会的现实基础进行了深刻的批判。"②

从社会哲学的角度看，空想社会主义因受启蒙思想的影响而立意在人类理性的前提下追求社会财富分配在结果上的公平和合理，注定了其对资本主义的财富现象批判的意境旨向只能是"形而上学"式的"空想"，或者说，其从财富的角度对资本主义社会的剥削现象的批判最终是苍白无力的。但是，与古典经济学和黑格尔哲学基于资产阶级立场美化和神化现行的资本主义制度不同，空想社会主义的财富现象批判是基于同情无产阶级的立场而着力对资本主义制度进行无情批判，并"天才"般地描绘了未来的理想社会是如何通过创造和共享财富来解决贫困问题的。就此而言，空想社会主义者在反贫困的财富现象批判上的进步性说明，他们至少在三个

---

① 《马克思恩格斯选集》第 3 卷，人民出版社 2012 年版，第 37 页。
② 《马克思恩格斯文集》第 1 卷，人民出版社 2009 年版，第 290 页。

方面成了马克思后来完成反贫困的财富现象批判的思想先驱：其一，具有无产阶级的阶级立场或倾向；其二，将资本主义社会制度及这种制度下的贫富分化与对立现象明确地确立为财富现象批判的批判对象；其三，实现未来理想社会是反贫困的财富现象批判追求的最终旨归。这三个方面无疑显示了空想社会主义者与马克思之间的理论渊源。当然，空想社会主义还有其他理论阐述和设想，例如，关于人类社会发展史是有规律可循的思想，以及重视"人人劳动"和"劳动与享受的同一性"的观点，都对马克思的社会哲学思想产生了积极的影响。

　　然而，空想社会主义尽管有相当的历史功绩，但由于其反贫困的财富现象批判在历史观点上的唯心主义本质，因而他们的批判理论难免有许多空想和不彻底的成分。对此，马克思在《1844年经济学哲学手稿》和《共产党宣言》中给予了科学分析和深刻批判。

　　首先，在马克思看来，他们虽然对资本主义社会的充满罪恶的财富剥削现象给予了无情的批判，但是并没有将贫富之间的对立上升到劳动与资本之间对立的理论高度。马克思认为，贫（无产者）与富（有产者）的对立，"只要还没有把它理解为劳动和资本的对立，他还是一种无关紧要的对立，一种没有从它的能动关系上、它的内在关系上来理解的对立，还没有作为矛盾来理解的对立"①。由此，马克思进一步批判了圣西门和傅立叶等人的空想社会主义思想，认为他们没有认识到私有财产同劳动的关系，不了解私有财产的主体本质就是劳动，私有财产本身就是异化劳动被积累起来的结果，并成为维持资本家剥削劳动者、导致劳动贫困的手段，因此马克思指出，他们的著作虽然也"含有批判的成分"，但提倡社会和谐与公平分配财富的主张"本身还带有纯粹空想的性质"②。

---

① ［德］马克思：《1844年经济学哲学手稿》，人民出版社2000年版，第78页。
② 《马克思恩格斯文集》第2卷，人民出版社2009年版，第64页。

其次，在马克思看来，"批判的空想的社会主义和共产主义的意义，是同历史的发展成反比的"①。由于空想社会主义者的主观唯心主义空想看不见"无产阶级的历史进展"以及阶级斗争越来越"具有确定的形式"，因此，马克思指出，尽管圣西门、傅立叶和欧文等人对资本主义社会的批判"在许多方面是革命的"，但随着阶级斗争的现实发展，他们及其信徒"反对阶级斗争的幻想……就越失去任何实践意义和任何理论根据"②。由此看来，19世纪初期的空想社会主义者尽管也从财富现象的角度对资产主义制度进行了深刻批判，并由此看到了资本主义制度必然被理想的社会主义制度所替代，但却无视这种替代的客观条件，因为无产阶级及其反对资产阶级的斗争始终在他们的视野之外，这样，他们进行反贫困的财富现象批判的"理论"因没有掌握无产阶级群众，也就不可能转化成现实的"武器批判"这一真正的物质力量，所以只能是空想。

第四节　同时代人反贫困的批判思想及其对马克思的影响

马克思所处的时代已经是现代性孕育成熟的资本主义工业大生产的时代。与同时代人相比，马克思的财富现象批判有更鲜明的批判立场和理想旨归。从廓清思想渊源的角度看，同时代人关于财富现象批判的思想自然成为马克思予以批判改造的对象，由此形成了两者在学理上的关联。当然，不能否认欧洲思想发展史上，马克思的同时代人在财富问题上表达了非常庞杂而丰富的批判思想。在此，为了合理明确思想之间的逻辑相关，仅是分析马克思的著作文本中曾着力批判分析的学派和学者。且因文字表

① 《马克思恩格斯文集》第2卷，人民出版社2009年版，第64页。
② 《马克思恩格斯文集》第2卷，人民出版社2009年版，第64页。

述的主题与篇幅所限，我们也仅是选取了部分学派和学者的相关思想，以作学术链条上的"线性"分析。

一、英国"无产阶级反对派"反贫困的批判思想

英国的"无产阶级反对派"面对的是英国工业革命高潮期的欣然之象，同时也看到了无产阶级的普遍贫困现象。基于劳动者阶级的立场，他们由此展开反贫困的财富现象批判继续了欧文所开辟的路径，但他们超越欧文之处是：将反贫困的财富现象批判和对资产阶级政治经济学的批判予以表里结合。他们在政治经济学的缘起和鼎盛之地"揭竿而起"，批判资本占有劳动的剥削现象，批判资产阶级政治经济学。如果将这样的批判镜像与马克思的批判思想予以对比，即使缺乏进一步的文献资料的支撑也不难想象，它对马克思的影响何其之大——甚至可以找到马克思的《资本论》为何附以"政治经济学批判"的副标题的隐性逻辑所在。

马克思在著作文稿中对英国的"无产阶级反对派"的具体表述是"以李嘉图理论为依据反对政治经济学家的无产阶级反对派"[1]，或称为"政治经济学家的反对派"[2]。恩格斯在《国民经济学批判大纲》中对该学派也有相关的批判分析，并将其称为"英国社会主义者"[3]。英国"无产阶级反对派"的代表学者有迪尔克、莱文斯顿、霍吉斯金、布雷等。该学派的一般理论特征是：维护了英国空想社会主义者欧文同情无产阶级的立场，基于李嘉图的劳动价值论分析和批判了资本主义社会中财富掠夺和剥削现象，进而在生产与分配的矛盾关系上予以论述，对资本主义的雇佣制度进行了道德原则上的批判。

---

[1]　《马克思恩格斯全集》第 26 卷第 3 册，人民出版社 1974 年版，第 260 页。

[2]　《马克思恩格斯全集》第 26 卷第 3 册，人民出版社 1974 年版，第 353 页。

[3]　《马克思恩格斯文集》第 1 卷，人民出版社 2009 年版，第 60 页。

迪尔克（1789—1864）于 1821 年匿名出版了自己的代表作《根据政治经济学基本原理得出的国民困难的原因及其解决办法。致约翰·罗素勋爵的一封信》。马克思曾说这是一本"几乎没有人知道"的小册子，只有约四十来页，但他在批判麦克库洛赫这个"修鞋匠"的同时，"包含了一个超过李嘉图的本质上的进步"①。

在自己的代表作中，迪尔克依据李嘉图的劳动价值论批判分析了资本家对工业无产阶级的财富掠夺现象，并在学理上从剩余劳动的占有和劳动时间的占有两个角度揭露了资本剥削的本质，进而深刻地批判了资本主义制度，深情地憧憬了未来理想社会对自由时间的享用。

首先，迪尔克直接把剩余价值和李嘉图所说的"利润"或"剩余产品"看作是"剩余劳动"，即工人除了补偿他的劳动能力以外而无偿地从事的劳动。既然剩余价值和剩余产品是工人的剩余劳动创造的，那么资本家无偿占有剩余价值和剩余产品就是对工人的剩余劳动的剥削，资本就是工人的剩余劳动的转化结果，是剩余劳动被剥夺后的资本化。这是基于工人阶级的立场，不仅明确了剩余劳动就是工人创造的，但被资本无偿占有的物质财富，而且揭露了资本主义剥削现象背后"不是工人使用资本，而是资本使用工人"②的实质，揭示了工人阶级何以贫困的原因。

其次，迪尔克基于"即使交换价值消失了，劳动时间也始终是财富的创造实体和生产财富所需要的费用的尺度"③这一政治经济学原理，继续推理出了这一结论：雇主和工人之间的对立是由于工人的劳动时间本身并没有"限制在正常长度之内"，且被用于别人而不是用于自己。而在未来的理想社会，劳动时间本身"将作为真正的社会劳动""取得完全不同的，

---

① 《马克思恩格斯全集》第 26 卷第 3 册，人民出版社 1974 年版，第 260 页。

② 《马克思恩格斯全集》第 26 卷第 3 册，人民出版社 1974 年版，第 279 页。

③ 《马克思恩格斯全集》第 26 卷第 3 册，人民出版社 1974 年版，第 282 页。

更自由的性质"①。结合推理过程中的另一结论"自由时间、可以支配的时间，就是财富本身"② 来看，迪尔克已经深刻地分析了资本主义雇佣劳动制度的另一剥削实质：资本占有了工人"用于自己"的劳动时间，而工人的自由时间作为财富被资本掠夺了。他进一步明确了工人阶级何以贫困的学理根据。

莱文斯顿（生年不详—1830）的"非常出色的著作"（马克思语）是《论公债制度及其影响》。他和迪尔克论述的主要对象是一样的，并进一步谈到一些理论问题，即"以工作日既定为前提"，论述了相对剩余价值，或者说论述了"由于劳动生产力的发展而归资本所有的剩余产品，……多半是就剩余产品的形式来考察剩余劳动"③。具体说来，莱文斯顿延续了迪尔克批判资本剥削工人的剩余劳动的论述，进一步展开的主要思想是：劳动生产力的发展创造了资本和"有闲者"的财产，与此同时，劳动还生出了把它自己的骨髓吸尽的寄生赘瘤。由此看来，莱文斯顿还是就"剩余产品的形式"的分析，批判了劳动创造的资本财富反过来变本加厉地剥削劳动的异化现象。相对剩余价值是工作日不变前提下，劳动生产力发展过程中的新的剩余产品形式，但它却成了剩余产品异化而成的法权形式——资本财富或财产支配和占有工人劳动产品的权力。这样的异化现象的实质就是："自己的生产力作为它的产品的生产力和它相对立，它的致富过程作为自身的贫困化过程和它相对立，它的社会力量，作为支配它的社会力量和它相对立。"④ 莱文斯顿揭示了在资本主义制度下劳动生产力的发展只是增加资本支配、占有劳动的财富和权力的实质。由此，他批判了资本主义劳动生产力发展的诈骗性，因为它增长了资本的财富，却生产了工人的贫

① 《马克思恩格斯全集》第 26 卷第 3 册，人民出版社 1974 年版，第 282 页。
② 《马克思恩格斯全集》第 26 卷第 3 册，人民出版社 1974 年版，第 282 页。
③ 《马克思恩格斯全集》第 26 卷第 3 册，人民出版社 1974 年版，第 283 页。
④ 《马克思恩格斯全集》第 26 卷第 3 册，人民出版社 1974 年版，第 284—285 页。

困化，它"纯粹是违背工人的利益而不是为了工人"①。

霍吉斯金（1789—1869）是"以李嘉图理论为依据反对政治经济学家的无产阶级反对派"中"最出色的人物"。②他同样地站在工人阶级的立场上，将批判资本主义剥削现象和批判资产阶级政治经济学相结合，批判了资产阶级政治经济学家的拜物教思想，反对他们只看到了资本是储备的物而不是一种关系的观点，资产阶级政治经济学家正是由此来推论资本是"生产性的"这一观点的。资产阶级政治经济学家维护了资本支配工人劳动的权力，为资本剥削工人作辩护，实际上是"从工艺上为特殊的社会形式即资本主义形式（在这种形式中，劳动和劳动条件的相互关系被颠倒了，以致不是工人使用这些条件，而是劳动条件使用工人）辩护"③。与此相反，霍吉斯金从李嘉图的劳动价值论出发，认为"把作为李嘉图论述问题的必然结果的总的论点表达出来"就是"资本是非生产的"。④由此，霍吉斯金指出资产阶级政治经济学家颠倒了资本与劳动的关系，劳动才是价值的创造者，资本是非生产的，资本不可能是价值的创造者；劳动才具有永恒性，资本并不是永恒的。因此，资本作为资本家支配工人劳动的权力就并非"自然权利"，而是"人为权力"，它在财产关系上最终必然被合乎"自然权利"的财产关系取代。在这里，霍吉斯金实际上在维护工人阶级利益、批判资产阶级政治经济学家过程中，证明了资本关系的历史"偶然性"和"暂时性"，揭示了资本主义制度被"取代"的必然性。⑤

此外，布雷（1809—1895）同样基于工人阶级的立场，批判了资本主义制度下对待劳动的不公正现象以及由此产生的贫困现象，并认为"平等

---

① 《马克思恩格斯全集》第 26 卷第 3 册，人民出版社 1974 年版，第 287 页。

② 《马克思恩格斯全集》第 26 卷第 3 册，人民出版社 1974 年版，第 286 页。

③ 《马克思恩格斯全集》第 26 卷第 3 册，人民出版社 1974 年版，第 303—304 页。

④ 《马克思恩格斯全集》第 26 卷第 3 册，人民出版社 1974 年版，第 293 页。

⑤ 参见《马克思恩格斯全集》第 26 卷第 3 册，人民出版社 1974 年版，第 292—293 页。

交换"是消除那种不公正现象的手段。

英国的无产阶级反对派依据政治经济学原理，比较深刻地批判了资本主义社会贫富分化与对立的剥削现象及由此导致工人阶级贫困的现象，并在财富问题上对资产阶级政治经济学家予以反驳和批判，尤其是其基于无产阶级立场表达的批判思想对马克思产生过比较重要的影响。马克思在《剩余价值理论》中专有一章对英国的无产阶级反对派给予了集中的批判分析。

就英国的无产阶级反对派在贫困问题上对资本剥削劳动的现象予以深刻批判而言，马克思认为，无产阶级反对派把资本指认为是"对工人劳动予以支配的手段"或者"对别人劳动产品的支配权"，这不仅批判了资本主义的非人性和欺诈性，并从经济学原理上论证了资本主义制度的历史暂时性。马克思也认可他们从财富的角度分析和批判资本与劳动的对立现象，认为他们抓住了李嘉图理论上的矛盾，站在工人阶级的立场上，批判资产阶级政治经济学，特别"自然"，即他们很"自然"地指出了资产阶级政治经济学家"自己驳倒了自己"的自相矛盾之处，并很"自然"地将"资本就是一切"翻转为"劳动就是一切"。在马克思看来，无产阶级反对派将"资本就是一切"翻转为"劳动就是一切"，是"从李嘉图自己的前提出发来维护无产阶级的利益的一切著作的最后的话"①。其批判性意义在于揭示了资本主义劳动异化现象和劳动贫困现象的深刻本质，即"这种劳动创造的财富作为别人的财富和它相对立，它自己的生产力作为它的产品的生产力和它相对立，它的致富过程作为自身的贫困化过程和它的相对立，它的社会力量作为支配它的社会力量和它相对立"②。

另外，马克思认为无产阶级反对派批判资本与劳动的对立现象，不仅

① 《马克思恩格斯全集》第 26 卷第 3 册，人民出版社 1974 年版，第 286 页。
② 《马克思恩格斯全集》第 26 卷第 3 册，人民出版社 1974 年版，第 284—285 页。

维护了劳动、反对了资本，而且已经论及了"拜物教"问题。他们看出了资本主义生产的"拜物教"性质，即"劳动的一定社会形式的作用被认为是由物，由这一劳动的产品造成的：关系本身被幻想为物的形式"①。对此，马克思顺着他们的观点做了总结，认为这种"拜物教"性质就是"表现在商品上和货币上，而且更多地表现在资本上"②。

虽然无产阶级反对派的某些反贫困的财富思想对马克思有着积极的影响，但是他们的唯心主义历史观和形而上学的方法论也很明显，因此他们反贫困的批判思想中又存在着明显的局限性。对此，马克思也给予了批判分析。

首先，马克思批判了他们狭隘的"禁欲主义"思想和以"平均主义"解决贫困问题的空想。马克思指出，莱文斯顿和迪尔克一样，"表现为一个禁欲主义者"③，他们思想的狭隘性在于：他们被资产阶级政治经济学的概念束缚了。虽然他们是从对立面出发的，但同样具有资产阶级政治经济学家们的局限性。从总体上看，无产阶级的反对派在批判分析资本对劳动的剥削之余都跟"只是以满足鄙俗的需要为目的的唯物主义"④一样，在表达"普遍的禁欲主义"的同时，随即提出"粗俗的平均主义"解决办法，即都主张剩余劳动产品或财产的平均分配，以此解决国民贫困和不公平地对待劳动的现象。这只能是空想。

其次，马克思批判了他们理论观点的缺陷，即没有区分作为交换价值的财富和作为使用价值的财富。正因为如此，虽然他们将"资本就是一切"翻转为"劳动就是一切"，批判了资本的"诈骗"性，但还是无法科学地揭示资本和资本拜物教的缘起。庸俗的资产阶级政治经济学不是从"关系"

---

① 《马克思恩格斯全集》第 26 卷第 3 册，人民出版社 1974 年版，第 325—326 页。

② 《马克思恩格斯全集》第 26 卷第 3 册，人民出版社 1974 年版，第 326 页。

③ 《马克思恩格斯全集》第 26 卷第 3 册，人民出版社 1974 年版，第 286 页。

④ 《马克思恩格斯全集》第 26 卷第 3 册，人民出版社 1974 年版，第 294 页。

而是仅从"物"的角度理解资本，从而陷入拜物教的庸俗沼泽地，但无产阶级反对派却也同样如此。这是因为他们在论证资本的非生产性时，没有区别使用价值的生产和交换价值的生产以及这两者与资本的关系。在马克思看来，霍吉斯金正是因为如此，导致他无法科学理解资本的本质，进而认识不到资本拜物教的真正缘起，只是简单判定拜物教"纯粹是主观的幻想"，幻想后面隐匿着剥削阶级的利益与欺诈。对此，马克思批判道："他没有看到这种表述方法是怎样从现实关系本身中产生的，没有看到后者不是前者的表现，而是相反。"① 因此，由于这种理论上的局限性，无产阶级反对派提出了"我们需要的是资本，而不是资本家"② 的荒谬主张。对此，马克思讽刺道："如果他们排除了资本家，他们也就使劳动条件丧失了资本性质。"③ 归根结底，他们没有全面而科学地理解资本的本质。

　　总之，英国的无产阶级反对派从财富的角度对资本主义社会中的剥削现象和贫困现象展开的学理评判，以及为维护劳动而对资产阶级政治经济学的批判，虽说是经济学说史上，甚至是社会主义思想发展史上浓重的一笔，但因其最终还是主张在不否定资本主义私有制的前提下进行"粗陋的平均主义"财富分配，幻想以此消除资本主义社会中贫富对立现象和贫困现象，致使他们的批判也仅仅是一种经济伦理批判而已。

二、法国"保守的社会主义者"蒲鲁东的财产权批判

　　如果说，在英国工业革命的历史背景下，英国无产阶级反对派的反贫困批判思想给马克思进行反贫困的财富现象批判施加了影响因子，那么，以蒲鲁东为代表的法国"保守的社会主义者"则是在法国大革命颁布的普

---

① 《马克思恩格斯全集》第 26 卷第 3 册，人民出版社 1974 年版，第 326 页。
② 《马克思恩格斯全集》第 26 卷第 3 册，人民出版社 1974 年版，第 326 页。
③ 《马克思恩格斯全集》第 26 卷第 3 册，人民出版社 1974 年版，第 326 页。

遍平等主义原则下，延续了圣西门、傅立叶等空想社会主义的财富现象批判之路径，进而为马克思确认反贫困的财富现象批判的内核施加了影响因子。

在和恩格斯共同起草的《共产党宣言》中，马克思指出，可以用蒲鲁东的《贫困的哲学》作为例子来分析"保守的或资产阶级的社会主义"的文献。① 在这里，马克思和恩格斯其实已经将蒲鲁东指认为法国"保守的社会主义者"的代表。马克思在众多文本中评判过蒲鲁东的思想，其中，《哲学的贫困》是为回击、评判蒲鲁东而专门著述的。在反贫困的财富现象批判方面，蒲鲁东最具代表的思想是财产权批判。

蒲鲁东（1809—1865）在贫困问题上同样具有明确的批判意识。在他看来，社会贫困现象是由财产权在法权形态上导致的一个政治后果，这一社会问题必须通过改变资本主义社会财产权的归属结构予以解决。这一具有批判意识的思想是从他的著作《什么是所有权》开始的，他在书中明确指出"财产权就是盗窃"。该著作问世的时候正是马克思批判理论的"苦恼"意识日益趋向澄明的阶段，其对马克思的重要影响就可想而知了。

财产权批判是蒲鲁东深层切入反贫困的财富现象批判的表现。概括来说，他是从三个方面展开的② ：

首先是关于"先占权"的批判。"先占权"是某人最先占有某物的时间属性，是财产权作为法权存在的古老观念。对此，蒲鲁东给予了批判分析。他指出，"先占"并不是权利的先在前提，平等才是权利的先在前提，以平等为前提的权利才符合正义的本质。因此根据平等原则，蒲鲁东认为"占有"只能是以平等为前提，即个人占有财富的份额必须是一个平均数，是社会总财富除以参与分配的总人数的结果，这样的平均分配就不会妨碍

---

① 《马克思恩格斯文集》第 2 卷，人民出版社 2009 年版，第 60—61 页。

② 此处的概述借鉴了张盾的阐述。（参见张盾：《财产权批判的政治观念与历史方法》，《哲学研究》2011 年第 8 期。）

他人占有财富的权利；另外，"占有"也是变动不居的，因为占有社会财富份额的大小也要随参与分配的人数的增减而不断调整，这说明构成所有权的占有行为并非是绝对的权利，而是一个偶然的事实。① 这样，论定财产权合法性的"先占权"并非是"占有"的原初概念，财富的"平等占有"才是"占有"的原初概念。

其次是关于"劳动"的批判。在此，蒲鲁东首先通过论证劳动并非是使土地这种自然财富具有私有性的法权效力，来批驳"劳动创造财富并确立财产权"的现代信条。他指出，劳动产生所有权的法权规定只适用于劳动产品，但并非适用于土地，土地本身只能被平等地占有，是不能因加之于劳动而被私有化的。② 劳动产生所有权的法权规定应该是：劳动产品的全部价值归它的劳动者所有，这种权利决不仅限于工人获得的工资。所以，当资本家仅仅用工资支付工人的劳动时，就是盗窃和诈骗。按正义原则"分割财产"是实现平等占有的解决办法，即全部劳动产品和价值由资本家和工人分享。这样，每个人的财产和地位在正义的原则下都趋于平等，从而体现"通过劳动，我们走向平等"③ 的本真含义。

最后是关于"收益权"的批判。收益权在资本主义社会是财产权以地租、利息和利润的形式而获得实现的。对此，蒲鲁东批判指出，收益权就是一种"反社会"的特权，是一笔反社会的税收，它的本质就是财产权所有者可以不从事生产劳动而占有劳动成果的权力，收益权恰恰凸显的就是财产权的盗窃特性。因此，收益权必须取缔，替代它的理应是"合理收益"的新概念，即"如果劳动者由于所有权而不得不把地租付给土地所有人，那么，根据同样的权利，土地所有人也应该把相等的地租给予劳动者"④。

① 　参见张盾：《财产权批判的政治观念与历史方法》，《哲学研究》2011 年第 8 期。
② 　参见［德］马克思：《1844 年经济学哲学手稿》，人民出版社 2000 年版，第 56—59 页。
③ 　［法］蒲鲁东：《什么是所有权》，孙署冰译，商务印书馆 2009 年版，第 153 页。
④ 　［法］蒲鲁东：《什么是所有权》，孙署冰译，商务印书馆 2009 年版，第 212 页。

在蒲鲁东看来，每个人理应有平等的占有权，所以每个人都是所有权人，都具有收益权。

总的说来，蒲鲁东对先占权、劳动和收益权的批判，实质上在批判了支撑私有财产神圣不可侵犯的先验信条的同时，提出解决贫困问题的"平均主义"哲学方案。

作为同时代人，马克思准确地评判了蒲鲁东的财产权批判的价值。在马克思看来，蒲鲁东与资产阶级政治经济学家总是为私有财产做辩护不同，他是从"财产权就是盗窃"且造成贫富分化现象和贫困现象这一事实出发要求改变私有财产的归属结构，"这就是蒲鲁东在科学上实现的巨大进步，这个进步在国民经济学中引起革命，并且第一次使国民经济学有可能成为真正的科学。蒲鲁东的著作《什么是财产》对现代国民经济学的意义，正如西哀士的著作《什么是第三等级》对现代政治学的意义一样"[1]。

如果说财产权批判及其"财产权就是盗窃"的结论所具有的"划时代的作用"[2]引起了马克思的好评的话，那么，蒲鲁东在研究中暴露出来的两面性和局限性，则激发了马克思对他的直接论战与批判。

马克思对蒲鲁东的批判首先指向蒲鲁东所表现出来的小资产阶级立场。确切地说，蒲鲁东在《什么是所有权》中维护的就是小资产阶级的个人财产。这种个人的财产是以劳动和自由平等的买卖为根基的且是最最不能让渡的。他正是以此要求伸张"穷人的权利"。因此他捍卫的对象就是法国大革命后获得土地的农民和"小所有人"。由此，马克思准确地指认了蒲鲁东"小资产阶级社会主义"的立场，认为他"一方面以法国小农的(后来是小资产者的）立场和眼光来批判社会，另一方面他又用他从社会主义

---

① 《马克思恩格斯文集》第 1 卷，人民出版社 2009 年版，第 256 页。
② 《马克思恩格斯选集》第 2 卷，人民出版社 1995 年版，第 613 页。

者那里借来的尺度衡量社会"①。具体到反贫困的财富现象批判而言，马克思认为，蒲鲁东确实如其他空想社会主义者那样，看到了资本主义社会中贫富对立现象，且对之予以批判，但因他一方面"抄袭"了空想社会主义者的批判立场，另一方面又"寄宿"于资产阶级经济学家维护资本主义生产关系的自然性、永恒性的庸俗立场，因而他对资本主义的财产权批判只能是一种人道主义批判。马克思尖锐地批判了蒲鲁东这种两面性立场，认为他如此地在资产者和无产者之间徘徊，在政治经济学与共产主义之间摇摆，其实是"远在这两者之下"，最终"不能超出资产者的眼界"②。

另外，在马克思看来，蒲鲁东依据法国大革命颁布的普遍平等原则进行的财产权批判，企图通过改良主义而实现财产权归属结构的变革，这在本质上说是一种小资产阶级幻想，而蒲鲁东依据普遍平等原则主张的小财产权也是不可能实现的。

马克思对蒲鲁东财产权批判的第二个重要批判就是认为，蒲鲁东的批判缺乏历史感。马克思的批判针对的是蒲鲁东的"一本很坏的书"③，即出版于1846年的《贫困的哲学》。

蒲鲁东在《贫困的哲学》中说，要继续论述一个与财产权批判相媲美的"科学的体系"。为此，他搬弄"概念与历史统一"的方法，模仿黑格尔，把十个经济范畴纳入所谓的"历史系列"，将其指认为经济发展的"十个时期"，并宣称这个历史分期"不是那种符合时间顺序的历史，而是一种符合观念顺序的历史"④。这是蒲鲁东对黑格尔历史辩证法的拙劣模仿，反而有损他此前的财产权批判的成就和光芒。在马克思看来，蒲鲁东"从来

---

① 《马克思恩格斯选集》第2卷，人民出版社1995年版，第615页。
② 《马克思恩格斯选集》第1卷，人民出版社1995年版，第155—156页。
③ 《马克思恩格斯选集》第4卷，人民出版社1995年版，第531页。
④ [法]蒲鲁东：《贫困的哲学》上卷，于淑叔通、王雪华译，商务印书馆2000年版，第156页。

也不懂得真正科学的辩证法"，他陷入了诡辩的"泥坑"，在他身上处处体现出"活生生的矛盾"。① 蒲鲁东更大的谬论和局限在于他的非历史观点，因为他没有考察"历史的实在过程"，尤其是没有把现存的经济体制视为"历史性的和暂时的产物"反而将其视为抽象的永恒的范畴，这就又回到资产阶级经济学的立场上了。② 蒲鲁东不仅颠倒了现实和观念之间的关系，而且他臆造、模仿的唯心主义辩证法体系实则是体现他非历史性观念和方法的唯心主义形而上学论。

从反贫困的财富现象批判的角度看，蒲鲁东在《贫困的哲学》中有将财产权批判牵引到"生产关系"的隐性逻辑，但由于他的非历史性观点和方法，使他看不到"生产关系"背后的现实的历史发展着的社会关系。对此，马克思指出："经济学家蒲鲁东先生非常明白，人们是在一定的生产关系中制造呢绒、麻布和丝织品的。但是他不明白，这些一定的社会关系同麻布、亚麻等一样，也是人们生产出来的。……它们是历史的、暂时的产物。"③ 问题并不在于蒲鲁东不关注社会经济关系，而在于他只看到抽象的经济范畴中理想化的社会关系。

有必要强调的一点是，马克思在《哲学的贫困》中启动对蒲鲁东批判的时候，正值马克思突破性地阐述唯物史观新原理的时期。这使得马克思能从历史科学的历史辩证法维度合理评判蒲鲁东的财产权批判。蒲鲁东的财产权批判使马克思明显认识到财产权批判与思考资本主义的历史命运密切关联，但如果像蒲鲁东那样缺失历史感，就不可能达到对资本主义私有制的历史性理解，也就不可能实现对资产阶级财产权的彻底批判。相对来说，蒲鲁东财产权批判的价值就在于他把财产权问题凸显在历史研究的门口，并使马克思反贫困的财富现象批判有了凝重的历史课题。正是在这样

---

① 《马克思恩格斯选集》第 2 卷，人民出版社 1995 年版，第 620—621 页。
② 《马克思恩格斯选集》第 2 卷，人民出版社 1995 年版，第 616—617 页。
③ 《马克思恩格斯文集》第 1 卷，人民出版社 2009 年版，第 602—603 页。

的问题背景下，蒲鲁东成了马克思长期批判的论敌，对财产权的批判研究成了马克思在历史科学建构下展开反贫困的财富现象批判的一个重要内核：通过对财产权（私有制）的历史性批判和研究，给资本主义的历史命运予以科学论证，从而对资本主义社会中贫富分化与对立的财富现象予以历史科学视域中的科学批判，进而科学阐明解决无产阶级贫困问题的现实途径。

三、青年恩格斯的国民经济学批判

《国民经济学批判大纲》是青年恩格斯 1844 年初发表的，同样是对资产阶级国民经济学这一官许的"发财致富"的欺诈之学的批判。但与赫斯的经济批判那"根本不存在于现实界，而只存在于云雾弥漫的哲学幻想的天空"① 不同，青年恩格斯的这篇被马克思评价为"批判经济学范畴的天才大纲"② 中一开始就是实证主义的历史考察，考察了国民经济学从重商主义的贪婪到自由主义的"伪善"，从旧经济学到"只前进了半步"的新经济学的历史过程。

就反贫困的财富现象批判而言，跟工人群众生活在一起的青年恩格斯已经看到"一国人民纯粹由于富裕和过剩而必定饿死这种不可思议"③ 的富裕和贫困对立现象。恩格斯指认了导致贫困现象的根源：资本主义私有制。对于"国民财富"这个用语而言，"只要私有制存在一天，这个用语便没有任何意义。英国人的'国民财富'很多，他们却是世界上最穷的民族"④。但是，"靠种种对立活命"的国民经济学却不去过问私有制是否合

---

① 《马克思恩格斯文集》第 1 卷，人民出版社 2009 年版，第 602—603 页。

② 《马克思恩格斯全集》第 31 卷，人民出版社 1998 年版，第 413 页。

③ 《马克思恩格斯文集》第 1 卷，人民出版社 2009 年版，第 81 页。

④ 《马克思恩格斯文集》第 1 卷，人民出版社 2009 年版，第 60 页。

理的问题。于是，恩格斯批判道：时代每前进一步，国民经济学家的诡辩和伪善就必然提高一步，因此，"李嘉图的罪过比亚当·斯密大，而麦克库洛赫和穆勒的罪过又比李嘉图大"①，而马尔萨斯的卑鄙无耻的人口论则和当时的"贫富矛盾同样荒谬，甚至比它更荒谬"②，使我们看到"经济学家的不道德已经登峰造极"③。很明显，恩格斯反贫困的财富现象批判的逻辑层次是清晰的，它显示了将反贫困的财富现象批判切入更深层次的国民经济学批判的原由：经济学将"贫富对立"当作自己的学术前提，是阐释私有制下各种对立、现象和规律的"私经济学"。国民经济学家"已深陷在自己的对立物中"④，并用"新教的伪善"对自然和人类"恶毒污蔑"。因此，恩格斯用愤慨的反问表达了批判的必要性："一切战争和垄断制度所造成的灾难，与这种理论相比，又算得了什么呢？"⑤

在《国民经济学批判大纲》中，恩格斯将资产阶级社会中的一切贫富对立的财富现象归因于私有制，并从对国民经济学的直接批判出发，揭示资产阶级私有制的贪婪、欺诈、非人性，从而论证消灭资本主义私有制的必然逻辑。这与赫斯仅仅用德国特色的思辨哲学"影射"经济学不同，恩格斯是深深地犁耕到经济学理论的土壤中的经济哲学批判。因此，开篇部分即指认 18 世纪资产阶级思想革命的形而上学"片面性"，并通篇批判分析国民经济学的简单的形而上学"对立性"，这都是恩格斯运用辩证法的武器对资产阶级经济学予以经济哲学批判的表现。⑥

应该说，在马克思同时代的所有德国同道中，只有恩格斯虽然具有德

---

① 《马克思恩格斯文集》第 1 卷，人民出版社 2009 年版，第 58 页。
② 《马克思恩格斯文集》第 1 卷，人民出版社 2009 年版，第 77 页。
③ 《马克思恩格斯文集》第 1 卷，人民出版社 2009 年版，第 79 页。
④ 《马克思恩格斯文集》第 1 卷，人民出版社 2009 年版，第 81 页。
⑤ 《马克思恩格斯文集》第 1 卷，人民出版社 2009 年版，第 79 页。
⑥ 张一兵和苏联学者卢森贝都认同这样的判断。（参见张一兵：《回到马克思——经济学语境中的哲学话语》，江苏人民出版社 2009 年版，第 123 页。）

国哲学传统但能走出德国思辨哲学的"地平"而自觉走入了"另一个地平"——附着浓厚的英国实证社会学（或社会唯物主义）色彩的唯物主义的立场。因此当马克思欣喜地肯定《国民经济学批判大纲》是"天才大纲"时，就足见恩格斯对马克思的影响是重要的，这为马克思最终完成对德国思辨哲学的批判和超越，并开创新的"历史科学"提供了参考系。当然，马克思在《1844 年经济学哲学手稿》的开篇序言中也指认了《国民经济学批判大纲》对自己转向国民经济学批判研究的影响。①

恩格斯在辩证批判中也承认国民经济学"前进了半步"，它与宗教改革的意义类似。例如，他认为斯密是"经济学的路德"。对此，马克思后来在《1844 年经济学哲学手稿》中引用了恩格斯的观点，并肯定这种"路德式"的进步是：在经济学史上把私有财产和财富的本质从客体形式翻转到人的主体性劳动中。

当然，恩格斯的重点是通篇着力批判资产阶级经济学在"自然与人的对立"这一前提下的虚假抽象及其荒谬性。恩格斯讽刺道："由于经济学观察问题很粗糙，除了以可触摸的现金向他支付的东西以外，他不知道还有别的等价物。他已深陷在自己的对立物中，以致连最令人信服的事实也像最科学的原理一样使他无动于衷。"②在恩格斯看来，资产阶级经济学家在价值与价格、劳动与资本、竞争与垄断、生产和消费、人口过剩与财富过剩等关系问题上都戴着形而上学的"对立性"的有色眼镜，充满荒谬和"本末倒置"的虚假抽象，他们"这种颠倒黑白构成了抽象的本质"③。尤其是他们把人口过剩和财富过剩抽象地对立起来，不仅"荒诞无稽"，而且是"卑鄙无耻"的"恶毒诬蔑"，因为它为了维护财富过剩的私有财产者的利益，而将结论表达为："穷人是过剩人口"，穷人的人口繁衍是"一

---

① ［德］马克思：《1844 年经济学哲学手稿》，人民出版社 2000 年版，第 3—4 页。
② 《马克思恩格斯文集》第 1 卷，人民出版社 2009 年版，第 81 页。
③ 《马克思恩格斯文集》第 1 卷，人民出版社 2009 年版，第 66 页。

切贫困和罪恶的原因"。① 这样，资产阶级经济学为私有财产者在经济危机时销毁过剩财富而诡辩——"施舍被认为是犯罪，因而这会助长过剩人口的增长"②。于是，恩格斯深刻地批判道：这比资产阶级政府"把贫穷宣布为犯罪，把济贫所变为监狱"的做法更恶毒无耻。③ 这是恩格斯将反贫困的财富现象批判深入到国民经济学批判的精彩而又鞭辟入里之处。他的批判路径为马克思将关于市民社会贫富对立现象的"苦恼的意识"导入现实的政治经济学批判提供了最初的范本。

与资产阶级经济学家的形而上学"对立性"学说不同，恩格斯坚持的是现实的总体统一性的辩证逻辑。由此，恩格斯看到了"资本和劳动最初是同一个东西"，而"由私有制造成的资本和劳动的分裂，不外是与这种分裂状态相应的并从这种状态产生的劳动本身的分裂"。④ 顺着这样的辩证逻辑，恩格斯接近于为马克思分析私有制下的异化劳动提供了理论前奏。因为恩格斯发现，在私有制条件下，这些"反常的分裂"的现实表现是：其一，资本是劳动的结果，但在生产中资本立刻变成决定劳动的基质，这是劳动自身分裂为资本与劳动的对立现象；其二，劳动再度分裂为劳动的产物以工资的形式与劳动相对立，这是劳动的结果和产物再度与劳动对立的现象；其三，对于劳动者而言，"私有制把每一个人隔离在他自己的粗陋的孤立状态中"⑤，于是劳动者与劳动者在竞争中对立，"工人敌视工人"；其四，"所有这些微妙的分裂和划分，都产生于资本和劳动的最初的分开和这一分开的完成，即人类分裂为资本家和工人"⑥，这是资本家和工人之间的阶级对立现象。以上其实是恩格斯在劳动是"财富的源泉"

① 《马克思恩格斯文集》第 1 卷，人民出版社 2009 年版，第 78—79 页。
② 《马克思恩格斯文集》第 1 卷，人民出版社 2009 年版，第 79 页。
③ 《马克思恩格斯文集》第 1 卷，人民出版社 2009 年版，第 79 页。
④ 《马克思恩格斯文集》第 1 卷，人民出版社 2009 年版，第 70 页。
⑤ 《马克思恩格斯文集》第 1 卷，人民出版社 2009 年版，第 72 页。
⑥ 《马克思恩格斯文集》第 1 卷，人民出版社 2009 年版，第 71 页。

的这一经济学原理的前提下，分析资本占有财富而劳动最终归于贫困的"反常的分裂"现象的实然逻辑，也是分析私有制条件下资本作为劳动的结果反过来在劳动的一再分裂中剥削劳动创造的财富的实然逻辑。由此，恩格斯实际上深刻地批判了造成贫富分化与对立现象的根源：资本主义私有制。为此，恩格斯的结论是：消灭了私有制，所有这些反常的分裂现象就不会存在。"只要我们消灭了私有制，这种反常的分裂就会消失；劳动就会成为它自己的报酬……"①

可以说，青年恩格斯反贫困的财富现象批判的逻辑路径与英国的无产阶级反对派、法国的"保守的或资产阶级的社会主义者"蒲鲁东的批判思想有本质的区别，但此时的恩格斯略微稚嫩的经济学造诣和较为鲜明的费尔巴哈式的人本主义批判逻辑，决定了他在反贫困的财富现象批判过程中不可能完成对资本主义私有制和资产阶级经济学的科学批判，也不可能科学揭示解决贫困问题的现实途径。恩格斯的这一批判镜像同样影响了青年马克思，尤其是在马克思的《1844年经济学哲学手稿》中有明显的痕迹。

综合来看，英国的无产阶级反对派、法国的"保守的社会主义者"蒲鲁东和青年恩格斯的批判思想对同时代的马克思的影响是明显的。他们在批判资产阶级社会贫富对立现象和贫困现象的过程中，都切入或深入到对资产阶级政治经济学的批判。尤其是青年恩格斯基于历史的辩证统一性的逻辑和特有的实证社会学的唯物主义立场，在深刻地批判贫富对立现象的内在根源时，已经将政治经济学批判和对私有制的批判密不可分地结合在了一起。这些对于马克思基于唯物史观的历史科学和新政治经济学，将反贫困的财富现象批判最终导向并完成对"资本"予以政治经济学批判具有直接的深远影响。

---

① 《马克思恩格斯文集》第1卷，人民出版社2009年版，第72页。

第二章　马克思财富现象批判的逻辑轮廓

第一章在学术思想之链上分析了马克思进行财富现象批判的思想资源。它显示了一个应然的结论：马克思的财富现象批判是对前人学术思想的批判、吸收和发展的过程。当然，这并不否认马克思基于这样的思想资源更有自己创造性的思想开端和创见。马克思的社会批判思想丰富而睿智，虽然他一生中并无有关财富现象批判的专门论著，但在他的宗教哲学批判、政治哲学批判和政治经济学批判的逻辑进程中却蕴含着大量有关财富现象批判的思想。尤其是马克思对资本主义社会贫富分化与对立现象的政治经济学批判，以《资本论》及相关经济学手稿为文本载体，是其财富现象批判思想的集中体现。更重要的是，通过对资本主义社会贫富分化与对立现象的批判分析，马克思基于唯物史观而开创的历史科学辩证地阐明了从理论批判上升为实践批判的物质力量——无产阶级及其解放问题。

第一节　财富现象批判的逻辑端点及其理论基石的生成

值得肯定的是，"走近早期马克思"是研究马克思批判思想之逻辑端点的一个重要思路。这样的"走近"语境并非"教旨情结"，而是学术探讨在遵循历史与逻辑相一致的原则下予以返本开新的"当下"必要。当然，这样的"走近"语境也绝非西方马克思主义的所谓人道主义化的"走近""贴近"或"跟进",而是着眼于早期马克思社会境遇和思想跃迁过程的历史回溯,是"串联"马克思整个批判思想之逻辑进程的"走近"。

一、《莱茵报》时期的"苦恼的疑问"

考证马克思财富现象批判思想的逻辑端点,离不开"回到"马克思当初所处的一个特殊的历史境遇:《莱茵报》时期的"苦恼的疑问"。这是马克思的批判思想跳离前一个阶段而跃迁到一个新的理论阶段的"端口"。马克思本人在 1859 年就曾回顾和指认过开启现实的经济问题思考的思想境况,即在《政治经济学批判。第一分册》的序言中,马克思在指出促使他"去研究经济问题的最初动因"[①] 时说:"1842—1843 年间,我作为《莱茵报》的编辑,第一次遇到要对所谓物质利益发表意见的难事。"[②] 在该序言中,马克思简要回顾了自己将法学专业作为哲学和历史研究的辅助学科而后转入研究现实的经济问题的思想历程,并在序言末尾再次确认自己思想跃迁的"端口"和"入口"时,意志坚定地说:"但是在科学的入口处,正像在地狱的入口处一样,必须提出这样的要求:'这里必须根绝一切犹豫;这里任何怯懦都无济于事。'"[③]

在《莱茵报》时期,马克思对现实的物质经济利益问题的关注和探讨,是其哲学思考逐渐转变到实证社会学批判性研究的起始阶段,也是其财富现象批判思想的逻辑端点。

可以说,青年时期的马克思就已经将人的问题作为了自己哲学思考的重心,并总是将人的自由和解放问题置于相关的社会关系语境之中。早在中学的毕业论文《青年在选择职业时的考虑》中,马克思就表达出人与社

① 《马克思恩格斯全集》第 31 卷,人民出版社 1998 年版,第 411 页。
② 《马克思恩格斯全集》第 31 卷,人民出版社 1998 年版,第 411 页。
③ 《马克思恩格斯全集》第 31 卷,人民出版社 1998 年版,第 415 页。

会之统一关系的理想主义应然逻辑，虽然表现出虔诚的宗教情感，但马克思毕竟论述了人生择业与社会发展的神圣统一性。大学初期，马克思一度继续怀着理想主义情结陶醉于浪漫主义诗歌创作，但很快意识到理想与现实的严重对立。这与他在法学研究中的思想困境是一致的。从波恩大学转入柏林大学学习后，马克思曾试图仿效康德和费希特的形而上学原理建构一个理性主义的法哲学体系。因为一直找不到从先验的法则过渡到现实的法的逻辑路径，马克思深深地陷入了"应有与现有的矛盾"带给自己的精神危机之中，并反思绝对理性主义的二元论学说所不能克服的矛盾："现有之物和应有之物的对立。"①于是，为了解决二元对立的矛盾，马克思决心从理想主义"转而向现实本身去寻求观念"②，并开始"皈依"黑格尔的"现代世界哲学"。但是，马克思此时的叛逆冲动和精神"皈依"实质上只是从康德的"独断"理性主义向黑格尔的"思辨"理性主义的"转场"。黑格尔哲学和以布鲁诺·鲍威尔为代表的青年黑格尔派的"自我意识"哲学给予马克思的影响，使其仍然表现出基于思辨理性批判的唯心主义世界观，并将这种世界观鲜明地表现在博士论文中。

不久，马克思的理性主义世界观再次遭遇重大危机，即在《莱茵报》当主编时，马克思产生了"苦恼的疑问"。初出"茅庐"的马克思出于对黑格尔哲学"理性国家"和"自由精神"的信仰，非常重视利用自由报刊争取"世界的理性化"。但是，当马克思在论述莱茵省议会关于林木盗窃法的辩论、总督沙培尔关于摩塞尔地区农民的贫困状况与《莱茵报》记者的论战时，他遭遇到了严重的信仰危机，因为他敏锐地意识到原以为强大的国家理性却在私人利益面前是如此的软弱无力。此时，国家理性和市民社会中私人利益的关系成为马克思苦恼思索的问题。当马克思发现"利益

---

① 《马克思恩格斯全集》第 47 卷，人民出版社 2004 年版，第 7 页。
② 《马克思恩格斯全集》第 47 卷，人民出版社 2004 年版，第 13 页。

占了法的上风"时，他对黑格尔理性主义哲学的信仰被完全颠覆了。这一切促使马克思回到真正的现实之中，公开为政治上备受压迫的贫苦群众的经济利益发表意见，批判普鲁士专制政治对"林木占有者"这样的富人利益的维护，揭露富人连大自然施舍给穷人的枯枝也不放过的贪婪和残忍。

《莱茵报》时期的"苦恼的疑问"促使马克思在面对现实的贫富分化与对立现象时不得不对物质利益问题发表批判意见。马克思虽然意识到作为代表所谓"理性自由"的国家和法在现实中的虚伪，一切的事实也表明了这样的国家和法并非代表包括广大贫苦群众在内的多数人的普遍利益，因为现实中的普鲁士专制国家和法律已"沦为林木占有者的工具"，但马克思由此而展开的批判实质上仍然是法律意义上的，而非经济学意义上的。虽然马克思从财产的法律意义上批判分析了富人连自然法赋予穷人的习惯权利也要独占的贫富对立现象，虽然他不妥协地站在民主主义立场上维护下层贫苦群众的物质利益，但他由此开启的财富现象批判是相当稚嫩的，充其量是一个圣西门主义者或傅立叶主义者。因为，虽然马克思在政治上批判了普鲁士政府的专制并揭露了私有者的贪婪，但并没有认识到批判和否定私有财产本身的必要性，即使他隐约意识到了导致贫富进一步分化与对立现象的根源就是私有制。因此，马克思的财富现象批判在逻辑上好像是严密的，但在严酷的社会现实中却是苍白无力的。

这里的重要意义在于，自此之后，完全澄明的而不是隐晦的物质财富意识在马克思的哲学观念中已经生成，现实的贫富分化与对立现象开始成为马克思实证批判和研究的对象。《莱茵报》时期的"苦恼的疑问"让马克思深切地感受到原有的理性信仰与现有的感性直观的冲突和对立，它为马克思突破黑格尔哲学思辨理性的精神"藩篱"打开了缺口，也为马克思随后转向费尔巴哈的"感性"哲学、以人本主义的哲学立场展开财富现象批判开启了新的阶段。在某种意义上说，正是《莱茵报》期间的社会历练，使得马克思站在广大贫苦群众利益一边的自觉立场和崇尚现实的可贵品格第一次得到凸显。虽然马克思于此表现出来的批判思想仍然囿于国家和法的自由理性观念，但并没有妨碍他由此"研究经济问题"的持续努力。自此之后的马克思已经开始像一个赫斯主义者那样努力地将自己关于财富问题的哲学思考经济学化。

二、财富现象批判的逻辑之桥——人本学唯物主义

在《莱茵报》期间，马克思维护贫苦群众的物质利益、批判普鲁士专制政治，虽然使他与一味崇尚理性思辨和空谈的青年黑格尔派彻底决裂，但也让他深陷现实而严酷的政治斗争，最后被迫辞去《莱茵报》主编一职——这是马克思一生中唯一的一份正式的社会工作。正当崇尚感性现实的马克思被迫退回书斋而苦闷时，费尔巴哈标榜感性直观的人本学唯物主义为马克思解决"苦恼的疑问"架设了逻辑之桥。

费尔巴哈于1843年发表的《关于哲学改革的临时纲要》与《未来哲学原理》言简意赅，尤其是其中的人本主义哲学观点使马克思感觉仿佛呼吸到新鲜空气一般。深受鼓舞的马克思此后入题的《黑格尔法哲学批判》，在费尔巴哈的人本学唯物主义的立场上批判黑格尔思辨唯心主义的同时，深刻地批判性地分析了曾困扰自己的"苦恼的疑问"：理性国家与市民社会、普遍理性与私人利益的关系问题。

在《黑格尔法哲学批判》中，马克思运用费尔巴哈人本学唯物主义的"主宾颠倒"方法批判黑格尔国家学说的首个重要结论是：国家理性并非市民社会的先验基础，反之，市民社会本身才是国家的现实基础。这是马克思批判思想发展的一个重要开端，因为马克思在此开启了一个唯物地批判分析社会历史发展的理论路向。当然，就进一步挖掘马克思的经济批判逻辑而言，更重要的意义在于：马克思运用费尔巴哈的人本主义异化方法对政治国家与私有财产之间关系的批判分析。从费尔巴哈的人本主义哲学

来看，作为"类"的人是历史的普遍合理性的源泉，它才是现实的普遍物。根据这个观点，一切的政治国家或者是人的本质的对象化和实现，或者是人的本质的异化。然而，现存的政治国家因代表私人利益而不具有人的现实普遍性，故而不是人的本质的实现，仅是人的本质的异化。由此，马克思从批判私有财产的角度指认了政治国家是与人的现实普遍性的物质生活相脱离的异化领域，即"那政治国家对私有财产的权力究竟是什么呢？是私有财产本身的权力，是私有财产的已经得到实现的本质。同这种本质相对照，政治国家还剩下什么呢？剩下一种幻想：政治国家是规定者，可它又是被规定者"①。这样的自问自答实质上是马克思在初步解答了《莱茵报》期间那个"苦恼的疑问"：为何普鲁士国家沦为私人利益的工具反过来欺诈广大贫苦群众？在这里，马克思也从批判私有财产的角度回应了自己所下的一个人本主义异化论的判断："我们的时代即文明时代，却犯了一个相反的错误。它使人的对象性本质作为某种仅仅是外在的、物质的东西同人分离，它不认为人的内容是人的真正现实。"②在此，马克思借助人本主义异化逻辑看到了政治国家和私有财产（私人利益）之间的必然联系，并将政治国家的异化还原为私有财产与人的现实感性生活的脱离和对立。

可以说，马克思对黑格尔法哲学的批判开启了对政治国家和私有财产的批判，无疑是深化了《莱茵报》时期对现实的贫富分化与对立现象的批判，初步揭开了当初"苦恼的疑问"的谜底。但是，马克思此时还远没有揭露出世俗的市民社会中政治国家异化的真正原因。相反，因他所接受的抽象人本主义逻辑，在一定程度上，遮蔽了自己崇尚现实的眼光，使他仍然相信还是存在着能实现人的抽象类本质的理性国家。即使这是基于人本主义逻辑的抽象价值设定，但它同黑格尔对理性国家的设定并无本质区

---

① 《马克思恩格斯全集》第 3 卷，人民出版社 2002 年版，第 124 页。
② 《马克思恩格斯全集》第 3 卷，人民出版社 2002 年版，第 102 页。

别。因此，马克思对黑格尔法哲学的批判并不意味着他完全克服并超越了黑格尔哲学。但马克思因此把法哲学批判过渡到对资产阶级政治国家和私有财产的批判，又确实是其深化财富现象批判的一个重要阶段。

此时，马克思对经济问题的思考一直以人本主义的哲学语言展现其批判的锋芒，但他并没有忽视"历史—政治"方面的知识积累，这体现在"克罗茨纳赫笔记"中。该笔记是马克思研究"历史—政治"的成果，部分地被《黑格尔法哲学批判》所反映，但更多地反映在1844年发表于《德法年鉴》上的两篇文章中。马克思对"历史—政治"的研究推进了他对财产、私有制、阶级利益和金钱势力等与社会财富相关的经济问题的思考。在"克罗茨纳赫笔记"中，通过对欧洲代议制政治国家的研究，马克思认识到，现代国家形式是新兴的私有财产所有者实现私人利益最大化的政治形式而已；在政治革命的历史上，革命不过是一种私有制形式反对另一种私有制形式而已，任何革命都是特殊阶级利益的体现，其结果是确立符合本阶级利益的所有制。由此，马克思认为资产阶级革命并不是人的普遍性的自由和平等的实现。这进一步坚定了他对资产阶级政治国家及其在市民社会中的异化的批判。在《德法年鉴》上的两篇论文：《论犹太人问题》和《〈黑格尔法哲学批判〉导言》，就是这种批判的深化，也是马克思批判性研究阶级社会贫富分化与对立现象之深层原因的表现。

在《论犹太人问题》一文中，马克思针对鲍威尔片面的宗教思想而展开的批判，实质上也从政治国家异化的角度深入批判了市民社会中一切奉行"犹太精神"的"社会的犹太人"的金钱崇拜现象。当然，在这里，费尔巴哈人本学唯物主义的宗教批判关于人的本质异化的思想，再次架设了供马克思批判金钱崇拜现象的逻辑之桥。马克思在深入解剖政治国家与市民社会的关系的过程中，批判和揭露了世俗社会生活中金钱崇拜现象所表现出来的人的本质异化的实质和秘密。马克思指出："金钱是人的劳动和人的存在同人相异化的本质；这种异化的本质统治了人，而人则向它顶礼膜拜。"①这样的现象是在世俗的市民社会利己主义原则下人的自我本质异化的实践结果。金钱成了"实际需要和自私自利的神"，由此，在政治国家和市民社会的关系问题上，因为"实际需要、利己主义是市民社会的原则"，所以"只要市民社会完全从自身产生出政治国家，这个原则就赤裸裸地显现出来"。②通过对金钱崇拜现象的批判分析，马克思对政治与市民社会之私人利益（金钱势力）之间的关系的揭露就更明晰了，即"虽然在观念上，政治凌驾于金钱势力之上，其实前者是后者的奴隶"③。在马克思看来，鲍威尔所谓的解放只能是这种结果：市民社会不断地从自身内部产生出崇拜金钱并具有"金钱势力"的"社会的犹太人"。因此，真正的人的解放是"犹太人的社会解放"，就是社会从崇拜金钱的"犹太精神中获得解放"，也就是颠覆资产阶级社会"金钱势力"对人的奴役，消除人的本质二重化现象。

如果说《论犹太人问题》从金钱异化的财富现象的角度批判和揭露了政治国家和金钱势力的勾结，进而提出了"人的解放"的理论问题，那么，《〈黑格尔法哲学批判〉导言》则从"德国人的解放就是人的解放"④的哲学高度提出来将"人的解放"的理论问题落实为"德国人的解放"的实践问题。如果说《论犹太人问题》和之前的批判文本是理论批判阶段，那么《〈黑格尔法哲学批判〉导言》则鲜明地提出了将理论批判转变为实践批判的要求。因为"批判的武器当然不能代替武器的批判，物质力量只能用物质力量来摧毁；但是理论一经掌握群众，也会变成物质力量"⑤。而德国之所以能"实现有原则高度的实践"⑥是因为存在"无产阶级这个特殊的等

---

① 《马克思恩格斯全集》第 3 卷，人民出版社 2002 年版，第 194 页。
② 《马克思恩格斯全集》第 3 卷，人民出版社 2002 年版，第 194 页。
③ 《马克思恩格斯全集》第 3 卷，人民出版社 2002 年版，第 194 页。
④ 《马克思恩格斯全集》第 3 卷，人民出版社 2002 年版，第 214 页。
⑤ 《马克思恩格斯全集》第 3 卷，人民出版社 2002 年版，第 207 页。
⑥ 《马克思恩格斯全集》第 3 卷，人民出版社 2002 年版，第 207 页。

级"①。无产阶级就是哲学理论力求掌握的群众，它的特殊性在于其阶级利益和社会的普遍利益的一致性能在将来的政治革命中完全表现出来，并且"无产阶级要求否定私有财产，只不过是把社会已经提升为无产阶级的原则的东西，把未经无产阶级的协助就已作为社会的否定结果而体现在它身上的东西提升为社会的原则"②。在这里，马克思基于人本学唯物主义哲学的高度批判和否定私有财产，并要求诉诸无产阶级革命的实践批判。这表明，马克思代表贫困的无产阶级利益的批判思想已经完全超越了欧文等人空想社会主义思想所能达到的高度。这样的批判思想也表明马克思通过对现实的贫富分化与对立现象的追问和批判已进一步导向哲学共产主义。值得指出的是，虽然马克思在《〈黑格尔法哲学批判〉导言》的开篇部分就"跨上"了费尔巴哈架设的人本主义逻辑之桥——认为必须把人本学唯物主义的宗教批判推广到政治领域，但就该文通篇所论来看，费尔巴哈的抽象逻辑之桥并没有完全遮挡住马克思崇尚现实的批判眼光。这也是马克思潜在超越费尔巴哈哲学的一条隐线。它在《1844年经济学哲学手稿》中就逐渐清晰了。

随着马克思对资产阶级社会贫富分化与对立现象的深层追问，他深深地感受到单纯的哲学批判并不能完成对市民社会的解剖，"对市民社会的解剖应该到政治经济学中去寻找"③。马克思以此入题的研究成果即是《1844年经济学哲学手稿》。该手稿的整体构架和思想内容虽延续着人本主义哲学批判的语言风格，但不同的是，马克思此时开辟的经济学路径和视角，使他对世俗社会中贫富分化与对立现象的根源追问和批判有了本质性的跃迁，即开始从劳动和财富的角度思考人和人类社会历史问题。手稿显示了资产阶级政治经济学的"慧根"和"劣根"及其对马克思的辩证影响，

---

① 《马克思恩格斯全集》第3卷，人民出版社2002年版，第213页。

② 《马克思恩格斯全集》第3卷，人民出版社2002年版，第213页。

③ 《马克思恩格斯全集》第31卷，人民出版社1998年版，第412页。

或者说，马克思在此对资产阶级政治经济学予以批判分析的同时，后者的财富理论和相关思想本身也成为了马克思自己的重要学术资源。（参见本书第一章第一节）马克思在手稿的开篇部分即摆明了资产阶级政治经济学分析社会现象时的实证社会学立场，进行了经济学实证逻辑意义上的实证"例解"，即将此前政治哲学的抽象概念"有产阶级"和"无产阶级"解析为"资本家"和"工人"这两个具体的社会实体，并从"工资"这个具体的事件入题实证分析了"资本家和工人之间的敌对的斗争"①。马克思得出的结论是：胜利必定属于贪婪的资本家。资本家的财富不断增长，而工人的"贫困化是他的劳动的产物和他生产的财富的产物"②。由此，马克思再次确认了市民社会中贫富分化与对立现象，并且是第一次在经济学实证分析意义上的确认。马克思对资产阶级国民经济学也作出了评判，即"国民经济学家所推动的仅有的车轮"就是发现了"贪欲以及贪欲者之间的战争即竞争"。③ 这是它的"慧根"之一。但它的"劣根"是"国民经济学从私有财产的事实出发"④。这样，在国民经济学家看来，资本家"依靠大宗财产的继承"而拥有对工人的"劳动及其产品的支配权力"，资本家之所以"拥有这种权力并不是由于他的个人的或人的特性，而只是由于他是资本的所有者"⑤。因此，面对工人日益加剧的贫困和痛苦，斯密的意见是："大多数遭受痛苦的社会是不幸福的"，虽然大多数人遭受的这种痛苦是由"社会的最富裕状态"造成的，但是"国民经济学（总之，私人利益的社会）是要导致这种最富裕的状态"。⑥ 也就是说，国民经济学家即使看到资产阶级社会贫富分化与对立现象——社会最富裕状态下大多数人却贫困、痛

---

① ［德］马克思：《1844 年经济学哲学手稿》，人民出版社 2000 年版，第 7 页。

② ［德］马克思：《1844 年经济学哲学手稿》，人民出版社 2000 年版，第 13 页。

③ ［德］马克思：《1844 年经济学哲学手稿》，人民出版社 2000 年版，第 51 页。

④ ［德］马克思：《1844 年经济学哲学手稿》，人民出版社 2000 年版，第 50 页。

⑤ ［德］马克思：《1844 年经济学哲学手稿》，人民出版社 2000 年版，第 21 页。

⑥ ［德］马克思：《1844 年经济学哲学手稿》，人民出版社 2000 年版，第 11—12 页。

苦，他们的理论也就是要研究和实现这种最富裕的状态。国民经济学无意阐明导致贫富分化与对立现象的根源，这恰恰就是因为它把私有财产的存在当作理论前提。大多数人的贫困与不幸是因为资本家依靠私有财产剥夺了他们劳动创造的财富。故此，马克思讽刺道："那么国民经济学的目的也就是社会的不幸。"① 马克思批判道："它没有给我们说明这个事实。……它把应当加以阐明的东西当作前提。"② 因此，"现在让我们超出国民经济学的水平"③，必须弄清楚被其当作前提的私有制的来历，即它和"劳动、资本、地产三者的分离之间"的本质联系。其实，马克思的同时代人——以李嘉图理论为依据反对政治经济学家的无产阶级反对派和青年恩格斯都已明确揭露过"劳动、资本、地产"三者的分离对工人来说就是意味着劳动产品被剥夺、不公平和贫困，尤其是青年恩格斯在《国民经济学批判大纲》中对资本与劳动的分离的分析接近于论述了劳动的异化现象。（参见本书第一章第四节）但是，他们究竟还是没有阐明"劳动、资本和地产"三者的分离和私有财产之间的本质联系，即他们在批判财富剥削现象时并没有进一步揭示私有财产的本质来历。这与他们没有在事实基础上做进一步的经济哲学抽象有关。而马克思却在经济哲学史上以"异化劳动理论"富有创见性地解决了这个问题。

在马克思看来，"从当前的经济事实出发"就能发现"工人生产的财富越多，他的产品的力量和数量越大，他就越贫穷。工人创造的商品越多，他就越变成廉价的商品。物的世界的增值同人的世界的贬值成正比"④。这就是"异化劳动"或"外化劳动"。它造成了社会贫富两极分化与对立现象：一极是工人的赤贫和贬值；另一极是资本家的富有和资本增

---

① ［德］马克思：《1844年经济学哲学手稿》，人民出版社2000年版，第12页。

② ［德］马克思：《1844年经济学哲学手稿》，人民出版社2000年版，第50页。

③ ［德］马克思：《1844年经济学哲学手稿》，人民出版社2000年版，第14页。

④ ［德］马克思：《1844年经济学哲学手稿》，人民出版社2000年版，第51页。

殖。接着，马克思还在进一步揭示异化劳动的四个方面的规定性的过程中，不仅明辨了导致贫富分化与对立现象的经济根源，而且阐明了私有财产的本质来源，即"私有财产一方面是外化劳动的产物，另一方面又是劳动借以外化的手段，是这一外化的实现"①。即是说，私有财产既是异化劳动的结果和产物，又是导致劳动异化的原因和手段。由此出发，马克思基于异化劳动理论再次升华了自己的哲学共产主义的世界观。他明确指出了消灭异化劳动、扬弃私有财产与工人无产阶级的历史使命之间的本质关联：社会从异化劳动的奴役现象中解放出来，"是通过工人解放这种政治形式来表现的，这并不是因为这里涉及的仅仅是工人的解放，而是因为工人的解放还包含着普遍的人的解放"②，而实现了人的解放的共产主义就是"私有财产即人的自我异化的积极的扬弃，因而是通过人并且为了人而对人的本质的真正占有；因此，它是人向自身、向社会的即合乎人性的人的复归，这种复归是完全的、自觉的和在以往发展的全部财富的范围内生成的"③。在这里，马克思对人的发展和社会历史发展趋向共产主义的问题的阐述，表明他融通哲学、经济学和共产主义（社会主义）思想的一种全新的历史科学建制初具雏形。

可以说，因为处于创制新的历史科学的"胎形"期，马克思关于财富现象的深层批判逻辑有其复杂性，呈现出看似相反但又互补运演的两种理论逻辑：一种是继续"行走"于费尔巴哈哲学所架设的人本主义逻辑之桥上，它以"具有抽象类本质的人"为出发点；另一种是社会唯物主义的经济学实证逻辑，其以"具体的经济事实"为出发点。相对来说，在整体上实际统摄《1844年经济学哲学手稿》的仍然是人本主义抽象逻辑。马克思一开始确实是从资产阶级政治经济学提供的"经济事实"出发，"采用

---

① ［德］马克思：《1844年经济学哲学手稿》，人民出版社2000年版，第61页。
② ［德］马克思：《1844年经济学哲学手稿》，人民出版社2000年版，第62页。
③ ［德］马克思：《1844年经济学哲学手稿》，人民出版社2000年版，第81页。

了它的语言和它的规律"①，将抽象概念予以实证"例解"，从而像英国的无产阶级反对派和青年恩格斯那样"以汝之矛攻汝之盾"地揭露资产阶级政治经济学的价值学说和工资规律之间的内在矛盾，并由此实证确认了社会贫富分化与对立现象的事实存在。与此同时，马克思随即调配了人本主义抽象逻辑予以追问——"把人类的最大部分归结为抽象劳动，这在人类发展中具有什么意义？"② 并创造性地提出了"异化劳动"这一经济哲学概念，由以阐明了私有财产的本质来源和社会贫富分化与对立现象的深层经济根源，进而升华了关于人的解放和社会发展的共产主义思想。由此看来，两种理论逻辑的互补运演使马克思的财富现象批判思想兼具经济学实证的价值批判和人本主义哲学抽象的理性批判特点。但马克思对国民经济学实证逻辑的非批判实证主义是持批判态度的，而是在肯定人本主义抽象逻辑的前提下意图用其改造经济学实证逻辑，使后者科学化，成为基于"工业的历史和工业的已经生成的对象性存在"③ 的关于人的科学。因此，当马克思满怀信心地以此路径深入追问和批判资产阶级社会贫富分化与对立现象之根源时，他在总体上是在费尔巴哈哲学架设的人本主义逻辑之桥上从具有"抽象类本质的人"的观点从发的。确切地说，马克思并没有发现现实的人的对象性物化劳动作为历史发展动力的客观规律，所以他不是从"人的现实力量的生成"的观点，而是从"人的先验类本质的实现或复归"的理性诉求出发进行哲学论断的。因此，马克思在人本主义抽象逻辑之桥上不可能实现对经济学实证逻辑的科学改造，也不可能从财富现象批判的角度真正达到对人类历史发展和资本主义社会制度的现实理解和科学批判。因此，批判并突破费尔巴哈哲学的人本主义抽象逻辑体系也就成为马克思将财富现象批判落实到新的理论基石之上，进而创造性地实现历史

---

① ［德］马克思：《1844 年经济学哲学手稿》，人民出版社 2000 年版，第 50 页。

② ［德］马克思：《1844 年经济学哲学手稿》，人民出版社 2000 年版，第 14 页。

③ ［德］马克思：《1844 年经济学哲学手稿》，人民出版社 2000 年版，第 88 页。

科学之建构的重要一环。

三、财富现象批判的理论基石——历史唯物主义

如果以"从后思索"的研究方式"走近"1844 年时的青年马克思，即从理论成熟时期的马克思关于历史唯物主义的阐述"返观"青年马克思走向成熟的理论逻辑路径，不难发现，真正导引马克思深层挖掘现实的人类社会历史发展动力的并非是人本主义的抽象逻辑，而是社会唯物主义性质的经济学实证逻辑，恰恰是后者导向非抽象思辨的、基于研究客观的社会发展规律之上的历史科学——历史唯物主义。①

由此，当我们解读《1844 年经济学哲学手稿》并反思——马克思为何此时将看似矛盾的经济学实证逻辑与人本主义抽象逻辑互补运演？为何把此前批判过的黑格尔思辨哲学返回到它的"真正诞生地"（《精神现象学》）再次予以批判分析？为何基于"黑格尔站在现代国民经济学的立场上"这一判定将黑格尔的思辨逻辑和国民经济学的实证逻辑看似矛盾地绑定在一起？等等——诸如此类的问题时，我们就能获得一个相对清晰的回答，即这是因为此时有一条辩证否定费尔巴哈哲学人本主义抽象逻辑的隐性思路已经浮现。或者说，马克思在恢复黑格尔历史哲学思辨逻辑的方法论意义的前提下，已经有意识地将处于"否定"地位上的经济学实证逻辑当作是对处于"肯定"地位上的人本主义抽象逻辑的革命因素。或者说，马克思已经在有意识地寻找实现财富现象之深层批判的科学路径，即经济学的实证价值批判和历史哲学的理性批判的辩证结合之路。

---

① 此处借鉴了张一兵的观点。张一兵认为，马克思在青年时期，相对于此时居于主导地位的人本主义逻辑，古典经济学中社会唯物主义的这条新的逻辑思路才真正是马克思后来走向历史唯物主义的科学开端。参见张一兵：《回到马克思——经济学语境中的哲学话语》，江苏人民出版社 2009 年版，第 231—232 页。

马克思批判费尔巴哈人本主义哲学的隐性思路，其实就表述在手稿序言里的，但又被他删去的这句话中："相反，费尔巴哈的关于哲学的本质的发现，究竟在什么程度上仍然——至少为了证明这些发现——使得对哲学辩证法的批判分析成为必要，读者从我的阐述本身就可以看清楚。"① 这里之所以表述了一条隐性思路，实际上就表现在马克思写出这句话后又删掉的行为之中，它说明马克思在费尔巴哈人本主义哲学对黑格尔辩证法的批判是否成为必要的问题上，已持怀疑态度，但还不澄明。其实，马克思并不否定费尔巴哈人本主义哲学在唯物主义立场上颠倒黑格尔"头足倒立"的唯心主义体系所具有的重大意义。但序言中的这句话再次表明，马克思怀疑的是人本主义哲学对待黑格尔辩证法的批判方式。理由有二：其一，早在对黑格尔哲学予以第一次批判——法哲学批判时期，马克思就已意识到，费尔巴哈基于人本主义异化观点的颠倒方法对黑格尔关于历史辩证发展的观点的批判改造并无丝毫用处。事实上，如果用"颠倒"的方法一味地否定黑格尔历史哲学的普遍性存在，那么当用这种方法解决现实的普遍性和现实的有限物的关系时，"就会得出荒谬的结论：这样一来，岂不是要从现存的普鲁士国家出发，认为君主立宪制是现实的、合理的了"②。其二，此时再次对黑格尔思辨哲学的"诞生地"——《精神现象学》的批判中，马克思指出，"费尔巴哈是唯一对黑格尔辩证法采取严肃的、批判的态度的人"③，但费尔巴哈却把黑格尔的"否定之否定"的否定性辩证法看作是"肯定神学"的宗教哲学予以全部抛弃了。然而，与费尔巴哈不同，马克思在其后又明确认领了被费尔巴哈抛弃的否定性辩证法，认为"黑格尔的《现象学》及其最后的成果——辩证法，作为推动原则和创造原则的

---

① [德] 马克思：《1844 年经济学哲学手稿》，人民出版社 2000 年版，第 6 页注②。
② 姚顺良编：《马克思主义哲学史：从创立到第二国际》，北京师范大学出版社 2010 年版，第 54 页。
③ [德] 马克思：《1844 年经济学哲学手稿》，人民出版社 2000 年版，第 96 页。

否定性——的伟大之处在于，黑格尔把人的自我产生看作一个过程……他抓住了劳动的本质，把对象性的人、现实的因而是真正的人理解为他自己的劳动的结果"①。这样，黑格尔也就与国民经济学有同样的立场。他们都"把劳动看作人的本质，看作人的自我确证的本质"②。由此出发，马克思紧紧抓住了黑格尔的否定性辩证法，将其注入经济学实证逻辑所描述的经济事实——人的自我确证的劳动之中，或者说，将其注入人的对象性感性活动之中。于是，一场批判性超越费尔巴哈人本学唯物主义、超越一切旧哲学的哲学革命呼之欲出了。

紧紧抓住黑格尔的否定性辩证法，意味着要将其从思辨唯心主义体系中剥离出来。随之，马克思在与恩格斯合著的《神圣家族》中"用已达到的成果本身"③批判了以鲍威尔为代表的神圣家族——他们对黑格尔思辨唯心主义体系仍旧抱残守缺，并依此虚构"无限的自我意识"的"批判的批判"。马克思指出："如果说，黑格尔的《现象学》尽管有其思辨的原罪，但还是在许多方面提供了真实地评述人的关系的要素……"④这个合理的要素无疑包括被马克思在《1844年经济学哲学手稿》中"抓取"的研究成果——把对象性的人理解为人自身劳动的结果的"否定性辩证法"。但鲍威尔等人却以"一幅毫无内容的漫画"⑤的形式发挥了黑格尔思辨唯心主义的"原罪"。他们与马克思不同。马克思"抓取"否定性辩证法深入批判世俗社会的现实经济生活来阐述人和社会历史的辩证发展。而鲍威尔等人用漫画的形式表达的思辨批判充其量是将神学批判的哲学命题翻译成政治语言，空洞地说教关于人的"政治解放"的唯心史观。由此看来，一

---

① ［德］马克思：《1844年经济学哲学手稿》，人民出版社2000年版，第101页。
② ［德］马克思：《1844年经济学哲学手稿》，人民出版社2000年版，第101页。
③ 《马克思恩格斯文集》第1卷，人民出版社2009年版，第254页。
④ 《马克思恩格斯文集》第1卷，人民出版社2009年版，第358页。
⑤ 《马克思恩格斯文集》第1卷，人民出版社2009年版，第359页。

且像神圣家族那样，即使发现了辩证的意识能动性，但如果顽固地坚守唯心主义体系表达思辨的批判，也仅就是虚构的且充满讽刺意味的"批判的批判"。"批判的批判"实际上什么也没创造，反而无视创造了一切的广大劳动群众的利益，罔顾历史事实地阐述"精神的真正敌人应该到群众中去寻找"①的历史唯心主义谬论。为此，马克思研究了法国大革命的政治运动史，针锋相对地说："历史活动是群众的事业，随着历史活动的深入，必将是群众队伍的扩大。"②马克思进一步坚定了自己的财富现象批判的立场——维护广大劳动群众的利益。

如果将《关于费尔巴哈的提纲》和《神圣家族》予以对比研究，我们不难发现，费尔巴哈也仅是比鲍威尔等人稍微前进了一步，即"他做的工作"就是一方面把宗教世界归结为世俗基础，另一方面把宗教的本质归结为人的本质。但费尔巴哈又同鲍威尔等人一样，是"撇开历史的进程"，从"宗教上的自我异化""宗教情感"和"抽象的——孤立的——人的个体"出发的。③因此，费尔巴哈基于"抽象的人"的对象性哲学直观，实质上是不可能彻底批判和驳倒思辨唯心主义的，因为"他不了解'革命的'、'实践批判的'活动的意义"④。由此看来，只有将费尔巴哈所否弃的、唯心主义哲学予以发展的"能动的方面"——否定性辩证法注入到现实的人的对象性感性活动中，用这种"有机结合"而形成的"实践"原则，才能彻底驳倒思辨唯心主义，因为"全部社会生活在本质上是实践的。凡是把理论引向神秘主义的神秘东西，都能在人的实践中以及对这种实践的理解中得到合理的解决"⑤。而费尔巴哈的人本学唯物主义由于缺乏"能动的方面"

---

① 《马克思恩格斯文集》第 1 卷，人民出版社 2009 年版，第 287 页。
② 《马克思恩格斯文集》第 1 卷，人民出版社 2009 年版，第 287 页。
③ 参见《马克思恩格斯文集》第 1 卷，人民出版社 2009 年版，第 500—501 页。
④ 《马克思恩格斯文集》第 1 卷，人民出版社 2009 年版，第 499 页。
⑤ 《马克思恩格斯文集》第 1 卷，人民出版社 2009 年版，第 501 页。

也就不可能看到社会历史的辩证发展，不可能看到现实的人的具体差别性和作为"一切社会关系的总和"的人的现实本质，即使他直观到了"世界被二重化为宗教世界和世俗世界"的对象性感性存在，但却看不到"世俗基础的自我分裂和自我矛盾"①。因此，仅仅基于人本主义的感性直观和宗教批判，费尔巴哈只能直观到"一种内在的、无声的、把许多个人自然地联系起来的普遍性"②的市民社会，根本看不到市民社会或世俗世界之中富人与穷人、富有的有产阶级与贫困的无产阶级的矛盾生成和尖锐对立，更不用说用革命性的"实践"批判去消灭"世俗家庭"、消灭资产阶级社会中的贫富分化与对立现象。

"包含着新世界观的天才萌芽"③的《关于费尔巴哈的提纲》标志着马克思完成了批判和超越一切旧哲学的哲学革命。马克思在此不仅确立了创制历史唯物主义之历史科学的实践原则，而且划时代地宣布："哲学家们只是用不同的方式解释世界，问题在于改变世界。"④对于财富现象批判而言，这同样意味着：不能仅仅停留在对资产阶级社会中贫富分化与对立现象的批判性追问和解释阶段，而是要用实践批判的原则去消灭导致贫富分化与对立现象的社会根源，从而消灭人类社会中一切的财富剥削现象。

《关于费尔巴哈的提纲》涵括了"历史唯物主义的起源"⑤的理论特质。在实践原则充分澄明之后，马克思和恩格斯在《德意志意识形态》中全面阐述历史唯物主义学说的创举也就顺理成章了。《德意志意识形态》全面清算了德国流行的抽象哲学（包括费尔巴哈哲学），指认其代表的"德意志意识形态"都有共同的理论逻辑——脱离现实的历史运动和社会生活的

---

① 《马克思恩格斯文集》第 1 卷，人民出版社 2009 年版，第 500 页。

② 《马克思恩格斯文集》第 1 卷，人民出版社 2009 年版，第 501 页。

③ 《马克思恩格斯选集》第 4 卷，人民出版社 1995 年版，第 213 页。

④ 《马克思恩格斯文集》第 1 卷，人民出版社 2009 年版，第 502 页。

⑤ 《马克思恩格斯选集》第 4 卷，人民出版社 1995 年版，第 721 页。

历史唯心主义。第一次系统而明确地阐述了唯物史观，立足于"现实的个人"的主体存在，将其感性对象性活动确立为能动地创造"物质生活条件"的生产实践活动；历史不是神的或绝对精神的思想史，而是"现实的个人"超越一个生物物种意义上的生产实践史。人们创造历史的第一个活动就是物质生活本身的生产，历史运动的本质真相是：人们的物化劳动不仅创生人与自然之间"感性交往"的社会性财富力量——生产力，而且生产出人与人之间"财富相关"的物质联系——"交往方式"，即生产关系，它是一切社会关系（包括宗教伦理的、政治国家的、世俗家庭的等等关系）的感性本源。一切历史的冲突和对立现象都根源于生产力和交往方式（生产关系）的矛盾。私有制（异化劳动）是在自发分工前提下劳动积累的必然产物，"但随着基础即随着私有制的消灭，随着对生产实行共产主义的调节以及这种调节所带来的人们对于自己的劳动产品的异己关系的消灭，……人们将使交换、生产及他们发生相互关系的方式重新受自己的支配"①。历史唯物主义作为历史科学的考察方法遵循这样的观点："不是意识决定生活，而是生活决定意识。"②它作为"一种符合现实生活的考察方法"③，它的前提是"处在现实的、可以通过经验观察到的、在一定条件下进行的发展过程中的人"④，而不是费尔巴哈人本学唯物主义用作出发点的"处于某种幻想的离群索居和固定不变状态中"⑤的抽象的人。历史科学的考察方法"只要描绘出这个能动的生活过程，历史就不再像那些本身还是抽象的经验主义者所认为的那样，是一些僵死的事实的汇集"⑥，从而避免经济学实证陷入无批判的实证主义，进而实现科学的经

① 《马克思恩格斯文集》第1卷，人民出版社2009年版，第539页。
② 《马克思恩格斯文集》第1卷，人民出版社2009年版，第525页。
③ 《马克思恩格斯文集》第1卷，人民出版社2009年版，第525页。
④ 《马克思恩格斯文集》第1卷，人民出版社2009年版，第525页。
⑤ 《马克思恩格斯文集》第1卷，人民出版社2009年版，第525页。
⑥ 《马克思恩格斯文集》第1卷，人民出版社2009年版，第525—526页。

济学实证批判;"也不再像唯心主义者所认为的那样,是想象的主体的想象的活动"①,从而避免历史哲学的理性抽象陷入黑格尔那样"非批判的实证主义和同样非批判的唯心主义"②,进而实现哲学理性的历史主义批判。因此,历史唯物主义作为历史科学是经济学的实证批判和哲学理性的历史主义批判的辩证结合,它贯彻了将否定性辩证法的"能动方面"注入"人的自我确证的劳动"的经济事实之中或"人的对象性感性活动"之中的实践原则。它不仅彻底破除了费尔巴哈人本学唯物主义的抽象理论逻辑,而且完成了人本主义抽象逻辑不可能完成的任务——对非批判实证主义的国民经济学实证逻辑的科学改造和对思辨唯心主义的彻底批判。为此,马克思说:"在思辨终止的地方,在现实生活面前,正是描述人们实践活动和实际发展过程的真正的实证科学开始的地方。"③ 这样的实证科学在唯物史观之历史科学的统摄之下是实证的历史主义或历史的实证主义,它的理论基石就是历史唯物主义。自此,作为深层追问和批判资产阶级社会贫富分化与对立现象的人本主义逻辑之桥不复存在,马克思的财富现象批判最终落实在了作为历史科学的历史唯物主义的理论基石之上。

马克思接下来的理论任务就是:基于历史唯物主义的理论基石,以实证的历史主义或历史的实证主义的历史科学方法深层追问和批判资产阶级社会贫富分化与对立现象,进而阐明"社会的人"和"人的社会"的现实存在及其历史发展,阐述未来共产主义社会"在以往发展的全部财富的范围内"④ 的实践生成。

---

① 《马克思恩格斯文集》第 1 卷,人民出版社 2009 年版,第 526 页。
② [德] 马克思:《1844 年经济学哲学手稿》,人民出版社 2000 年版,第 99 页。
③ 《马克思恩格斯文集》第 1 卷,人民出版社 2009 年版,第 526 页。
④ [德] 马克思:《1844 年经济学哲学手稿》,人民出版社 2000 年版,第 81 页。

第二节 财富现象批判之"宏大叙事"① 的逻辑进程

本章第一节从"走近"青年马克思的社会境遇和思想历程的角度，分析了其进行财富现象批判之理论逻辑的生成过程——从不得不对物质利益发表意见的"苦恼的疑惑"开端，到人本学唯物主义的逻辑之桥，再到历史唯物主义的理论基石之锚定。如果说它从马克思的批判思想之逻辑进程的角度，显示了马克思深入追问和批判资产阶级社会中贫富分化与对立现象的曲折致思，那么随之浮现的阶段性逻辑主题——从宗教哲学批判到政治哲学批判再到政治经济学批判，则彰显了马克思的财富现象批判作为"宏大叙事"的逻辑进程的内在生成。这也就成为本节着重探讨的问题。

一、宗教哲学批判 ② ：财富现象批判的隐性话语

对宗教的哲学批判，马克思有一句经典的总结："对宗教的批判是其

---

① 这里所谓"宏大叙事"，着意于阿伦·麦吉尔（Allen McGill）《宏大叙事与历史学科》一书中的观点，即具有逻辑主题性、目的性、连贯统一性的历史主义实证叙述。本书在此所做的努力就是针对马克思的财富现象批判的"宏大叙事"之阶段性批判逻辑进程而进行的理论求证与阐明。

② 在此，所谓"宗教哲学批判"旨意于表述马克思对宗教的哲学批判或马克思基于哲学意义上的宗教批判，是学界关于马克思的哲学批判和宗教批判之相关论述的综合界定。我们认为，马克思在坚持哲学与宗教对立的前提下批判的对象是宗教，用于批判的武器是哲学。马克思用于宗教批判的哲学思想先后经历了自我意识哲学、人本学唯物主义和历史唯物主义三个理论阶段。在历史唯物主义思想创立之时，马克思认为在费尔巴哈之后宗教批判已经终结，不必诉诸宗教批判，需要的是彻底的现实批判和实践批判。基于这一点，我们在这里着手探讨的是青年马克思基于自我意识哲学和人本学唯物主义的宗教批判思想，以此在马克思的批判逻辑进程上求证其宗教哲学批判和财富现象批判之间的内在关联。

他一切批判的前提。"① 由此，在理论上求证马克思的宗教哲学批判与财富现象批判的内在关联，有一个基本的事实存在：在宗教的神学天国有"现实的苦难的表现"，而宗教却在穷人苦难深重的此岸世界对富人"极其荒诞的贪欲"予以圣洁的外衣来掩饰，以至于在"名副其实的神学家"那里，即使是批判的神学家（以鲍威尔为代表），"他可以同样成功地把世界归结为政治学、国民经济学等等，并且给神学加上天国的国民经济学之类的名称，因为，它是一门关于'精神财富'和天国财宝的生产、分配、交换和消费的学说"②。因此，如果说"对宗教的批判就是对苦难尘世——宗教是它的神圣光环——批判的胚芽"③，那么马克思的宗教哲学批判也就是其进行财富现象批判的隐性话语和前奏。

如果以《黑格尔法哲学批判》一文为分界点，在其前后，马克思的宗教哲学批判大致分为两个阶段。其前，是宗教哲学批判的早期阶段，它以青年黑格尔派的自我意识哲学为理论基地；其后一直到马克思与恩格斯合著的《神圣家族》（马克思创立唯物史观之前），是宗教哲学批判的深入阶段，它遵循费尔巴哈的人本学唯物主义的理论逻辑。

《莱茵报》时期是马克思的宗教哲学批判的早期阶段。从马克思的财富现象批判的角度看，由于在《莱茵报》时期马克思面临着对"物质利益发表意见的难事"，这样的"难事"现实地反映了社会贫富分化与对立的财富现象，它正是马克思萌发财富现象批判思想的逻辑端点。（参见本章第一节）也就是说，马克思的宗教哲学批判与财富现象批判真正发生现实关联的初始期是《莱茵报》时期。

但是，我们并不能因此否认在《莱茵报》时期之前的博士论文的宗教哲学批判的重要意义。其一，博士论文在"总而言之，我痛恨所有的

---

① 《马克思恩格斯文集》第 1 卷，人民出版社 2009 年版，第 3 页。
② 《马克思恩格斯文集》第 1 卷，人民出版社 2009 年版，第 309 页。
③ 《马克思恩格斯文集》第 1 卷，人民出版社 2009 年版，第 4 页。

神"①的哲学自白中表达出马克思的自我意识的无神论立场，并将自我意识的批判指向世俗的方向——"在自身中变得自由的理论精神成为实践力量，作为意志走出阿门塞斯的冥国，面向那存在于理论精神之外的尘世现实。"②虽然此时马克思的理论能力还不足以完成自己的批判愿望，但依然表现了他崇尚现实的品格。马克思在此将能动的自我意识批判指向现实的过程，既是他从根本上超越青年黑格尔派的必要环节，也是他之所以随之在《莱茵报》时期能关注到并"苦恼"地思索世俗的贫富分化与对立现象的重要理论铺垫。其二，博士论文显示了青年马克思对黑格尔哲学中最具革命性和批判精神的辩证法思想的娴熟运用。正如恩格斯所说："马克思过去和现在都是唯一能够担当起这样一件工作的人，这就是从黑格尔逻辑学中把包含着黑格尔在这方面的真正发现的内核剥出来，使辩证方法摆脱它的唯心主义的外壳并把辩证法在使它成为唯一正确的思想发展形式的简单形态上建立起来。"③虽说马克思此时仍然是思辨唯心主义的立场，但他强调自我意识哲学与现实的相互作用。马克思此时不仅以此阐发了自我意识的能动原则，而且已然领悟了辩证法的能动因素，这为他后来挽救黑格尔哲学的辩证法成果，将其注入人的感性活动创制了历史唯物主义的实践原则，进而对资产阶级社会中的财富现象予以历史性辩证批判奠定了重要的理论基础。

马克思在《莱茵报》时期，把目光转向现实，从自我意识哲学的自由理性出发，揭露和批判宗教的世俗根源。由于此时的宗教哲学批判是对世俗利益发表看法，特别是《关于林木盗窃法的辩论》公开为"备受压迫的贫苦群众的利益"辩护，实质上是从自由理性异化的角度揭露和批判了世俗社会贫富分化与对立现象的宗教根源。最典型的社会现象就是宗教与专制政治国家的利益勾连。在《评普鲁士最近的书报检查令》一文中，马克

---

① 《马克思恩格斯全集》第 1 卷，人民出版社 1995 年版，第 12 页。
② 《马克思恩格斯全集》第 1 卷，人民出版社 1995 年版，第 75 页。
③ 《马克思恩格斯选集》第 2 卷，人民出版社 1995 年版，第 42—43 页。

思批判了宗教维护政治国家专制统治的"护身符"角色，认为书报检查令反映的实质是：宗教信仰而非自由理性是"国家支柱"。为此，专制政治为宗教广开言路而压制自由报刊和人们的精神自由，强调的是"宗教良心"，削弱的是"道德良心"。因此，马克思在《第六届莱茵省议会的辩论（第一篇论文）》中尖锐地批判道：宗教具有渗透着政治倾向的论战性的辛辣色彩，而且或多或少是有意识地在为十足世俗而又极其虚幻的愿望披上圣洁的外衣。① 在《第179号〈科伦日报〉社论》《关于林木盗窃法的辩论》和《摩塞尔记者的辩护》等文章中，马克思进一步揭露和批判了宗教本质——自由理性的异化，它导致了建立在宗教基础上的专制政治国家的异化存在：践踏理性的法和穷人的自然权利，维护富人的贪欲，成为私人利益工具。

综合来看，马克思在宗教哲学批判的早期阶段尽管超越了青年黑格尔派仅仅从自我意识范围内批判宗教的观点，但此时的批判显然并不彻底，还没有认识到宗教在"人间"的真正世俗根源。这为马克思接受费尔巴哈的人本学唯物主义、深入批判宗教提供了可能。

在马克思的文本著作方面，处于宗教哲学批判深入阶段的起始部分的是《德法年鉴》期间的系列著作。马克思接受了费尔巴哈基于人本学唯物主义对宗教的批判，认为宗教的本质就是人的本质从自己本身的异化。马克思此时从人的本质异化角度揭露和批判世俗社会中财富现象的宗教根源。如果说马克思揭露宗教的世俗根源有了方向性的改变的话，那么人本主义异化理论的"颠倒"方法的运用则使马克思有了颠覆性的发现：并非如鲍威尔等人基于思辨唯心主义的宗教批判所说的——宗教是世俗社会狭隘性的根源，而是相反——世俗社会的政治异化才是宗教缺陷的根源。为此，马克思说："在我们看来，宗教已经不是世俗局限性的原因，而只是它的现象。因此，我们用自由公民的世俗约束来说明他的宗教约束。我们

---

① 《马克思恩格斯全集》第1卷，人民出版社1995年版，第163页。

并不宣称：他们必须消除他们的宗教局限性，才能消除他们的世俗限制。我们宣称：他们一旦消除了世俗限制，就能消除他们的宗教局限性。我们不把世俗问题化为神学问题。我们要把神学问题化为世俗问题。"① 这样，对宗教的批判要求将天国的问题翻转为人间的问题，或者说，完成了对人间世俗的宗教迷信的批判也就完成了对天国宗教神学的批判。在马克思看来，这个世俗的宗教迷信就是迷恋金钱，并让金钱这种异化的本质统治人，致使出现像宗教迷信一样的金钱崇拜现象，它是世俗市民社会中遵循"实际需要、利己主义"原则的犹太人的一神教，但它"在其现实性上是许多需要的多神教，一种连厕所也成为神律的对象的多神教"②。这种金钱崇拜的犹太教使人的本质二重化，"市民社会从自己的内部不断产生犹太人"③，这种人总是让自己被异己的东西（金钱）玩弄。它使政治国家和市民社会发生世俗分裂，原因是政治国家的异化表现——世俗政治成为金钱势力的奴隶。这样，世俗政治对金钱势力和私有财产的权力就是其所代表的私人利益的权力，是私人利益的已经得到实现的本质。世俗政治自然也就成为维护私人利益的工具。由此，马克思通过挖掘和分析宗教的世俗根源及其表现——"金钱"宗教使人的本质二重化和政治国家异化，既从人的本质异化角度批判了世俗的市民社会中金钱拜物教的财富异化现象，也从政治异化的角度揭示了市民社会中贫富分化与对立现象的宗教根源——利己主义"金钱"宗教成为富人（金钱势力和私有财产者）追逐贪欲的多神教，并利用世俗政治侵吞作为社会大多数的穷人的普遍利益。虽然马克思在此的宗教批判以人本主义为批判原则，但他却做了唯物主义的思想发挥，这也是他能用宗教批判的哲学语言表述物质性的财富现象（包括挖掘市民社会贫富分化与对立现象的宗教根源）并予以批判的重要原因。当

---

① 《马克思恩格斯全集》第 3 卷，人民出版社 2002 年版，第 169 页。
② 《马克思恩格斯全集》第 3 卷，人民出版社 2002 年版，第 194 页。
③ 《马克思恩格斯全集》第 3 卷，人民出版社 2002 年版，第 194 页。

然，更重要的是，马克思在这里通过这样的批判表达了人的解放的思想："从做生意和金钱中解放出来——因而从实际的、实在的犹太教中解放出来——就会是现代的自我解放了。"①

在《〈黑格尔法哲学批判〉导言》中，马克思开篇即对宗教哲学批判进行了总结，并将人从世俗宗教中的解放落实在"有原则高度的实践"——德国人的解放中，进而阐述了关于人的解放的哲学共产主义思想。

随后在《神圣家族》中，马克思同样依据费尔巴哈哲学的人本主义批判原则，用自己在《德法年鉴》期间的批判成果清算了鲍威尔等人以"漫画形式"呈现的虚幻的宗教批判，揭露其"笃信基督"的神学家的本真面目。尤其是在关于财富利益问题的隐性话语中，马克思批判性地指出：鲍威尔狂妄幻想的宗教批判是要"恢复宗教对立"，用"宗教和神学的方式"阐述一门关于精神财富和天国财宝的学说，将宗教上的迷信金钱、货币的犹太精神"当作是他的世界即神学的一环"②，以此证明这种世俗的犹太教是作为反抗基督启示而存在的。鲍威尔不是用历史说明宗教迷信，而是相反。他罔顾世俗的迷恋金钱的犹太教在市民社会中的利己主义泛化的历史发展，不研究在市民社会中世俗化的政治国家与宗教的现实关系。因此，鲍威尔将对政治解放的批判变成了对幻想的因而不是现实的犹太教的批判。这种幻想的批判实质上什么也没做，但它却混淆政治自由和宗教自由、政治解放和人的解放的关系，并将"最隐秘的心愿"予以显露——宗教服务于国家制度，用"自己的批判的神学，宣扬精神和群众的对立"③。在马克思看来，鲍威尔在天国对非现实的犹太精神的批判，目的是在人间为政治国家和金钱势力的利己主义宗教提供神学辩护，并中伤实际上创造了一切的群众、损害群众利益。最典型的是，无视最大多数群众利益的鲍

① 《马克思恩格斯全集》第 3 卷，人民出版社 2002 年版，第 192 页。
② 《马克思恩格斯文集》第 1 卷，人民出版社 2009 年版，第 307 页。
③ 《马克思恩格斯文集》第 1 卷，人民出版社 2009 年版，第 312 页。

威尔"不把法国革命当作人们在'直白的意义上'所说的那个由法国人进行革命尝试的时代，而'只'当作它自己的批判幻想的'象征和虚幻表现'"①。鲍威尔虚幻地歪曲历史事实，宣布"'群众'是精神的真正敌人"②。在此，马克思再次用宗教哲学批判表达了财富现象批判的隐性话语——无论是天国的还是人间世俗的宗教神学与政治国家的利益勾连是维护富人私利，导致社会贫富分化与对立现象的世俗根源。

为此，在马克思看来，"反宗教的斗争间接地就是反对以宗教为精神抚慰的那个世界的斗争"③，必须把费尔巴哈开辟的人本主义宗教批判推广到政治领域。也就是说，"人的自我异化的神圣形象被揭穿以后，揭露具有非神圣形象的自我异化，就成了为历史服务的哲学的迫切任务。于是，对天国的批判变成对尘世的批判，对宗教的批判变成对法的批判，对神学的批判变成对政治的批判"④。这样，在马克思宗教哲学批判之中随之浮现的下一个主题就是对政治的哲学批判。政治哲学批判也就成为马克思的财富现象批判之逻辑链条中的下一个逻辑主题和阶段。

二、政治哲学批判⑤：财富现象批判的形上诉求

对政治的哲学批判，是马克思在进行宗教哲学批判过程中的批判思想

---

① 《马克思恩格斯文集》第 1 卷，人民出版社 2009 年版，第 319 页。

② 《马克思恩格斯文集》第 1 卷，人民出版社 2009 年版，第 289 页。

③ 《马克思恩格斯文集》第 1 卷，人民出版社 2009 年版，第 3 页。

④ 《马克思恩格斯文集》第 1 卷，人民出版社 2009 年版，第 4 页。

⑤ 在这里，"政治哲学批判"着意于马克思对政治的哲学批判。我们认为，无论是青年马克思基于理性国家理念的政治批判，还是成熟时期的马克思基于"自由人联合体"的理性追求的政治批判，都体现了马克思在深层追问资产阶级社会贫富分化与对立现象的政治根源过程中，对消除贫富分化与对立现象之哲学致思的形上诉求。由之，马克思的政治哲学批判与财富现象批判有着内在的逻辑关联。

跃迁。

在《莱茵报》时期，如果说马克思在论述普鲁士的书报检查令时，使他意识到宗教报刊与普鲁士专制政治的利益勾连，进而加深了他对宗教的憎恶和批判情绪，那么，马克思在论述莱茵省议会关于林木盗窃法的辩论、总督沙培尔同《莱茵报》记者关于摩塞尔农民贫困状况的辩论时，则使他深刻地意识到世俗社会中现实的贫富分化与对立现象——富人连穷人获得大自然施舍物的习惯权利也要侵占，而现实中的政治国家及其法律却沦为富人利益的工具和官僚势力，进而激发了他公开为备受压迫的贫困群众的利益做辩护的政治哲学批判。由此看来，马克思的政治哲学批判就是始源于他对世俗社会中贫富分化与对立现象的深层追问和批判。

然而，马克思在《莱茵报》时期即使反对青年黑格尔派将自我意识的自由理性变成脱离现实政治斗争的空泛批判，但他本人仍是囿于黑格尔哲学"理性国家"的抽象法理思辨，因而马克思此时的政治哲学批判是虚弱的，最终遭受政治迫害被迫退出《莱茵报》编辑部。虽然这次挫折并没有阻止马克思通过现实的政治哲学批判对真正理性国家的形上追问，但他由此深刻体悟到的问题是，黑格尔的国家哲学并不能揭示财富利益和政治国家之间的本真关系。

退回书斋的马克思着手批判黑格尔的国家哲学。马克思由此入题的《黑格尔法哲学批判》实质性地接受了费尔巴哈人本学唯物主义的指导。他用人本主义异化方法"颠倒"黑格尔唯心主义国家哲学的理论成果是：并非国家和法决定市民社会，而是相反——市民社会决定国家和法。这是一个理解社会历史发展的唯物主义路径，是马克思批判思想的实质性抬升。它作为马克思的一个理性结论，回答了在财富现象批判层面的一个疑问：为何市民社会中世俗的私人利益"占了法的上风"？但它作为马克思的一个理性诉求，已经蕴含着这样的哲学理念：破除政治意识形态的幻象，就理应从现实的物质财富生产的社会领域寻找理性的力量——取代黑格尔抽象的普遍性概念的，且代表现实的普遍性利益的理性力量（这个力量就是马克思后来在市民社会中发现的无产阶级）。只不过，马克思此时的理性诉求是用人本学唯物主义的"类"本质观点来充实的。在马克思看来，只有体现人的"类"本质的存在才是现实的普遍性和普遍物。这样，马克思的政治哲学批判就表现为：用抽象的体现现实的普遍性的人民主权反对现存的私人利益和政治特权，用反映人的现实普遍利益的所谓"真正民主制"反对现存的政治专制。

在马克思看来，对黑格尔唯心主义哲学的批判仅仅是"联系副本"的政治哲学批判，为了批判接触到现实的"问题之所在的那些问题的中心"①（例如，与财富现象相关的"工业以至于整个财富领域对政治领域的关系，就是现代主要问题之一"②）还必须"联系原本"——德国的现状进行政治哲学批判。马克思的这一批判思想的实施表现在《德法年鉴》期间。

在《论犹太人问题》中，马克思批判了鲍威尔等人将政治问题神学化的错误后果："毫无批判地把政治解放和普遍的人的解放混为一谈。"③马克思认为，摆脱了宗教的政治解放"当然是一大进步"④，但是，"我们不要对政治解放的限度产生错觉"⑤。例如，以政治方式宣布废除私有财产的政治超越和解放，它并不是汉密尔顿的政治解释："广大群众战胜了财产所有者和金钱财富"⑥。实际上，它从政治上废除私有财产不仅没有做到这一点，反而恰恰是把私有财产当作前提。原因是：即使完成了的政治国家，按其本质来说，是与承认私有财产和金钱势力的市民社会处于对立之中的，但是，前者克服后者的方式同宗教迷信克服世俗的金钱货币的方式

① 《马克思恩格斯文集》第 1 卷，人民出版社 2009 年版，第 9 页。
② 《马克思恩格斯文集》第 1 卷，人民出版社 2009 年版，第 8 页。
③ 《马克思恩格斯全集》第 3 卷，人民出版社 2002 年版，第 168 页。
④ 《马克思恩格斯全集》第 3 卷，人民出版社 2002 年版，第 174 页。
⑤ 《马克思恩格斯全集》第 3 卷，人民出版社 2002 年版，第 175 页。
⑥ 转引自《马克思恩格斯全集》第 3 卷，人民出版社 2002 年版，第 171 页。

相同，即"它同样不得不重新承认市民社会，恢复市民社会，服从市民社会的统治"①。政治解放并不是人的解放，在政治国家真正形成的地方，人"过着双重的生活"，人的本质被二重化，"人分为公人和私人"。信奉私有财产和金钱的宗教从国家向市民社会的转移，就是政治解放的完成，因此，政治解放并没有消除对私有财产和金钱的宗教笃诚，也不力求消除这种宗教笃诚。② 故此，政治解放完成的是资产阶级的解放，是私有财产和金钱从封建桎梏中的逃离，在财富现象上，它让政治自此成为金钱势力的奴隶。政治解放并不是普遍的人的解放，相反，在财富现象上，它让市民社会从内部产生越来越多的财迷，人被金钱"剥夺了整个世界——人的世界和自然界——固有的价值"③，被金钱这种异己的本质统治。总之，政治解放——从市民社会中完全产生出政治国家，才是迷信私有财产和金钱的世俗宗教之所以产生的根源。在此，马克思从批判市民社会中遵循利己主义原则的金钱拜物教的角度批判了政治的异化，并论证了自己的观点：政治异化才是宗教狭隘性的根源，宗教缺陷只是政治异化的现象，必须先扬弃政治异化，才能真正克服宗教的狭隘；而政治解放和人的解放的一致性就是社会和人从金钱（私有财产）这种异己的本质的统治中获得解放。

在《〈黑格尔法哲学批判〉导言》中，马克思的政治哲学批判进一步指明了推翻金钱（私有财产）统治实现人的解放的手段和途径。从德国的现状出发，马克思发出了"原本批判"的战斗檄文："向德国制度开火！一定要开火！"④尽管在现代主要的问题之一——财富与政治的关系上，欧洲的英国和法国已经是"政治经济学，或社会对财富的统治"⑤，而德国却

---

① 《马克思恩格斯全集》第 3 卷，人民出版社 2002 年版，第 173 页。
② 参见《马克思恩格斯全集》第 3 卷，人民出版社 2002 年版，第 175 页。
③ 《马克思恩格斯全集》第 3 卷，人民出版社 2002 年版，第 194 页。
④ 《马克思恩格斯文集》第 1 卷，人民出版社 2009 年版，第 6 页。
⑤ 《马克思恩格斯文集》第 1 卷，人民出版社 2009 年版，第 8 页。

还是私有财产对国民的统治，但落后的德国制度"依然是批判的对象，正像一个低于做人的水平的罪犯，依然是刽子手的对象一样"①。在马克思看来，我们虽然不是当代的历史同时代人，却是当代的哲学同时代人，此前对德国的法哲学和国家哲学的批判就是与当代现实保持在同等水平上的哲学批判。② 现在必须将哲学批判上升到有原则高度的实践——"不但能把德国提高到现代各国的正式水准，而且提高到这些国家最近的将来要达到的人的高度的革命"③。因为作为理论武器的哲学批判并不能代替现实的物质力量的实践批判，"物质力量只能用物质力量来摧毁；但是理论一经掌握群众，也会变成物质力量"④。理论力求掌握的群众就是马克思此前批判法哲学和国家哲学时所要寻找的理性力量——德国无产阶级。而在工业运动中形成的贫困的德国无产阶级之所以是进行实践批判的理性力量，是因为它在将来的革命运动中能将本阶级的特殊利益和社会的普遍利益保持一致。并且，在财富与政治的关系问题上，无产阶级要求否定的就是统治和奴役德国人民的私有财产。这样，德国人民就会解放成为人，"德国人的解放就是人的解放。这个解放的头脑是哲学，它的心脏是无产阶级"⑤。在此，马克思也正是通过对财富与政治的关系问题的思考，吹响了推翻私有财产（金钱势力）的政治统治的革命号角，逐步导向了自己关于科学共产主义的理性诉求。

如果说，马克思不满费尔巴哈人本学唯物主义"强调自然过多而强调政治过少"⑥，要求将人本主义批判推进到彻底的政治批判，那么，当他进入政治哲学批判、表达在财富与政治的关系问题上的理性诉求时，人

---

① 《马克思恩格斯文集》第 1 卷，人民出版社 2009 年版，第 6 页。
② 参见《马克思恩格斯文集》第 1 卷，人民出版社 2009 年版，第 9 页。
③ 《马克思恩格斯文集》第 1 卷，人民出版社 2009 年版，第 11 页。
④ 《马克思恩格斯文集》第 1 卷，人民出版社 2009 年版，第 11 页。
⑤ 《马克思恩格斯文集》第 1 卷，人民出版社 2009 年版，第 18 页。
⑥ 《马克思恩格斯全集》第 47 卷，人民出版社 2004 年版，第 53 页。

本主义理论框架明显裹挟了马克思初露锋芒的历史唯物主义和科学共产主义思想，因为虽然他揭露了私有财产（金钱势力）与政治的关系，认识到其根源于市民社会的工商业活动，但仍然只是停留在财产法权的领域对人本主义异化现象进行外在的伦理学批判；虽然他抽象地直观到在工业运动中创造财富但反而越发贫困的无产阶级这个理性力量，但他只是把无产阶级消灭私有财产（金钱势力）的共产主义革命运动看作人的抽象"类"本质的复归，且过分夸大哲学在政治运动中的作用。即使马克思后来以《1844年经济学哲学手稿》入题试图深入到社会经济生活中进行经济哲学批判，但在人本主义理论框架下，他充其量是一个赫斯主义者，在政治观点上表达共产主义的理性诉求时有着浓厚的思辨性伦理情调。

当然，自从马克思发现了神圣家族的秘密在于"世俗家庭"并要求予以消灭之后，他就不仅仅是要求"对市民社会的解剖应该到政治经济学中去寻找"①，更是要求破除费尔巴哈人本主义的理论框架，用历史唯物主义的历史科学原则研究人的现实力量的历史生成。在历史唯物主义的批判原则下，从财富生产的物质内容和社会形式的矛盾冲突、从社会经济形态的客观历史过程，阐述政治国家的消亡，从"建立在个人全面发展和他们的共同的社会的生产能力成为从属于他们的社会财富这一基础上的自由个性"②的角度表达实现"自由人联合体"的共产主义政治诉求。这样，马克思的政治哲学批判也就自然被涵括在，并跃升到科学的政治经济学批判之中了。这样的批判粘连显示了马克思在经济财富问题上深层追问和批判阶级社会贫富分化与对立现象的逻辑必然，是其财富现象批判思想中不可或缺的部分。

---

① 《马克思恩格斯全集》第31卷，人民出版社1998年版，第412页。

② 《马克思恩格斯全集》第30卷，人民出版社1995年版，第107—108页。

三、政治经济学批判 ① ：财富现象批判的深层切入

即使马克思在创立唯物史观之前，尤其是在巴黎时期写作的《1844年经济学哲学手稿》中，尝试进行政治经济学批判，但那时的"政治经济学批判仍然处于前科学时期" ② 。在人本主义的抽象逻辑下，马克思虽然深入分析和批判了资产阶级社会财富剥削现象的经济根源——异化劳动，但异化劳动又是怎么产生的？马克思虽有大致的思路 ③ 但并没有具体回答（最终是在阐述唯物史观的《德意志意识形态》中明确回答的）。原因之一就在于他的异化劳动批判是从人的理想类本质预设开始的，这决定了他不可能在人的现实本质及其历史生成的层面科学地揭示资本主义社会中贫富分化与对立现象的深层经济根源。但正是在政治经济学批判的前科学时期，马克思紧紧抓住了黑格尔用以把握世界的作为推动原则和创造原则的否定辩证法，由此有了创制历史科学的思想萌芽——将历史主义的能动辩证法注入经济学实证的物化劳动的感性活动之中。它导向批判性、革命性的实践原则的确立，并最终将财富现象批判建立在历史唯物主义的理论基

① 在这里，我们之所以用"政治经济学批判"承接和表述马克思政治哲学批判之后的批判逻辑跃迁，而不用有的学者惯用的"经济批判"或"经济学批判"等表述方式，目的是凸显马克思批判逻辑的社会经济价值维度和历史理性维度，以此确证政治经济学批判是唯物史观的具体化运用而形成的关于现代社会的经济哲学批判，是经济价值的实证主义批判和辩证理性的历史主义批判的辩证结合，并求证马克思的政治经济学批判和财富现象批判之间的内在关联。另外，政治经济学批判是马克思对资本主义社会及其意识形态学说（资产阶级政治经济学）的批判。有学者认为政治经济学批判专指马克思对资产阶级政治经济学的批判而进行的经济理论史的研究。此观点明显忽视了马克思对资本主义社会所进行的经济学实证批判，有失偏颇。事实上，按照马克思的政治经济学批判的规划设计，经济理论史的研究大多表现为政治经济学批判的"历史插论"而已。这在《资本论》及相关经济学手稿中亦有明显的体现。

② 姚顺良编：《马克思主义哲学史：从创立到第二国际》，北京师范大学出版社 2010 年版，第 121 页。

③ 这一思路见 [德] 马克思：《1844 年经济学哲学手稿》，人民出版社 2000 年版，第 63 页。

石之上。（参见本章第一节所述）

另外，《1844年经济学哲学手稿》虽然是政治经济学批判的前科学批判，但它将资产阶级社会中的贫富对立现象作为"当前的经济事实"作了浓重的"实证"描述。因此，如果说它与之后的政治经济学批判的科学化之间有内在的逻辑关联的话，那么，至少原因之一：政治经济学批判的科学化也是为了继续完成对此前描述的贫富对立现象的深层追问和科学批判。

唯物史观创立后，马克思从布鲁塞尔时期开始将历史科学的批判原则具体化在科学的政治经济学批判之中。布鲁塞尔时期的突出成果有：其一，马克思在《哲学的贫困》中实质上从反面确认了政治经济学批判所必需的历史科学原则——将历史主义的能动辩证法科学地注入经济学实证的物化劳动之中的实践原则；否则，就会陷入像蒲鲁东那样——将黑格尔辩证法和国民经济学相混杂——的"辩证怪论"。其二，马克思在《雇佣劳动和资本》和《关于自由贸易的演说》中进一步明确了政治经济学批判"用历史理解经济"的方法论原则，指出政治经济学批判研究的是导致经济对立的作为物质财富基础的经济关系，其核心问题是对资本主义社会经济关系的批判，因为这种经济关系是资产阶级实现对无产阶级予以剥削统治的社会基础。基于唯物史观的批判原则，马克思批判李嘉图无视劳动的社会历史性，初步改造了古典经济学的劳动价值论；批判蒲鲁东和重农学派的"价值剩余"说的局限——无视特定历史条件下的社会关系，尤其是资本主义社会中以所有权为基础的阶级剥削关系，初步揭示了剩余价值的秘密：资本对雇佣劳动所创造的财富的掠夺。在此，马克思基于政治经济学批判的方法论原则揭示的财富对立现象是："价值剩余"决非蒲鲁东"普罗米修斯创世"说之下的"均财富"，而是有其产生的社会历史条件——建立在阶级对立之上的一些阶级越来越富裕、另一些则死于贫困的资本主义经济关系。

此时，资本主义经济关系是马克思在历史视域中予以政治经济学批判的对象，也是马克思对资产阶级社会中贫富对立现象予以深层追问和批判的对象。科学的政治经济学批判开始的那一刻起，就已经与财富现象批判连理相通，是财富现象批判深层切入的科学要求。

从马克思迁居伦敦之后的几十年是他对资本主义经济社会及其意识形态学说予以政治经济学批判的黄金时期。他的批判计划在《〈政治经济学批判〉导言》中提出的是"五篇计划"，后来随着批判思想的发展，修改为"政治经济学批判"的"六册"结构，最后定稿为《资本论》的现有结构；①在生前出版《资本论》时，将"政治经济学批判"拟为副标题。马克思在出版《资本论》之前写了大量的经济学手稿，它们连同《资本论》都源于并整体统摄于"政治经济学批判"的写作计划。在《资本论》及其相关经济学手稿中，有大量的批判思想与实证研究资本主义财富生产、分配、交换和消费等相关。其中关于财富问题的批判分析颇多，且与马克思的财富现象批判连理同根。

其一，从"劳动"与"资本"的对立角度批判分析了资产阶级的"财富"及其"生产实质"。这一批判思想始终贯穿于《资本论》及其相关经济学手稿之中。马克思再次将他的批判对象从"资本主义经济关系"具体化为资本主义生产关系总体系中"雇佣劳动与资本之间的关系"。这种关系是支配性的，决定着其他的一切关系，它"是一种普照的光，它掩盖了一切其它色彩，改变着它们的特点。这是一种特殊的以太，它决定着它里面显露出来的一切存在的比重"②。也就是说，"雇佣劳动和资本之间的关系决定了由它所派生的资本主义地租、商业资本和借贷资本、国际

---

① 参见姚顺良编：《马克思主义哲学史：从创立到第二国际》，北京师范大学出版社 2010 年版，第 121—127 页。

② 《马克思恩格斯全集》第 30 卷，人民出版社 1995 年版，第 48 页。

关系等形式"①。马克思指明，（雇佣）劳动和资本是资本主义财富生产的两个基本要素，但两者具有对立性质，"劳动这种一般财富同资本相反，在资本上，财富是作为对象即作为现实性而存在，劳动则表现为财富的一般可能性，这种可能性在活动中得到实现。因而，一方面，劳动作为对象是绝对的贫穷，另一方面，劳动作为主体，作为活动是财富的一般可能性，这两点决不是矛盾的，……并且是从劳动的下述本质中产生出来的：劳动作为资本的对立物，作为与资本对立的存在，被资本当作前提，另一方面，劳动又以资本为前提"②。在这里，劳动与资本相互对立但又互为前提，成了资本主义财富生产的必然规律，其结果是劳动表现为绝对的贫穷，资本则始终表现为现实性的财富。在资本主义社会中，绝对的贫穷与现实性的财富之间的对立是劳动与资本相对立的必然结果和表现。这是马克思的政治经济学批判对资本主义社会中贫富对立因而两极分化现象的因果判断。资本主义财富生产的实质是：资本把（雇佣）劳动这种生产财富的一般力量据为己有——它在社会形式上表现为资本的价值增值过程或者资本家剥削雇佣工人创造的剩余价值的过程。

马克思由此感叹：资本主义文明的一切进步"都不会使工人致富，而只会使资本致富"③。如果说这是马克思的政治经济学批判坚持经济价值的实证主义批判维度作出的评判的话，那么，马克思对资本主义财富生产的科学批判逻辑还有辩证理性的历史主义批判维度——从社会历史发展的角度评判劳动与资本（财富）在资本主义阶段的历史对立。马克思在手稿中指出，在古代社会"财富不表现为生产的目的"，而人"总是表现为

---

① 姚顺良编：《马克思主义哲学史：从创立到第二国际》，北京师范大学出版社 2010 年版，第 129 页。

② 《马克思恩格斯全集》第 30 卷，人民出版社 1995 年版，第 253—254 页。

③ 《马克思恩格斯全集》第 30 卷，人民出版社 1995 年版，第 267 页。

生产的目的"。① 但在现代资本主义社会则发生颠倒,"生产表现为人的目的",而资本财富"则表现为生产的目的"。② 由此,马克思基于期盼未来社会财富的人性回归,一方面批判了资本主义社会中财富生产与人的发展在目的与手段上的颠倒性;另一方面又从历史主义的维度辩证看待劳动与资本(财富)的对立的历史意义,认为"从现实性来看,财富的发展只存在于这种对立之中;从可能性来看,财富的发展正是扬弃这种对立的可能性"③。在这里,马克思实际上指明了劳动与资本的对立作为"资本文明"的经济关系必将为未来社会的来到创造历史前提,并使自己成为历史的"被扬弃之点"。

其二,从社会关系的物化与颠倒的角度批判分析了商品财富、货币财富和资本财富及其拜物教现象。在《1857—1858年经济学手稿》中,马克思明确指认了"以物的依赖性为基础"的资本主义社会中的"社会关系的物化"现象,说:"活动和产品的普遍交换已成为每一单个人的生存条件,这种普遍交换,他们的相互联系,表现为对他们本身来说是异己的、独立的东西,表现为一种物。在交换价值上,人的社会关系转化为物的社会关系;人的能力转化为物的能力。"④ 在《政治经济学批判。第一分册》中,马克思强调了"社会关系的物化"现象的颠倒性质。在他看来,在资本主义的商品社会中,人与人之间的社会关系颠倒地表现为物和物之间的社会关系,"一种社会关系采取了一种物的形式,以致人和人在他们的劳动中的关系颠倒地表现为物与物彼此之间的和物与人的关系"⑤。资本主义社会关系的物化和颠倒是马克思对拜物教现象的定性,也是其拜物教现象

---

① 《马克思恩格斯全集》第30卷,人民出版社1995年版,第479页。
② 《马克思恩格斯全集》第30卷,人民出版社1995年版,第479页。
③ 《马克思恩格斯全集》第30卷,人民出版社1995年版,第380页。
④ 《马克思恩格斯全集》第30卷,人民出版社1995年版,第107页。
⑤ 《马克思恩格斯全集》第31卷,人民出版社1998年版,第427页。

批判的理论奠基。由此，马克思在《1861—1863 年经济学手稿》中对相应的拜物教观念作了比较详细的分析，并在《资本论》中将拜物教批判理论"定型"。

在马克思看来，财富是一种"物"，也是一种社会性的价值。[①] 但财富的本质并非物，而是体现为社会性价值的人的关系，在资本主义社会中，作为种种财富现象，它颠倒地表现在物及物的关系上。由此，马克思确认了资本主义社会中的三种财富现象（或形式）：商品财富、货币财富和资本财富。资本主义社会的三种财富现象是人与人之间的社会关系物化的表现，本质上是一种拜物教现象。

对于商品财富，马克思剖析了它的"二重存在"，着重强调它是财富的"社会形式"和"物质内容"的统一。对于货币财富，马克思着重强调了它"作为财富的物质代表"的这一"规定"；它作为工人的"个体化的交换价值"的对象，决定了劳动"必须直接生产货币。因此，劳动必须是雇佣劳动"[②]。与此同时，它作为资本家致富欲望的源泉，用它雇佣活劳动生产商品财富（包含了剩余价值），资本实现增殖，由此通过两次流通一次生产的过程收回的货币财富就现实地转化成资本财富。很显然，马克思论述商品财富和货币财富，是为着重论述资本财富做逻辑铺垫。扩张资本财富才是资本主义商品生产和流通的本质所在。

同样，与财富现象相联系，马克思的商品拜物教批判和货币拜物教批判也是为着重进行资本拜物教批判而做的逻辑铺垫。可以说，"资本拜物教批判是马克思拜物教批判理论的核心。马克思在经济学上发现的剩余价

---

① 马克思的这一观点表达在《政治经济学批判（1857—1858 年草稿）》中，马克思说："一方面，财富是物，它体现在人作为主体与之相对立的那种物即物质产品中；另一方面，财富作为价值，是对他人劳动的单纯支配权……"（《马克思恩格斯全集》第 30 卷，人民出版社 1995 年版，第 479 页。）

② 《马克思恩格斯全集》第 30 卷，人民出版社 1995 年版，第 176 页。

值理论，在现代社会批判理论上就是资本拜物教批判理论"①。在经济学实证主义的批判维度，马克思的资本拜物教批判揭露了资本主义生产过程本质上是剩余价值的生产过程，是资本家剥削工人创造的财富的过程。在资本家的"乐园"里进行的劳动力与资本的交换，造成了一种假象：仿佛资本家支付了工人劳动的全部报酬，剩余价值（财富）全部是由生产资料（资本）创造的。这就产生了资本崇拜的迷魅现象。它是资本（死劳动）和工人的活劳动（保存和创造财富的能力）的关系的颠倒。导致工人阶级绝对贫困、资产阶级必然致富的贫富分化现象的资本主义剥削关系（人与人之间的社会关系）被资本拜物教现象（物化现象）遮蔽了。马克思由此讽刺道："在表示价值和财富一般的各个组成部分同其各种源泉的联系的经济三位一体②中，资本主义生产方式的神秘化，社会关系的物化，物质的生产关系和它们的历史社会规定性的直接融合已经完成：这是一个着了魔的、颠倒的、倒立着的世界。在这个世界里，资本先生和土地太太，作为社会的人物，同时又直接作为单纯的物，在兴妖作怪。"③

另外，在辩证理性的历史主义批判维度，马克思的资本拜物教批判理论指出了"拜物教形式"的历史性存在，它是一种历史性的社会关系的颠倒表现。马克思说："这种颠倒的过程不过是历史的必然性，不过是从一定的历史出发点或基础出发的生产力发展的必然性，但决不是生产的一种绝对的必然性，倒是一种暂时的必然性，而这一过程的结果和目的（内在的）是扬弃这个基础本身以及扬弃过程的这种形式。"④这种历史性现象有着自身消亡的逻辑，即随着未来社会扬弃活劳动的直接性质，用联合起来

---

① 姚顺良编：《马克思主义哲学史：从创立到第二国际》，北京师范大学出版社 2010 年版，第 137 页。

② 马克思在此指的是资产阶级经济学关于资本、土地和劳动分别是利润、地租和工资的来源的"三位一体的公式"。

③ [德] 马克思：《资本论》第 3 卷，人民出版社 2004 年版，第 940 页。

④ 《马克思恩格斯全集》第 31 卷，人民出版社 1998 年版，第 244 页。

的社会个人所有制替代资本主义私有制，拜物教现象将被彻底消除。

其三，从科学技术的角度揭露和批判了资本主义财富生产的历史性和非人的剥削性。首先在《1857—1858 年经济学手稿》中，马克思从辩证理性的历史主义批判维度指出，科学具有使资本主义生产方式解体的历史作用。科学是"一切社会形式"先后解体、更替的历史过程中最可靠的财富形式，它"既是财富的产物，又是财富的生产者"，而"一切社会形式"之所以解体都是"由于财富的发展，或者同样可以说，由于社会生产力的发展"。① 在这里，马克思从财富的角度已经将科学和社会生产力相提并论，同样是作为推进社会历史发展的革命力量。那么，在科学作为社会生产力提升资本主义财富生产能力的同时，资本主义生产方式作为历史发展的"过渡点"就具有历史必然性了，因为"单是科学"的发展"就足以使这些共同体解体"。② 也就是说，在科学的"解体"作用下，资本主义的财富生产具有历史的"过渡"性，必然同样地被新的财富生产方式所扬弃。然而，"科学这种既是观念的财富同时又是实际的财富的发展，只不过是人的生产力的发展即财富的发展所表现的一个方面，一种形式"③。

于是，接着在《1861—1863 年经济学手稿》中，马克思又从历史主义批判的维度转向经济学的实证主义批判的维度，揭示了科学技术在资本主义财富生产中的"帮凶"角色，进而批判了资本主义财富生产的非人剥削性。因为在死劳动（过去的物化劳动）对活劳动的颠倒关系中，科学技术作为物化劳动的有效成果反过来在资本主义财富生产中加重了对工人的活劳动的盘剥，变成了与活劳动相对抗的"武器"。这是"铁人起来反对有血有肉的人"的非人事实，机器"成了与劳动相敌对的资本形式"。④

---

① 《马克思恩格斯全集》第 30 卷，人民出版社 1995 年版，第 539 页。
② 《马克思恩格斯全集》第 30 卷，人民出版社 1995 年版，第 539 页。
③ 《马克思恩格斯全集》第 30 卷，人民出版社 1995 年版，第 539 页。
④ 《马克思恩格斯全集》第 32 卷，人民出版社 1998 年版，第 387 页。

在经济事实上，科技日益更新的成果——机器在绝对剩余价值生产中的使用催逼工人夜以继日地劳作，提升了资本剥削的剩余价值率；同样是科学技术的革新使得相对剩余价值生产成为现实，资本剥削率进一步提升；同样是科学技术的进步导致资本有机构成呈现出不断提高的趋势，使得与自动化机器打交道的工人备受压迫的同时，又将庞大的失业大军抛向贫困和死亡的深渊。虽然它使资本家的财富单极增长，但同样使工人阶级的贫穷成极端增长；虽然它加速"生产过剩"，但这是资本主义经济危机的本质所在。当然，从另一方面看，这样的经济危机也显示了科学技术促使资本主义生产方式解体的历史进步作用。

其四，从分配与生产的关系的角度揭露了资本主义社会贫富两极分化的根源。在《1857—1858年经济学手稿》的"导言"部分，马克思在生产关系的总体上阐明了生产和分配的辩证关系。由此，马克思在经济学实证批判的意义上指出："产品的分配"和"产品的分配之前的分配"在资本主义生产过程中存在本质区别：前者是资本主义生产的产物和结果；而后者是资本主义生产的条件和前提。但是，大部分资产阶级经济学家①的"最浅薄"的理解是："分配的结构完全决定于生产的结构"②。也就是说，他们只是承认"产品的分配"——"以资本作为生产要素为前提的分配方式"③。这样，虽然表面上说明资本拥有按这种"自然规律"分配产品和财富的权利，但实质上掩盖了最初分配——"产品的分配之前的分配"不公平的事实。其结果是维护资产阶级凭借私有财产和资本继续剥削雇佣劳动

---

① 在这里，马克思认为李嘉图是个例外——"主要是研究生产的经济学家李嘉图，不是把生产而是把分配说成现代经济学的本题"。但马克思的本意是批判和讽刺李嘉图要将分配和资本主义生产一样作为"永恒真理"看待，无视它们的历史性，这就与其他的资产阶级经济学家无本质区别了。（参见《马克思恩格斯全集》第30卷，人民出版社1995年版，第38页。）

② 《马克思恩格斯全集》第30卷，人民出版社1995年版，第36页。

③ 《马克思恩格斯全集》第30卷，人民出版社1995年版，第36页。

者创造的剩余价值，最终就是资本主义社会中穷者因被剥削而愈穷、富者因剥削他人而愈富的贫富两极分化现象的出现。另外，马克思又在辩证的历史主义批判的意义上进一步指出："财富生产的'规律和条件'与'财富分配'的规律是不同形式下的同一些规律，而且两者都在变化，都经历同一历史过程，总的说来，只不过是一个历史过程的各个要素。"①因此不难理解，像"机器"这样的固定资本和私有财产一旦成为"联合的工人的财产"，那么，"改变了的分配将以改变了的、由于历史过程才产生的新的生产基础为出发点"②，而以雇佣劳动（私有财产、资本）为出发点的资本主义财富分配将被历史扬弃。

　　当然，如果说此时的政治经济学批判只是在追问资本主义社会贫富分化现象之社会根源过程中初涉了"财富正义"的评判问题——它无疑根源于对资本主义社会中财富分配的评判，那么这样的政治经济学批判却为马克思在《哥达纲领批判》中和晚年的人类学批判中阐述"财富正义"问题奠定了理论基础。从这一角度看，马克思晚年的批判思想是其政治经济学批判思想的进一步发展，都与马克思的财富现象批判思想具有逻辑上的一致性。

　　总的说来，马克思的政治经济学批判是其唯物史观的历史科学原则的具体运用，它在对资本主义经济制度及其意识形态学说进行批判分析的同时，也是马克思的财富现象批判的科学化"切入"，因为其实质上从生产关系总体的各个相互联系的"环节"的角度深层追问和批判了导致贫富两极分化现象的社会经济根源。况且，政治经济学批判本质上是经济价值的实证主义批判和辩证理性的历史主义批判的有机而辩证的结合。这与马克思基于历史科学原则进行财富现象批判所遵循的实证的历史主义维度或历

---

① 《马克思恩格斯全集》第 31 卷，人民出版社 1998 年版，第 245 页。
② 《马克思恩格斯全集》第 31 卷，人民出版社 1998 年版，第 245—246 页。

史的实证主义维度（见本章第一节）是一致的。

第三节　财富现象批判的逻辑关切对象

基于此前对马克思的财富现象批判之逻辑进程的概述，我们不难发现，马克思在《莱茵报》时期一开始展开财富现象批判时就有坚定的立场：为"备受压迫的贫苦群众的利益"发表意见。如果说，这是马克思的批判思想基于"苦恼的疑问"而自发生成的对"贫苦群众"的感性关切，那么，随着批判的深层追问和思考，马克思有意识地自觉寻找到的取代黑格尔历史思辨哲学的抽象普遍性概念的现实的理性力量——代表现实的普遍利益进而能彻底消除私有财产和最终实现人类解放的力量——"遭受普遍苦难"[①]的工人无产阶级，就是马克思的批判逻辑的必然关切对象。"被戴上彻底的锁链"[②]的无产阶级的自身利益与人类的普遍利益的一致性，使马克思不仅将贫困的无产阶级提升到人类解放的高度予以生存关切，而且将财富现象批判的应然逻辑旨意——最终实现人类解放——寄托在无产阶级这一物质力量上。

一、批判的理论问题变为实践问题的物质力量——无产阶级

马克思第一个唯物地阐述社会历史发展的理论路径是：并非国家和法决定市民社会，而是相反——市民社会决定国家和法。它在理论取向上是马克思的财富现象批判的一次重要转折。它在理性回答了"为何富人利益

[①] 《马克思恩格斯全集》第 3 卷，人民出版社 2002 年版，第 213 页。

[②] 《马克思恩格斯全集》第 3 卷，人民出版社 2002 年版，第 213 页。

占了法的上风"这个既有疑问的同时，实质上有了这样的理论诉求：破除资产阶级意识形态的幻象，理应从现实的财富生产领域寻找现实的理性力量——用以取代黑格尔的抽象普遍性概念的且代表现实的普遍性利益的理性力量，这个力量就存在于作为"物质关系总和"的市民社会之中。如果说这个理性诉求当时只是作为一个隐性逻辑萌发于《黑格尔法哲学批判》的文本之中，那么，在《德法年鉴》时期，马克思寻找现实的理性力量的隐性逻辑完全走向澄明，即在《〈黑格尔法哲学批判〉导言》中，马克思发现，这个与黑格尔的抽象普遍性概念有本质区别的现实普遍性力量就是无产阶级。

在马克思看来，这个"被戴上彻底的锁链""并非市民社会阶级的市民社会阶级""表明一切等级解体的""由于自己遭受普遍苦难而具有普遍性质的""若不从其他社会领域解放出来从而解放其他一切社会领域就不能解放自己的"[1]无产阶级一旦被发现，财富现象批判就从理论问题变为实践问题。因为理论批判要上升到有原则高度的实践批判，就在于它能趋向并掌握无产阶级的广大群众，即"批判的武器当然不能代替武器的批判，物质力量只能用物质力量来摧毁；但是理论一经掌握群众，也会变成物质力量"[2]。无产阶级在理论的武装下明确要求用实践的武器批判否定私有财产，并将这样的批判建立在本阶级的特殊利益和全社会的普遍利益的一致性的基础之上。从本质上说，马克思的财富现象批判在革命实践上要求否定私有财产、消除贫富对立现象的物质力量就是无产阶级。在工业运动中形成的贫困的无产阶级是财富现象批判从理论问题变为实践问题的物质力量，只有无产阶级才能在革命实践中总体上具备"普遍解放的需要和能力"[3]，从而成为推动社会发展、实现人类解放的"物质力量"。

---

① 《马克思恩格斯全集》第 3 卷，人民出版社 2002 年版，第 213 页。
② 《马克思恩格斯全集》第 3 卷，人民出版社 2002 年版，第 213 页。
③ 《马克思恩格斯全集》第 3 卷，人民出版社 2002 年版，第 213 页。

当然，马克思此时的批判思想对无产阶级的逻辑关切以及关于人类解放的旨意阐述还有着相当浓厚的伦理色彩和思辨性。他在关切无产阶级解放的历史命运时，既把市民社会的解体看作是因其自身矛盾运动而解体的结果，又把无产阶级锚定为人的"类本质"的现实体现者；在阐述实现人类解放的共产主义革命实践时，既把消灭资本主义私有制视作由无产阶级实现的政治革命批判，又把它理解成人的"类本质"的复归，并明显夸大了哲学批判在其中的作用。但是，马克思毕竟看到了无产阶级的贫穷和资产阶级的富有在现代社会中对立存在的财富现象，并从人本主义角度将其认定为"人的自我异化"。从某种程度上说，马克思此时的财富现象批判基于人本主义考察而指证的无产阶级解放与人类解放具有形上关怀的逻辑自洽，作为对未来社会的价值诉求，实际上就是关于无产阶级扬弃财富异化状态的历史期待。

然而，即使马克思基于人本学唯物主义的理论逻辑阐述了财富现象批判的逻辑关切和旨意，但随后确立的历史唯物主义并没有在价值取向上改变原有的逻辑关切和旨意。这在逻辑构架上符合我们在本章第一节、第二节的分析，即马克思的财富现象批判的逻辑进程自始至终是对马克思所经验到的贫富对立现象的深层追问和逐步科学化批判。即使马克思批判思想的理论逻辑有所演进，即使马克思批判思想先后发生了从宗教哲学到政治哲学批判再到政治经济学批判的阶段性演进，但在财富现象批判的"宏大叙事"的逻辑轮廓中，它们并不意味着马克思进行财富现象批判的逻辑关切和旨意有所改变。马克思的财富现象批判所关切的对象始终是无产阶级的广大贫苦群众，并从这样的逻辑关切中阐述人类解放的逻辑旨意及其历史意义。

正因为对无产阶级解放和人类解放有明确而自觉的价值取向，马克思在和恩格斯共著的《德意志意识形态》中确立唯物史观的理论基石的同时，进一步消除了对"人"的"解放"予以生存关切的"形上"思辨气质。

马克思明确指出："'解放'是一种历史活动，不是思想活动，'解放'是由工业状况、商业状况、农业状况、交往状况促成的。"① 在马克思看来，"人"的"解放"是"在现实的世界中并使用现实的手段才能实现真正的解放"，是"使自己的吃喝住穿在质和量方面得到充分保证"。② 为此，无产阶级"就应当消灭他们迄今面临的生存条件，消灭这个同时也是整个迄今为止的社会的生存条件"③，即消灭异化劳动和雇佣劳动。无产者的任务就是"要推翻整个资产阶级制度"④，扬弃私有财产的异化状态，这样才能实现自己的个性的解放。而实现人类解放的共产主义就是"用实际手段来追求实际目的的最实际的运动"⑤。随后在《共产党宣言》中，马克思在批判性分析资产者和无产者的贫富对立状况后强调，无产阶级解放就是"消灭私有制"，共产主义革命就是同"传统的所有制关系"和"传统观念"实行"最彻底的决裂"。⑥

至此，无产阶级解放所具有的现实的革命性质和财富现象批判所具有的实践高度有了历史科学之实证原则上的本质关联。在马克思的唯物史观的历史科学视域中，无产阶级解放就是人类解放，无产阶级就是财富现象批判从理论问题转变为实践问题的物质力量。

进一步说，马克思的批判逻辑对无产阶级的命运关切和指证无产阶级是批判本身得以提升到实践高度的物质力量，这两者在历史科学的实证原则上是内在统一的。它们统一于马克思对"私有制世界"中的两种基本的财富生产实践形式——"异化劳动"和"雇佣劳动"的批判分析。无产阶

---

① [德] 马克思、恩格斯：《德意志意识形态》(节选本)，人民出版社 2003 年版，第 19 页。
② [德] 马克思、恩格斯：《德意志意识形态》(节选本)，人民出版社 2003 年版，第 18—19 页。
③ [德] 马克思、恩格斯：《德意志意识形态》(节选本)，人民出版社 2003 年版，第 65 页。
④ [德] 马克思、恩格斯：《德意志意识形态》(节选本)，人民出版社 2003 年版，第 89 页。
⑤ [德] 马克思、恩格斯：《德意志意识形态》(节选本)，人民出版社 2003 年版，第 91 页。
⑥ 《马克思恩格斯文集》第 2 卷，人民出版社 2009 年版，第 52—53 页。

级的解放在经济学实证层面本质上就是劳动的解放，即从异化劳动和雇佣劳动的奴役中解放出来。另外，马克思的财富现象批判也正是在对异化劳动和雇佣劳动的实证主义批判中指证无产阶级作为劳动的主体所具有的解放力量。只有无产阶级充当否定私有制的物质力量才能形成"普遍解放"需要和现实，劳动的解放本质上就是劳动的普遍化，使劳动成为全体有劳动能力的社会成员的普遍需要，从而消灭劳动者与剥削者之间的贫富对立和阶级对立现象。但是，在私有制的资本主义社会中的"经济事实"是：劳动者创造的财富被资本家剥削和占有，劳动者的贫困化是异化劳动和雇佣劳动的必然产物。因此，马克思的财富现象批判对无产阶级予以生存关切的"切入点"是：异化劳动批判和雇佣劳动批判。

二、异化劳动批判与对无产阶级贫困状况的人本关切

从马克思的财富现象批判的逻辑进程看，虽然他在政治经济学批判之前对"宗教异化"和"政治异化"先后给予了批判，并达及了对无产阶级解放与人类解放的"形上"关怀，但这并不能穿透和消除世俗的财富异化现象。由此，马克思开启了"对市民社会的解剖应该到政治经济学中去寻求"①的经济学实证批判路径。它直接导向的就是对异化劳动的批判，由此阐述了现代无产阶级的贫困根源，并第一次从创制全新的历史科学（经济学、哲学和社会主义理论三者的有机结合）的角度对无产阶级的贫困状况及其解放途径进行了人本主义的逻辑切问。马克思为此著述的经典文本就是《1844年经济学哲学手稿》。

在《1844年经济学哲学手稿》中，马克思开题就以经济学实证例解的方式（参见本章第一节）对比剖析了市民社会中劳动收入（工人的工资）

---

① 《马克思恩格斯全集》第31卷，人民出版社1998年版，第412页。

和私有财产收入（工业私有财产的利润和土地私有财产的地租）所表现出来的贫富分化和对立现象。由此得出的结论是：无论是"在社会的衰落状态中"，还是"在社会的增长状态中"，对工人无产者来说"却是持续不变的贫困"。① 正是在对资产阶级市民社会中贫富对立现象的对比剖析中，马克思一开始就从经济学的角度实证确认了工人无产阶级的贫困状况。从总体上看，马克思此时的财富现象批判对无产阶级的生存关切和为受剥削、受奴役的贫苦群众的利益"发表意见"的初衷与立场并没有改变，而是在对资产阶级社会中贫富对立、财富异化现象予以实证追问的同时，也是对资本主义私有制及其意识形态学说（资产阶级政治经济学）的实证主义的批判。

马克思的批判分析是从揭示资产阶级政治经济学理论与现实的矛盾开始的。在马克思看来，资产阶级政治经济学一方面把价值归结为劳动，承认财富的主体性地位在于劳动，劳动才是社会财富的源泉；另一方面，它又把产品价值去掉成本价格后的利润视作资本的费用，而工人无产者"既无资本又无地租"，只能"像每一匹马一样"，得到维持动物性或工具性劳动"所必需的东西"。② 这样一来，资产阶级政治经济学仅仅是把劳动者当作"靠片面"的劳动为生的工人来考察，当作创造财富的与动物一样的物质手段来看待。因此资产阶级政治经济学"虽然从劳动是生产的真正灵魂这一点出发，但是它没有给劳动提供任何东西，而是给私有财产提供了一切。"③ 资产阶级政治经济学理论与现实的矛盾根源于它要维护私有财产的利益，即富人阶级的利益。马克思看到了资产阶级政治经济学的"伪善性"及其对工人无产者来说的严重后果，深刻揭批了其本质上的非人性：

---

① ［德］马克思：《1844 年经济学哲学手稿》，人民出版社 2000 年版，第 13—14 页。

② ［德］马克思：《1844 年经济学哲学手稿》，人民出版社 2000 年版，第 14 页。

③ ［德］马克思：《1844 年经济学哲学手稿》，人民出版社 2000 年版，第 62 页。

"以劳动为原则的国民经济学① 表面上承认人，毋宁说，不过是彻底实现对人的否定而已"，"不如说是敌视人的"。②

在马克思看来，既然资产阶级政治经济学的劳动价值论说全部的劳动产品"本来属于工人"，"一切东西都可用劳动来购买，而资本无非是积累的劳动"③，那么，它本身就说明：由工人劳动积累的资本或私有财产本身就是"从现代劳动本身的本质中产生出来"④，就像工人无产者的贫困就是从这种劳动本身的本质中产生一样。这是从政治经济学家的理论中得出的，"尽管他并不知道这一点"：它对生产财富的工人无产者而言"是有害的、招致灾难的"。⑤ 因此，将私有财产作为"经济事实"来说明"经济规律"的资产阶级政治经济学说本质上是无批判的实证主义或无批判的唯心主义。为此，马克思认为"必须弄清楚"与私有财产相关的经济范畴之间的"本质联系"，而这不能像资产阶级政治经济学家那样"总是置身于一种虚构的原始状态"之中，必须"从当前的经济事实出发"。⑥

不容否认的"当前的经济事实"就是异化劳动的存在及其给工人招致灾难的贫困，即"工人生产的财富越多，他的产品的力量和数量越大，他就越贫穷。工人创造的商品越多，他就越变成廉价的商品。物的世界的增值同人的世界的贬值成正比"⑦。在资产阶级的市民社会中，劳动的现实化或对象化必然表现为劳动的异化现象。为此，马克思指出："劳动的这种现实化表现为工人的非现实化，对象化表现为对象的丧失和被对象奴役，

---

① 国民经济学是当时德国人对英国人和法国人称作政治经济学的资产阶级政治经济学采用的概念。(参见《马克思恩格斯文集》第1卷注释5，人民出版社2009年版，第765页。)

② ［德］马克思：《1844年经济学哲学手稿》，人民出版社2000年版，第74页。

③ ［德］马克思：《1844年经济学哲学手稿》，人民出版社2000年版，第12页。

④ ［德］马克思：《1844年经济学哲学手稿》，人民出版社2000年版，第13—14页。

⑤ ［德］马克思：《1844年经济学哲学手稿》，人民出版社2000年版，第13页。

⑥ ［德］马克思：《1844年经济学哲学手稿》，人民出版社2000年版，第51页。

⑦ ［德］马克思：《1844年经济学哲学手稿》，人民出版社2000年版，第51页。

占有表现为异化、外化。"① 马克思正是从对这一异化现象的界定出发，阐述了异化劳动在劳动者同劳动产品相异化、劳动者同劳动本身相异化、人同自己的类本质相异化和人同人相异化等四个方面的表现及其给工人带来的严重后果——工人生产的劳动产品作为财富异化为异己的力量反过来控制、剥削和奴役自己。

从总体上看，马克思的异化劳动理论的批判意义大于其理论建构意义，或者说异化劳动的理论建构是为了深刻批判资本主义社会的财富异化现象。马克思正是从批判分析异化劳动的角度，达到了对私有制条件下无产阶级贫困状况的实证切问，同时也是对资产阶级社会中贫富分化现象之所以产生的经济根源的深层追问和批判。

首先，马克思对"劳动者同劳动产品相异化"的批判分析，揭示了"物的异化"的后果是："劳动为富人生产了奇迹般的东西，但是给工人生产了赤贫。劳动生产了宫殿，但是给工人生产了棚舍。劳动创造了美，但是使工人变成畸形。劳动用机器代替了手工劳动，但是使一部分工人回到野蛮的劳动，并使另一部分工人变成机器。劳动生产了智慧，但是给工人生产了愚钝和痴呆"②。它作为"当前的经济事实"的一个表现，说明异化劳动必然导致贫富两极分化，也就是说，工人生产的劳动产品越多，就越是为富人生产了财富增长的奇迹，也就越给自己生产了赤贫、棚舍、愚钝和痴呆。由此，马克思对资产阶级政治经济学做了本质剖析：虽然它在私有制范围内确认了劳动作为社会财富的主体性本质，但它却非批判地将异化劳动作为私有财产的现实，不考察劳动者主体同产品的直接关系，当然也就掩盖了"劳动本质的异化"，自然也就无视工人作为劳动主体创造的财富所发生的异化现象——工人生产的财富（劳动产品）越多，就越被

① ［德］马克思：《1844 年经济学哲学手稿》，人民出版社 2000 年版，第 52 页。
② ［德］马克思：《1844 年经济学哲学手稿》，人民出版社 2000 年版，第 54 页。

异己的财富力量奴役和掠夺，也就越贫困。

其次，马克思对"劳动者同劳动本身相异化"的批判分析，揭示了"主体异化"给工人无产者招致的"退化"灾难："人（工人）只有在运用自己的动物机能——吃、喝、生殖，至多还有居住、修饰等等——的时候，才觉得自己在自由活动，而在运用人的机能时，觉得自己只不过是动物。动物的东西成了人的东西，而人的东西成了动物的东西"①。它作为异化劳动的一个表现，表明工人劳动的外在性和异己性，它将工人作为人的存在"退化"为动物性的存在。因此，如果说"物的异化"是工人阶级物质财富的丧失，那么"主体的异化"则是工人阶级精神财富的丧失，即工人在劳动中"不是肯定自己，而是否定自己，不是感到幸福，而是感到不幸，不是自由地发挥自己的体力和智力，而是使自己的肉体受折磨、精神遭摧残"②。异化劳动使工人遭受双重剥削的痛苦和灾难。

再次，马克思批判性指出，"物的异化"和"主体异化"必然引起"人同自己的类本质相异化"。③ 在马克思看来，人的类本质体现为在改造自然界的对象化劳动中的"自由的有意识的活动"，它"把人同动物的生命活动直接区别开来"。④ 但是，由于劳动产品（物）的异化，使"异化劳动从人那里夺取了他的生产的对象，也就夺取了他的类生活，把人对动物所具有的优点变成缺点，因为从人那里夺走了他的无机的身体即自然界"⑤。同样，因为劳动主体的异化，使"异化劳动把自主的活动、自由活动贬低为手段，也就把人的类生活变成维持人的肉体生存的手段"⑥。这样的结果就是：人的类本质——无论是对自然界的对象化劳动创造物质财富

---

① ［德］马克思：《1844 年经济学哲学手稿》，人民出版社 2000 年版，第 55 页。
② ［德］马克思：《1844 年经济学哲学手稿》，人民出版社 2000 年版，第 54 页。
③ ［德］马克思：《1844 年经济学哲学手稿》，人民出版社 2000 年版，第 56—59 页。
④ ［德］马克思：《1844 年经济学哲学手稿》，人民出版社 2000 年版，第 57 页。
⑤ ［德］马克思：《1844 年经济学哲学手稿》，人民出版社 2000 年版，第 58 页。
⑥ ［德］马克思：《1844 年经济学哲学手稿》，人民出版社 2000 年版，第 58 页。

的能力，还是人的类生活创造精神财富的能力——变成了人的异己本质，变成了维持自身动物性生存的手段。马克思在这里对工人阶级所遭受的双重痛苦做了进一步的人本主义的一般概括。

最后，马克思指出："人同自己的劳动产品、自己的生命活动、自己的类本质相异化的直接结果就是人同人相异化。"[①] 在现实的世界中，人同人相异化表现为人与他人的"对象性的、现实的关系"。如果说异化劳动使劳动产品、劳动本身和人的类本质都从工人那里外化为同工人相对立的异己的力量，那么在这个工业的奇迹而非神的奇迹的时代，从工人那里异化出来的、被剥夺了的东西并不是供奉了神，而只能是属于与工人对立而存在的、工人之外的他人。从劳动产品，即财富的角度看，异化劳动使工人同自己创造的财富的异己的关系现实化为工人同自己对立的他人之间的对象性关系，这个异己的他人就是将本属于工人的劳动产品剥夺走并把它翻转为统治工人的财富力量的资本家，资本家与工人之间的对象性关系就是剥削与被剥削、奴役与被奴役的对立关系。因此，在马克思看来，人同人相异化的现实对象性关系就是资本家与工人之间、资产阶级与工人阶级之间的互为异己的对立关系。异化劳动使工人陷入贫穷是因为工人在劳动中创造的财富被异己的资本家剥夺和占有。工人创造的财富的外化和异化，表现为资本家对工人创造的财富的掠夺和占有。在现实的资本主义世界，资本家与工人之间的阶级对立同财富现象上的贫富对立是同一表现，都是异化劳动的结果，异化劳动的存在是其原因。

综合来看，马克思通过对异化劳动的批判，从人与物的关系的这一"当前的经济事实"出发看到了人与人的关系，从异化劳动的"经济事实"中穿透并剖析了工人与资本家之间的阶级对立关系——它与资产阶级市民

---

① [德] 马克思：《1844年经济学哲学手稿》，人民出版社2000年版，第59页。

社会中的贫富对立有同一的表现。马克思对异化劳动的解剖不仅看到工人阶级与资产阶级在经济利益上对立的异化本质，而且形成了对工人阶级的贫困状况的实证切问。

很显然，在透视了异化劳动与工人阶级的贫困之间的本质关联之后，马克思的批判逻辑指向就是消灭异化劳动。只有这样，才能消除资产阶级社会之中贫富对立现象之根源，从而指引工人阶级从物质上与精神上遭受双重压迫的贫困处境中解放出来。然而，在消灭异化劳动的旨意前提下，马克思并没有一味地停留在对异化劳动予以经验批判或现象批判层面，而是从因果关系的角度进行了双重理性剖析。其一，从现实存在的经验上看，我们确实能"从国民经济学得到作为私有财产运动之结果的外化劳动（外化的生命）这一概念"①，即私有财产表现为异化劳动的原因，异化劳动是私有财产运动的结果。其二，从历史发展的逻辑理性上看，异化劳动与私有财产的因果关系只有私有财产发展到最后的、最高的阶段，"这个秘密才重新暴露出来，也就是说，私有财产一方面是外化劳动的产物，另一方面又是劳动借以外化的手段，是这一外化的实现"②。更符合历史逻辑地说，异化劳动与私有财产的关系是：后者是前者的后果，"正像神原先不是人类理智迷误的原因，而是人类理智迷误的结果一样。后来，这种关系就变成相互作用的关系"③。因此，消灭异化劳动并不是像某些"主张细小改革"的国民经济学家那样，要求"强制提高工资"，这无非是给奴隶一般的工人较多工资，但不会使工人和劳动获得"人的身份和尊严"④；也不是像蒲鲁东那样，在不触动私有制的前提下要求"工资平等"，这"只能使今天的工人对自己的劳动的关系变成一切人对劳动的关系。这时社会

---

① ［德］马克思：《1844 年经济学哲学手稿》，人民出版社 2000 年版，第 61 页。
② ［德］马克思：《1844 年经济学哲学手稿》，人民出版社 2000 年版，第 61 页。
③ ［德］马克思：《1844 年经济学哲学手稿》，人民出版社 2000 年版，第 61 页。
④ ［德］马克思：《1844 年经济学哲学手稿》，人民出版社 2000 年版，第 62 页。

就被理解为抽象的资本家"①。

可以说，与蒲鲁东等人有本质区别，马克思不仅历史性地穿透了异化劳动与私有财产的本质关联，而且看到了它们与工人阶级的贫困状况之间的本质关联。因此，马克思进一步从异化劳动批判明确到对私有财产的批判，并阐明了消灭异化劳动与无产阶级解放之间的直接关系及其历史意义，即"从异化劳动对私有财产的关系可以进一步得出这样的结论：社会从私有财产等解放出来，从奴隶制解放出来，是通过工人解放这种政治形式来表现的，这并不是因为这里涉及的仅仅是工人的解放，而是因为工人的解放包含普遍的人的解放；其所以如此，是因为整个的人类奴役制就包含在工人对生产的关系中，而一切奴役关系只不过是这种关系的变形和后果罢了。"②

同时，马克思指出，消灭异化劳动就是对私有财产的积极的扬弃，目的是完成财富向人的社会和社会的人的复归。这也是实现人的解放和社会发展的共产主义运动的本义："共产主义是私有财产即人的自我异化的积极的扬弃，因而是通过人并且为了人而对人的本质的真正占有，因此，它是人向自身、向社会的即合乎人性的人的复归，这种复归是完全的、自觉的和在以往发展的全部财富的范围内生成的。"③

可以说，这是马克思的财富现象批判基于社会财富与自由劳动彼此同一的人本主义价值预设而完成的对无产阶级的生存状况关切和价值期待，并将它定位在关于人的解放和社会发展的共产主义运动的理性高度。

三、雇佣劳动批判与对无产阶级贫困化的历史关切

在马克思那里，异化劳动和雇佣劳动是资产阶级社会中同一劳动的不

---

① ［德］马克思：《1844 年经济学哲学手稿》，人民出版社 2000 年版，第 62 页。

② ［德］马克思：《1844 年经济学哲学手稿》，人民出版社 2000 年版，第 62—63 页。

③ ［德］马克思：《1844 年经济学哲学手稿》，人民出版社 2000 年版，第 81 页。

同表现形式。如果说马克思对异化劳动的人本主义批判完成的是对无产阶级贫困状况的人本关切，那么他对雇佣劳动的历史科学批判则是对无产阶级贫困化的历史关切。或者说，异化劳动批判更明确的意义是重在切问无产阶级的贫困状况而进行的财富现象描述，它作为实证材料成为历史科学考察的对象，进而通过雇佣劳动批判实现对无产阶级贫困状况的历史性剖析和切问。确切地说，这是因为马克思的财富现象批判的理论逻辑从人本学唯物主义演进到了历史唯物主义。这既是马克思对资本主义社会中贫富对立现象的历史剖析，也是他对无产阶级的历史命运的深层切问，体现了马克思的财富现象批判依据"用历史理解经济"的历史科学原则在社会现实中的具体切入。

在唯物史观的历史科学看来，劳动和资本的对立是资本主义财富生产的本质特征，而从劳动本身中异化出来的劳动——雇佣劳动在资本主义剩余价值生产中实质上体现的就是资本与劳动的对立。因此，通过对雇佣劳动的批判分析同样可以透析资本主义生产的剥削本质和资本对劳动的剥削关系以及在"同一关系"中所表现出的贫富对立。这种对立也就是马克思所说："劳动创造的财富作为别人的财富和它相对立，它自己的生产力作为它的产品的生产力和它相对立，它的致富过程作为自身的贫困化过程和它相对立，它的社会力量作为支配它的社会力量和它相对立。"① 由此出发，马克思通过对资本主义雇佣劳动的剖析阐述了他对于现代无产阶级贫困化趋势的历史切问。

其一，从剖析雇佣劳动的异化本质切入，马克思阐述了无产阶级贫困化的社会根源。

马克思指出，资本扩张始终充满"对剩余价值的贪欲"②，因此，资本

---

① 《马克思恩格斯全集》第 26 卷第 3 册，人民出版社 1974 年版，第 284—285 页。

② [德] 马克思：《资本论》第 1 卷，人民出版社 2004 年版，第 272 页。

主义作为历史上的一种社会经济形态——它是以私有制为基础的经济生产方式——没有改变它无偿占有雇佣工人创造的剩余价值这一剥削本质；它与其他的私有制社会相比，只是把"直接的强制劳动"变为"间接的强制劳动"，即"雇佣劳动"。① 资本主义雇佣劳动是在劳动力成为商品的历史条件下劳动力"自由"买卖的结果。在资本家的"乐园"（流通领域），劳动力商品的买卖有自由平等的形式，但在财富生产领域中，资本主义雇佣劳动实质上体现了劳动从属于资本并供资本驱使、剥削的社会规定性。

在马克思看来，正是因为资本作为"死劳动"能够在市场上购买到以劳动力商品的形式存在的雇佣劳动——能为"死劳动"在生产中创生剩余价值的"活劳动"，所以资本主义生产方式才得以运转。因此，以雇佣劳动为前提和基础的资本主义生产方式就是资本主义的"全部现代社会体系所围绕旋转的轴心"②。在这个社会体系中，雇佣劳动的异化特征是：不在于生产商品，而在于成为在生产中被资本任意支配和消费的商品。③ 这一异化特征决定了这一矛盾形式的存在，即雇佣劳动与资本的对抗性质却被置于前者对后者的从属关系之中，它也决定了无产阶级贫困化的必然趋势。

雇佣劳动从劳动本身异化出来的本质就是资本主义条件下"所有权同劳动相分离"，使劳动从属于资本，由此决定了无产阶级贫困化的必然趋势。在马克思看来，不同于简单的商品交换，劳动同资本之间的交换被"分解为两个不仅在形式上而且在质上不同的，甚至是相互对立的过程"④。在普通的流通领域中资本同劳动的交换实质上是以资本同劳动力相交换的形式进行，但在生产领域中资本同劳动力相交换的原有形式在实质

---

① 《马克思恩格斯全集》第 30 卷，人民出版社 1995 年版，第 287 页。

② 《马克思恩格斯选集》第 2 卷，人民出版社 1995 年版，第 589 页。

③ [德] 马克思：《资本论》第 3 卷，人民出版社 2004 年版，第 995—996 页。

④ 《马克思恩格斯全集》第 30 卷，人民出版社 1995 年版，第 232 页。

上却转变为资本同劳动相交换的实际结果。也就是说，在这种交换过程的总体中，劳动力在市场上的交换价值获得了资本的货币表现，但与劳动力有本质区别的全部活劳动——生产财富的力量——被让渡给资本，资本则把这种生产财富的力量占为己有，将它作为发家致富的手段。因此，马克思说："所有权同劳动相分离表现为资本和劳动之间的这种交换的必然规律。"①"所有权同劳动相分离"必然意味着劳动与财富相分离的结果。正是通过对雇佣劳动异化本质的批判分析，马克思看到了劳动从属于资本的社会规定和资本主义财富生产的剥削秘密，从而透析了资本主义条件下无产阶级贫困化趋势的社会根源。

其二，从生产性雇佣劳动的角度切入，马克思阐明了资本扩张的"致富欲"和生产工人的"不幸"状况。

针对以雇佣劳动为前提和基础的资本主义生产方式，马克思指出："生产剩余价值或赚钱，是这个生产方式的绝对规律。"②因此，与历史上其他的社会经济形态的一般生产过程不同，资本主义生产过程不仅仅是通过劳动形成价值的一般过程，更是通过雇佣劳动生产剩余价值和实现剩余价值的特殊过程；不仅仅是商品的生产，更是剩余价值的生产。对于雇佣工人而言，他单是进行一般生产是不够的，因为他不是为自己生产，而必须为资本生产，为资本生产剩余价值，"只有为资本家生产剩余价值或者为资本的自行增殖服务的工人"，才是符合资本要求的"生产工人"。③

资本对"生产工人"的要求也就是生产性雇佣劳动的本质特性和社会规定。只有雇佣劳动成为生产性雇佣劳动，才能实现资本增殖的目的。也就是说，在资本主义生产方式中存在的雇佣劳动只能是生产性的雇佣劳动；同样，在资本主义生产方式中出现的工人只能是为资本生产剩余价值

---

① 《马克思恩格斯全集》第 30 卷，人民出版社 1995 年版，第 253 页。
② ［德］马克思：《资本论》第 1 卷，人民出版社 2004 年版，第 714 页。
③ ［德］马克思：《资本论》第 1 卷，人民出版社 2004 年版，第 582 页。

的"生产工人"。针对在资本主义社会中生产性雇佣劳动对生产工人的社会规定或生产工人对生产性雇佣劳动的特性反映，马克思说："问题一开始就在于数量，因为追求的是交换价值和剩余价值。"①也就是说，当工人将自己的劳动（力）与"作为资本的货币"进行交换的时候，就注定被生产性雇佣劳动的社会规定束缚，也决定了他作为"生产工人"不为自己生产而必须为资本生产剩余价值的"不幸"命运。

从另一个角度说，在以雇佣劳动为基础的资本主义社会，货币的普遍化不是瓦解而是实现了资本扩张财富的欲望——"使自身变大或增大"就是"资本的合乎目的的活动"。②资本的"真正的财富源泉就打开了"③。也就是说，货币作为资本的"一般财富的物质代表"与劳动力商品相交换时，货币作为劳动力商品的"个体化的交换价值"也就完成了对雇佣劳动的殖民化。因此，马克思指出，对于资本家发财致富而言，货币"作为发达的生产要素，只能存在于雇佣劳动存在的地方"，在那里，它不但不会使资本主义财富生产形式瓦解，反而是这种社会形式发展的条件和"主动轮"。④相反，对于被雇佣的"生产工人"而言，"占有货币也会像对古代人的共同体起的作用那样，对他起瓦解的作用"，使他"违背自己的意愿"为资本家的发财致富服务。⑤这样，在以雇佣劳动为基础的同一生产过程中，资本家发财致富和生产工人被瓦解、被剥削并陷入贫困也就成为必然结果。

应该说，马克思对"生产性雇佣劳动"的批判分析，不仅揭露资本与现代货币相互勾连对"生产工人"予以瓦解和剥削的秘密，而且透析了在

---

① 《马克思恩格斯全集》第 30 卷，人民出版社 1995 年版，第 590 页。
② 《马克思恩格斯全集》第 30 卷，人民出版社 1995 年版，第 228 页。
③ 《马克思恩格斯全集》第 30 卷，人民出版社 1995 年版，第 176 页。
④ 《马克思恩格斯全集》第 30 卷，人民出版社 1995 年版，第 175—176 页。
⑤ 《马克思恩格斯全集》第 30 卷，人民出版社 1995 年版，第 176 页。

雇佣劳动存在的地方资本家阶级与工人阶级之间的贫富对立的财富现象，进而深刻揭示了资本扩张欲的固有本性和"生产工人"贫困化的必然性。由此，马克思在《资本论》中进一步指出："生产工人的概念决不只包含活动和效果之间的关系，工人和劳动产品之间的关系，而且还包含一种特殊社会的、历史地产生的生产关系。这种生产关系把工人变成资本增殖的手段。所以，成为生产工人不是一种幸福，而是一种不幸。"①

其三，从剖析机器体系下的雇佣劳动切入，马克思阐明了无产阶级的历史使命。

马克思指出："科学、巨大的自然力、社会的群众性劳动都体现在机器体系中，并同机器体系一道构成'主人'的权力"，而雇佣工人在这样的机器体系下成为"空虚了的单个机器工人"，并"作为微不足道的附属品而消失了"。② 由于分工的发展、科学技术的应用和机器的使用，以雇佣劳动为基础的资本主义现代化大工业更加凸显"劳动资料转变为机器体系"的现实存在。但诚如马克思所揭示的，雇佣工人因机器劳动而使自身生理和神经系统遭受了极度损害，被"夺去身体上和精神上的一切自由活动"；"滥用机器的目的"是使雇佣工人"转化为局部机器的一部分"；机器体系的使用成了"折磨人的手段"，它"不是使工人摆脱劳动，而是使工人的劳动毫无内容"。③

在马克思看来，一切以雇佣劳动为基础的资本主义生产，既然是劳动过程和资本增殖过程的统一，就有一个共同点："不是工人使用劳动条件，相反地，而是劳动条件使用工人，不过这种颠倒只是随着机器的采用才取得了明显的现实性。"④ 这样，机器体系对雇佣工人的压迫和奴役——以人

---

① ［德］马克思：《资本论》第 1 卷，人民出版社 2004 年版，第 582 页。

② ［德］马克思：《资本论》第 1 卷，人民出版社 2004 年版，第 487 页。

③ ［德］马克思：《资本论》第 1 卷，人民出版社 2004 年版，第 486—487 页。

④ ［德］马克思：《资本论》第 1 卷，人民出版社 2004 年版，第 287 页。

与物的关系的异化形式——掩盖了资本家对工人的剥削和奴役，并作为资本的"帮凶"恶化了雇佣工人悲惨的非人处境。

由此，马克思指出："不需要有什么特殊的洞察力就可以理解"，一旦把"雇佣劳动当作出发点"，那么，"机器必然作为资本同活劳动相对立"。① 机器不属于工人并反过来控制工人，正是"以雇佣劳动为基础的生产方式的条件"②。在这种情况下，雇佣工人被当作"机器轮子配置在机器中间"，这种"劳动结合和所谓劳动的共同精神都转移到机器等等上面去了"。③ 其结果是：一方面，这种劳动结合相对于前资本主义社会的"单个的直接劳动"而言，无疑是一种进步，它生成了巨大的社会生产力；但这种劳动结合生成的社会生产力是作为资本的生产力被限制在资本追求剩余价值的界限以内的。"尽管按照资本的本性来说，它本身是狭隘的，但它力求全面地发展生产力"，这样就成为超越资本主义的新的生产方式得以产生的前提。④ 历史上的一切社会形式"都由于财富的发展，或者同样可以说，由于社会生产力的发展而没落了"⑤。在新的社会生产方式产生之前，要求"自由的、无阻碍的、不断进步的和全面发展"的社会生产力就会作为"破坏力量"把资本推向解体，使资本主义生产方式成为被扬弃的过渡点。另一方面，机器体系下的劳动结合虽然催逼雇佣工人的劳动生产力得以提升，但给工人阶级招致的是巨大的灾难，"最发达的机器体系现在迫使工人比野蛮人劳动的时间还要长，或者比他自己过去用最简单、最粗笨的工具的劳动时间还要长"⑥。这样，资产阶级财富来源于对工人剩余劳动的剥削，就实质上表现为"现今财富的基础是盗窃他人的劳动

---

① 《马克思恩格斯全集》第31卷，人民出版社1998年版，第245页。
② 《马克思恩格斯全集》第31卷，人民出版社1998年版，第245页。
③ 《马克思恩格斯全集》第30卷，人民出版社1995年版，第588页。
④ 《马克思恩格斯全集》第30卷，人民出版社1995年版，第539页。
⑤ 《马克思恩格斯全集》第30卷，人民出版社1995年版，第539页。
⑥ 《马克思恩格斯全集》第31卷，人民出版社1998年版，第104页。

时间"①。综合来看，它符合马克思基于唯物史观得出的结论："生产力在其发展的过程中达到这样的阶段，……在现存关系下只能造成灾难，这种生产力已经不是生产的力量，而是破坏的力量（机器和货币）。与此同时还产生了一个阶级，它必须承担社会的一切重负，而不能享受社会的福利，……从这个阶级中产生出必须实行彻底革命的意识，即共产主义的意识……"② 这个阶级无疑就是工人无产阶级，工人无产阶级的历史使命就是针对迄今具有的阶级剥削，消灭雇佣劳动，进行共产主义革命。

通过剖析机器体系下的雇佣劳动，马克思极力要求将机器变成"联合的工人的财产"③，用自由支配的时间取代劳动时间作为财富的尺度，用自由劳动取代雇佣劳动作为社会生产的出发点；而无产阶级摆脱贫困苦难，消灭一切阶级剥削和对立的历史使命就是进行彻底的共产主义革命。

总之，马克思对雇佣劳动的批判分析体现了其对无产阶级的贫困化及无产阶级的自我解放的历史切问。这固然体现了马克思的财富现象批判的逻辑旨意，但实质上也是对财富现象批判的物质力量——革命的无产阶级——在实践的高度上予以的历史阐明。

① 《马克思恩格斯全集》第 31 卷，人民出版社 1998 年版，第 101 页。
② [德] 马克思、恩格斯：《德意志意识形态》（节选本），人民出版社 2003 年版，第 34 页。
③ 《马克思恩格斯全集》第 31 卷，人民出版社 1998 年版，第 245 页。

第三章　财富现象批判与人的现实存在及其发展

在马克思的财富现象批判的逻辑轮廓中，宗教哲学批判、政治哲学批判和政治经济学批判是依次演进的三个重要阶段（参见第二章第二节）。如果说马克思的宗教哲学批判和政治哲学批判始终围绕人的问题展开——事实上就是如此——对神学本体论用神掌控人、思辨本体论用概念湮没人有了深刻的解剖，那么，马克思由此产生的深刻洞见是："对市民社会的解剖应该到政治经济学中去寻找。"① 由此说来，在关于人的问题上，马克思的宗教哲学批判和政治哲学批判作为理论铺垫，导向的就是"应该到政治经济学中去"的理论路径。神学本体论和思辨本体论所架构的人是"抽象的人"，是无批判的唯灵论存在，它不可能达及、只能遮蔽市民社会贫富分化和对立现象的社会根源，进而在事实上粉饰了社会的太平、隐藏了人自身的问题，尤其是基于阶级对立的物质利益问题。马克思由此展开的宗教哲学批判和政治哲学批判，在"不得不对物质利益发表意见"的问题意识的牵引下，要完成的是对传统形而上学所架构的"抽象的人"的解构，但真正实施和完成这一解构的是基于唯物史观的政治经济学批判。由此可见，在财富现象批判的宏大叙述下，马克思的批判理论虽然经历了不同阶段的演进，但始终是围绕人的问题，且旨意于对传统形而上学的解构和翻转——其特质是将"抽象的人"翻转为"现实的人"，并在实践的原则高度上阐明"人的解放"。在这个意义上说，宏观

---

① 《马克思恩格斯全集》第 31 卷，人民出版社 1998 年版，第 412 页。

统摄和叙述中的财富现象批判就是马克思阐述其"关于现实的人及其历史发展的科学"①的理论之匙。在人的终极关怀的问题上，虽然我们并不想在此讨论马克思在解构传统形而上学之后是否还有无法消解的形而上学情结这一问题，但比这个问题更澄明的是：马克思的财富现象批判的中心问题之一是"关于现实的人及其历史发展"。即使"人的尺度"作为评判的标准，逻辑在先地呈现在马克思的批判理论之中，但这本身表明马克思的财富现象批判就是以人为目的。这就是我们接下来理应重点讨论的一个问题。

第一节　对财富现象的实证批判与人的现实存在

马克思在与恩格斯合著的《德意志意识形态》中指出："在思辨终止的地方，在现实生活面前，正是描述人们实践活动和实际发展过程的真正的实证科学开始的地方。"② 实证科学是对每个时代人的现实生活及其活动过程的研究，且"是从对人类历史发展的考察中抽象出来的最一般的结果的概括。这些抽象本身离开了现实的历史就没有任何价值。"③ 但实证科学绝不提供适用于一切历史时代的"药方或公式"，它直接排斥和消解的是历史科学中的"非批判的唯心主义"。实证科学是坚持实证批判的历史科学。当然，马克思对财富现象坚持实证批判，作为实证科学的特质，自然是建立在对人的现实存在及其实际生活的发展过程的考察和描述的基础之上的。

---

① 《马克思恩格斯选集》第 4 卷，人民出版社 1995 年版，第 241 页。
② [德] 马克思、恩格斯：《德意志意识形态》(节选本)，人民出版社 2003 年版，第 17 页。
③ [德] 马克思、恩格斯：《德意志意识形态》(节选本)，人民出版社 2003 年版，第 18 页。

一、对财富现象的实证批判与"当前的经济事实"

卢卡奇在《历史与阶级意识》中，坚持马克思的历史科学的批判性，由此批判了第二国际"粗陋的、非批判的唯物主义"，因为第二国际将马克思的理论变成了一种人之外的实证主义科学。在此，我们且不论卢卡奇如何偏激地用历史主义反对实证主义的立场，但可以肯定的是，卢卡奇对第二国际实证主义科学的批判实际上重申了马克思的实证科学的理论本质，即马克思的实证科学有批判性特质且是关于人的科学。卢卡奇指出，第二国际将人置于实证科学之外的逻辑必然只有一个，即它与资产阶级政治经济学的旁观性的实证主义同流合污，这样的实证主义本身就是资本主义产物，它总是试图把现实社会中的现象置于不受外界干扰的理想环境中，提炼所谓的"经济事实"，探究所谓的经济规律，它无非是进行与人无关的、对孤立的社会现象予以量化抽象的过程。[①] 当卢卡奇看到隔离了人的实证主义科学把这些"经济事实"所表现的方式当作所谓科学规律的真实性基础时，卢卡奇批判道："它就是简单地、教条地站在资本主义社会的基础上，无批判地把它的本质、它的客观结构、它的规律性当作'科学'的不变的基础。"[②]

之所以说卢卡奇重申了马克思的实证科学的理论本质，是因为卢卡奇对第二国际的实证主义科学方法即"事实的方法论"的批判，与马克思在《1844年经济学哲学手稿》中"回到政治经济学"对资产阶级国民经济学的批判具有相当高的相似度。马克思在《1844年经济学哲学手稿》中批判性指出，国民经济学提供的"经济事实"本质上"是敌视人的"[③]，因为

---

① 参见 [匈] 卢卡奇：《历史与阶级意识》，杜章智等译，商务印书馆1992年版，第52—57页。

② [匈] 卢卡奇：《历史与阶级意识》，商务印书馆1995年版，第55页。

③ [德] 马克思：《1844年经济学哲学手稿》，人民出版社2000年版，第74页。

国民经济学将私有财产的"经济事实"当作理论的出发点，这种无批判的实证主义实质上是为资产阶级的物质利益服务，即它"给私有财产提供了一切"①。同时，马克思在批判黑格尔思辨哲学过程中抓取了"人的自我历史生成"的观点，指出黑格尔的否定性辩证法的伟大之处在于：站在国民经济学的立场上，"抓住了劳动的本质，把对象性的人、现实的因而是真正的人理解为他自己的劳动的结果"②，但是"黑格尔惟一知道并承认的劳动是抽象的精神劳动"③，现实的物质生产劳动在黑格尔的理论视域之外，因而黑格尔哲学仍然是"非批判的实证主义和同样非批判的唯心主义"④。由此看来，马克思在"回到政治经济学中"进行财富现象批判的过程中就已经有了如何避免"非批判的实证主义"、进而予以科学的实证批判的潜在观点。卢卡奇的贡献是将马克思的这一潜在观点提升到了认识论的高度。

在马克思看来，资产阶级国民经济学对资本主义社会中财富现象的实证主义研究即使上升到对财富现象予以实证批判的高度，那也是表象的，只是一种假象。如果说斯密在《道德情操论》中的财富现象批判有人的评判尺度（参见第一章第一节），但充其量是一种伦理批判，或者用马克思的话说就是国民经济学的"伪善性"，斯密等人以劳动为原则的资产阶级伦理学说对财富现象的批判只是"表面上承认人"，但他们只要是从私有财产或异化劳动的事实出发，其学说必然是"对人的否定而已"⑤。至于以李嘉图为代表的国民经济学家则完全"抛弃这种伪善性，而表现出自己的十足的昔尼克主义"⑥。因此，李嘉图即使是对封建残余予以财富现象

---

① ［德］马克思：《1844 年经济学哲学手稿》，人民出版社 2000 年版，第 62 页。
② ［德］马克思：《1844 年经济学哲学手稿》，人民出版社 2000 年版，第 101 页。
③ ［德］马克思：《1844 年经济学哲学手稿》，人民出版社 2000 年版，第 101 页。
④ ［德］马克思：《1844 年经济学哲学手稿》，人民出版社 2000 年版，第 99 页。
⑤ ［德］马克思：《1844 年经济学哲学手稿》，人民出版社 2000 年版，第 74 页。
⑥ ［德］马克思：《1844 年经济学哲学手稿》，人民出版社 2000 年版，第 74 页。

批判也只是"见物不见人"，李嘉图等人的理论学说将非人的实证主义经济学发展到了极致。这样的实证主义经济学的目的就是无限制地增加资本所有者的财富。因此，在李嘉图看来，"人是微不足道的，而产品则是一切"①。从根本上说，资产阶级国民经济学是非批判的实证主义，因为它表面上承认人和人的劳动，而实质上又是否定人、敌视人的；并且为了"把资本家的利益当作最终原因"，它就把私有财产或异化劳动这一应予以阐明的东西当作理论的"事实"前提和出发点，这样，"当他想说明什么的时候，总是置身于一种虚构的原始状态，……把他应当加以说明的东西假定为一种具有历史形式的事实"②，这实质上是与神学同样的历史虚无主义，历史在他们的视野之外。

很明显，如果说资产阶级国民经济学是非人的、非历史的、非批判的实证主义，那么黑格尔的否定性辩证法尽管"潜在地包含着批判的一切要素"③，且它在历史的观念中坚持人的自我异化和自我生成，但因为其哲学的思辨性，"人只是以精神的形式出现"④，且人不是目的而只是借以证明"绝对精神"之历史发展的手段而已，因此在黑格尔思辨哲学中，历史是"绝对精神"的观念发展史，人并非是从事财富生产的现实的人。这样的思辨哲学自然是徒具外壳（批判的否定性外壳、现实的人的精神外壳和历史的观念外壳）的非批判的实证主义，且是非批判的唯心主义。

综合观之，马克思的批判理论将资产阶级国民经济学和黑格尔思辨哲学界定为非批判的实证主义，说明真正的实证科学既非像国民经济学那样罔顾劳动的异化现象、虚构私有财产存在的"经济事实"而不予以阐明的经济学实证主义，也非像黑格尔思辨哲学那样醉心于唯灵论演化的观念实

①　[德] 马克思：《1844 年经济学哲学手稿》，人民出版社 2000 年版，第 32 页。
②　[德] 马克思：《1844 年经济学哲学手稿》，人民出版社 2000 年版，第 51 页。
③　[德] 马克思：《1844 年经济学哲学手稿》，人民出版社 2000 年版，第 100 页。
④　[德] 马克思：《1844 年经济学哲学手稿》，人民出版社 2000 年版，第 100 页。

证主义，而是对现实的人的实践活动及其发展过程的实证批判。在历史科学的视域中，科学的实证主义进行的是有着历史主义性质的实证批判。离开了历史主义的批判性，实证主义研究没有任何价值。科学的实证主义本质上是历史主义的实证批判，它予以实证考察和描述的对象是现实的人和人的现实的历史，它予以实证批判的"事实"不是虚构的事实和思辨概念存在的事实，而是"当前的经济事实"。这样的事实"是一些现实的个人，是他们的活动和他们的物质生活条件，包括他们已有的和由他们自己的活动创造出来的物质生活条件"①。

同样，在马克思的历史科学视域中的财富现象批判本质上就是一种实证批判。马克思对财富现象予以实证批判的"当前的经济事实"就是现实的人的财富活动及其物质生活条件。或者说，可用实证经验确认的"财富现象""当前的经济事实""现实的人的财富活动及其物质生活条件"这三者的同一性就表现在它们就是马克思在历史科学视域中予以实证考察与批判的对象。

应该说，即使马克思在"回到政治经济学中"进行实证批判之前，即使马克思在创立唯物史观确认历史科学的实证原则之前，马克思早就自《莱茵报》时期展开了财富现象批判，但这只是进一步说明了马克思后来在历史科学视域中进行政治经济学的实证批判本身是有一个批判思想的逻辑生成过程。它也不能说明马克思的财富现象批判的初衷有所改变，反而表明其财富现象批判演进到更科学、更具体而现实的理论台面。它更不能说明马克思从贫富分化与对立的财富现象探讨人及其社会关系的主题有所改变，而是表明其对财富现象的实证批判最终凸显了马克思关注的不是"抽象的人"的问题而是"现实的人"的问题。或者说，正是因为马克思的财富现象批判始终关注人的问题，所以在经历了宗教哲学批判和政治哲

---

① ［德］马克思、恩格斯：《德意志意识形态》（节选本），人民出版社 2003 年版，第 11 页。

学批判之后，马克思最终确认了"必须回到政治经济学中去"予以实证批判的理论路径，进而进一步明确了唯物史观的历史科学原则。毕竟历史科学视域中的实证批判并非是游离于现实的人之外的实证主义。这一分析也更加确认了我们在此一直要推论的结论：马克思在历史科学视域中对财富现象的实证批判，目的之一是通过批判"当前的经济事实"实现对"现实的人及其现实存在"的科学阐明。

二、对财富异化现象的实证批判与人的类本质存在

如果说，在"劳动是财富的主体性本质"的前提下，马克思对资本主义社会中异化劳动和雇佣劳动给予实证批判，进而确认了劳动者（无产阶级）的现实生存状况（参见第二章第三节），那么，这一理论路径同样是马克思对财富异化现象的实证批判过程，并且从人的劳动和劳动的人的角度首先阐明的是人的"类"本质存在的现实境遇。

异化劳动和雇佣劳动是资本主义社会中贫富分化与对立现象的社会根源，也是资本主义社会中财富异化现象的确切前提。在此，财富异化现象也就是在异化劳动和雇佣劳动的前提下所确认的经济事实，即人的劳动创造的财富被私有财产（资本、土地）所有者剥夺、占有和瓦解。由此，财富异化的社会后果即是表现在阶级剥削基础上的阶级对立和贫富分化。资本主义社会中财富异化现象和贫富分化、对立现象在本质上是同一的，它们都是由异化劳动和雇佣劳动在资本主义社会中的社会属性所决定的。

马克思对异化劳动和雇佣劳动的实证剖析，也就是对财富异化现象的实证批判和对人的现实存在的事实描述。从剖析异化劳动的角度，马克思对财富异化现象的实证批判所描述的经济事实是：人的劳动"生产的财富越多"，他就越贫穷；劳动"为富人生产了奇迹般的东西"，但却给劳动者

生产了赤贫、愚钝和痴呆。① 这样的事实表明的异化现象就是：人的劳动的现实化和对象化也就是劳动的人的非现实化，以及人的对象化劳动创造的财富作为对象的丧失，并转化为私有财产的日益强大的财富力量反过来控制人、奴役人。从剖析雇佣劳动的角度，马克思对财富异化现象的实证批判所描述的经济事实是：人的劳动"创造的财富作为别人的财富和它相对立，它自己的生产力作为它的产品的生产力和它相对立，它的致富过程作为自身的贫困化过程和它相对立，它的社会力量作为支配它的社会力量和它相对立"②。这样的事实表明的异化现象就是：人创造财富的活劳动本身的物化条件（过去的劳动、死劳动、资本）不是被劳动占有和支配，而是反过来占有和支配劳动，并变相地加速剥夺和榨取人的劳动创造的剩余价值（财富）。

由此，马克思通过对财富异化现象的实证批判而初步回答了他未曾明确论述的"关于需要体系和劳动体系这些问题应当放在什么地方讨论"③这一疑问。这一疑问表明马克思是以反讽的意味，不甘心在产品过剩的现代社会来讨论人作为"类"存在的自然生命生存的问题。因为从需要的基本类型看，人作为"类"存在的、维持自身自然生命存活的需要是"历史地自行产生的需要"④，也就是理应在人类历史的前资本主义社会中人为了维持最低限度的生命存活而自发产生的劳动需要。但通过对资本主义社会中财富异化现象的实证批判，表明当前的经济事实及其后果是：劳动的现实化和对象化使人的劳动创造的财富丧失和被剥夺，结果"劳动的现实化竟如此表现为非现实化，以至于工人非现实化到饿死的地步。对象化竟如此表现为对象的丧失，以至于工人被剥夺了最必要的对象——不仅是生活

---

① 参见［德］马克思：《1844年经济学哲学手稿》，人民出版社2000年版，第54页。
② 《马克思恩格斯全集》第26卷第3册，人民出版社1974年版，第284—285页。
③ 《马克思恩格斯全集》第30卷，人民出版社1995年版，第525页。
④ 《马克思恩格斯全集》第30卷，人民出版社1995年版，第524页。

的必要对象，而且是劳动的必要对象"①。很明显，资本主义的狭隘性和异化劳动、雇佣劳动的存在，使马克思通过财富现象批判阐述了一个事实：大多数人因被剥夺了财富，致使他们自身的自然生命存活的最低需要也无法得到满足和维持，即使他们劳动创造了足以满足需要的财富。

因此，在资本主义社会，并不是不讨论"关于需要体系和劳动体系这些问题"，而是马克思在政治经济学中通过财富现象批判转述了这些问题，并通过由此而获得的关于财富的理论回答了这些问题。因此，马克思指出，政治经济学所研究的就是"财富的特殊社会形式"②。

在资本主义社会，劳动的异化最终导致劳动创造的财富的丧失，同样威胁着人的类本质存在——与动物的直接的肉体需要有本质区别的自然生命存在。在马克思看来，"全部人类历史的第一个前提无疑是有生命的个人的存在"③，而这些个人和动物有本质区别的第一个历史行动就"在于他们开始生产自己的生活资料"④，因为这些个人作为类本质存在的第一个前提就是"为了生活，首先就需要吃喝住穿以及其他一些东西"⑤。因此，人作为类本质存在的自然生命存活的需要就是通过劳动生产满足物质生活本身需要的资料。这样，通过劳动生产物性财富——作为满足人的物质生活需要而存在的使用价值——就首先成为人作为与动物相区别的类活动。人的劳动创造财富，这是财富的主体性本质所在，从而将人从"直接地是自然存在物"⑥提升为"自为地存在着"的"类存在物"。创造财富的劳动是人的类本质。动物的本能活动仅仅是满足直接的肉体需要，它不具备创造财富的自觉意识，充其量是充当创造财富的手段和工具。在此，马克思的

---

① ［德］马克思：《1844 年经济学哲学手稿》，人民出版社 2000 年版，第 52 页。

② 《马克思恩格斯全集》第 31 卷，人民出版社 1998 年版，第 266 页。

③ ［德］马克思、恩格斯：《德意志意识形态》（节选本），人民出版社 2003 年版，第 11 页。

④ ［德］马克思、恩格斯：《德意志意识形态》（节选本），人民出版社 2003 年版，第 11 页。

⑤ ［德］马克思、恩格斯：《德意志意识形态》（节选本），人民出版社 2003 年版，第 23 页。

⑥ ［德］马克思：《1844 年经济学哲学手稿》，人民出版社 2000 年版，第 105 页。

财富概念将人的历史地自行产生的劳动需要和人的、与动物区别开来的类本质存在做了内在关联，进而使马克思能够通过财富现象批判阐明人的类本质存在状况。

然而，"当前的经济事实"是：劳动的异化和财富的异化使人的劳动非现实化和财富丧失，作为劳动者的人贫困化，进而在"从社会生产和交换中产生的需要"①的资本主义社会中丧失了满足类生命存活的物质生活资料。财富的异化和劳动的异化"从人那里夺去了他的生产的对象，也就从人那里夺去了他的类生活，即他的现实的类对象性，把人对动物所具有的优点变成缺点，因为从人那里夺走了他的无机的身体即自然界"②。这样，人的类本质存在的生命活动被贬低为维持人的肉体生存的手段。结果必然是"人（工人）只有在运用自己的动物机能——吃、喝、生殖，至多还有居住、修饰等等——的时候，才觉得自己在自由活动，而在运用人的机能时，觉得自己只不过是动物。动物的东西成为人的东西，而人的东西成为动物的东西"③。而在变相地加速榨取"生产工人"生产的剩余价值的机器体系中，由于分工的发展、科学技术的革新和机器的大规模使用，人（雇佣工人）不仅仅是被"夺去身体上和精神上的一切自由活动"④，而且被降次和退化为无机物的冰冷存在——"转化为局部机器的一部分"⑤。

在马克思看来，财富的异化现象并不表明资本主义工业化的财富生产的物质生活资料无法满足人的类本质存在的生命存活的基本需要，而是由于人的类活动创造的财富被剥削，广大劳动者因之积贫积弱，根本不可能

---

① 《马克思恩格斯全集》第 30 卷，人民出版社 1995 年版，第 524 页。
② ［德］马克思：《1844 年经济学哲学手稿》，人民出版社 2000 年版，第 58 页。
③ ［德］马克思：《1844 年经济学哲学手稿》，人民出版社 2000 年版，第 55 页。
④ ［德］马克思：《资本论》第 1 卷，人民出版社 2004 年版，第 486 页。
⑤ ［德］马克思：《资本论》第 1 卷，人民出版社 2004 年版，第 486 页。

在"生产过剩"的资本主义社会具有维持基本生存的有效需求。当因"生产过剩"而引发周期性的经济危机时，一方面社会的物质财富被浪费，因为牛奶被倾倒入海、粮食被掩埋、衣服被烧掉，等等；另一方面，劳动者失去了人之为人的类生命存在的尊严，因为饥饿、疾病、死亡使劳动者陷入肉体折磨的挣扎。这一切都是因为资本的贪欲。即使人有区别于动物的类本质生命存活的需要，即使人因类生命生存的需要而被迫在资本的挟制下劳动，但只要人的需要与资本谋求财富扩张的贪欲相冲突，人的类活动就被资本残忍地定格为仅仅满足直接的肉体需要的动物性本能活动，人的现实存在也就不复为人的类本质存在。人的类活动所具有的优点反而变成了连动物还不如的缺点，因为人不仅被剥夺了类本质的生命存在，而且被剥夺了直接的自然存在——"夺走了他的无机的身体即自然界"①。直到将人（机器工人）退化为僵硬的机器的一部分的非生物存在。总之，劳动和财富的异化始终威胁着人的类本质存在，但它符合资本扩张的贪欲和资本主义生产方式的绝对规律。因此，马克思讽刺道，资产阶级经济学家在资本意识形态上"推动的仅有的车轮"就是"贪欲以及贪欲者之间的战争即竞争"。②

马克思通过对财富异化现象的实证批判阐明了人的类本质存在的危机，但马克思是乐观的，因为即使人的类本质存在的危机和资本主义危机同在，但人的类本质存在的危机是人在劳动中自我确证、自我生成的扬弃过程，它在自我否定中反而越发证明人有自由全面发展的需要，最终使"人以一种全面的方式，就是说，作为一个总体的人，占有自己的全面的本质"③，那时的社会才是真正人的社会，因为它"是人同自然界完成了的本质的统一，是自然界的真正复活，是人的实现了的自然主义和自然界的

---

① ［德］马克思：《1844 年经济学哲学手稿》，人民出版社 2000 年版，第 58 页。
② ［德］马克思：《1844 年经济学哲学手稿》，人民出版社 2000 年版，第 50—51 页。
③ ［德］马克思：《1844 年经济学哲学手稿》，人民出版社 2000 年版，第 85 页。

实现了的人道主义"①，那时的财富才是真正属人的财富，是"私有财产即人的自我异化的积极的扬弃"②，是"在以往发展的全部财富"③基础上的复归。而资本主义危机则意味着资产阶级的必然灭亡和资本主义生产方式作为历史发展的"过渡点"自我终结，尤其是在机器体系下因社会分工的发展、科学技术的进步和机器的大规模使用而积累的巨大社会生产力和社会财富，在瓦解资本主义生产方式的同时，也为新社会的到来准备了充足的物质条件。那时，以异化劳动、雇佣劳动（私有财产、资本）为出发点的资本主义财富分配将被扬弃，像发达的机器体系这样的私有财产将"变成联合的工人的财产"，成为社会的财富生产的作用物。

很显然，从对财富异化现象予以实证批判的角度来理解马克思关于人的类本质存在状况的相关阐述时，马克思的这些概念：人的类本质存在（需要、劳动）、自然界（人的直接的自然、人的无机的身体）、资本的贪欲（危机）和现代机器体系（社会分工、科学技术、社会生产力）都能内在地扭结在同一个网面。由此，至少有两个问题值得我们思考：其一，从对财富现象予以实证批判的角度看，为什么没有必要学究式地考察马克思关于人的类本质存在的阐明（尤其是表达在《1844年经济学哲学手稿》中的人本学观点）是否存在人本主义（或人类中心主义）情结的问题。毕竟，消除财富异化（人的财富复归）凸显的是马克思的"以人为本"④的视域中基于人的劳动需要的人与对象性自然界的本质的统一，否则就是人与自然界的同时灭亡。由之有其二，为什么没有必要探讨马克思关于资本主义必然灭亡的乐观判断是否值得怀疑的问题，因为资本扩张财富的贪欲

① [德]马克思：《1844年经济学哲学手稿》，人民出版社2000年版，第83页。

② [德]马克思：《1844年经济学哲学手稿》，人民出版社2000年版，第81页。

③ [德]马克思：《1844年经济学哲学手稿》，人民出版社2000年版，第81页。

④ 叶汝贤认为"以人为本不等于人本主义"，并对此有过详尽阐述。（参见叶汝贤：《唯物史观视域中的"以人为本"》，《马克思主义唯物史观的当代阐释》，社会科学文献出版社2006年版，第73—85页。）

一旦现实地危及人的类本质生存时，它就必然以自然界的生态危机的出现（因为资本的贪欲不仅要剥夺人的类生活，而且还要从人那里夺走人的无机的身体即自然界，由此导致危机），警告资本增长的极限的到来。即使它在消费社会不断刺激和满足人的非类本质存活的动物式的肉体享受的欲求，也不可能改变资本主义的现代机器体系作为发达的生产力对资本主义生产方式的瓦解。正是因为如此，我们能切身领会到马克思从财富现象批判的角度阐明人的类本质存在状况的生态学意义，即现代社会的自然生态危机启示人们必须扬弃资本道路，这样才能避免人类一味追逐巨大财富增长的同时使人的类存在和自然界遭致灭亡。这也就是马克思从财富现象批判的角度表明的观点："社会的瓦解，即将成为以财富为唯一的最终目的的那个历程的终结"，而"单纯追求财富不是人类的最终的命运"。[1]

三、对社会关系物化现象的实证批判与人的现实本质存在

马克思的财富现象批判在阐明现实的人及其现实存在的过程中，不仅对资本主义社会中财富异化现象给予了实证批判，而且还对资本主义社会中社会关系物化现象给予了实证批判，并凸显了马克思对人的现实本质存在的阐明。

其实，马克思在《1844 年经济学哲学手稿》中已经指出，人作为自为地存在的类存在物，现实地表现在人是社会存在物，"人的本质是人的真正的社会联系"[2]，它不是同人对立的抽象力量，而是人自己的活动、生活、享受和财富。马克思在《关于费尔巴哈的提纲》和《德意志意识形态》中，不仅强调了在现实性上人的本质是一切社会关系的总和，并且指出人

---

① ［德］马克思：《路易斯·亨·摩尔根〈古代社会〉一书摘要》，《马克思古代社会史笔记》，人民出版社 1996 年版，第 192 页。

② ［德］马克思：《1844 年经济学哲学手稿》，人民出版社 2000 年版，第 170 页。

是"社会人",是属于一定的社会形式的。在马克思的经济学手稿中,生产的个人是在社会里为社会生产的个人,而在《资本论》第一卷的序言中,马克思明确指出,"这里涉及的人,只是经济范畴的人格化,是一定的阶级关系和利益的承担者","他在社会意义上总是这些关系的产物"。①

从财富现象批判的角度,马克思实证考察了资本主义社会关系的现实存在:人与人之间以物质利益对立为基础的贫富分化,但它被物化现象颠倒地表现和遮蔽。也就是说,在"以物的依赖性为基础的人的独立性"的资本主义社会中,"在交换价值上,人的社会关系转化为物的社会关系,人的能力转化为物的能力"。② 进而在财富生产的社会关系上,"一种社会生产关系采取了一种物的形式,以致人和人在他们的劳动中的关系颠倒地表现为物与物彼此之间的和物与人的关系"③。

在马克思看来,在资本主义社会中财富有三种物化形式,即商品、货币和资本,但财富的本质并非是物,而是体现为社会性价值的人与人之间的社会关系。由此,透过财富现象予以实证剖析财富的本质,就要将财富的物化形式(商品、货币和资本)和被这种种物化形式颠倒地表现的人与人之间的社会关系内在地关联在一起。因此,马克思对财富的三种物化形式的实证剖析也就是对人的社会关系的实证批判,和对由此出现的拜物教现象的揭露,进而在社会关系的总体或"总和"上阐明人的现实本质存在的状况。

首先,商品本质上是以物的形式反映的人与人之间的社会关系。

马克思在《资本论》中对资本主义财富现象予以实证描述的第一个"经济事实"是:"资本主义生产方式占统治地位的社会的财富,表现为'庞大的商品堆积',单个商品表现为这种财富的元素形式。"④ 故此,马克思

---

① [德] 马克思:《资本论》第 1 卷,人民出版社 2004 年版,第 10 页。
② 《马克思恩格斯全集》第 30 卷,人民出版社 1995 年版,第 107 页。
③ 《马克思恩格斯全集》第 31 卷,人民出版社 1998 年版,第 427 页。
④ [德] 马克思:《资本论》第 1 卷,人民出版社 2004 年版,第 47 页。

说："我们的研究就从分析商品开始。"① 在马克思看来，商品不仅是资本主义社会财富的"元素形式"，而且还是财富本身的"物质内容"和"社会形式"的统一，即商品本身的使用价值和价值的统一。商品的使用价值就是满足人的需要的有用性，它不是悬在空中的，而是被商品体的属性决定。"因此，商品体本身，例如铁、小麦、金刚石等等，就是使用价值，或财物。……不论财富的社会形式如何，使用价值总是构成财富的物质内容。"② 如果说使用价值是商品的"可以感觉到的属性"，那么，价值则是商品的"只是同一的幽灵般的对象性"，因为商品的价值是无差别的人类抽象劳动的凝结。③ 商品的价值虽然不体现为物的可感性和有用性，但它是以物的形式反映的人与人之间的社会关系。因为商品的价值是在商品之间的物物交换中表现的"关系品质"，这样，每个人生产的商品的价值实现都必须依赖于其他人的生产，商品转化为他个人的生活消费需要也都依赖于他人的消费需要。于是，人与人之间的社会关系通过物的交换形式得以表现。但正如商品的价值是商品自身的非可感性的"幽灵般的对象性"一样，此时人们之间特定的社会关系同样是在自己面前采取了虚幻的物的形式。因此，马克思说："商品形式的奥秘不过在于：商品形式在人们面前把人们本身劳动的社会性质反映成劳动产品本身的物的性质，反映成这些物的天然的社会属性，从而把生产者同总劳动的社会关系反映成存在于生产者之外的物与物之间的社会关系。"④

物之间的关系颠倒地表现了人之间的社会关系。人之间的社会关系表现为物之间的关系的虚幻形式，是社会关系的物化。社会开始出现幻觉：物的关系凌驾于人的关系之上，人的现实的社会本质或价值的存在需要通

---

① ［德］马克思：《资本论》第 1 卷，人民出版社 2004 年版，第 47 页。
② ［德］马克思：《资本论》第 1 卷，人民出版社 2004 年版，第 48—49 页。
③ ［德］马克思：《资本论》第 1 卷，人民出版社 2004 年版，第 51 页。
④ ［德］马克思：《资本论》第 1 卷，人民出版社 2004 年版，第 89 页。

过商品这种物的形式来证明和表达。于是衍生了"商品拜物教"现象。对此，马克思给予了实证批判和分析，说："最初一看，商品好像是一种简单而平凡的东西。对商品的分析表明，它却是一种很古怪的东西，充满形而上学的微妙和神学的怪诞。"①

其次，货币本质上是物的外壳遮掩下的社会关系。

马克思在《资本论》中用"货币的魔术"这个称谓表述了社会关系的物性外壳（货币形式），即人们之间的社会关系被"货币形式"表现为"物（金银）"天然就具有的属性的这样一种现象。② 货币的本质是充当一般等价物的商品。货币形式作为商品的价值形式的"完成形式"是商品经济条件下价值形式不断发展的产物。马克思关于货币的形式及其本质的观点是他基于历史的实证考察而获得的，他不是像资产阶级经济学家那样凭主观想象来研究货币，而是做了这些人"从来没有打算做的事情"③：从发生学的角度实证考察最简单的商品价值形式如何发展到"炫目"的货币形式。或者说，马克思具体考察的是"商品怎样、为什么、通过什么成为货币"④。由此，马克思总结道：由于这种社会过程，从商品中分离出来的货币具有了一种独特的使用价值，即充当一般等价物量度其他一切商品的价值的社会职能。⑤ 这样，"货币形式"的产生就形成了价值被使用价值颠倒表现并决定的假象，形成了对货币的迷信与崇拜现象。

从社会关系的角度看，如果说马克思实证考察的结论表明货币拜物教的谜是变得更明显和耀眼的商品拜物教的谜，那么，货币作为"物的外壳"比商品这种"物的形式"更进一步颠倒地表现和决定了人与人之间的社会

---

① ［德］马克思：《资本论》第1卷，人民出版社2004年版，第88页。

② 参见［德］马克思：《资本论》第1卷，人民出版社2004年版，第113页。

③ ［德］马克思：《资本论》第1卷，人民出版社2004年版，第62页。

④ ［德］马克思：《资本论》第1卷，人民出版社2004年版，第112页。

⑤ 参见［德］马克思：《资本论》第1卷，人民出版社2004年版，第106页。

关系，或者说，"货币形式"本身作为特定的社会关系进一步深度物化，而且在现象上更明显、更耀眼了。

从财富现象的角度看，正如马克思在《1857—1858 年经济学手稿》中指出的，货币在资本主义社会中"充分发展"后具有"第三种规定"——成为财富的物质代表。正是这一规定把它和商品区别开来，即货币能够"表现目的本身"，具有商品所不具有的普遍性（因为它是商品中的上帝）和独立性（因为它可以在流通领域之外存在）。货币既是"财富本身"，还是"财富的一般物质代表"。① 于是，货币作为万物"结晶"的"万能神"，虽然它瓦解了封建共同体及其"人身依附"的社会关系，但它却成为构造资本主义生产关系、推进资产阶级财富增长的"主动轮"。一切劳动的价值必须以物（劳动力商品）的形式被货币量度为交换价值，由此获得的货币才能使劳动者获得必需的生活资料。货币必须直接是"一切个人劳动的对象、目的和产物"②。于是，货币的本性助推了劳动力的商品化，货币随之资本化，劳动必须是被货币资本雇佣的雇佣劳动。失去生产资料的广大劳动者的劳动——创造财富的能力——以劳动力商品的形式被货币交换、瓦解和让渡给资本，与此同时，货币与资本结成了共同体。货币成为资本实现致富欲望的源泉和唯一对象，因为资本由此获得无偿占有、剥削雇佣工人创造的剩余价值的社会形式。这一社会形式本质上就是"货币形式"构造并遮掩的资本与劳动之间剥削与被剥削的社会关系。这一社会关系被货币的物性外壳遮蔽，但并不能改变资本主义社会贫富两极分化与对立现象的必然出现。

最后，资本本质上是以物为媒介的社会关系。

正如马克思将商品作为财富现象的一个客观"经济事实"，并对这一"现象形态"予以实证剖析一样，他对资本的剖析与之类似：将资本作为在社

---

① 《马克思恩格斯全集》第 30 卷，人民出版社 1995 年版，第 173 页。
② 《马克思恩格斯全集》第 30 卷，人民出版社 1995 年版，第 176 页。

会运动中增殖了的一定量的货币予以实证分析，考察作为货币的货币跟作为资本的货币之间的区别，考察"商品生产过程"（它是劳动过程和价值形成过程之统一）与"资本主义生产过程"（它是劳动过程和价值增值过程之统一）之间的区别。由此，马克思指出，仅有商品流通和货币流通，决不是"资本存在的历史条件"①。劳动力商品的出现才是货币现实地转化为资本的关键前提。或者说，资本家与工人之间的雇佣与被雇佣的关系即"资本关系"，才是资本存在的关键历史条件。因为劳动力作为特殊的商品能在劳动中创生比自身更大的价值，其作为剩余价值被资本家在资本关系前提下无偿地占有。这是资本增殖的秘密，也是资本家可以预见到并由此发笑的原因。② 因此，马克思批判了资产阶级经济学家的拜物教学说维护资产阶级意识形态的实质，因为他们只是将资本理解为物，而不是将其理解为雇佣与被雇佣、剥削与被剥削的社会关系，以此掩盖了资本剥削的本质。

在马克思看来，也像在货币中一样，在资本中的人们的社会生产关系就表现为物对人的关系，表现为物的社会属性。资本虽然不是物，但在一定的社会关系中表现为物，即在资本与劳动之间存在的雇佣关系中资本在其"现象形态"上表现为物。资本的本质是一种以物为媒介的社会关系，只不过表现在物化现象之中。③

① ［德］马克思：《资本论》第 1 卷，人民出版社 2004 年版，第 198 页。

② 参见 ［德］马克思：《资本论》第 1 卷，人民出版社 2004 年版，第 225—226 页。

③ 为了论证"资本不是物，而是一种关系"，马克思在《资本论》中用"皮尔先生"的经历予以佐证。皮尔先生把 5 万镑的生产与生活资料从英国运到澳洲的斯旺河，另外，他还带去了 3000 名劳动者。可是，皮尔先生到达目的地后竟然没有一个愿意替他到河边打水的仆人。对此，马克思指出，即使皮尔先生拥有货币、机器以及其他的生产与生活资料，但如果没有雇佣工人这个补充物，没有愿意出卖劳动力的工人，还不能使他成为资本家，因为资本不是一种物，而是一种以物为媒介的人和人之间的社会关系。于是，马克思讥讽道：不幸的皮尔先生什么都预见到了，但忘了将英国的生产关系输出到斯旺河去！（参见 ［德］马克思：《资本论》第 1 卷，人民出版社 2004 年版，第 877—878 页。）

在财富现象上，资本之所以能够实现财富扩张的欲望是因为它能无偿占有雇佣工人活劳动——创造财富的劳动能力——创造的剩余价值。而资本拜物教现象或者说资本关系的深度物化现象，致使在社会意识形态上有两个后果：其一，必然进一步颠倒创造财富的活劳动与资本这一死劳动之间的关系，强化"物对人"的统治，将劳动能力（活劳动）创造财富的目的手段化。这样，活劳动就成为一种手段，是死的物化劳动增殖价值的手段，它赋予死劳动以活的灵魂，也在同时丧失掉它自己的灵魂，以致于：一方面，它把自己创造的财富变成了他人的财富，另一方面，它只是把活劳动能力的贫穷留给自己。由此，社会财富两极分化现象和基于财富异化（剥削）的贫富对立现象必然出现。其二，必然进一步掩盖资本剥削的本质，因为资本作为以物为媒介的人与人之间的社会关系本质上就是一种资本对雇佣劳动者的财富剥削关系，但在社会关系的物化现象中它的这一剥削本质却被掩盖。

综合观之，人的现实本质在财富现象上被商品、货币和资本这三种财富形式规制。在总体上，商品作为以物的形式反映的社会关系、货币作为物的外壳遮掩下的社会关系和资本作为以物为媒介的社会关系，一同构架了人的现实本质存在。或者说，在现实性上，人的本质表现为这些社会关系的总和。另一方面，在现实性上，人的社会关系表现为"物的形式""物的外壳"和"以物为媒介"，即表现为物化现象。在资本主义社会，人的社会关系或人的现实本质的物化在实质上就是物的财富现象颠倒地表现并决定了人的本质。由此不难理解，马克思的财富现象批判也就现实地开启了一条既揭露物化的财富现象之实质又剖析人的现实本质之存在状况的有效理论路径。在此，对财富现象的实证批判与对社会关系的物化现象的实证批判具有同一内涵，都指向对人的现实本质存在的阐明。

由此可以明确的是：从财富现象上看，商品、货币和资本三者以物性财富的形式表现的社会关系在总体上构制了现代人的现实本质存在。一方面，人的社会关系的物化存在表明人的现实存在处于"以物的依赖性为基础的人的独立性"①的特殊历史阶段；另一方面，人的社会关系的物化存在表明人的现实存在深嵌于物性关系的假象之中，并在意识形态上表现为对物性财富予以片面欲求的资本意识，即拜物教现象。这表明商品、货币和资本作为物性财富形式成为人们竞相追逐、崇拜的对象和目的，人创造财富的劳动能力异化为人得以现实存在的手段，人的现实本质表现为物的虚幻形式。这在社会意识形态上张扬了资本关系本身的物性假象对人的控制，它与社会关系的物化现象本质同一而又彼此互证，进而掩盖了社会财富异化和资本剥削的实质。

总之，在财富现象批判的视域中，马克思对人的社会关系物化现象的实证批判和剖析不仅是对人的现实本质存在予以阐明的应然路径，而且具有重要的现实启示意义。

第二节 对财富现象的历史批判与人的发展 ②

在马克思的历史科学视域中，财富现象批判要阐明的中心问题之一是

---

① 《马克思恩格斯全集》第30卷，人民出版社1995年版，第107页。

② 对于马克思关于"人的发展"的思想，学术界有各种理解，尤其是对"发展"概念的界定，诸多学者的解读指向有"自由发展""充分发展""全面发展""普遍发展""和谐发展"，等等，而且这些概念确实也都在不同文本或语境中被马克思提出过。但是，我们认为发展本身是马克思的历史辩证法的一大理论特质，因此就人的发展而言，发展是人的主体性自我生成过程或者说历史的辩证生成过程。在由辩证法把握历史总体的理论视域中，马克思所谓"人的发展"应然就是人的历史发展。人的历史发展固然在总体特征上表现为辩证性，但在实质内容上，它具体表现为人的自主性发展，即"自由发展"。当然，人的历史发展的辩证性和自主性并不意味着它是线性的时间概念，它也有历史的空间特性，即从某一角度看，人的历史发展应然涵括人的"全面发展"。总之，在马克思关于"人的发展"思想中，我们抽取出人的"自由发展"和"全

"关于现实的人及其历史发展"。正如对财富现象的实证批判是马克思剖析现实的人的本质存在的应然理论路径一样，对财富现象的历史批判则是马克思辩证阐述人的历史发展的另一科学路径。

一、对"需要"和"劳动"的历史剖析与人的历史发展

在与恩格斯合著的《德意志意识形态》中，马克思在作"第一个前提"的思想阐述时，将"一切人类生存"和"一切历史"在语句表述上作了同一的逻辑设定，就像他将"能够创造历史"和"能够生活"作了同样的设定一样。也就是说，在马克思看来一切历史本身就是人类生存的历史，为了能够创造历史即为了能够生活，人们就必须生产满足生活需要的新材料，即"生产物质生活本身"。从人们生产满足需要的材料就是人们劳动创造的财富的角度看，人们"生产物质生活本身"的历史活动，实际上就是人们不断创造、占有并使用财富的历史发展过程。它虽是人的生存的历史，但无论是就人的物质资料的生产和再生产而言，还是就人自身的再生产而言，它本质上是人的历史发展，而非动物的本能存活。这样，"人

面发现"这两个代表性概念，也就可以合理地界定"人的历史发展"的时空之网。在这里，这种逻辑上的推理或设定其实有助于我们论述问题时的笔墨有所凝练和侧重。在此，我们重在探讨马克思对财富现象的历史批判与其阐明人的全面发展和自由发展的内在关联。

另外，马克思在《资本论》第一卷的"第二版跋"中说："辩证法不崇拜任何东西，按其本质来说，它是批判的和革命的。"（[德]马克思：《资本论》第 1 卷，人民出版社 2004 年版，第 22 页）用辩证法把握总体的历史发展或历史被视为在总体上的辩证发展过程，也就意味着它的批判性品质。因此，我们认为"辩证"概念和"历史"概念在马克思的唯物史观的视域中具有同一的"批判性"之本质内涵。我们在文中关于"人的历史发展""对需要与劳动的历史剖析""对财富现象的历史分析"，等等的阐述都是从辩证的批判性的内涵或角度予以立论的。总之，基于对马克思的唯物史观思想的理解，"辩证性""历史性"和"批判性"等概念在内涵上的本质同一和必然关联是本论文在多个章节进行理论分析和观点阐明的逻辑前提。

的财富的生活史"与"人的发展史"就同样具有同一的逻辑内涵。因此，就财富的属人性及财富在历史发展过程中呈现的现象而言，有一个问题可以澄清：马克思就此关于人的历史发展的理论剖析和判断，是通过什么获得符合逻辑必然性的合理支撑的？答案之一就是：通过对财富现象的历史批判。

由此推理的第二个结论也就呈现：既然对财富现象的历史批判就是马克思阐明人的历史发展的符合逻辑必然性的理论路径，且人的历史发展的本质内涵就是人的自由发展和全面发展①，那么，马克思对人的全面自由发展的阐明，就财富的属人性和财富在历史发展过程中呈现出的历史现象而言，同样是通过对财富现象予以历史批判的理论路径实现的。

接下来的问题是：在唯物史观的历史科学视域中进行财富现象批判，马克思又是如何具体阐明人的历史发展的？其实，对于这个问题的回答，同样可以在马克思系统阐述唯物史观的《德意志意识形态》中找到线索。这个线索就是马克思在论述"一切历史的第一个前提"②就是生产满足生活需要的"新材料"和人"只有在现实的世界中并使用现实的手段才能实现真正的解放"③这两个观点时，都各加了一个同样的边注："人体。需要，劳动。"在这里，"人体"就是与动物有本质区别的人类学意义上的处于历史发展中的人，而将"人体"与"动物体"本质区别开来的就是人的"需要"和人的"劳动"。人的"需要"和人的"劳动"就是用以阐明人是处于历史发展中的人、是追求全面自由发展和解放的人的两个本质方面。而人的"需要"对象就是通过"劳动"生产的作为生活必需品的"新材料"，即以物的使用价值表现出来的财富；人的"劳动"通过创造财富来满足人的"需要"。也就是说，"需要"的对象是财富，"劳动"作为满足人的"需要"的手段体现了财富的主体性、属人性，它以人自身为目的。从财富的角度

①　对此观点的理解和分析，请参见本节节标题的注释。

②　[德]马克思、恩格斯：《德意志意识形态》(节选本)，人民出版社 2003 年版，第 22 页。

③　[德]马克思、恩格斯：《德意志意识形态》(节选本)，人民出版社 2003 年版，第 18 页。

看，"需要"与"劳动"的历史存在及发展状况，即财富能否满足人的"需要"和财富是何种社会经济形态下的属人"劳动"，是历史性地阐明人的历史发展状况的必然视角。就此而言，马克思在唯物史观的历史科学视域中对财富现象的历史批判，就是通过历史性剖析人类历史发展过程中人的"需要"和"劳动"的历史存在及其发展状况，来具体阐明人的历史发展的。

其一，马克思透过历史性财富现象剖析人的"需要"，进而阐明人的历史发展。

从财富现象（"生产物质生活本身"的现象）或与财富（生产满足需要的"新材料"）相关的历史现象看，需要作为主观动机，财富作为客观效果，此两者在人的历史活动中形成了彼此促进、互为因果的关系。财富在数量上的增长和在质量上的提升，作为原因或结果，能够促进或反映人的需要在数量和质量上的层次跃升。单从人的需要作用于财富的历史现象看，正如马克思在《1857—1858 年经济学手稿》中指出的，"财富从物质上来看只是需要的多样性"[1]。也就是说，作为历史性的财富现象，需要的多样性在一定的历史阶段被财富的数量和性质所反映，而它则由此显示了人的发展的历史状况和历史趋势。由此，马克思通过对需要类型的多样性的历史剖析，辩证阐明了人的历史发展过程。历史上第一种类型的需要是"历史地自行产生的需要即由生产本身产生的需要"[2]，它是在人类早期（或前资本主义时期）为了维持生命的存活而产生的需要，生产成为一切人的需要。为了维持人最低限度的生命存活，人就产生了"生产的需要"这种类型。它由人类在自然经济条件下生产力低下、财富生产过于依赖自然条件的"自然性"所决定，显示了在人类早期阶段人的发展的自然限制性和地域封闭性。历史上第二种类型的需要是"科学研究和艺术创作的需要"。

---

[1] 《马克思恩格斯全集》第 30 卷，人民出版社 1995 年版，第 524 页。
[2] 《马克思恩格斯全集》第 30 卷，人民出版社 1995 年版，第 524 页。

在马克思看来，随着社会生产力的发展，即人生产财富的能力提升及财富量的增长，第二种类型的需要出现在资本主义时期。在资本主义商品经济条件下，人的生存获得财富生产的保障之后，就产生了除"生产需要"之外的其它的多种需要。其中重要的因素是人的必要劳动时间相对缩短，而自由时间（剩余劳动时间）相对增加。也就是说，在资本主义时期有这样的历史条件，即基于必要劳动时间之上的自由时间相对增加。人们在自由时间里产生的需要主要是"科学研究和艺术创作的需要"，它真正显示了"以物的依赖性为基础的人的独立性"存在价值，人通过科学研究探索自然的奥秘、通过艺术创作感悟人生的真谛，从而使人的各种能力得到锻炼、培养和发展。但是，资本主义的狭隘性必然导致劳动的异化和财富的异化，限制了广大劳动者阶级的自由时间和全面自由发展。只有进入后资本主义时期，即克服了劳动异化与财富异化的未来社会时期，人的各种能力才能真正得到全面自由发展。这时，人类历史上出现了第三种类型的需要，即"人自身的全面而自由发展的需要"。在马克思看来，人的需要在历史上的先后递增的类型多样性，本质上是需要类型的积极扬弃的历史性，而非在通向人的全面自由发展的道路上对某种需要类型的单纯否定，尤其是就财富生产决定的财富现象而言，即使是"生产的需要"作为人类早期出现的需要，也是未来社会"人的全面而自由发展的需要"所涵括的一个重要方面，只不过那时的"生产需要"成为了所有社会人"普遍劳动"的普遍需要，是自由自觉地进行社会财富生产的需要，是第一需要。在此意义上，它显示了人的历史发展是趋向并实现全面自由的发展。也正是在此意义上，作为与财富本质相关的历史现象，财富品质（基于社会生产力发展的财富数量、质量及其社会性质）的历史阶段性提升不仅促进了人的需要的丰富多样性，而且也反映了人的历史发展趋向"全面而自由"的历史状况。

其二，马克思透过历史性的财富现象剖析人的"劳动"，进而阐明人的历史发展。

　　早在《1844 年经济学哲学手稿》中，马克思就在思考这一问题："把人类的最大部分归结为抽象劳动，这在人类发展中具有什么意义？"[1] 很明显，这个问题意在探究劳动与人类发展之间的意义关联。应该说，马克思对这个问题的经济学回答，是在其后的《资本论》及其相关经济学手稿中从财富的角度进行的。在马克思看来，劳动作为财富的来源，是"不以一切社会形式为转移的人类生产条件"，是"人类生活得以实现的永恒的自然必然性"。[2] 这样，在人类发展史上，劳动也就是被规定为财富的对象的一般性，这就是"产品一般，或者说又是劳动一般"[3]。劳动不仅在经济学的范畴上，"而且在现实中都成了创造财富一般的手段，它不再是同具有某种特殊性的个人结合在一起的规定了"，"表现出一种古老而适用于一切社会形式的关系的最简单的抽象"。[4] 由此，从财富的角度看，财富的历史性本质存在就在于它体现了主体的一般存在，它统摄了人作为人类主体的一般存在（人类学意义上的人的历史存在与发展）和劳动作为财富主体的一般存在。由此形成了马克思从财富的角度回答"劳动"与"人类发展"之间意义关系的思路。可以说，正是在这个思路中，马克思给我们展现了一个通过剖析历史性的财富现象透析劳动与人类发展之意义关联的宽广视野，由此阐明人的历史发展。

　　劳动是人创造财富的主体力量对象化，它作为抽象的"劳动一般"对人类发展具有重要意义。但马克思的抽象并非纯思辨的抽象，而是具体抽象。也就是说，劳动的一般性是基于对不同历史时期的劳动性质的综合概括。在抽象性上，劳动对人类发展的一般意义具体反映在不同历史时期的

[1]　[德] 马克思：《1844 年经济学哲学手稿》，人民出版社 2000 年版，第 14 页。
[2]　[德] 马克思：《资本论》第 1 卷，人民出版社 2004 年版，第 56 页
[3]　《马克思恩格斯全集》第 30 卷，人民出版社 1995 年版，第 45 页。
[4]　《马克思恩格斯全集》第 30 卷，人民出版社 1995 年版，第 46 页。

不同性质的劳动对人的历史发展的影响。不同历史时期的不同性质的劳动的演进，不仅标示着社会历史形态的先后更替，而且反映了人的历史发展的状况。

马克思基于社会发展三形态的理论指出，在第一个社会形态的"人的依赖关系"时期，出现了历史上的第一种性质的劳动，即谋生性劳动。虽然这时人创造财富的主体性劳动也以对象化的特征或多或少地改变着自然物，但它是以纯自然力的方式进行的。人被自然因素威胁、压制和羁绊不得不为谋生而劳动，人能感受到的就是对自然现象和自然关系的崇拜与顺从，缺失的恰恰是劳动对象化的主体性感受。最初的渔猎劳动形成了以血缘为纽带的人的自然依附关系；后来的农业劳动虽促进了小农经济的发展，但不可避免地形成了人的等级依附关系。在总体特征上，这一时期的劳动就是处于人的依赖关系中的谋生性劳动，劳动创造财富的能力低下，人在狭逼、压抑的人身依附关系中劳动，对于劳动阶级而言，只能在这种劳动中体会到艰辛的生存。

在社会发展的第二个社会形态即"物的依赖关系时期"的早期，出现了第二种性质的劳动，即对立性劳动。人类已进入资本主义阶段的发达商品经济时期。在资本主义大工业化的机器体系下，科学技术和社会分工的发展、大机器的应用和交往的扩展，使得人的劳动能力能够创造前所未有的巨大财富。但由于资本主义固有的狭隘性，劳动表现为对立性和异化性，劳动的人与劳动本身创造的财富相对立。对立性劳动的具体形态即是异化劳动和雇佣劳动。这种对立性质的劳动在资本主义时期因与广泛流通的其它商品一样能获得在交换价值上的货币表现，它冲破并摧毁了从前的人身依附关系，劳动的人取得了以物的依赖性为基础的独立性。此种程度上的独立性的个人，在"从社会生产和交换中产生的需要"① 的资本主义

----

① 《马克思恩格斯全集》第 30 卷，人民出版社 1995 年版，第 524 页。

社会中，形成了以物的依赖性为基础的全面的关系和多方面的需要组成的能力体系。它在促进人的历史性发展的同时，也使人获得了此前的社会形态中不曾有的劳动对象化的主体性感受。

在物的依赖关系时期的资本主义晚期，出现了第三种性质的劳动，即自我实现的劳动。此时因资本文明催生财富的能力的无限制发挥，剩余劳动（财富）相对增多，人的自由时间随之相对增加。另外，科学技术广泛的社会性应用也极大地降低了劳动的强度。于是，此前的对立性劳动致使财富异化的性质越来越小，人们基于商品交换的独立性越来越大，并日益融入由人的全面关系和多方面需求组成的全面的能力体系之中。人们越来越明显意识到劳动对象化的主体性力量，这时的劳动使人感受到自我实现。这种自我实现的劳动既是资本主义时期"以物的依赖性为基础的人的独立性"长期发展的结果，又形成了人的发展趋向更高层次的必然历史趋势。

在未来的第三个社会形态的"人的自由个性"时期，出现的是第四种性质的劳动，即真正自由的劳动。此前在资本时期的劳动虽然能使人感受到劳动对象化的主体性力量，但它并不是自由的劳动，因为它仍然基于物的依赖关系之上，并没有完全消除劳动异化现象和财富异化现象，致使人是在无限制地占有财富的欲望中意识到自己的主体性力量的。因此，它还须向"真正自由的劳动"演进。在马克思看来，"真正自由的劳动"就是"个性的劳动"，"个性的劳动也不再表现为劳动，而表现为活动本身的充分发展"。[①] 也就是说，真正自由的劳动，并不是意在创造财富的劳动，而是意在通过劳动展现自己的全面能力和充分发展。正如财富的历史性存在并作为历史现象在前提意义上促进了"人的劳动"和"劳动的人"的历史发展并确证了人的主体性力量一样，此时真正自由的劳动作为个人的全面能

---

① 《马克思恩格斯全集》第30卷，人民出版社1995年版，第286页。

力和充分发展的展现也是在前提意义上存在的，是为别人的全面发展提供前提条件的。真正自由的劳动体现了人的自由个性——"建立在个人全面发展和他们共同的、社会的生产能力成为从属于他们的社会财富这一基础上的自由个性。"①

可以说，马克思正是通过对创造财富的劳动的历史性剖析，全面地描绘和阐述了人的历史发展过程及其历史发展趋势。

综合观之，在人类学意义上，"需要"和"劳动"是马克思考察"人体"的历史性存在和发展的两个彼此联系的基本范畴。一方面，"需要"是"人体"的历史性存在和发展的"内在必然性"，"劳动"是"人体"的历史性存在与发展的"外在必然性"；另一方面，"需要"的对象是确证了人的主体性力量的财富，"劳动"是属人财富的主体性本质所在。由此，财富作为历史性存在是联系和统摄"人体"的历史性存在和发展的"内在必然性"和"外在必然性"的前提性存在。当马克思通过对"需要"和"劳动"的历史性剖析阐明人的历史发展时，此时的财富是在方法论意义上或在理论前提意义上存在的历史现象，本质上是反映和确证人的主体性存在的财富现象。其中，财富是否异化的现象——它根源于需要是否多样、劳动是否对立——是马克思给予历史性批判分析的理论动机或前提所在。澄清了这一点，那么理论上的逻辑关联就清晰可见：马克思是透过历史性的财富现象剖析了人的"需要"和"劳动"的历史性演进，进而阐明了人的历史发展。

二、对财富现象的历史批判与人的全面发展

事实上，从马克思对财富现象予以历史性批判的角度来看，需要在理论上澄清两个方面，且这两个方面在马克思那里存在着合理性或者合目的

---

① 《马克思恩格斯全集》第 30 卷，人民出版社 1995 年版，第 107—108 页。

性关联。第一个方面，就是从经验层面看，马克思通过对现代资本主义社会财富异化现象的经验考察与实证批判，透过资本主义历史阶段上的财富现象来剖析财富的本质及其对人的全面而自由发展的影响和意义。在这之后，才进入到对财富的历史现象的批判性考察来阐述人的历史发展的。这种基于经验考察的实证批判逻辑就反映在：马克思是用"资本论"而非"历史通论"来命名其关于财富的批判理论的。第二个方面，就是从理性逻辑层面看，马克思对资本主义阶段财富现象的历史性批判与其对财富在人类历史上的历史现象的批判考察，这两者是辩证而互相关联的：前者作为原因导向马克思对后者的批判性考察，而前者同时又作为结果是马克思通过对后者的批判性考察而予以历史性确证的科学结论；或者说，后者作为手段确证了马克思对前者的历史性批判的科学性效果，而后者同时又作为目的是马克思对前者予以历史性批判的动机，由此导向马克思对人趋向全面而自由的历史发展的科学阐明。这种理性逻辑的合理呈现说明马克思的财富现象批判是基于对历史总体予以把握的辩证批判。很显然，我们在此澄清的这两个方面——经验层面的和理性逻辑层面的——合理性关联表明马克思的财富现象批判并非是无经验实证的纯粹历史理性批判。也就是说，在马克思那里，它既避免了国民经济学的那种无历史批判的实证主义，又避免了黑格尔历史哲学的那种纯思辨批判的实则非实证批判的历史主义。

由此看来，马克思在历史科学的视域中对人的全面发展的阐明就是从对资本主义阶段上的财富现象的批判性剖析开始的。

在马克思看来，无论是当初在《莱茵报》时期实际经验到的贫富对立的财富现象，还是后来通过异化劳动与雇佣劳动剖析而透视到的财富异化现象，这些资本主义阶段上的财富现象在本质上是对立性的或者是基于阶级利益对立的剥削性的。由此，马克思从资本主义的狭隘性剖析了资本主义社会历史性的财富现象，进而阐明了其与人的全面发展的关联。

对此，马克思尤为经典的思想反映在《1857—1858 年经济学手稿》

中的连续批判性的三个反问："事实上，如果抛掉狭隘的资产阶级形式，那么，财富不就是在普遍交换中产生的个人的需要、才能、享用、生产力等等的普遍性吗？财富不就是人对自然力——既是通常所谓的'自然力'，又是人本身的自然力——的统治的充分发展吗？财富不就是人的创造天赋的绝对发挥吗？这种发挥，除了先前的历史发展之外没有任何其他前提，而先前的历史发展使这种全面的发展，即不以旧有的尺度来衡量的人类全部力量的全面发展成为目的本身。"①

在这经典的三个批判性反问中，马克思基于历史发展的角度阐述了抛掉资本主义狭隘性与人的全面发展的关联，且这三个反问都在实质上阐明了人的发展与财富的关系。

马克思通过第一个批判性反问表明的第一个观点是：如果抛掉"狭隘的资产阶级形式"，那么财富在普遍交换中就不会发生异化，它就是在人的发展中表现出来的"个人的需要、才能、享用、生产力等等的普遍性"。从批判的角度看，这里的"狭隘的资产阶级形式"就是导致财富异化现象的旧有的衡量财富的尺度——从异化劳动或雇用劳动出发、以实现资本扩张财富的贪欲为目的的社会统治形式。从历史发展视域中人的发展角度看，人的全面发展在财富现象上是通过人的"需要"的满足和人的"劳动"的主体性力量生成而表现出来，即人的"需要"作为人的"内在必然性"，由财富就是在普遍交换中产生的个人的"需要"和"享用"的普遍性来表明；而人的"劳动"作为人的"外在必然性"，则由财富就是在普遍交换中产生的个人的"才能"和"生产力"的普遍性来表征。也即是说，人的全面发展既反映在人的"内在必然性"通过财富——个人的"需要"和"享用"的普遍性——得以实现，又反映在人的"外在必然性"通过财富——个人的"能力"和"生产力"的普遍性——得以实现。

---

① 《马克思恩格斯全集》第 30 卷，人民出版社 1995 年版，第 479—480 页。

可以说，从"需要"与"劳动"这两个内在联系的范畴阐明人的全面发展，表明马克思通过对资本主义财富现象的历史批判，一方面将人的"需要""劳动"和"发展"编织在了同一个网面，另一方面也论述了这样的观点：从财富现象剖析财富本质的角度看，人的全面发展理应反映在财富的对象性本质与主体性本质在人的活动中的同时呈现。这一思想早就出现在马克思的《1844 年经济学哲学手稿》对资产阶级国民经济学的批判之中。马克思认为，自重农主义以来的国民经济学，在超越了重商主义对财富的"对象性本质"的论述之后确立了财富的"主体性本质"，确实是"一个必要的进步"①，但是，当国民经济学将全靠劳动为生的人仅仅当作每一匹马一样只应得到满足"生存性需要"的必需品时，当它"不考察工人（劳动）同产品的直接关系而掩盖劳动本质的异化"② 时，说明国民经济学在确立了财富的主体性本质的同时却无视了财富的对象性本质，无视创造财富的劳动者对作为"对象性本质"存在的财富（劳动产品）的直接的进而是多样性的需要。国民经济学仅仅将财富的主体性本质作为劳动的"抽象一般性"自觉地与私有财产勾连起来，而不考察它与劳动的主体之间的对象性关系问题。结果，它没有给人的劳动提供任何的东西，而是给私有财产提供了一切。③ 在这里，马克思批判了国民经济学只关注财富的主体性本质而无视财富的对象性本质，只考察人的"劳动"的抽象一般性而无视劳动的人的"需要"的直接性和多样性。因此，仅"以劳动为原则的国民经济学表面上承认人，毋宁说，不过是彻底实现对人的否定而已"④。简言之，马克思看到了国民经济学无视财富的对象性存在的虚伪性，因为它有意无视人在对象化劳动中对财富的对象性占有和需要，即使它确立了财富

① ［德］马克思：《1844 年经济学哲学手稿》，人民出版社 2000 年版，第 76 页。

② ［德］马克思：《1844 年经济学哲学手稿》，人民出版社 2000 年版，第 54 页。

③ ［德］马克思：《1844 年经济学哲学手稿》，人民出版社 2000 年版，第 62 页。

④ ［德］马克思：《1844 年经济学哲学手稿》，人民出版社 2000 年版，第 74 页。

的主体性本质，但也仅是为了进一步在意识形态上掩盖财富（劳动）的异化，将劳动抽象设定为异化劳动，狭隘地将劳动禁锢在对立性劳动的历史阶段，进而不仅在人的"需要"层面而且在人的"劳动"层面全面否定了人的发展。从国民经济学的理论"悖谬"可见，阐明人的全面发展应该用历史发展的观点正视财富的对象性本质和主体性本质的同时"在场"，二者缺一不可。

马克思通过后两个批判性反问明确的观点是：一旦抛掉资本主义狭隘性，那么财富不仅是人对自然力的"统治的充分发展"，而且是"人的创造天赋的绝对发挥"。① 在这里，马克思将"充分发展""绝对发挥"跟人的"这种全面的发展"并论，把它们界定为在"先前的历史发展"的前提下"人类全部力量的全面发展"，并且这种全面发展就是"目的本身"。这样，历史发展中的财富与人的全面发展的关系就是：财富作为人统治自然力的能力的充分发展和人的创造天赋的绝对发挥是实现人的全面发展的手段，而人的全面发展则是目的。当马克思在此表明这样的观点时，也在对立面的意义上表明：在"狭隘的资产阶级形式"中，这种手段和目的的关系是完全颠倒的。就此而言，马克思实际上反过来确认了这样一个颠倒的时代，即"资产阶级经济以及与之相适应的生产的时代"②，这个时代必然是牺牲人自身的目的本身而追求、崇拜以财富为代表的纯粹外在物并以物为目的。

由此看来，在狭隘的资本主义社会形式中，全面物化的拜物教现象是这个历史时代的必然。但是从历史发展的观点看，这种以财富为目的、全面物化的拜物教现象内在地生成了真实的解放力量，它促进人的全面发展。这是因为在资本主义条件下，"建立在交换价值基础上的生产"在"产

---

① 《马克思恩格斯全集》第 30 卷，人民出版社 1995 年版，第 480 页。

② 《马克思恩格斯全集》第 30 卷，人民出版社 1995 年版，第 480 页。

生出个人同自己和别人相异化的普遍性的同时，也产生出个人关系和个人能力的普遍性和全面性"。① 也就是说，在历史性批判狭隘的资本主义社会形式和资本主义财富"目的论"的拜物教现象的同时，马克思阐明了这样的观点：人的全面发展"不是自然的产物，而是历史的产物"②，并具体体现在人的"能力"与"关系"的普遍性和全面性发展过程之中。

就人的能力的全面发展而言，马克思首先重点考查的是人进行财富生产的劳动生产能力，因为劳动生产在人类历史发展中不仅反映了人的"劳动"的抽象主体性表现和人的"需要"的具体多样性表达的历史阶段性状况及其发展趋势，而且现实地体现着人的活动的全面程度，并构成了人的全部物质生活的基础。在马克思看来，人的劳动生产能力的发展有一个趋向全面性的历史过程。首先，在人类第一个社会形态的历史阶段，"人的生产能力只是在狭小的范围内和孤立的地点上发展着"，人在财富生产过程中统治自然的能力低下，因此人的发展还只能囿于"人的依赖关系"的范围和地域。其次，在人类第二个社会形态的历史阶段，人随着财富生产能力的极大提升虽然破除了上一个历史阶段的"人的依赖关系"，但因为此时"狭隘的资产阶级社会形式"的存在，人的发展却被物的增长所颠倒，反而只能体现为基于物的依赖性之上的人的独立性，并在观念上将人的发展幻化为对他人、社会、自然的财富占有能力的发展。最后，只有在人类未来的第三个社会形态的共产主义社会阶段，由于每个人的全面发展互为条件，并因此所有人的共同的社会生产能力在获得史无前例地极大提升的同时也成为从属于所有人的社会财富。这时，人的全面发展表现为既不依赖于人也不依赖于物的"自由个性"的发展。这是人的生产能力趋向全面发展的历史过程，它具体反映了人的全面发展的历史图景。

---

① 《马克思恩格斯全集》第 30 卷，人民出版社 1995 年版，第 112 页。
② 《马克思恩格斯全集》第 30 卷，人民出版社 1995 年版，第 112 页。

当然，从人类的能力的历史发展来看，人的全面发展并非仅仅表现为与财富生产相关联的劳动生产能力的全面发展，而是以人的劳动生产能力为基础的能力体系的全面发展。它内在地涵盖着与人的劳动生产能力密切联系的人的消费能力的发展，因为这两者（生产与消费）实际上是现实的个人在财富生产过程中生成的相辅相成的两种能力："个人在生产过程中发展自己的能力，也在生产行为中支出、消耗这种能力。……因此，生产行为本身就它的一切要素来说也是消费行为。"①在马克思看来，人的生产能力和消费能力的相辅相成正是在理论上确认从"劳动"与"需要"两大范畴来考察人的全面发展的根据之一，因为生产能力主要反映的是人的"劳动"的性质状况，消费能力主要反映的是人的"需要"的多样性状况，只有两者综合起来才能阐明人的全面发展。因此，马克思认为只有不仅具有高度生产能力而且具有多方面消费或享受能力的人，才是"高度文明的人"，即"全面发展的人"。②

另一方面，马克思从没有把人的全面发展仅仅归结为人的能力体系的全面发展，尽管从与财富本质相关的历史现象看，人的能力的发展是表征人的全面发展的核心所在，但并非是人的全面发展的全部。在马克思看来，人的能力的发展离不开人的关系的发展，尤其表现在人的社会关系是人的能力的发展的必要条件。由此来看，人的关系的发展也是马克思阐明人的全面发展的必要视角。

当然，人的关系尤其是社会关系并非与财富现象无关，它反而是财富现象的本质所在，因为财富现象的本质就是体现在"物的关系"背后的"人的社会关系"。另外，人的关系本质上就是人的社会关系。在马克思那里，人的关系虽然是自然关系与社会关系的统一，但并无单纯意义上的自然关

---

① 《马克思恩格斯全集》第 30 卷，人民出版社 1995 年版，第 31 页。
② 《马克思恩格斯全集》第 30 卷，人民出版社 1995 年版，第 389 页。

系，只有将自然关系内含于自身之中的社会关系。在本质上，人的关系就
是人在社会活动中生成的社会关系。由此存在一个逻辑必然：既然人是社
会关系中的人，那么人的发展必然现实地体现在人的社会关系的发展上。
这与马克思通过对资本主义财富现象的历史批判阐明人的全面发展的逻辑
是一致的。

　　在具体分析上，首先，马克思确认了财富的"二重存在"特征："一
方面，财富是物，它体现在人作为主体与之相对立的那种物即物质产品
中；另一方面，财富作为价值，是对他人劳动的单纯支配权，不过不是以
统治为目的，而是以私人享受等等为目的。"① 并且，财富就是这二重特
征——物质内容（具有使用价值的物）和社会形式（作为价值存在的社会
关系）的统一体。接着，马克思批判地阐明了资本主义社会中的财富存
在：既然财富是在雇佣与被雇佣的社会关系（资本关系）下的劳动产品，
那么财富就既是表现为使用价值的物，又是表现为价值的社会关系，只是
这种社会关系通过物化形式（商品、货币与资本）反映。在这里，马克思
透过财富的物化现象把握到的资本主义社会关系——它作为财富的本质是
基于劳动与资本彼此对立的社会剥削关系。反观资产阶级经济学家，由于
他们无历史主义批判的实证主义立场，即使看到财富本质（社会关系）异
化的物化现象或反映在物的关系上的占有劳动产品的两极分化现象，但却
无视这种财富现象的社会关系本质。对此，马克思嘲笑道："他们刚想笨
拙地断定是物的东西，突然表现为社会关系，他们刚刚确定为社会关系的
东西，却又表现为物来嘲弄他们。"② 最后，马克思正是通过财富现象批判
剖析了资本主义财富的本质，才科学地揭示了财富之外化为私有财产的内
在实质，进而指出人的全面发展就是对私有财产这一社会关系的积极扬弃

---

① 《马克思恩格斯全集》第 30 卷，人民出版社 1995 年版，第 479 页。
② 《马克思恩格斯全集》第 31 卷，人民出版社 1998 年版，第 427 页。

并重新"占有"属人的社会关系。总的来看，这一批判分析过程表明马克思的财富现象批判的逻辑必然性之一就是：透过财富现象剖析财富的社会关系本质，进而从考察人的社会关系的发展的角度阐明人的全面发展。这在结论意义上，可以用马克思基于历史性批判阐明的观点来表述：建立在交换价值基础之上的资本主义财富生产在产生出普遍异化的社会关系的同时，也产生出个人关系的"普遍性和全面性"，从而将人的全面发展表现为"历史的产物"。① 当然，这需要马克思考察人的关系发展的历史进程来予以确证。

为此，马克思在《1857—1858 年经济学手稿》和《资本论》第一卷第一章中考察和阐述了人的社会关系发展所经历的三个历史阶段："直接的社会关系"（"人的依赖关系"）、"物之间的社会关系"（"物的依赖关系"）和"自由人联合体"（实现了人的全面发展的"自由个性"）。在这里，马克思历史性地辩证确证了他对资本主义财富现象予以历史批判而得出的结论。在历史辩证法的视域中，人的社会关系发展的第二个历史阶段就是资本主义阶段，并表现为以物的依赖性为基础的"物之间的社会关系"，虽然由此反映的人的全面发展状态比在第一个历史阶段即"人的依赖关系"阶段上有了很大的历史进步性，但它并不是人的全面发展的完成与实现；虽然这一阶段上的"物之间的社会关系"为人的全面发展创造了历史条件，但它由于自身的狭隘性又不能将人的全面发展推进到底，而将人的发展局限于"受抽象统治"或"受观念统治"的历史境地。因此，在历史的必然性上，人的社会关系发展的第二个历史阶段必然要被扬弃，那时，由于"抛掉狭隘的资产阶级形式"，人将会在劳动创造的财富成为人们共同的社会财富的"自由人联合体"中建构起与自身、他人、社会、自然的丰富而全面的关系。这样，人的发展也就既不受"人的依赖关系"的限制，也不

---

① 《马克思恩格斯全集》第 30 卷，人民出版社 1995 年版，第 112 页。

受"物的依赖关系"的局限，而成为展现人的"自由个性"的全面发展。

在此，当马克思指出："建立在个人全面发展和他们的共同的、社会的生产能力成为从属于他们的社会财富这一基础上的自由个性，是第三阶段"时，也就在历史的意境描述上，将财富现象批判的价值指向从阐明人的全面发展合乎逻辑地转到了阐明人的自由发展。

三、对财富现象的历史批判与人的自由发展

同样①，马克思在历史科学的视域中对人的自由发展的阐明也是从对资本主义历史阶段的财富现象的批判性剖析开始的。

既然这样，我们就很有必要讨论马克思在《1857—1858 年经济学手稿》中的一个重要的批判性论断："现今财富的基础是盗窃他人的劳动时间"②。毫无疑问，这实质上是马克思对资本主义财富现象予以批判而得出的结论。在这里，马克思将资本主义社会贫富分化与对立现象的剥削本质讥讽为"盗窃"。那么，这里的问题是：马克思是"怎样"和"为什么"要从人的劳动时间角度剖析资本主义财富现象内在的"盗窃"本质呢？

首先，从"怎样"来看，它实质上就是需要用马克思如何批判性分析资本主义财富现象的过程来回答。这一过程具体体现在马克思对资本主义生产过程中劳动时间的批判性分析之中。在马克思看来，资本主义生产过程中的劳动时间实质上分为必要劳动时间和剩余劳动时间。必要劳动时间是再生产维持工人的劳动力所必需的物质生活资料的时间，它实质上是工人为自己劳动的时间；而剩余劳动时间是资本家延长了工人一定点的必要劳动时间之外的劳动时间，它也是工人劳动时间的一部分，但实质上被资

---

① "同样"的含义是指在"对财富现象的历史批判与人的全面发展"这一前文中关于对财富现象予以历史批判而需在理论上"澄清的两个方面"的论述。

② 《马克思恩格斯全集》第 31 卷，人民出版社 1998 年版，第 101 页。

本家无偿占有了。剩余劳动时间在财富形态上就是工人在这个时间中生产的劳动产品。这样，工人在必要劳动时间里生产的、作为在使用价值上具有"消费效应"的财富被工人用于维持自身生存而消耗掉了；工人在剩余劳动时间里生产的、作为在价值上具有"累积效应"的财富被资本家"盗窃"而转化为私有财产。于是在资本主义社会基于劳动与资本对立的贫富两极分化与对立现象必然出现。反之，对资本主义社会这一财富现象的批判分析，必然发现：在劳动时间上是因为资本家"盗窃"了工人的剩余劳动时间。

其次，从"为什么"来看，它实质上也就涉及马克思的劳动时间理论与人的自由发展学说之间的逻辑关联的问题。在结论上的表述就是：反映了财富现象批判过程的劳动时间理论是马克思阐明人的自由发展的重要理论视角。

对资本主义生产过程中劳动时间的分析，反映了马克思批判性追问资本主义社会贫富分化与对立现象之本质根源的过程。另一方面，虽然批判性分析劳动时间中必要劳动时间与剩余劳动时间的对比情况可以看到资本家对工人的剥削程度，但是如果扬弃"狭隘的资产阶级形式"，那么必要劳动时间的缩短和剩余劳动时间本身及其相对延长对人的自由发展就具有了非凡的意义，因为人由此可以获得促使自己自由发展的"自由时间"。

在狭隘的资本主义形式下，本属于工人的"剩余劳动时间"被"盗窃"，也就直接意味着工人丧失了"自由时间"。由此，马克思批判道："时间是人类发展的空间。一个人如果没有一分钟自由的时间，他的一生如果除了睡眠饮食等纯生理上的需要所引起的间断以外，都是替资本家服务，那末，他就连一个载重的牲口还不如。他身体疲惫，精神麻木，不过是一架为别人生产财富的机器。"[1]这一批判也是对资本主义社会中人的自由发展

---

[1] 《马克思恩格斯选集》第 2 卷，人民出版社 1995 年版，第 89—90 页。

状况的描述：人丧失了"自由时间"。

基于对资本主义社会中人作为"为别人生产财富的机器"的批判性考察，马克思指明了人的"自由时间"与人的发展的重要关联。更为重要的是，基于对资本主义财富生产过程中劳动时间的批判性考察，马克思看到了自由时间与剩余劳动时间的必然关联。由此，不难理解马克思的这一观点："剩余劳动时间不仅创造他们物质存在的基础，而且创造他们的自由时间，创造他们的发展的范围。"① 在马克思看来，自由时间的增加就是由于必要劳动时间的相对缩短而产生相对延长的剩余劳动时间。

但是，为了增加自由时间而促进人的自由发展并不是一味缩减必要劳动时间。正如马克思在《1857—1858 年经济学手稿》中所说："个性得到自由发展，因此，并不是为了获得剩余劳动时间而缩减必要劳动时间，而是直接把社会必要劳动时间缩减到最低限度，那时，与此相适应，由于给所有的人腾出了时间和创造了手段，个人会在艺术、科学等等方面得到发展。"② 在这句经典表述中，也可以获得与马克思从"劳动"与"需要"两个角度阐述人的历史发展相一致的逻辑思想：其一，从"劳动"的存在状况反映人的自由发展程度看，剩余劳动（时间）是否被剥夺以及剩余劳动（时间）与必要劳动（时间）的比例情况反映了人的自由时间获得情况及由此表明了人的自由发展程度。其二，从"需要"的多样性状态反映人的自由发展看，即使"个性得到自由发展"，但并不是要将必要劳动缩减到"无"，而是将必要劳动缩减到最低限度，在这里，必要劳动反映了人在"类"生存意义上对生产财富的"一般性劳动"的最低需要，否则人的生命自身和人类社会何以为继；另外，如果说人的自由发展反映在剩余劳动时间的增加方面是因有"在艺术、科学等等方面得到发展"的需要，那

① 《马克思恩格斯全集》第 32 卷，人民出版社 1998 年版，第 215—216 页。
② 《马克思恩格斯全集》第 31 卷，人民出版社 1998 年版，第 101 页。

么，这是因为"那时"有"一般性劳动"创造的财富作为活动的保障之后，人有更高层次的需要，即主要表现为"科学研究和艺术创作"的需要，这样，即使"人自身的全面而自由发展"的需要成为最高层次的需要，从"个性得到自由发展"的角度看，它也是包含"一般劳动"的需要与"科学研究和艺术创作"的需要于自身的"多样性"需要；也就是说，从"个性自由"或"自由个性"的角度看，"多样性"需要的存在状态才是真正反映人是否获得自由发展的一个重要视角。简论之，"劳动"与"需要"也必然是马克思阐明人的自由发展的两个重要理论范畴或视角。

当然，马克思对人的自由发展的阐明并非仅仅是用"劳动时间"理论反映财富现象批判的过程而停留在对资本主义社会中人的自由状况的考察，否则，财富现象批判就失去了历史性。

在资本主义的历史阶段，资本家对工人剩余劳动时间的掠夺，体现的就是马克思基于财富现象批判而对这一历史阶段上人的自由发展情况的判断。从财富现象角度看，人的自由发展囿于"以物的依赖性为基础的人的独立性"而致使人们在意识观念上将这种"自由个性"锁定在对他人在剩余劳动时间里创造的财富的"无限"占有欲望及其不断实现。工人失去自由时间，他的自由发展由此被制约，但这在意识观念上并不妨碍他对资本的崇拜，就如同自诩为工人的代表的蒲鲁东所一直所幻想和主张的一样：均分资本家阶级的财富将所有的工人都变为资本家。如果说在"以物的依赖性为基础的人的独立性"的资本主义时代，工人对"自由发展"的渴望而不可避免地像蒲鲁东那样天真地局限于被资本控制的意识形态之中，工人注定无法现实的实现"自由发展"，那么，资本家阶级则因"盗窃"了工人的剩余劳动时间（自由时间）而使自身占有他人财富的欲望作为"自由个性"得到了发展和现实的实现。这无疑是"在一方产生剩余劳动时间，同时在另一方产生自由时间"的异化现象。它是马克思从"时间"的角度：剩余劳动时间异化为他人的自由时间，对资本主义财富现象予以历史性批判而开启的一个重要理论视角。如前文所述，既然在马克思看来自由时间的出现、增加与剩余劳动时间的产生、延长有必然关联，而在剩余劳动时间内创造的财富就是具有"积累效应"的财富，那么，马克思就此对资本主义财富现象予以历史批判，在历史科学的原则上，就离不开对整个人类发展过程中"剩余劳动时间"的历史考察。

从整个人类发展过程中劳动的组成部分来看，马克思在《资本论》中指出："在任何一种社会生产……中，总是能够区分出劳动的两个部分，一个部分的产品直接由生产者及其家属用于个人消费，另一个部分即始终是剩余劳动的那个部分的产品，总是用来满足一般的社会需要，而不问这种剩余产品怎样分配，不问谁执行这种需要的代表的职能。"① 在这里，其中"一个部分"劳动即是在必要劳动时间中支出的必要劳动；"另一个部分"即是在剩余劳动时间中付出的剩余劳动。在马克思看来，"在任何一种社会生产"中，除去人的物质生活资料匮乏的人类社会初期，人类劳动"总是能够区分出"必要劳动和剩余劳动两个部分。也就是说，"剩余劳动一般作为超过一定的需要量的劳动"，同必要劳动一样，"应当始终存在"。② 从人的社会存在看，人的劳动中的"一个部分"（必要劳动）是维持自身"类"的物种"生存和繁衍"所必需的，"另一个部分"（剩余劳动）是为了满足其社会共同体中所有人的某些领域的共同需要，如组织社会生产、从事国家管理、科学研究等的需要，这样，人才能从物种生存的"自然存在"跃进为"社会存在"，而获得社会性人的社会自由和精神自由。

由此看来，剩余劳动是由劳动者在剩余劳动时间中所付出的劳动的一部分，这作为人类社会生产发展到一定历史阶段必然产生的历史现象，并非仅仅存在于资本主义时期，它作为一种历史必然，是为了满足社会的共

---

① ［德］马克思：《资本论》第 3 卷，人民出版社 2004 年版，第 993—994 页。

② ［德］马克思：《资本论》第 3 卷，人民出版社 2004 年版，第 927 页。

同需要，只能由全体社会占有并归所有劳动者共有，这既是维持整个社会共同体正常运转的需要，也是维持和促进现实的个人的社会生存和自由发展的需要。人们的剩余劳动（时间）不仅创造社会的物质基础，而且同时"创造他们的自由时间，创造他们的发展的范围"①。故此，"在一方产生剩余劳动时间，同时在另一方产生自由时间。整个人类的发展，就其超出人的自然存在所直接需要的发展来说，无非是对这种自由时间的运用，并且整个人类发展的前提就是把这种自由时间作为必要的基础"②。

但在资本主义的历史阶段，剩余劳动时间却异化为资产阶级的自由时间。对此，马克思对资本的历史性批判，在批判性指出资本主义财富就是"盗窃他人的劳动时间"的同时，也辩证地指出虽然资本主义社会形式具有狭隘性，但是由于资本还具有"超越出发点"的"变易的绝对运动"的性质，那么"资本就违背自己的意志，成了为社会可以自由支配的时间创造条件的工具，使整个社会的劳动时间缩减到不断下降的最低限度，从而为全体［社会成员］本身的发展腾出时间"③。由此看来，资本还会最大限度地创造自由时间。虽然人由此而获得的自由发展仍然囿于"以物的依赖性为基础的人的独立性"，但是在这一历史阶段上人的发展情况还是明显优于人类历史上的第一个社会形态，即人的依赖关系时期的。当在资本主义的发展过程中，自由时间被越来越多地创造出来，这说明：一方面，资本主义最大限度地创造自由时间的历史使命还没有最终完成；另一方面，资本主义创造的日益增多的自由时间为人类社会的第三个社会形态，即自由个性时期的到来奠定了不可缺少的基础。

可以说，在历史科学的视域中，马克思关于剩余劳动时间与人的自由时间、自由发展的历史考察和描述，反映了马克思在历史的意境中给予资

---

① 《马克思恩格斯全集》第 31 卷，人民出版社 1998 年版，第 107 页。
② 《马克思恩格斯全集》第 32 卷，人民出版社 1998 年版，第 215 页。
③ 《马克思恩格斯全集》第 31 卷，人民出版社 1998 年版，第 103 页。

本主义财富现象历史性批判的价值指向，即财富（剩余劳动时间、自由时间）复归社会全体劳动者共同占有是历史的必然，就如同资本主义社会的财富异化现象必然被人类趋向自由发展的历史发展趋势所淘汰和扬弃一样。

综合来看，马克思基于对资本主义财富现象予以历史批判来阐明人趋向全面的、自由的历史发展过程，其中具有的重要启示意义值得我们思考。

第三节　财富现象批判与人的发展的唯物史观本原

无论是通过对财富现象予以实证批判阐明人的现实存在，还是通过对财富现象予以历史批判阐明人的历史发展，固然表明马克思在阐明人的问题过程中对资本主义财富现象给予的是双重批判，或者说，马克思的财富现象批判在阐明人的现实存在和历史发展过程中坚持的是实证的历史主义批判或历史的实证主义批判的历史科学原则；但更重要的是，它在理论路径或方法上表明，马克思关于人的问题的历史唯物主义学说并非是一个抽象存在的逻辑体系，而是通过财富现象批判来考察现实的物质生活的经济过程而阐明的关于人的历史科学。

一、关于人的历史科学创制

对于"历史科学"的注解，马克思是在系统阐述历史唯物主义学说时作出的，即在《德意志意识形态》中，曾有这样一段话："我们仅仅知道一门惟一的科学，即历史科学。历史可以从两方面来考察，可以把它划分为自然史和人类史。但这两方面是不可分割的；只要有人存在，自然史和人类史就彼此相互制约。自然史，即所谓自然科学，我们在这里不谈，我们需要深入研究的是人类史，因为几乎整个意识形态不是曲解人类史，就是完全撇开人类史。意识形态本身只不过是这一历史的一个方面。"① 在马克思看来，自己的历史科学"深入研究的是人类史"，它是批判旧哲学（尤其是以黑格尔和费尔巴哈为代表的德国哲学）的"几乎整个意识形态"的需要。当然，也正是在批判旧哲学的意识形态过程中，马克思和恩格斯全面阐述了唯物史观的历史科学。既然旧哲学的意识形态曲解和撇开人类史，那么，唯物史观要确立的就是和旧哲学有本质区别的关于人类史的历史科学。这样的历史科学也就是"关于现实的人及其历史发展的科学"②。因其是对旧哲学的批判性超越，故此，马克思的历史科学是哲学史上的一次划时代的创制。

然而，马克思关于人的历史科学创制并非是我们在《德意志意识形态》的文中所见的那样毕其功于一役的，而是历经多次批判演进和曲折探究才"拨云见日"的。如果说从在《莱茵报》时期遭遇为贫苦群众的利益问题发表意见的苦恼疑惑开始，马克思由此开启的财富现象批判就一直在现实的社会物质生活层面思考人的问题，那么马克思的财富现象批判就是始终立足于社会经济现实之中作出的实证评判，成为了非思辨地阐述关于人的历史科学的实证材料。如果说马克思在财富现象批判的宏大叙述中有历次的批判演进，且不论当初对神学本体论用神控制人的宗教哲学批判，及其后对思辨本体论用概念湮没人的政治哲学批判，那么，即使是在"对市民社会的解剖应该到政治经济学中去寻找"③ 的政治经济学批判阶段，马克思创制关于人的历史科学的过程至少经历了三重批判：其一是对国民经济学的批判；其二是对黑格尔的辩证法及其整个哲学的批判；其三是对费尔

① ［德］马克思、恩格斯：《德意志意识形态》（节选本），人民出版社 2003 年版，第 10 页注②。

② 《马克思恩格斯选集》第 4 卷，人民出版社 1995 年版，第 241 页。

③ 《马克思恩格斯全集》第 31 卷，人民出版社 1998 年版，第 412 页。

巴哈的人本学唯物主义的批判。从此阶段上的批判曲折性看，马克思在完成关于人的历史科学的伟大创制之前，先是在赫斯和青年恩格斯的影响下用费尔巴哈的人本学唯物主义批判国民经济学和黑格尔哲学，其成果主要反映在《1844 年经济学哲学手稿》中；而后是用批判国民经济学和黑格尔哲学的积极成果反过来批判费尔巴哈哲学，其成果主要反映在《关于费尔巴哈的提纲》中；再其后是以经济学的实证逻辑（或者说古典经济学社会唯物主义的实证逻辑）为中介对以黑格尔和费尔巴哈为代表的德国旧哲学的批判，其成果主要反映在《德意志意识形态》中。当然，马克思也正是在政治经济学批判阶段的系列批判演进和曲折探究中最终完成了关于人的历史科学的伟大创制。在此过程中，马克思延续始终的财富现象批判即使作为实证材料也无疑是阐明关于人的历史科学的"理论之匙"，况且马克思关于财富的实证批判是历史主义的实证批判。

可以说，马克思的理论学说始终关注人的问题，并且在关于人的存在及其历史发展的探究中，马克思总是将其落实在人所处的特定社会关系层面。虽然马克思早在中学毕业论文中表述了人在社会发展中的应然价值取向，以致在博士论文中基于黑格尔的理性主义哲学为人的"自由意识"发言立说，但是这些在人的"应有"的社会关系层面的理想主义思想并没有遮蔽马克思崇尚现实的品格。结果，马克思在《莱茵报》时期从探讨现实的物质利益问题的那时起，市民社会中贫富分化与对立现象激化了马克思理性主义世界观中"应有"与"现有"的冲突，对现实的贫富分化与对立现象的批判意识打开了突破黑格尔哲学思辨理性之藩篱的一个缺口，也开启了一个从现实的财富现象角度探讨人的问题的理论平台。

在赫斯和青年恩格斯的影响下，马克思深深地感到"对市民社会的解剖应该到政治经济学中去寻找"①。于是，马克思由此入题的《1844 年经

---

① 《马克思恩格斯全集》第 31 卷，人民出版社 1998 年版，第 412 页。

济学哲学手稿》中虽然整体构架是以费尔巴哈的人本学唯物主义来批判国
民经济学和黑格尔哲学，但其中的经济学批判路径和视角，使马克思对世
俗社会中贫富分化与对立现象的深层追问和批判有了本质的跃迁，开始从
劳动和财富的角度辩证思考人和人类社会历史问题。在此，马克思第一次
提出了将人与历史本身予以内在统一的"关于人的科学"："全部历史是为
了使'人'成为感性意识的对象和使'人作为人'的需要成为需要而作准
备的历史（发展的历史）。历史本身是自然史的即自然界生成为人这一过
程的一个现实部分。自然科学往后将包括关于人的科学，正像关于人的科
学包括自然科学一样，这将是一门科学。"① 这是马克思对"关于人的科学"
的几近晦涩的设想，但联系文本的上下文看，它确实深含对国民经济学和
黑格尔唯心主义哲学的批判。其批判的前提有：其一，关于人生成和发展
的历史本身和自然史（按照马克思在《德意志意识形态》中的界定，"自
然史，即所谓的自然科学"）是一个统一过程的"一个现实部分"，两者的
现实的统一表现在：自然科学在资本主义工业革命的背景下通过工业越来
越在"实践上"进入人的物质生活领域，改造着人的物质生活，并由此为
人的解放准备了条件，而工业本身就是人的本质力量的对象化展示，是
"自然科学对人的现实的历史关系"② 。因此自然科学本身就是关于人的科
学，两者本质上是同一门科学。其二，目前的自然科学并没有包括关于人
的科学，而只是在"它不得不直接地使非人化充分发展"③ 之后将包括关
于人的科学，这是因为即使在人的本质力量有了巨大提升的工业时代自然
科学仍然只是具有"它的抽象物质的方向或者不如说是唯心主义方向"④ 。
其三，在崇尚资本主义工业生产创造了巨大的财富和文明的资产阶级思想

---

① ［德］马克思：《1844 年经济学哲学手稿》，人民出版社 2000 年版，第 90 页。
② ［德］马克思：《1844 年经济学哲学手稿》，人民出版社 2000 年版，第 89 页。
③ ［德］马克思：《1844 年经济学哲学手稿》，人民出版社 2000 年版，第 89 页。
④ ［德］马克思：《1844 年经济学哲学手稿》，人民出版社 2000 年版，第 89 页。

代表中，国民经济学坚持和维护的是自然科学的抽象物质的方向；黑格尔哲学坚持和维护的是唯心主义方向，但两者实质上是一致的。由此前提，马克思得出的批判性结论是：其一，当国民经济学和黑格尔哲学无视自然科学"现在已经——尽管以异化的形式——成了真正人的生活基础"[①]，说人的经济生活还有私有财产或异化劳动这一基础时，说关于人的历史科学还有在人之外的精神实体这一基础时，"这根本就是谎言"[②]。其二，当工业没有被他们看成人的本质力量的公开展示时，真正的以自然科学为基础的"人的科学"在他们的视野之外，这同样说明：资产阶级国民经济学在根本上是"敌视人的"，而"人"在黑格尔的"历史科学"中只是"唯灵论"的抽象存在物。

如果说，马克思此时"关于人的科学"的批判性立论还沿续着费尔巴哈人本主义哲学批判的语言风格，那么，当马克思发现国民经济学不仅将劳动确立为财富的主体性本质而且在"抽象物质的方向"上以经济学的实证逻辑提供了异化劳动的经济事实时，马克思就已经不再用费尔巴哈的"感性直观"，而是用"对象性的感性活动"去批判性改造国民经济学实证逻辑下的"经济活动"了。当马克思发现黑格尔哲学中的否定辩证法把人的自我产生理解为一个过程，看作是人自身劳动的结果时，他就已经不再像费尔巴哈那样全盘否定黑格尔哲学而是拯救了黑格尔哲学的积极成果——作为推动原则和创造原则的否定辩证法。这样，作为批判性改造的成果，能动的否定辩证法被马克思紧紧抓取，并被注入到经济学实证逻辑所描述的通过劳动创造财富的"经济事实"之中，或者说，它被注入到人的对象性感性活动之中。它作为创制划时代的历史科学的实践原则——能动的对象性感性活动，已经生成为"萌芽状态"，一场伟大的哲学革命已

---

① ［德］马克思：《1844 年经济学哲学手稿》，人民出版社 2000 年版，第 89 页。

② ［德］马克思：《1844 年经济学哲学手稿》，人民出版社 2000 年版，第 89 页。

经呼之欲出了。囿于旧哲学的人本主义立场和思辨特质，马克思也在此时试图建构包括哲学、经济学和社会主义学说于一体的历史科学，并将人的发展和解放理解为"是通过人并且为了人而对人的本质的真正占有；因此，它是人向自身、向社会的即合乎人性的人的复归，这种复归是完全的，自觉的和在以往发展的全部财富的范围内生成的"①。这自然脱不了这一理论嫌疑：基于人本学立场将人的历史发展以价值预设的方式理解为向人的既定的抽象本质（自由自觉的劳动）的辩证回归。然而，既然马克思此时的财富现象批判已经在经济学实证层面指明：人的历史的全部运动作为"它的现实的产生活动——它的经验存在的诞生活动"②，它就是对私有财产和异化劳动的积极扬弃；既然马克思此时创制划时代的历史科学的实践原则已经"萌芽"，那么马克思接下来的理论任务就是立足于能动的实践原则批判费尔巴哈的人本学唯物主义。

马克思批判指出，费尔巴哈没有把人的活动本身理解为对象性的活动，对于实践只是从卑污的犹太人的利己主义商业行为去理解，因此，费尔巴哈不了解实践批判活动的意义。由于费尔巴哈撇开历史的进程，从宗教上的自我异化、宗教感情和孤立的人的个体出发，因此他的哲学直观只能看到"抽象的个人"，而不可能看到现实的人的具体差别性和作为一切社会关系的总和的人的现实本质。虽然费尔巴哈直观到了世界被二重化为宗教世界和世俗世界，但却看不到"世俗基础的自我分裂和自我矛盾"③。因此，仅仅基于人本主义的宗教批判而不是能动的革命的实践批判，费尔巴哈最多只能直观到由许多原子式的利己主义个人自然联系起来的市民社会，根本看不到市民社会中富有的资产阶级与贫穷的无产阶级的利益矛盾和尖锐对立，更不用说用革命的实践批判"在理论上和实践中"去消灭世

---

① ［德］马克思：《1844 年经济学哲学手稿》，人民出版社 2000 年版，第 81 页。

② ［德］马克思：《1844 年经济学哲学手稿》，人民出版社 2000 年版，第 81 页。

③ 《马克思恩格斯文集》第 1 卷，人民出版社 2009 年版，第 500 页。

俗家庭，消灭资产阶级社会中的贫富分化与对立现象。

在《关于费尔巴哈的提纲》中，马克思通过对费尔巴哈哲学的批判，确认和澄明了创制唯物史观的历史科学的实践原则。在马克思看来，只有将能动的否定辩证法注入现实的人的对象性感性活动之中的实践，只有在这样的人的实践中以及对这种实践的理解中才能彻底驳倒一切抽象思辨的神秘主义学说，毕竟"全部社会生活在本质上是实践的"①。由此，马克思开始在《德意志意识形态》中同恩格斯一起全面清算和批判德国旧哲学的一切关于"抽象人"的思辨学说，并系统阐述了自己的唯物史观的历史科学。

马克思批判指出，黑格尔完成了实证唯心主义，整个历史被他变成了思想的历史，他还试图描绘思想世界的生产活动，在他那里，现实世界是观念世界的产物，现实的人被意识观念支配和决定，这是其后的德国的哲学批判家们从未离开过的哲学基地。②在黑格尔哲学身后的"遗老遗少"中，不论是施特劳斯、鲍威尔用"实体"和"自我意识"这样"未加伪造的黑格尔的范畴"③，还是后来的费尔巴哈和施蒂纳用"类""惟一者""人"等比较世俗的名称，将"人"的口号喊得"震撼世界"，但他们的意识形态和他们的哲学前辈一样"不是曲解人类史，就是完全撇开人类史"④。因为德国旧哲学的"几乎整个意识形态"都是从主体的意识出发臆造出"一般人"或"抽象人"，作为自己构造关于"人"的唯心史观的前提，他们的实证唯心主义原则是"意识决定人的生活"。

于是，马克思指明了唯物史观的历史科学前提："我们开始要谈的前

---

① 《马克思恩格斯文集》第 1 卷，人民出版社 2009 年版，第 501 页。

② ［德］马克思、恩格斯：《德意志意识形态》（节选本），人民出版社 2003 年版，第 4 页注②。

③ ［德］马克思、恩格斯：《德意志意识形态》（节选本），人民出版社 2003 年版，第 8 页。

④ ［德］马克思、恩格斯：《德意志意识形态》（节选本），人民出版社 2003 年版，第 10 页注②。

提不是任意提出的，不是教条，而是一些只有在想象中才能撇开的现实前提"，这个现实前提就是"一些现实的个人"，它"可以用纯粹经验的方法来确认"。① 在唯物史观的历史科学看来，有生命的个人的现实存在才是全部人类历史的第一个前提，他们与动物有本质区别的第一个历史行动在于开始生产自己的生活资料，而不在于他们是否有思想。因此，唯物史观的历史科学坚持的是"生活决定意识"。人的自由和解放"只有在现实的世界中并使用现实的手段才能实现真正的解放"，当人们的吃喝住穿问题还没有解决时，"人们就根本不能获得解放"，人的解放是现实的历史活动而不是思想活动，"是由历史的关系，是由工业状况、商业状况、农业状况、交往状况促成的"。② 与"现实的个人"的生产活动和物质生活本质相关的社会财富增长是必需的，它作为现实的生产力是人的生存和发展所必需的。人类历史运动的本质真相是："现实的个人"创造财富的劳动实践不仅创生人与自然之间"感性交往"的社会力量——生产力，而且生产出人与人之间"财富相关"的物质联系——"交往方式"（生产关系），它是一切社会关系的感性本源。人类历史的一切冲突和对立现象（包括基于利益冲突的贫富分化与对立现象）都根源于生产力和生产关系的矛盾。随着私有制的消灭，随着对财富生产实行共产主义的调节以及这种调节所带来的人们对于自己的劳动产品的异己关系的消灭，人们将使物质财富的生产、交换及他们发生相互关系的方式重新受自己的支配。那时，人的全部能力将会得到全面发挥，人的个性将会实现自由发展。

可以说，马克思正是在《德意志意识形态》中从"现实的个人"出发，基于"现实的个人"的活动和他们的能动活动创造出"他们的物质生活条

---

① [德] 马克思、恩格斯：《德意志意识形态》（节选本），人民出版社 2003 年版，第 10—11 页。

② [德] 马克思、恩格斯：《德意志意识形态》（节选本），人民出版社 2003 年版，第 18—19 页。

件"的实践原则，全面创制和阐述了一种关于人的历史科学。而后进一步
在这种历史科学的基础上，通过《资本论》及相关的经济学手稿为人们提
供了一种研究"人的问题"的科学典范——在现实的历史前提下探讨特定
社会关系之中的特定问题。同样，在思想演进的路径上，马克思并非仅仅
是因不断地深入探究和批判当初令他困惑的、与贫富对立现象相关的"物
质利益问题"而最终成为他创制历史科学的一个重要学术因素，他还在这
种历史科学基础之上，进而在《资本论》及相关经济学手稿中历史性地批
判剖析了资本主义社会关系之中现实存在的贫富分化与对立的财富现象。

二、"现实的个人"与财富现象批判的历史科学原则

与一切旧哲学的唯心史观有本质区别，马克思开创性地阐明了唯物史
观的历史科学，马克思的历史科学的出发点是"现实的个人"。马克思说：
"这里所说的个人不是他们自己或别人想像中的那种个人，而是现实中的
个人，也就是说，这些个人是从事活动的，进行物质生产的，因而是在一
定的物质的、不受他们任意支配的界限、前提和条件下活动着的。"① 由此
看来，与马克思的财富现象批判所考察的对象一样，他最终在《德意志意
识形态》中所明确确认的"现实的个人"就是处于社会物质利益关系中的人。
如果说马克思深入追问和批判市民社会中贫富分化与对立现象之根源是始
源于令他"苦恼"和"疑惑"的问题——现实的人的物质利益问题，那么，
他之所以"苦恼"和"疑惑"的原因之一就是因为他当初剖析与人的物质
利益本质相关的财富现象的理论地平并非是唯物史观的历史科学。从另一
个角度来说，在完全创制关于人的历史科学之前，马克思的"苦恼的疑惑"
并没有真正解决，也就是说，当初马克思进行财富现象批判过程中在不同

---

① [德]马克思、恩格斯：《德意志意识形态》（节选本），人民出版社 2003 年版，第 16 页。

的理论土壤和地平中摆荡：从黑格尔的"自我意识"的思辨哲学到费尔巴哈的人本主义哲学再到国民经济学的抽象劳动价值论，固然说明这是他关于现实的人的物质利益问题的苦恼之所以挥之不去的原因，但也表明唯物史观的历史科学的创制本身就是这样的一个过程：对黑格尔的思辨哲学、费尔巴哈的人本主义哲学和国民经济学的抽象劳动价值论的不断批判和扬弃——继承和吸收其积极性理论成果，克服和去除其局限性部分。

应该说，马克思关于人的历史科学之作为逻辑前提和出发点的"现实的个人"，跟他的财富现象批判所一直考察和力图阐明的处于一定社会物质利益关系中的人是本质同一的，只不过是，马克思的财富现象批判经过了一系列的理论地平挂靠和迁跃之后，他才最终将处于一定的社会物质利益关系中的人置于了唯物史观的地基之上。在不断地深入追问和批判资本主义社会中贫富分化与对立现象之根源的过程中，如果说马克思对处于一定的社会物质利益关系中的人和现实的人所处的一定的社会物质利益关系的阐明，不断被不同的理论地平遮蔽，那么，确立以"现实的个人"为出发点的历史科学所具有的理论意义首先就表现在解蔽或解构的意义上。也就是说，马克思创制以"现实的个人"为出发点的历史科学首先要求对黑格尔思辨哲学、费尔巴哈人本主义哲学和国民经济学的抽象劳动价值论予以三重批判。在此，如果说马克思的财富现象批判的不断深入表明马克思创制的历史科学由此具有实证科学的"材料"基础，那么同样，马克思在创制历史科学的过程中对一切旧哲学和国民经济学的批判则是其财富现象批判获得科学的批判原则的一个必不可少的理论进路。

当然，马克思的财富现象批判本身对处于物质利益关系中的现实的人及其自由发展和解放问题的逐渐阐明，在他系统地创制关于人的历史科学之前，其理论地平之所以有不断的迁跃本身就说明马克思的财富现象批判的不断深入过程，也就是对黑格尔的思辨哲学、费尔巴哈的人本主义哲学和国民经济学的抽象劳动价值论的不断批判过程。从这个角度看，它也能说明马克思的财富现象批判在理论不断演进的路径上的确是其得以最终创制关于人的历史科学的重要因素之一，因为很明显，无论是马克思的财富现象批判的不断深入过程还是其以解蔽或解构的方式创制唯物史观的历史科学的过程，这两者对一切旧哲学和国民经济学的批判本质上是同一的。由此看来，即使是从马克思的财富现象批判力图阐明人的现实存在与发展的价值取向来看，其固然最终通过系统阐述关于人的历史科学而确立了进行财富现象批判的科学原则，但马克思对财富现象批判曾先后"暂居"旧哲学和国民经济学予以互文性批判的过程本身就是其批判原则最终落实在历史科学的地基之上的过程。

　　从马克思进行财富现象批判的理论地平不断跃迁而表现出对旧哲学及国民经济学的互文性批判来看，尤其是在他认为——理解人类历史发展的"锁钥"，不应当到黑格尔所唯心描绘的"国家"中去寻找，而应当到"市民社会"中去寻找，并迫切要求"对市民社会的解剖应该到政治经济学中去寻找"①之后，马克思首先从费尔巴哈的人本学唯物主义角度对黑格尔思辨哲学和国民经济学的抽象劳动价值论予以辩证批判：其一，黑格尔的思辨辩证法虽然把人看作是在劳动过程中的自我生成的过程，但在黑格尔那里，劳动只不过是理论活动的思辨劳作而已，且只是从这种抽象劳动的积极意义上将人的自我生成认定为精神发展的理性力量，因此，黑格尔哲学实质上就是非实证批判的唯灵论，人只是唯灵论的抽象存在。其二，国民经济学自重商主义之后，虽然将人的劳动确定为财富的主体性本质的确是一个"进步"，但其只是从异化劳动和私有财产的经济事实出发，表明它表面上尊重人而在实质上只不过是彻底地"敌视人"。由此，立足于费尔巴哈的人本学唯物主义的批判表明，无论是黑格尔的思辨哲学还是国民经济学的抽象劳动价值论，其理论出发点都并非是"感性"存在的自然人，

---

① 《马克思恩格斯全集》第 31 卷，人民出版社 1998 年版，第 412 页。

而是抽象的"理性"存在的经济人。

在这之后，马克思从黑格尔思辨哲学的否定辩证法角度对费尔巴哈的人本学唯物主义和国民经济学的抽象劳动价值论予以改造性的批判：其一，国民经济学虽然从财富物的角度看到了人的劳动对于物的生产的积极意义，却无视创造财富的异化劳动的消极意义及其对于劳动者的否定意义，看不到私有财产与异化劳动之间的"历史运动"过程，因而其实质上是无批判的实证主义。其二，费尔巴哈的人本学唯物主义虽然看到了人与自然的对象性"感性"存在，并提出了"现实的人"的概念，但相对于黑格尔的否定辩证法所抽象地发展了的能动方面而言，费尔巴哈对"对象、现实和感性"只是从直观的形式去理解，而不是把人与自然之间的"感性"存在"当作感性的人的活动，当作实践去理解"①，他看不到感性的人的能动的实践活动及其历史发展，因而他撇开了人类历史进程把人的本质看作是单个人所固有抽象物，并只能直观到现实的市民社会中单个人的利己主义存在。由此，相对于黑格尔的能动的否定辩证法来说，国民经济学的抽象劳动价值论和费尔巴哈的人本学唯物主义都具有自然唯物主义的共性：基于自然"物"性的直观式抽象，无视人的能动活动及其辩证的历史发展过程。在此阶段，马克思已经接近于得出了改造性的批判结论，即只有将能动的辩证法注入到经济学实证所描述的劳动生产活动（感性活动）的"经济事实"中——这作为实践原则——才能建立起科学的劳动价值论和彻底驳倒神秘主义的抽象思辨。

于是在这之后，马克思又以改造国民经济学的积极成果为中介全面清算和批判了以黑格尔哲学和费尔巴哈哲学为代表的德国旧哲学的思辨性意识形态，指出这一意识形态本质上都是在黑格尔的实证唯心主义——在试图描绘决定物质世界变化的思想史中的生产活动的意义上的实证唯心主

---

① 《马克思恩格斯文集》第 1 卷，人民出版社 2009 年版，第 499 页。

义——的哲学基地上，以"抽象的人"为理论前提的唯心史观，因而这个思辨的意识形态"不是曲解人类史，就是完全撇开人类史"①。为此，马克思说："我们需要深入研究的是人类史。"② 马克思由此要创制的是与唯心史观本质不同的，以"现实的个人"为理论前提的历史科学，即唯物史观的历史科学。

在此，我们有必要强调的一点是，如果说马克思的财富现象批判打开了"到政治经济学中去寻找"的理论路径，进而生成了以历史辩证法批判性改造国民经济学的、以现实的经济事实为根据的实证科学逻辑，那么，马克思的财富现象批判的这一理论路径及其实证科学逻辑才是导引马克思创制唯物史观及其关于人的历史科学的主要因素。③

因此，马克思说："在思辨终止的地方，在现实生活面前，正是描述人们实践活动和实际发展过程的真正的实证科学开始的地方。"④ 从财富现象批判的角度看，它本身作为一种考察方法而力图实现的价值取向就是对人的现实存在及其历史发展的阐明，因而这种考察方法是有前提的，它的前提就是处于与财富现象本质相关的物质利益关系之中的"现实的个人"，它与唯物史观关于人的历史科学的理论前提和出发点本质同一。"在思辨终止的地方，在现实生活面前"⑤，对财富现象给予的实证批判"只要描绘

---

① ［德］马克思、恩格斯：《德意志意识形态》（节选本），人民出版社 2003 年版，第 10—11 页注②。

② ［德］马克思、恩格斯：《德意志意识形态》（节选本），人民出版社 2003 年版，第 10—11 页注②。

③ 在国内学界中事实上已经存在这一观点：正是马克思基于批判性改造国民经济学的、以现实的经济事实为出发点的实证科学逻辑，才是马克思创制唯物史观的逻辑。（参见孙伯鍨：《探索者道路的探索》，安徽人民出版社 1985 年版；张一兵：《回到马克思——经济学语境中的哲学话语》，江苏人民出版社 1999 年版。）

④ ［德］马克思、恩格斯：《德意志意识形态》（节选本），人民出版社 2003 年版，第 17 页。

⑤ ［德］马克思、恩格斯：《德意志意识形态》（节选本），人民出版社 2003 年版，第 17 页。

出这个能动的生活过程"①，历史就不会再像国民经济学家那样的抽象经验论者所认为的那样，是一些僵死不变的"私有财产的经济事实"的汇集，也不会再像以黑格尔哲学、费尔巴哈哲学为代表的一些唯心史观论者"所认为的那样，是想像的主体的想像活动"②。当然，这样的实证批判在终结思辨意识形态的意义上实质上就是为实现历史批判而"着手考察和整理资料"，也可以说，它在批判取向上就是要实现对财富现象的历史性实证批判或实证性的历史批判。

总之，以"现实的个人"为考察前提的财富现象批判在历史科学的原则之上坚持的就是实证批判和历史批判。正是因为如此，马克思在其后的《资本论》及相关经济学手稿中对资本主义社会中财富现象的实证批判和历史批判，是其由以科学阐明人的现实存在及其历史发展的一个重要理论路径。

三、人类解放的历史唯物主义阐明

很显然，马克思进行财富现象批判的历史科学原则本身作为研究"人类史"的实践批判原则，要求将能动的辩证法运用于对人的物质生活的生产与再生产的实践活动予以历史性实证批判分析的过程之中。人的物质生活的生产与再生产，在人类历史的发展过程中，本身就是以财富为需要对象，以财富生产为基础的劳动实践过程。对在此过程中形成的社会财富现象的批判分析，在方法论上，理应运用辩证逻辑的科学抽象，而不应像国民经济学那样仅只停留在形式逻辑的经验主义抽象上。辩证逻辑的科学抽象本质上就是马克思在《〈政治经济学批判〉导言》中指出的"从抽象上

---

① [德]马克思、恩格斯：《德意志意识形态》（节选本），人民出版社 2003 年版，第 17 页。
② [德]马克思、恩格斯：《德意志意识形态》（节选本），人民出版社 2003 年版，第 17 页。

升到具体的方法"，这是蕴含辩证矛盾分析的科学抽象。国民经济学的经验主义抽象仅满足于在形式逻辑上从各个具体的表象中总结出其中的一般共性的抽象概括，然后将抽象概括的结论对质于具体表象的存在，这在本质上是无矛盾性、无批判性的经验主义抽象。

具体说来，面对资本主义社会中同一财富现象，马克思的辩证逻辑的科学抽象不仅从物的角度抽象出财富现象中物的形式及其矛盾发展而形成的商品形式、货币形式和资本形式的不同矛盾层次的依次更替，而且从人的角度抽象出被物性财富现象所掩盖和颠倒的人与物、人与人的矛盾关系及其矛盾发展，而后将各个阶段或层次的矛盾关系予以综合形成思维的具体，从而在对资本主义财富现象予以不同角度、层次的抽象分析的基础上综合形成一个全面的具体结论：现实的个人要求自由发展的独立性与人对物的依赖性的资本主义特有矛盾景观。它是对众多抽象的具体综合而形成的总体矛盾评判，既有对不同矛盾现象的实证剖析又有对矛盾层次依次更替的矛盾运动的历史批判，进而认为资本主义社会自身矛盾的激化必然致使它自身的解体而被新的更高层次的社会经济形态所替代，从而实现人的进一步发展。

而面对资本主义财富现象，国民经济学的无批判实证主义研究就是在财富现象上将所有的生产商品的劳动概括成创造财富的"一般劳动"（如在斯密那里），或是达到的最高层次的经验抽象就是将财富现象在表象上归结为财富的"物性"存在（如在李嘉图那里），至于在资本主义财富生产过程中财富作为劳动产品与工人的直接关系如何、资本家与雇佣工人的关系如何则在它的经验主义抽象之外。国民经济学的经验主义抽象，即使是对财富现象的实证主义研究，也只是抽象地直观到物与物之间的交换价值关系以及财富与"一般劳动"之间的交换价值关系，而无视被物的现象所掩盖下的人与人之间的社会关系。很显然，国民经济学的经验主义抽象只是对单一的物性表象的抽象概括，因而它最终只见物而不见人，只是看到物性财富的增长对于提高资本主义生产力的积极意义，而无视资本主义财富生产过程中异化劳动和雇佣劳动对于人的现实存在和发展的否定意义。撇开资产阶级国民经济学早期不成熟阶段和后来的庸俗主义阶段不说，即使是在它的相对科学的古典经济学阶段，即使是在古典经济学的最高成就者李嘉图那里，也只是抽象地考察财富物的生产，且是为财富物的生产而生产，对人却漠不关心，不管资本主义生产力的发展以怎样的牺牲为代价。① 他把资本主义的财富生产抽象成社会生产的"绝对形式"，"当这种形式不再起这种作用的时候，或者当这种形式在其中起这种作用的那些矛盾显露出来的时候，李嘉图就否认矛盾，或者确切些说，他自己就以另一种形式表现矛盾，把财富本身，把使用价值总量本身说成是 Ulti-maThule（即'终极目的、极点'的意思），而不考虑生产者了"②。也就是说，李嘉图的无批判的经验主义抽象即使从财富的使用价值本身考察了资本主义生产形式所显露的矛盾，他也有意否认矛盾而将资本主义财富生产的形式粉饰为终极完美的"绝对形式"。因此，以李嘉图为代表的古典经济学家的经验主义抽象作为经济学无批判的实证主义方法，之所以具有所谓的"历史合理性"③（马克思语），是因为它是资本主义的历史发展所造成的，它对财富现象的"物性"实证考察在本质上是无矛盾的、无批判的，与资本追求"物性"财富单极扩张的"物化"意识形态相调和的。资产阶级国民经济学家由此即使有分析人的必要，也是出于研究财富物的交换价值的目的，而将人抽象地规定为远古的"渔夫"和"猎人"，或是将人抽象地幻想成"鲁滨逊"式的与世隔绝、离群索居状态的人。它否定人的现实社会关系和历史发展，因为他们抽象分析的人并非是资本主义社会中处于各种社会联系和交往关系中的现实的人。如同将创造财富的劳动抽象成"一

---

① 参见《马克思恩格斯全集》第32卷，人民出版社1998年版，第462页。

② 《马克思恩格斯全集》第26卷第1册，人民出版社1972年版，第148页。

③ 参见《马克思恩格斯全集》第26卷第2册，人民出版社1973年版，第181页。

般劳动"而无视财富与劳动者的直接的对象性关系一样，他们将人"抽象"化，本身即是为了"给私有财产提供一切"而"敌视人"，否认人的历史发展，进而维护资本主义的意识形态。

在方法论上，将马克思的科学抽象和国民经济学的经验主义抽象予以对比分析，可见：在面对资本主义社会中同样的财富现象时，虽然对这一财富现象的无批判的实证主义研究不一定导致将人抽象化的结论，但只要将"抽象的人"作为理论出发点就必然导致对资本主义财富现象予以无批判性考察的历史虚无主义。将"抽象的人"作为理论出发点必然无视人的现实存在和历史发展，目的是与资本主义的意识形态相调和。

那么同样是以"抽象的人"作为理论出发点的唯心史观，出于同样的维护资本主义意识形态的目的，自然不可能对资本主义财富现象给予历史性的实证批判，也不可能正确阐明现实的人的现实存在及其历史发展。即使是在费尔巴哈那里，虽然他"向前迈进了一步"①，但也是同样的历史唯心主义者，虽然他直观到了由孤立的人的个体自然联系起来的市民社会，但他根本看不到世俗的市民社会的自我矛盾，看不到富有的有产者和贫穷的无产者之间的利益对立和尖锐矛盾，自然不知道用革命的实践批判去消灭世俗家庭和世俗的贫富分化与对立的财富现象。也即是说，费尔巴哈在人类历史领域只能直观到"抽象的个人"，并以此作为理论出发点，他也就自然不可能对世俗社会的利益对立和贫富分化予以"实践批判"，由此形成的历史观自然是唯心史观。

在《德意志意识形态》中，马克思批判指出，费尔巴哈对人作出抽象的理解就是因为他离开了现实的社会关系来抽象地论述人的伦理情感，离开了人的劳动实践来看待感性的自然和周围世界，而完全没有看到周围的

---

① ［德］马克思、恩格斯：《德意志意识形态》（节选本），人民出版社 2003 年版，第 7 页注②。

感性世界并非某种开天辟地以来就既定的产物，而是"工业和社会状况的产物，是历史的产物，是世世代代活动的结果"，就如同他不知道"樱桃树"因人的实践活动才具有历史存在一样。① 费尔巴哈没有从人们的现实社会关系，从人们周围的现实生活条件来理解人，不知道人与人之间除了理想化的伦理情感之外还有哪些其他的"人的关系"。马克思指出，费尔巴哈没有批判现有的关系，即使他看到了大批积劳成疾的穷苦人的时候，他也只是用"最高的直观"将穷苦人和非穷苦人、健康人和非健康人在观念上予以"类的平等化"，他"重新陷入唯心主义"。②

与费尔巴哈的历史唯心主义不同，"正是在共产主义的唯物主义者看到改造工业和社会结构的必要性和条件的地方"③，历史唯物主义对资本主义社会中"人的关系"给予了实践批判。

在资本主义条件下，"货币使任何交往形式和交往本身成为对个人来说是偶然的东西"④，货币使一切交往都只是在资本（私有制）与人的劳动对立条件下的个人的交往，并使个人完全屈从于促进资本增殖和生产力发展的分工，否则交往就会停止。这已经对"现实的个人"形成了这样的实证描述：生产力发展已经在与个人作对，生产力的发展在意味着资本的财富增值的同时，也意味着工人的贬值和贫穷化。之所以这样，是因为个人已经与现存条件下——资本与劳动的对立——的交往关系产生了历史性的矛盾，这种交往关系已经成为个人自由发展的桎梏。因此，个人要获得全面的发展必须基于现有的生产力发展，对现存的对立条件下的交往关系及由此产生的贫富分化现象予以历史性批判和扬弃。

---

① 参见［德］马克思、恩格斯：《德意志意识形态》（节选本），人民出版社2003年版，第20页。

② 参见［德］马克思、恩格斯：《德意志意识形态》（节选本），人民出版社2003年版，第22页。

③ ［德］马克思、恩格斯：《德意志意识形态》（节选本），人民出版社2003年版，第22页。

④ ［德］马克思、恩格斯：《德意志意识形态》（节选本），人民出版社2003年版，第71页。

在马克思看来，人的自由发展乃至人类解放的历史，本身就是处于由人的交往（关系）形式所构成的演进系列之中：束缚人的个性自由和解放的旧交往形式被适应于更发达的生产力，因而更能促进人的自由发展和解放的新交往方式所代替；新交往方式又会随着生产力的发展而成为人的自由发展和解放的桎梏，然后被另一新的交往方式所代替。由于这些依次演进的交往方式在每一历史阶段都是与同一时期的生产力发展彼此适应的，故此它们的演进历史同时也就是一代又一代的生产力演进并沉积起来的历史，也即是个人本身力量发展的历史。由此看来，个人的发展取决于和他进行各种交往的其他一切人的发展，相互发生交往关系的个人的世世代代彼此相联，后代的肉体存在是由他们的前代决定的，后代承续着前代沉积下来的生产力和交往形式，这就决定了他们这代人的相互关系和现实发展。因此，人的自由发展和人类解放是一种历史活动，是由历史的关系、生产力的发展状况和交往形式的发展状况决定并促成的。

基于对人类物质生活的生产与再生产的实践活动的历史剖析，马克思认为，资本主义财富生产已经为人在未来社会中的全面而自由的发展准备了现实的条件：其一，它创造了史无前例的强大生产力；其二，资本主义世界市场为人的交往提供了广阔的空间。然而，它虽然更清楚地表明每一单个人的解放程度体现为历史转变为世界历史的程度，但这需要将现存的处于对立条件下的资本主义交往关系再次复归到由联合起来的人们的掌握之中，积极扬弃它曾支配人、奴役人的偶然性基础，把它变为人们发挥自己全面能力、实现个性自由的现实性基础。这也就是由现代无产阶级承担的追求人类解放的共产主义运动所争取实现的历史任务。

第四章　财富现象批判与社会的历史发展

在前一章中，我们探讨并立论了这一观点：马克思通过财富现象批判阐述了人的现实存在与历史发展。如果说，从总体上看，阐明现实的人的历史发展及其解放是马克思的财富现象批判从主体性维度展现的价值取向，那么，通过对资本主义社会的财富现象批判阐明社会的历史发展则是马克思的批判理论从客体性维度展现的价值取向。于此，在探讨了马克思在主体性维度下的财富现象批判与人的现实存在及其历史发展这一理论主题之后，还很有必要探究马克思在客体性维度下的财富现象批判与社会的历史发展这另一个重要主题。这样，我们才能全面理解马克思的财富现象批判所表明的历史科学原理：人类史就是以现实的人的历史发展为目的的社会历史发展过程。当然，它表明这一原理的前提始终是基于对资本主义社会财富现象的历史的实证主义批判或实证的历史主义批判。

第一节　对资本主义社会财富现象的实证考察

马克思在与恩格斯合著的《德意志意识形态》中指出，在考察现实社会生活的真正实证科学开始的地方，思辨已被终止，关于意识的空话将被真正的知识取代；只要按照事物的真实面目及其产生情况来理解事物，任何深奥的哲学问题都可以归结为某种经验的事实；并且对于实践的唯物主义者而言，全部问题并不在于像费尔巴哈那样对感性世界仅只予以单纯的直观，而在于实际地反对并改变现存的事物。① 此时的马克思，在创制唯物史观的历史科学的过程中，已经是一位实践的唯物主义者，他所指认的"真正的实证科学"在排斥哲学思辨的同时，并非是对社会现实生活和感性世界的单纯直观，而是有其批判的特质，即"使现存世界革命化，实际地反对并改变现存的事物"②。由此可推论，马克思的实证科学反对非批判的思辨唯心主义，他的财富现象批判就是要通过对现代资本主义社会财富现象的实证考察，来"实际地反对并改变"现存的贫富分化与对立的财富现象和社会现状，进而也为透视人类社会的历史发展提供有关的"历史资料"③。

一、实证考察的历史唯物主义原则

在马克思的社会批判理论的逻辑进程中，政治经济学批判是其财富现象批判的科学切入。（参见本书第二章第二节）尤其是在唯物史观创立后，马克思将唯物史观的批判原则具体化在政治经济学批判之中，进而使后者科学地改造了古典政治经济学的劳动价值论，并科学地揭示了剩余价值的秘密就是：资本剥削了雇佣劳动所创造的财富。政治经济学批判基于唯物史观原理，不仅实现了科学化，而且科学地揭示了资本主义社会贫富两极分化与对立现象的社会本源——基于阶级利益对立的劳动与资本之间的矛盾关系。科学化的政治经济学批判与财富现象批判连理相通，是财富现象批判深层切入的科学要求。《资本论》及相关经济学手稿是马克思的政治经济学批判的经典成果，其中对资本主义社会予以实证的批判考察的历史

---

① [德] 马克思、恩格斯：《德意志意识形态》（节选本），人民出版社 2003 年版，第 17—20 页。

② [德] 马克思、恩格斯：《德意志意识形态》（节选本），人民出版社 2003 年版，第 19 页。

③ [德] 马克思、恩格斯：《德意志意识形态》（节选本），人民出版社 2003 年版，第 18 页。

唯物主义原则，自然也是马克思对资本主义社会财富现象予以实证批判的原则。

在《资本论》的第一版序言中，马克思指出，跟物理学家在自然过程最确实地得以表现的地方进行观察和实验相类似，他对"资本主义生产方式以及和它相适应的生产关系和交换关系"的研究和阐述"主要用英国作为例证"，因为资本主义生产方式"到现在为止"表现得最确实的地方或典型的地点就是英国。① 马克思的观点是：经济的社会形态的发展可以被理解为一种自然史的过程。② 因此，像物理学家不受干扰的实证研究自然过程一样，对资本主义的社会形态的实证考察当然也就不能用形而上的思辨哲学来欺骗自己，否则我们的眼睛和耳朵就会被"柏修斯的隐身帽"紧紧遮住，也就看不到资本主义社会中"妖怪"的存在。因此，正如主张"生活决定意识"这一实证考察方法的唯物史观所阐明的，"在思辨终止的地方，在现实生活面前，正是描述人们实践活动和实际发展过程的真正的实证科学开始的地方。关于意识的空话将终止，它们一定会被真正的知识所代替"③。

"真正的实证科学"对资本主义社会的实证描述和考察，从经济的社会形态的角度看，就是要在人们从事物质生活资料的生产与再生产的实践活动中批判性理解资本主义经济关系及其所反映的资本主义生产方式。这也就意味着，"这种考察方法不是没有前提的"④，它的前提不是唯心主义者和抽象的经验论者作为理论研究前提的"抽象的个人"，而是可以通过实践经验观察到的，在一定社会关系条件下进行实践活动的现实的人。由

---

① 参见 [德] 马克思：《资本论》第 1 卷，人民出版社 2004 年版，第 8 页。
② 参见 [德] 马克思：《资本论》第 1 卷，人民出版社 2004 年版，第 10 页。
③ [德] 马克思、恩格斯：《德意志意识形态》（节选本），人民出版社 2003 年版，第 17—18 页。
④ [德] 马克思、恩格斯：《德意志意识形态》（节选本），人民出版社 2003 年版，第 17 页。

此，对资本主义社会的实证考察之作为前提的人，决不是用玫瑰色描绘过的，这里所涉及的人，只是"经济范畴的人格化，是一定的阶级关系和利益的承担者"，"他在社会意义上总是这些关系的产物"。① 就此而言，后来以卢卡奇、葛兰西为代表的西方马克思主义者对第二国际所谓的"实证主义科学方法"的批判是符合马克思的唯物史观本原的，因为第二国际非法"修正"马克思的实证科学的地方就是在本质上抛弃了实证考察的前提——现实的人，将马克思对资本主义社会的实证考察歪曲为一种追求人之外的"自然规律"的"科学方法"。

在马克思看来，既然现实的人在一定的社会生产方式中进行生产活动就会发生一定的社会关系和政治关系，那么实证考察"在任何情况下都应当根据经验来揭示社会结构和政治结构同生产的联系，而不应当带有任何神秘和思辨的色彩"②，它所体现的唯物史观原则就是：从人们直接的物质生活的生产出发阐述现实的社会生产过程，把同这种社会生产方式相联系的，它在各个不同阶段上所产生的交往形式（即社会生产关系）理解为整个历史的基础，进而在此基础上阐明各种不同的意识形式及其产生的过程。③ 这一唯物史观原则就具体化在政治经济学批判之中。对此，马克思在《〈政治经济学批判〉序言》中进行了经典的"总结"："人们在自己生活的社会生产中发生一定的、必然的、不以他们的意志为转移的关系，即同他们的物质生产力的一定发展阶段相适合的生产关系。这些生产关系的总和构成社会的经济结构，即有法律的和政治的上层建筑竖立其上并有一定的社会意识形式与之相适应的现实基础。……随着经济基础的变更，全部庞大的上层建筑也或慢或快地发生变革。在考察这些变革时，必须时刻

---

① ［德］马克思：《资本论》第 1 卷，人民出版社 2004 年版，第 10 页。

② ［德］马克思、恩格斯：《德意志意识形态》（节选本），人民出版社 2003 年版，第 15 页。

③ 参见［德］马克思、恩格斯：《德意志意识形态》（节选本），人民出版社 2003 年版，第 36 页。

把下面两者区别开来：一种是生产的经济条件方面所发生的物质的、可以用自然科学的精确性指明的变革……"①。在这里，马克思简要"表述"唯物史观的原则之时，再次指明了他的实证考察与自然科学的精确性研究相类似的，但考察对象本身又有明确所指的地方：生产的经济条件方面所发生的物质的变革。

在《资本论》第二版"跋"中，有一个值得我们关注的事实，即马克思明确反对实证主义者和实在论者对自己在《资本论》中的经济学研究方法的指责（他们指责马克思的研究方法是"形而上学"和"德国的辩证法诡辩"），但并没有明确反对他们对自己的研究方法予以实证的或实在论的指认。其一，针对实证主义者叶·瓦·德罗贝尔蒂在《实证论者评论》中对《资本论》的应用方法的评论，马克思分别引用季别尔教授和布洛克先生的言论针锋相对地反击了《实证论者评论》"责备我形而上学地研究经济学"②的指责。但对于其说自己"只限于批判地分析既成的事实，而没有为未来的食堂开出调味单（孔德主义的吗?）"③的这一层意思的指认，马克思并没有明确的否认，而是在此句后的括号中用"孔德主义的吗?"这几个简单的文字予以质疑——它是一个疑问句。很显然，这一疑问句的回应表明马克思不反对实证主义者对自己"批判地分析既成的事实"的这一"实证考察"方法的指认，但质疑的是对方将自己基于唯物史观的实证科学与孔德的实证主义混为一谈了。事实上，马克思的实证科学与孔德的实证主义有本质区别，前者对资本主义社会予以实证考察遵循的是历史唯物主义的科学原则，而后者对"人类思想发展史"的实证综合则"具有明显的主观唯心主义和机械论性质"④。可以说，青年卢卡奇也没有认清这一

---

① 《马克思恩格斯全集》第 31 卷，人民出版社 1998 年版，第 412—413 页。
② ［德］马克思：《资本论》第 1 卷，人民出版社 2004 年版，第 19 页。
③ ［德］马克思：《资本论》第 1 卷，人民出版社 2004 年版，第 19 页。
④ 刘放桐等：《现代西方哲学》（修订本）上册，人民出版社 1990 年版，第 46 页。

点，但与孔德主义者不同，卢卡奇在批判第二国际的无主体实证主义过程中深受狄尔泰的历史主义的影响，竟然在《历史与阶级意识》中片面地否认了马克思基于唯物史观的实证科学及其对资本主义社会的历史性实证批判，而只承认马克思的历史科学及其对资本主义社会的历史主义批判。其二，针对《欧洲通报》专谈《资本论》的方法的一篇文章，马克思引用了这篇文章的作者所写的长段文字反驳了作者的指责——《资本论》的方法是"辩证法诡辩"，但马克思并没有否认作者关于《资本论》的方法"是严格的实在论的"这一指认——"而实际上，在经济学的批判方面，他是他的所有前辈都无法比拟的实在论者……决不能把他称为唯心主义者。"[1]马克思还进一步说："这位作者先生把他称为我的实际的方法的东西描述得这样恰当。"[2] 可以说，马克思还是认可这位作者用实在论"恰当"描述他对资本主义社会的实证考察方法的。

实在论者对马克思的实证考察方法的评论大致归结如下：其一，马克思就是通过研究那些现象来发现其中的规律，他一发现这些现象变化、发展的规律，就详细地考察它在社会生活中表现出来的各种后果，故此马克思竭力做的就是通过对那些现象的准确的科学研究来证明社会关系的一定秩序的必然性，并尽可能完善地指出那些成为理论的出发点和根据的事实；其二，在马克思看来，批判将不是把事实和观念比较对照，而是把一种事实同另一种事实比较对照；其三，经济生活呈现出的现象，使马克思对这些现象所作的深刻分析表明，社会有机体跟动植物有机体相类似——因为这些有机体的整体结构不同，它们的各个器官就会有差别，且各个器官由以发生作用的条件就不一样，也就是说，同一个现象也会受完全不同的规律支配，马克思由此断言生产力的发展水平不同，生产关系和支配这

---

① ［德］马克思：《资本论》第 1 卷，人民出版社 2004 年版，第 20 页。
② ［德］马克思：《资本论》第 1 卷，人民出版社 2004 年版，第 21 页。

种生产关系的规律也就不一样；马克思就是从这个观点出发去研究资本主义经济制度的，这种研究具有的科学价值，就在于它阐明了一定的社会有机体依次被另一更高的有机体替代的特殊规律。[①] 这一评论所涉及的观点都被马克思引用在《资本论》第二版的"跋"中。马克思不仅认为这些观点对"我的实际方法"描述恰当，而且认为其描述所反映的也就正是唯物辩证法。[②] 由此看来，马克思对资本主义经济的社会形态的实证考察不仅建立在历史唯物主义的基础之上，而且有其考察社会有机体的辩证观点。

很显然，既然《资本论》及相关经济学手稿中对资本主义经济的社会形态的实证考察是唯物史观的批判原则在政治经济学批判中的具体化，是建立在历史唯物主义的基础之上的，那么，从研究资本主义经济生活呈现出的财富现象并由此发现资本主义社会关系的必然性秩序的角度看，对资本主义经济的社会形态的实证考察也必然是马克思对资本主义社会的财富现象予以批判研究的方法论前提，况且政治经济学批判对资本主义社会的实证考察本身反映的也是财富现象批判的科学化要求。总的来说，基于唯物史观批判原则的实证考察就是马克思对资本主义社会予以政治经济学批判和财富现象批判的一种科学方法，它本质上是一种批判性的实证考察或实证批判。

二、贫富两极分化与对立：从"经济事实"出发的批判性实证考察

对于经济的社会形态的考察，正如马克思在《〈政治经济学批判〉序言》中强调的，在考察一个根源于"物质生活的矛盾"和"社会生产力和生产关系之间的现存冲突"的变革时代时，必须区别下面两者："一种是

---

① 参见 [德] 马克思：《资本论》第 1 卷，人民出版社 2004 年版，第 20—21 页。
② 参见 [德] 马克思：《资本论》第 1 卷，人民出版社 2004 年版，第 21 页。

生产的经济条件方面所发生的物质的、可以用自然科学的精确性指明的变革，一种是人们借以意识到这个冲突并力求把它克服的那些法律的、政治的、宗教的、艺术的或哲学的，简言之，意识的形态的形式。"①前者是可以用自然科学予以精确性实证分析的"经济事实"，而后者是反映这个变革时代中的"经济事实"的意识。从实证考察这个变革时代及其对应的经济的社会形态来说，当然只能从前者出发而不能从后者出发。也就是说，只能从"经济事实"出发，而"不能以它的意识为根据"②。

就此而言，有些研究者对马克思的思想理论予以"经济决定论"的误解与此有关。一方面，马克思的《资本论》及其相关经济学手稿对"资本主义生产方式以及和它相适应的生产关系和交换关系"的研究"主要用英国作为例证"。③毫无疑问，这是马克思从"经济事实"出发的，与自然科学家对自然过程进行实证研究相类似的实证考察。就这种从"经济事实"出发的实证考察而言，马克思并非是对资本主义社会的一种笼统研究，而是有所侧重的，侧重于从"生产的经济条件方面"或"社会经济结构方面"予以实证研究的。但另一方面，从马克思在《〈政治经济学批判〉序言》中的阐述看，他并没有否认人们借助各种作为上层建筑的社会意识形式"力求克服"生产关系与生产力的现存冲突的努力和作用，并在《序言》中予以明确地表述出来了。也就是说，马克思的经典"表述"并非无视上层建筑对经济基础的反作用。由此看来，有些学者将马克思的学说误解成"经济决定论"与他们可能无视马克思在此的经典"表述"或是没有全面理解马克思的"表述"相关——他们只是注重前一方面的解读，而忽视后一方面的理解。当然，学者们将马克思的学说误解成"经济决定论"，这种极端的反例恰好说明了马克思确实是从"经济事实"出发来研究资本

---

① 《马克思恩格斯全集》第 31 卷，人民出版社 1998 年版，第 413 页。
② 《马克思恩格斯全集》第 31 卷，人民出版社 1998 年版，第 413 页。
③ [德] 马克思：《资本论》第 1 卷，人民出版社 2004 年版，第 8 页。

主义经济的社会形态的，这是从实证考察的方法论角度必然形成的科学要求。

如果说在涉足政治经济学领域之前，马克思一直是从宗教哲学和政治哲学角度探究和批判市民社会中贫富两极分化与对立的社会现象及其根源，那么，当马克思立意"对市民社会的解剖应该到政治经济学中去寻找"① 时，就已经开始从经济学或经济哲学的角度关注跟贫富两极分化与对立的财富现象相关的"经济事实"了。故而在《1844 年经济学哲学手稿》中，马克思认为，我们不能像国民经济学家那样从私有财产的事实出发，而应"从当前的经济事实出发"。②

事实上，在将唯物史观的实证科学原则具体化在政治经济学批判之中，并认为对资本主义经济的社会形态予以实证考察应以"经济事实"为依据之前，马克思早就一直秉承崇尚现实的品格在苦恼地关注着世俗社会的经济生活中出现的贫富分化与对立现象，并决定为贫苦群众的"物质利益发表意见"③，因而开启了财富现象批判的深层追问之路径。由此看来，马克思的财富现象批判自开始以来就在自发地关注与财富现象相关的经济事实，直到涉足政治经济学研究，就开始自觉地"从当前的经济事实出发"批判性地实证考察资本主义社会中的贫富分化与对立现象。就此而言，如果马克思在创立唯物史观之后的政治经济学批判科学地证实了"资本与劳动之间的矛盾关系"是资本主义经济的社会形态或生产方式绕之旋转的中轴——通过对雇佣劳动的实证考察予以证实的，那么，马克思在此之前就已经通过对异化劳动的经济事实进行的实证剖析阐明了资本（私有财产）与劳动之间的贫富分化与对立关系——这是在财富现象批判的"前科学"时期的经济学实证的逻辑通道上实现的。这些在时间顺序上展开的理论阶

① 《马克思恩格斯全集》第 31 卷，人民出版社 1998 年版，第 412 页。
② ［德］马克思：《1844 年经济学哲学手稿》，人民出版社 2000 年版，第 59 页。
③ 《马克思恩格斯全集》第 31 卷，人民出版社 1998 年版，第 411 页。

段，除了再次表明马克思的财富现象批判的经济学实证逻辑是引导马克思对旧哲学（以黑格尔的思辨唯心主义和费尔巴哈的直观唯物主义为代表）予以批判性改造，进而创立历史唯物主义的一个重要逻辑路径之外，也说明马克思的财富现象批判"前科学"时期的经济学实证逻辑与唯物史观的实证科学原则是前后相承的。马克思从政治经济学角度对资本主义经济的社会形态的批判性实证考察，早在《1844 年经济学哲学手稿》的异化劳动批判中就已经开始。

在《1844 年经济学哲学手稿》中，马克思在开篇即按照国民经济学的实证逻辑从"工资"入题实证考察了"资本家与工人之间的关系"。马克思由此"列举社会可能处于的三种主要状态"[①] 来考察工人靠工资而活的生存状态：其一，当社会处于财富衰落的状态时，工人遭受的苦难最深重，贫困更加剧；其二，当社会处于财富增长的状态时，即使这种社会状态对工人最有利，但工人的结局一样，不是过劳死就是因贫困而与他人和机器争就业，于是出现生产过剩，结果不是大部分工人失业就是工人只能获得可怜的最低工资；其三，当社会处于财富增长的顶点即最富裕状态时，工资和资本利息两者都很低，工人之间的就业竞争加剧致使工资被减少到仅能维持现有就业人数的程度，即使是对就业工人来说也是持续不变的贫困。因此综合来看，无论社会处于何种财富状态，始终对工人不利——不是因失业无工资可得而饿死就是因剧烈竞争而过劳死且工资被缩减至最低，但资本家的资本却能得到持续的积累。通过这样的实证考察所印证的结论是："工资决定于资本家和工人之间的敌对的斗争。胜利必定属于资本家。"[②] 它虽然"几乎是用国民经济学家的原话所作的论述"[③] 也揭示了资本家与工人之间的对立关系，但是它是从国民经济学所提供的私

---

① ［德］马克思：《1844 年经济学哲学手稿》，人民出版社 2000 年版，第 9 页。

② ［德］马克思：《1844 年经济学哲学手稿》，人民出版社 2000 年版，第 7 页。

③ ［德］马克思：《1844 年经济学哲学手稿》，人民出版社 2000 年版，第 14 页。

有财产这一事实出发的。它没有说明这个事实，反而把应该予以阐明的东西当作前提，因此，"当它确定工资和资本利润之间的关系时，它把资本家的利益当作最终原因"①。于是，马克思指出，"我们且从当前的经济事实出发"② 予以实证考察就能发现，工人劳动创造的财富越多，资本家的资本力量和财富数量就越大，工人就越贫穷。这即是资本主义财富生产过程中的"异化劳动"或"外化劳动"。它造成了资本主义社会财富异化而贫富两极分化与对立的现象：一方面是工人因劳动创造了财富而越来越贫穷，另一方面是资本家因占有工人劳动创造的财富而更加富有，进而实现资本积累。于此，"从当前的经济事实出发"予以实证考察和分析，不仅能揭示资本（私有财产、资本家）与劳动（工人）的对立关系——它无疑是导致资本主义社会贫富两极分化与对立的财富现象的社会根源，而且阐明了私有财产的本质来源——"私有财产一方面是外化劳动的产物，另一方面又是劳动借以外化的手段，是这一外化的实现。"③ 这样一来，资本主义社会贫富分化与对立现象根源于资本（私有财产）与劳动之间的剥削与被剥削关系的现实存在就愈发澄明。

事实上，在基于唯物史观的批判原则之上实证考察资本主义经济的社会形态之前，马克思在《1844 年经济学哲学手稿》中是从异化劳动这个"当前的经济事实"出发，用经济学实证逻辑考察资本与劳动的对立关系的，以此揭示了资本主义社会贫富两极分化与对立现象的社会根源。如果说《1844 年经济学哲学手稿》中用古典政治经济学的实证逻辑对资本与劳动的对立关系的考察——由于马克思此时囿于人本学唯物主义还没有用"社会历史性"的历史唯物主义观点科学地改造古典政治经济学的劳动价值论，因而还是"前科学"时期的实证考察，也并非是对财富现象予以科学的实

---

① ［德］马克思：《1844 年经济学哲学手稿》，人民出版社 2000 年版，第 50 页。
② ［德］马克思：《1844 年经济学哲学手稿》，人民出版社 2000 年版，第 51 页。
③ ［德］马克思：《1844 年经济学哲学手稿》，人民出版社 2000 年版，第 61 页。

证批判，那么，在历史唯物主义的立场和观点得以明确阐明之后，马克思在《雇佣劳动与资本》一文中，则是从资本主义雇佣劳动制这一经济事实出发科学地实证考察了"资本与劳动的对立关系"。

在《雇佣劳动与资本》中，马克思从政治经济学批判的角度列举并实证考察分析了众多经济生产的例子，以具有说服力的"讲演"形式揭示了资本对雇佣劳动者的财富掠夺。在此，正如恩格斯在该文的单行本导言中所指出的，随着人类劳动生产率的日益提高，资本与劳动的对立必将造成一种使资本主义经济趋向毁灭的冲突——"社会分裂为人数很少的过分富有的阶级和人数众多的无产的雇佣工人阶级，这就使得这个社会被自己的富有所窒息，而同时社会的绝大多数成员却几乎没有或完全没有免除极度贫困的任何保障。"①恩格斯所说的冲突实质上就是资本主义社会现实的贫富两极分化与对立的现象。对于这样的贫富冲突的财富现象，恩格斯说："社会的这种状况日益显得荒谬，日益显得没有存在的必要。"②

资本与劳动之间对立的社会关系是决定资本主义经济的社会形态之性质的基础，也是资本主义社会体系所绕之而转动的"轴心"。③ 如果说，对这个"轴心"的批判考察，在1859年发表《政治经济学批判。第一分册》以前，马克思的著作，如《雇佣劳动与资本》，有个别地方的有些用语和语句"不妥当"④，那么，马克思在其后著述的《资本论》及相关经济学手稿中的语句表述则是相对完善与成熟的。

在《资本论》中，马克思对资本主义社会的财富现象予以经济学实证考察的方法得到了更加具体的体现。马克思从资本主义经济的社会形态所

---

① 《马克思恩格斯文集》第 1 卷，人民出版社 2009 年版，第 709 页。

② 《马克思恩格斯文集》第 1 卷，人民出版社 2009 年版，第 709 页。

③ 参见《马克思恩格斯选集》第 2 卷，人民出版社 1995 年版，第 589 页。

④ 这是恩格斯的评论。参见《马克思恩格斯文集》第 1 卷，人民出版社 2009 年版，第 701 页。

特有的财富（剩余价值）生产的经济事实出发，予以实证考察资本与劳动之间的利益对立、贫富分化及其剥削与被剥削的对立关系和财富现象。在此，马克思将例证与史论结合，用历史理解经济关系的事实，是其对资本主义社会所特有的经济（财富）现象予以批判性实证考察的方法论原则。这样，基于唯物史观的批判原则，马克思对资本主义社会中资本与劳动之间剥削与被剥削的对立经济关系和贫富分化现象并非是为了实证考察而实证考察，而是有"史"、有"实"的历史主义的实证批判。这样的批判性实证考察既非古典政治经济学有"实"无"史"的非历史的实证主义经济学考察，也非黑格尔的历史哲学有"史"（只不过是"思想史"）无"实"的非实证的历史主义批判或者思辨批判领域中的"实证唯心主义"①。

在马克思的系列经济学手稿中，马克思对资本与劳动之间的贫富对立的经济关系和现象同样地给予了批判性实证分析。如在《政治经济学批判（1857—1858 年手稿）》中，马克思实证指认了资本和雇佣劳动是资本主义财富生产的两个基本要素，两者具有对立性质，但共处于资本主义财富生产的矛盾体系之中，即"劳动作为资本的对立物，作为与资本对立的存在，被资本当作前提，另一方面，劳动又以资本为前提"②。它因此作为资本主义财富生产的必然规律所反映的实质是：资本把雇佣劳动这种生产财富的力量据为己有——它在社会形式上表现为资本剥削，无偿占有雇佣劳动创造的剩余价值的过程。这样，同样是作为必然的规律，资本主义财富生产只会使资本家致富而不会使工人致富。

另外，马克思还历史性地实证考察了资本主义财富生产与分配、交换

---

① 马克思曾说："黑格尔完成了实证唯心主义。在他看来，不仅整个物质世界变成了思想世界，而且整个历史变成了思想的历史。他并不满足于记述思想中的东西，他还试图描绘它们的生产活动。"（[德] 马克思、恩格斯：《德意志意识形态》（节选本），人民出版社 2003 年版，第 4 页注①。）

② 《马克思恩格斯全集》第 30 卷，人民出版社 1995 年版，第 254 页。

和消费的关系，尤其是在《1857—1858 年经济学手稿》的导言部分和在《资本论》第三卷的第五十一章中，他对产品（财富）分配的形式与生产的一定方式之间关系的实证考察及由此形成的判断，为马克思后来在《哥达纲领批判》中和晚年的人类学批判中论述"财富正义"问题奠定了科学的理论基础。

就马克思的财富现象批判而言，对社会经济生活中的财富现象所反映的经济事实予以批判性的实证考察，从而剖析和揭示贫富两极分化和对立现象之所以产生的社会根源，这样的实证考察所具有的方法论意义是值得我们探讨的，毕竟它对于我们实证批判当代社会的贫富两极分化与对立的财富现象同样具有方法论上的借鉴意义和现实意义。

三、财富假象：对资本主义拜物教现象的实证考察与批判

有一个问题需要澄清，即马克思在《资本论》及相关经济学手稿中所指认并批判的拜物教现象究竟是不是资本主义经济的社会形态中的"经济事实"？实际上，澄清这一问题与辨析学界争论的另一个问题——马克思所指认的"拜物教"是一种"社会存在"，还是一种"社会意识"，或者二者兼有？——有密切关联。日本学者河上肇在《〈资本论〉入门》（该著对我国学界研究《资本论》曾有广泛影响）中指出，"商品生产社会的拜物教是反映其社会存在的社会意识"[1]，其性质是"由商品生产者的社会存在反映于他们的意识而产生的"[2]。我国有学者也像这位日本学者一样从"社会意识"的角度将"拜物教"作"观念"论，但也有不少学者反对"观念派"的意见，认为"拜物教"是作为与社会生产有关的社会经济关系而存

---

① ［日］河上肇：《〈资本论〉入门》上册，何仲珉译，人民出版社 1988 年版，第 233 页。
② ［日］河上肇：《〈资本论〉入门》上册，何仲珉译，人民出版社 1988 年版，第 236 页。

在的一种客观的社会存在。当然，学界中也有学者认为"拜物教"既是一种客观的社会存在又是一种社会意识，是二者的统一。总之，学界对此存在争论。①

从考察马克思的著述文本来看，青年马克思曾在对物"崇拜"的意义上使用"拜物教"概念，此时的"拜物教"被指明为意识现象，当然是作为"社会意识"而存在。如他在《关于林木盗窃法的辩论》中使用了拜物教（Fetischismus）一词。马克思说："如果古巴野人出席莱茵省等级会议的话，难道他们不会认为林木是莱茵省人崇拜的偶像吗？然而，下一次会议将会向他们表明，人们是把动物崇拜同拜物教联系在一起的。"② 马克思在《1844年经济学哲学手稿》中也使用了拜物教这个概念。他说："那些仍然被贵金属的感性光辉照得眼花缭乱，因而仍然是金属货币的拜物教徒的民族，……从拜物教就可看出，理论之谜的解答在何种程度上是实践的任务并以实践为中介，……拜物教徒的感性意识不同于希腊人的感性意识……因而也是人的自然感觉还没有被人本身的劳动创造出来，那么感觉和精神之间的抽象的敌对就是必然的。"③ 在这里，拜物教徒的崇拜金属货币的感性意识被称为"拜物教"，它是与人的自然感觉相敌对的精神现象存在。然而，《资本论》及相关手稿中，理论成熟时期的马克思却对"拜物教"有另一种指认：作为"社会存在"的客观现象而存在的"拜物教"。如在《商品的拜物教性质及其秘密》（《资本论》第一卷的第一章第四节）中，马克思说："因此，要找一个比喻，我们就得逃到宗教世界的幻境中去。在那里，人脑的产物表现为赋有生命的、彼此发生关系并同人发生关

---

① 刘召峰在其著作《拜物教批判理论与整体马克思》中对学界关于此问题的争论有比较翔实的"考辨"。该著引注了俞吾金、程恩富、王晓晖、余达淮、薛志贤、李健英、李济广、白话、吴宁等大批国内学者的论著予以论证。（参见刘召峰：《拜物教批判理论与整体马克思》，浙江大学出版社2013年版，第8—18页。）

② 《马克思恩格斯全集》第1卷，人民出版社1995年版，第290页。

③ ［德］马克思：《1844年经济学哲学手稿》，人民出版社2000年版，第127—128页。

系的独立存在的东西。在商品世界里，人手的产物也是这样。我把这叫作拜物教。劳动产品一旦作为商品来生产，就带上拜物教性质，因此，拜物教是同商品生产分不开的。"① 在这里，拜物教作为从宗教世界找来的比喻是商品世界里与商品生产分不开的性质，是商品经济社会中客观存在的现象。其实，在《资本论》及相关经济学手稿中，马克思不仅考察了作为"社会存在"现象而客观存在的"拜物教"及其"拜物教性质"，而且也考察了作为"社会意识"现象而同样客观存在的"拜物教观念"。

　　总的说来，即使学界非要争论马克思所指认的"拜物教"的属性——哪些是作为"社会存在"而存在的拜物教？哪些是作为"社会意识"而存在的拜物教？也无可厚非。但是，从与商品经济社会的经济生产"分不开"的现象看，无论是作为"社会存在"的拜物教还是作为"社会意识"的拜物教，它们都是客观存在于资本主义经济的社会形态之中的拜物教现象，是作为与商品生产"分不开"的客观经济事实。

　　既然拜物教现象是与商品生产"分不开"的经济事实，所以马克思对资本主义社会财富现象的实证批判同样离不开对这种经济事实的批判性实证考察，即对与商品生产分不开的拜物教现象的实证批判。因此，与资产阶级古典经济学家不同，马克思的《资本论》开篇即指出："我们的研究就从分析商品开始"②。况且，单个商品就是资本主义社会中财富的"元素形式"。从社会现象上看，资本主义社会财富就表现为"庞大的商品堆积"③。

　　于是，以研究商品为起点，马克思从经济哲学的视角先后考察了商品、货币、资本的历史生成与发展及由此在资本主义经济生活中产生的拜物教现象。在《资本论》中，马克思基于考察简单商品交换的价值形式，

---

①　[德] 马克思：《资本论》第 1 卷，人民出版社 2004 年版，第 90 页。

②　[德] 马克思：《资本论》第 1 卷，人民出版社 2004 年版，第 47 页。

③　[德] 马克思：《资本论》第 1 卷，人民出版社 2004 年版，第 47 页。

揭示了商品拜物教的秘密，即"这只是人们自己的一定的社会关系，但它在人们面前采取了物与物的关系的虚幻形式"①。而货币作为一般等价物的出现，表面上看似解决了商品交换的矛盾关系，但货币拜物教的谜只不过是更明显耀眼的商品拜物教之谜，这说明：货币的一般等价物形式只是商品交换的原有矛盾扩大化后能在其中运动的新形式而已，因而也就是人们的社会关系进一步以更明显耀眼的物化形式表现出来了。至此，马克思认为，如果撇开商品的各种使用价值相交换的这一商品流通的物质内容，只考察这一流通过程所造成的经济形式，那么，我们就会发现货币不仅是这一商品过程的"最后产物"，还是"资本的最初的表现形式"。② 但是，"我们前面所考察的经济范畴也都带有自己的历史痕迹③。商品和货币在前资本主义社会发展史上可以是由完全不同的经济的社会形态所共有，但它们这种经济现象只是存在于社会的空隙之间，即它们所反映的商品内在矛盾跟相关历史社会本身的社会关系并非一致。因此，即使存在商品交换和货币流通，但决不是就反映了资本主义经济的社会形态的现实的社会关系。只有作为资本的货币与之交换的使用价值是能下"金蛋"的劳动力商品，在资本形式下能解决货币形式自身的内在矛盾——货币的特殊交换价值因其有自身增殖的需要而对货币的一般交换价值的否定——从而将商品原有的内在矛盾进一步反映在了现实的资本主义社会关系之中的时候，资本形式因其自身所反映的商品内在矛盾在本质上就是对现实的社会关系的反映，而使货币与商品之间的矛盾上升到资本与雇佣劳动之间的矛盾。此时资本形式反映的现实的社会关系就是资本家与雇佣劳动者之间的矛盾关系。但是，资本家与雇佣劳动者之间的属人的矛盾性社会关系却在资本形式下被物与物之间的关系所异化颠倒和深度遮蔽，因为资本形式一方面将

① ［德］马克思：《资本论》第 1 卷，人民出版社 2004 年版，第 89—90 页。
② ［德］马克思：《资本论》第 1 卷，人民出版社 2004 年版，第 171 页。
③ ［德］马克思：《资本论》第 1 卷，人民出版社 2004 年版，第 197 页。

资本自行增殖的实现建立在对雇佣劳动创造的剩余价值的财富剥削的基础上，另一方面又同时将这种剥削与被剥削的矛盾性社会关系以商品的内在矛盾扩大化的形式表现为商品（包括劳动力商品）与货币之间的这种物与物之间的矛盾关系。这样，如果说资本的自行增殖之谜得以存在的历史条件离不开商品（主要是具有决定性的劳动力商品）流通和货币流通，那么资本拜物教之谜就不仅仅是商品拜物教之谜而且也是货币拜物教之谜更加高度"明显"和"耀眼"的表现了。

如果说，从经济学实证考察的角度，马克思对商品拜物教和货币拜物教的批判考察揭示了人的社会关系实质上被物化为物的社会关系，是物对人的颠倒和控制，那么，马克思对资本主义经济的社会形态中资本拜物教的批判考察则不仅揭示了人的社会关系被颠倒和物化，而且揭示了社会关系的物化现象遮蔽了资本对雇佣劳动予以财富剥削的关系实质。

这就在资本主义经济的社会形态中形成了一种财富假象——剩余价值（财富）似乎全部由资本的附属物（生产资料）创造出来的现象被神秘地幻化为资本能自行增殖。而资本拜物教现象不仅使资本化的货币作为"绝对的致富欲"的"唯一对象"得以神秘张扬，使它在人们的崇拜幻觉中变得更加"耀眼"，而且以这种"物"本身的自行增殖的财富假象遮蔽了资本无偿占有剩余价值的剥削"真相"。

在资本主义的财富生产过程中，资本变成了让人崇拜的神秘物，因为雇佣劳动创造的财富都好像是从资本自身中生成的自行增殖部分，并表现为资本自身不断增强的力量。市场交换的商品流通和货币流通造成了这样的假象：资本化的货币已经与雇佣工人的"劳动价值"进行了"平等"交换，剩余价值全部是由资本化的货币所购买的生产资料创造出来。这就产生了资本拜物教现象。再加上，在现实的资本主义财富（剩余价值）生产过程中，雇佣劳动创造财富（剩余价值）的线索越来越被物化而独立的价值形式遮蔽：剩余价值转化为利润使其与可变资本之间的联系消隐；利润转化为平均利润、商品价值转化为生产价格使得"等量资本获得等量利润"的现象进一步掩盖了剥削性的社会关系——雇佣工人创造的剩余价值被他的雇主（资本家）无偿占有；至于商业资本、生息资本对剩余价值的瓜分而获得的财富则更像是它们在流通过程中的自行增殖，远离了生产过程本身；而地租本身作为剩余价值则直接和自然要素（土地）联系在一起。这样，雇佣工人创造的剩余价值事实上被不同的职能资本分割而成为它的组成部分，这些部分表现为利润、利息和地租等彼此独立的物化形式。与剩余价值相关的一切内部联系都被隔断，剩余价值的源泉也就完全被遮蔽。而与生产过程中的不同"物"的要素结合在一起的生产关系的物化现象也就最终完成，资本主义所特有的"变体"和拜物教现象也就最终生成。因此马克思说："这是一个着了魔的、颠倒的、倒立着的世界。在这个世界里，资本先生和土地太太，作为社会的人物，同时又直接作为单纯的物，在兴妖作怪。"①

在《资本论》中，无论是作为"社会存在"的拜物教现象，还是作为"社会意识"的拜物教现象，它们都是资本主义经济的社会形态中客观存在的事实性现象。它们是马克思予以实证考察的出发点，马克思由此批判性考察了资本拜物教现象在资本主义经济的社会形态中因商品的内在矛盾运动而必然生成的客观存在。基于此，一方面，马克思的拜物教批判理论在财富现象批判的意义上，揭示了资本拜物教现象——无论是在社会客观存在的物质形式上，还是在社会客观存在的意识观念上——虚幻地构造了作为"物"的要素存在的资本自行增殖的财富假象，它遮蔽了资本剥削雇佣劳动在剩余劳动时间里所创造的财富的真相，深层遮蔽了资本与劳动之间的利益对立，并由此深藏了资本主义社会贫富两极分化与对立现象的本质根源。另一方面，马克思的拜物教批判理论在解构资本主义经济的社会

---

① ［德］马克思：《资本论》第3卷，人民出版社2004年版，第940页。

形态的意义上，阐明了历史唯物主义基于资本主义经济关系的矛盾发展而对其予以实证批判的理论要求，即"要有充分发达的商品生产，才能从经验本身得出科学的认识"①。马克思对资本主义经济的社会形态的实证考察表明，资本主义拜物教现象的形成源自于商品自身的内在矛盾关系发展到资本主义阶段的历史性产物，其与资本主义经济的社会形态具有内在的同一性，对它们的消解和解构同样取决于资本主义商品经济关系的进一步发展而凸显出来的内在矛盾。由此，马克思的拜物教批判理论无论是在财富现象批判的意义上，还是在解构资本主义经济的社会形态的意义上，都具有重要的启示作用，即我们在当代社会的财富现象批判之语境中既要在实证层面看到商品经济关系的客观存在及其矛盾发展，又要坚持历史唯物主义的实证批判原则及其理论要求。

当然，从马克思的财富现象批判的角度看，马克思对拜物教现象的实证考察与批判不仅在事实上揭示了资本主义社会财富假象的客观存在，而且在理论上也阐明了解构资本主义社会财富假象的唯物史观思路。就此而言，马克思的财富现象批判并非仅限于通过实证批判来阐明资本主义经济的社会形态的必然现实性存在，而是还要进一步在历史主义批判的维度上阐明这一社会形态在人类社会发展进程中的历史性存在，并由此科学阐明人类社会的历史发展。这也就是我们接下来要探讨的话题，即马克思对资本主义社会财富现象的历史批判。

第二节　对资本主义社会财富现象的历史批判

在历史唯物主义的视域中，马克思通过对资本主义社会财富现象的实

---

① 《马克思恩格斯全集》第 44 卷，人民出版社 2001 年版，第 90 页。

证考察和批判，指明了理解和解构资本主义经济的社会形态的方法论路径。（参见本章第一节）这一路径实质上凸显了资本主义商品经济生产的内在矛盾发展的历史必然性：资本关系是在商品交换价值的实现过程中商品内在矛盾关系扩大化发展的必然形式，虽然它必然以物的交换的形式将资本对雇佣劳动的财富剥削关系予以遮蔽并将这种人与人之间的社会关系颠倒地表现为物与物之间的社会关系，但资本关系仍然是商品的内在矛盾发展到一定历史阶段的产物，是属于一定的历史的经济社会形态的生产关系；虽然它解决了简单商品经济形态下的商品内在矛盾，在资本主义生产关系中促进了商品经济生产的扩大，提高了社会生产力。但是，当建基于这种财富剥削关系的资本主义生产力已经强大到这种关系不能适应而受到这种关系阻碍的时候，如生产过剩的"荒唐现象"出现时，它也就不再促进资产阶级文明及其所有制关系的发展，因为狭隘的资本关系再也容纳不了它本身所造成的财富了。于此，在马克思看来，资本主义经济的社会形态虽然在容纳和扩大商品经济生产的内在矛盾运动的过程中提升了社会生产力，有其历史文明的一面，但它作为人类社会发展的一个历史阶段而趋向灭亡也就在于：它因最终无法解决资本主义生产及其所有制关系范围内资本与雇佣劳动之间贫富分化与对立之尖锐矛盾，再也容纳不了社会财富生产自身内在矛盾运动的进一步发展，而必然被"自由人联合体"的未来社会形态所替代。可以说，这体现了马克思在唯物史观的视域中对资本主义社会财富现象予以历史批判的逻辑路径，并由此通达了对人类社会历史发展的阐明。

一、资本主义财富生产与资本的历史文明面

资本主义经济生产本质上就是资本追求剩余价值的财富生产。尽管它是建立在榨取工人剩余劳动的财富剥削基础之上，但正如马克思所指出

的："资本的文明面之一是，它榨取这种剩余劳动的方式和条件，同以前的奴隶制、农奴制等形式相比，都更有利于生产力的发展，有利于社会关系的发展，有利于更高级的新形态的各种要素的创造。"①这是对资本主义财富生产及由此表现出来的社会剥削关系与现象予以历史批判的辩证维度。

在马克思看来，资本和资本主义财富生产所具有的历史意义和文明作用主要表现在以下几个方面：

其一，资本最突出的历史文明面就是资本关系有着比较高的生产效率。在马克思看来，资本主义财富生产具有推动社会生产力无限发展的历史趋势，它能在资本关系范围内促进社会生产力的最大限度发展。

就资本主义的财富生产而言，追求赚钱和财富是它的第一目的。这不仅是资本主义剩余价值生产与传统社会的劳动生产有着本质区别的所在，而且也是刺激资本主义生产与再生产的无穷动力。它本身离不开通过具体劳动而完成的一般价值形成过程，但在资本"发家致富"的扩张欲望牵引下它必然形成社会生产力的无限发展的历史趋势。也就是说，在客观的社会现实中，资本主义历史阶段的财富生产之所以能推动社会生产力的最大限度发展，本身就内在于资本自身的社会性生产功能。因为资本自身作为一种社会性要素和力量，不仅能够聚合社会生产的各种要素，而且能够驱使各个生产要素最大限度地发挥各自的力量。这样，资本在有机聚合各种生产要素的力量的过程中，它本身已经生成为一种社会性的、促进生产发展的结合功能和力量。因此，"资本本身表现为一切社会生产能力的主体"②，资本使得包括科学、分工、大机器、生产工人等在内的结合的劳动的一切社会生产能力都表现为"资本的力量"。另外，资本还可以通过有

---

① ［德］马克思：《资本论》第 3 卷，人民出版社 2004 年版，第 927—928 页。

② 《马克思恩格斯全集》第 30 卷，人民出版社 1995 年版，第 587 页。

机地聚合各种生产要素将"生产过程中劳动的分工和结合""科学的力量"以及"人口的增长"等转变成"不费资本分文"的"生产力"要素,从而降低"单个的直接劳动"在财富生产中的基础地位,增强"结合的劳动"在提高社会生产力过程中的整体效应。①

从另一方面看,资本主义财富生产的"整体效应"能全面推动生产力发展的趋势,还表现在与资本生产"直接统一"的资本流通中。一方面,资本流通作为各种活动、能力和产品的交换,它本身就是在资本生产中发生的,它既"直接属于生产",又"从本质上组成生产"。②另一方面,资本主义生产最大限度地扩展社会生产力的趋势,本身就内在地包含着扩大资本流通范围的必然要求。因此,马克思指出,资本主义生产的条件是创造不断扩大的流通范围,资本流通在这里通过生产本身而表现为不断扩大的变动的量,就此而言,流通本身已经表现为生产的要素,因此资本一方面通过资本流通创造更多生产地点而具有创造更多剩余劳动的趋势,另一方面,又通过资本流通范围的扩大而具有创造更多的交换地点的补充趋势。③资本不仅要"不断扩大流通范围",而且还要"在一切地点上把生产变成由资本推动的生产",这本身就包含在资本的概念之中,这是一种"创造世界市场的趋势"。④由此出发,马克思极其肯定和重视由资本主义财富生产而推动的生产力无限发展的趋势和世界市场被创造的趋势。这两种趋势使资本具有双重的文明意义:一方面,资本所特有的生产方式具有以往的生产方式所没有的"传播文明的趋势"。在马克思看来,资本的"普遍趋势"就是将资本流通范围内的一切地点加以"同化",把它们变成资

---

① 参见刘荣军:《财富、人与历史——马克思财富理论的哲学意蕴与现实意义》,人民出版社 2009 年版,第 359 页。

② 参见《马克思恩格斯全集》第 30 卷,人民出版社 1995 年版,第 40 页。

③ 参见《马克思恩格斯全集》第 30 卷,人民出版社 1995 年版,第 387—388 页。

④ 参见《马克思恩格斯全集》第 30 卷,人民出版社 1995 年版,第 387—388 页。

本化生产或生产资本的地点，这种传播文明的趋势是资本所特有的。① 另一方面，资本以财富生产为目的，却在最大限度地推动生产力发展的基础上开创了人类社会的一个特殊的历史阶段。正如马克思所指出的，"只有资本"才能创造出这样一个"对自然界和社会联系本身的普遍占有"的资产阶级社会，"由此产生了资本的伟大的文明作用"，因为与资本创造的这个社会阶段相比，"一切以前的社会阶段都只表现为人类的地方性发展和对自然的崇拜"。② 很显然，资本文明的伟大意义就是在最大限度地推动生产力发展和创造世界市场的过程中，把人类社会提升到了全新的历史阶段。它具有划时代的历史意义。

其二，资本主义财富生产为人的充分发展提供了历史条件，因为它能促进个人能力和关系的普遍而全面的发展。这也是资本主义财富生产在人类社会发展过程中的历史文明面之一。

在马克思看来，资本主义财富生产在最大限度地发展生产力和创造世界市场的过程中，也为人的全面发展创造着历史性的条件基础。为此，马克思说："生产力——财富一般——从趋势和可能性来看的普遍发展成为了基础，同样，交往的普遍性，从而世界市场成了基础。这种基础是个人全面发展的可能性，而个人从这个基础出发的实际发展是对这一发展的限制的不断扬弃。"③ 在这里，马克思认为资本主义财富生产给人的全面发展既提供了条件和基础又带来了"限制"，说明他看到了资本主义财富生产对于促进人的发展的历史辩证性。毕竟，个人的全面发展并非是"想象"的全面性，而只能是"他的现实联系和观念联系的现实性"，只能是基于现实出发的"实际发展"；在资本主义财富生产过程中提供个人最丰富发展的基础本身的最高发展，就是它作为一株植物开出了花朵，但开花以后

---

① 参见《马克思恩格斯全集》第 30 卷，人民出版社 1995 年版，第 541—542 页。

② 参见《马克思恩格斯全集》第 30 卷，人民出版社 1995 年版，第 390 页。

③ 《马克思恩格斯全集》第 30 卷，人民出版社 1995 年版，第 390 页。

及其结果就是枯萎，就是对个人的"实际发展"的"限制"，因而人为了全面发展就必须在"新的基础"上不断扬弃这株开过花之后的植物的限制。①

从人类社会历史上的财富角度看，无论它具有何种形式，在根本意义上都是基于剩余劳动的产物。但唯一相区别的是，资本主义经济的社会形态和以往的社会形态榨取这种剩余劳动的形式不同。② 资本主义经济的社会形态不仅以"用交换方法"替代以往各个历史时代"用暴力手段"来剥削剩余劳动的形式，而且还通过资本的"社会性生产功能"摒弃了以前各个历史时代"单个的直接劳动"，代之以"联合的、结合的劳动"来科学地进行财富生产。③ 以此，资本主义经济的社会形态不仅创造了巨大的物质财富，而且使以往的社会形态中的各种人身依附关系不复存在，从而为人的能力和关系的全面发展解除了旧的限制条件，并创造了新的发展条件。正因如此，马克思从人类社会历史发展的角度高度评价了资本在资本主义经济的社会形态中创造剩余劳动的伟大"历史使命"。在马克思看来，"资本的伟大的历史方面就是创造这种剩余劳动"，而一旦超过必要劳动的剩余劳动成为由个人需要本身产生的"普遍需要"和"普遍的勤劳"，以致整个劳动的社会能用较少的劳动时间就能占有并保持"普遍的财富"，且能科学地对待不断发展和丰富的再生产过程，使人也"不再从事那种可以让物来代替人从事的劳动"，那么，在那个时候资本的使命就完成了。④由此，正因为人的全面自由的发展基于剩余劳动才有可能，所以在资本主义财富生产过程中，一旦从个人的需要本身出发而产生的关于剩余劳动的"普遍需要""普遍的勤劳"和"普遍的财富"，那么，资本主义生产所创

---

① 参见《马克思恩格斯全集》第 30 卷，人民出版社 1995 年版，第 540—541 页。
② 参见马克思：《资本论》第 1 卷，人民出版社 2004 年版，第 251 页。
③ 参见《马克思恩格斯全集》第 30 卷，人民出版社 1995 年版，第 526 页。
④ 参见《马克思恩格斯全集》第 30 卷，人民出版社 1995 年版，第 286 页。

造的剩余劳动不仅给人的发展提供了必要的物质财富基础，而且也给人的发展提供了可供支配的自由时间。

在资本主义经济的社会形态中，资本在必要劳动时间之外，不仅为"整个社会"而且为"社会的每个成员"都创造出了大量的"自由支配的时间"，从而不仅为社会生产力的充分发展而且也为个人生产力的充分发展创造了"广阔余地"。① 在马克思看来，这里所谓的"广阔余地"就是指个人在科学研究和艺术创作等高级活动方面获得的更多自由支配时间，"整个社会"由于给"社会的每个成员"腾出了时间和创造了可供发展的手段，"个人会在艺术、科学等等方面得到发展"②。资本主义生产一旦创造了剩余劳动，自由时间这种财富也就被创造出来了，也就不仅为社会生产力的发展而且为个人的自由发展创造了"广阔余地"。由此看来，在资本主义经济的社会形态中，剩余劳动和自由时间的必然关联，使资本主义财富生产在对剩余劳动的无限欲求过程中不仅最大限度地创造了社会生产力，而且为个人的全面自由发展提供了"自由支配的时间"这一历史条件。

其三，在资本主义财富生产过程中，资本能最大限度地促进社会关系的发展，从而在创造人类制度文明和精神文明方面凸显了其历史作用。

在马克思看来，资本主义生产以最大限度地攫取财富和剩余价值为目的，于是资本总是千方百计地通过自身的流通最大限度地实现资本的社会化生产，由此必然促进以物为中介的人与人之间的社会关系的发展。但是从人类社会历史发展的角度看，正是这种社会关系的物化趋势和物化的社会关系的发展，把一切封建的宗法关系的藩篱都拆除了，把人与人之间的封建等级奴役和依附关系都历史性地消解了。很显然，资本主义的物化社会关系与封建宗法的田园诗般的关系有本质区别，它是不以自然的血缘、

---

① 参见《马克思恩格斯全集》第 31 卷，人民出版社 1998 年版，第 103 页。
② 参见《马克思恩格斯全集》第 31 卷，人民出版社 1998 年版，第 101 页。

地缘、宗族、民族、语言等为中介的社会关系，它通过物的中介交换即商品的供需关系而使人们处于普遍的广泛联系之中。正如马克思所指出的，"普遍的需求和供给互相产生的压力，作为中介使漠不关心的人们发生联系。"① 物的社会联系使毫不相干的个人之间也形成了全面的互相依赖，因而构成了他们的社会联系；它因资本主义生产而形成的商品"堆积"而全面消解和替代了传统的自然性的狭隘社会关系，它作为广泛的物化的社会关系淡化了人们的自然共同体意识———一种传统的人身依附观念，培养和强化了人们的商品社会意识———一种现代的平等的自由交换观念。为此，马克思曾经基于人类社会历史发展的立场把"商品交换领域"评判为天赋人权的"真正伊甸园"，认为"商品是天生的平等派"。②

由此看来，资本促使人们的社会关系发生质的迁跃的历史意义在于：它在资本主义的社会化生产过程中催生了现代人基于物的依赖的、以个性独立为特征的、强调"契约法权"意义上的"平等"与"自由"观念的社会关系。可以说，在人类社会发展史上，一切创建制度文明的政治尝试都体现在对"平等"和"自由"观念的趋向上。那么，它恰恰说明被资本催生的建立在物的平等、自由交换观念上的物化社会关系，在迎合资本主义财富生产的过程中，具有相当的文明作用和特征。由此，以市场经济和物的交换为基础、有着契约精神（"平等地讨论"和"自由地选择"的原则）的"市民社会"，成为体现资本主义历史阶段社会文明的载体之一。"市民社会"是人与人之间的社会关系物化的结果，它的文明面即是资本的文明面，虽然它们都有历史的狭隘性。

资本文明反映在经济的社会形态中的平等和自由观念必然体现在这种社会形态的政治生活领域。由此，"市民社会"作为人们的私人关系、财

---

① 《马克思恩格斯全集》第 30 卷，人民出版社 1995 年版，第 108 页。

② ［德］马克思：《资本论》第 1 卷，人民出版社 2004 年版，第 104 页。

产关系、经济生产关系等物化社会关系的总和必然成为政治生活领域的"经济基础"。它以尊重和维护社会个体的平等、自由权利为宗旨，它所培育的宪政文化和法治精神就体现在对个人财产和权利的维护，反对政治实体、国家权力对个人权利和私有财产的侵犯。就此而言，资本出于强化资本主义财富生产的需要而建构的"市民社会"所具有的文明意义在于：它不仅催生了建构社会民主法制的文明观念，而且也创造了个人文明发展的制度观念。

当然，"作为纯粹观念，平等和自由仅仅是交换价值的交换的一种理想化的表现"[1]；作为在维护私有制的不平等现状（财富分化与对立现象）的契约法权基础上的平等、自由，其本身就是不平等和不自由。因此，马克思指出，商品或交换价值的交换事实上是平等和自由的，但"在这个制度更进一步的发展中对平等和自由起干扰作用的，是这个制度所固有的干扰，这正好是平等和自由地实现，这种平等和自由证明本身就是不平等和不自由"[2]。同时，马克思也辩证地指出，我们不能像法国社会主义者那样"愚蠢"地否认资本在培育物与物之间平等、自由交换观念上的文明作用。[3]

其四，基于资本主义财富生产，资本能够创造资本主义经济的社会形态向更高级社会形态迁跃的各种要素。这无疑是其文明面之一。

在马克思看来，为更高级的社会形态的到来创造各种历史前提和基础，这是资本的文明作用的集中表现。正因如此，基于资本主义财富生产过程，资本推动社会生产力的最大限度发展，其本身所具有文明作用就是在为更高级的社会形态创造物质财富基础；资本促进个人的能力和关系的最大限度发展，其本身所具有文明作用就是在为更高级的社会形态下的人

---

[1]　《马克思恩格斯全集》第 30 卷，人民出版社 1995 年版，第 199 页。

[2]　《马克思恩格斯全集》第 30 卷，人民出版社 1995 年版，第 204 页。

[3]　参见《马克思恩格斯全集》第 30 卷，人民出版社 1995 年版，第 203 页。

的全面自由发展创造条件；资本培育民主政治的平等和自由的制度观念，其本身所具有的文明作用就是在为新的政治文明的建构提供积极扬弃的对象。

事实上，资本主义经济的社会形态还在其"胎胞内"创造着新的社会形态所需要的其他条件。在马克思看来，高效的股份公司和成熟的信用制度，经济的社会簿记和管理形态都是资本在其财富生产过程中形成的文明成果；它们必然使追求社会化生产的资本主义企业发生性质的变化，使其成为向高级的社会形态转变的过渡性组织形式——"由资本主义生产方式转变为联合的生产方式的过渡形式"①。

可以说，马克思肯定和重视资本基于财富生产而表现出的"文明面"，其本身表明马克思对资本主义经济的社会形态的历史批判所具有的辩证维度。同样，从社会历史发展的角度对资本主义社会中的财富现象予以历史批判，其所具有的辩证维度并不否认资本在财富生产过程中所表现出的历史性"文明面"。它由此阐明的社会历史发展是：资本主义财富生产所具有的文明作用既是资本主义经济的社会形态得以生成、存在和发展的原因，也是在资本主义经济的社会形态内部孕育新的社会形态之胚芽的原因，从而为新的社会形态取代自身的社会形态准备了历史前提。

二、贫富对立现象与资本的历史狭隘性

从资本主义财富生产的积极方面看，马克思的财富现象批判并不否认资本的历史文明面，它本身也在历史批判的辩证维度上能够从肯定的角度阐明资本主义财富生产——内在地涵括资本扩张自身的"目的因"——确实能成为推动社会历史发展的"动力因"。但是，由此体现出来的资本文明毕竟是建立在财富剥削基础之上的，并出于本性，它必然要将资本榨取

---

① ［德］马克思：《资本论》第 3 卷，人民出版社 2004 年版，第 499 页。

雇佣劳动所创造的剩余价值（财富）在量上最大限度地扩大化，且总是力图将这种必然导致贫富分化与对立现象的资本剥削关系在质上始终不变地保持下去。这就不可避免地将资本的狭隘性凸显出来。很显然，财富剥削与贫富对立现象在资本主义社会形态中同样地具有必然联系，且贫富对立现象在资本主义历史阶段史无前例的扩大化，这与资本榨取剩余劳动的手段"文明"化有必然关联。但也正是在贫富对立现象扩大化的历史趋势上，资本的历史文明面越突出，资本的历史狭隘性也就越明显。这两者构成的矛盾表象，在资本主义经济的社会形态中，是由资本与雇佣劳动的对立关系及其矛盾运动决定的。

这里就自然存在值得探讨的一个问题，即从财富现象的角度看，马克思关于资本的历史狭隘性的论述必然有这一逻辑推论：贫富对立现象与资本的历史狭隘性之间存在着内在关联。由此，我们才能得以明确，马克思批判资本的历史狭隘性，在实质上就是对资本主义经济的社会形态中贫富对立现象的历史批判，目的都是为了阐明社会历史发展本身就是基于否定性的矛盾运动而实现的。

单从资本的历史狭隘性本身来看，贫富分化与对立的财富现象在结果和性质上反映的就是资本与雇佣劳动之间的矛盾关系及其历史运动，它在本质上就是根源于资本的历史狭隘性，即资本自身既追求量的无限性又要求质的单一不变性的矛盾本性所决定的狭隘性。在马克思看来，资本在量和质上的矛盾规定，必然使它一方面体现为对货币交换价值的抽象需要——这由其量的规定性决定，另一方面又体现为对商品（本质上是由雇佣工人充当的劳动力商品）使用价值的具体需要——这由其质的规定性（通过对劳动力商品的使用价值的消费创造剩余价值来维持和体现资本对雇佣劳动的财富剥削关系）决定。这种情况现实地表现为资本在有限与无限、扩张与约束的对立统一中进行的矛盾运动，它使资本既要求增殖自身又要求为自身的增殖设定界限，既在推动生产力无限发展的同时又表现为"生产力发展的桎梏"。这就将资本的历史狭隘性生动地体现为这一景观——"资本是一个活生生的矛盾"①。从根本的意义上看，正如资本与雇佣劳动的矛盾关系是整个资本主义经济的社会形态绕之旋转的"中轴"一样，资本的历史狭隘性的矛盾景观正是由这一矛盾关系决定的。只要资本将自身经济的社会形态设定在对雇佣劳动予以最大限度的财富剥削的基础之上，它本身就是财富生产的界限。这样，从财富现象上看，资本的历史狭隘性必然导致资本主义社会的贫富分化与对立现象的出现——资本家阶级因剥削而越来越富有，但劳动者阶级因被剥削而越来越陷入赤贫。于是，随着资本与雇佣劳动之间矛盾的最终激化，即当资本主义经济的社会形态再也无法容纳资本自身的矛盾运动时，由资本的历史狭隘性决定的矛盾运动将作为革命性的否定因素，加速资本主义社会形态的消亡和新的社会形态的生成。

由此可见，马克思从阐明经济的社会形态的历史发展的角度对资本的历史狭隘性的批判分析，在理论路径上，就是以此实现对资本主义贫富分化与对立的财富现象的深层追问与批判。在这一路径上有着清晰的逻辑线条：贫富分化与对立的财富现象既反映了资本与雇佣劳动的利益矛盾关系，又反映了资本狭隘性这一内在本质；而资本狭隘性现实地表现为资本基于自身与雇佣劳动的矛盾关系的矛盾运动，它必然导致贫富分化与对立的扩大化，并最终推动经济的社会形态的历史更替。因此，从阐明社会历史发展的角度看，对资本主义贫富分化与对立的财富现象予以历史批判，必然要在现象反映本质的地方对资本的狭隘性予以历史批判。

首先，从资本主义的财富生产来看，一方面它必然产生出与"创造财富的方式的狭隘的历史发展阶段"②和"狭隘的资产阶级形式"③相一致的

---

① 《马克思恩格斯全集》第 30 卷，人民出版社 1995 年版，第 405 页。
② 《马克思恩格斯全集》第 30 卷，人民出版社 1995 年版，第 540 页。
③ 《马克思恩格斯全集》第 30 卷，人民出版社 1995 年版，第 479 页。

财富生产性质——人是生产的手段，生产是人的目的，而"财富则表现为生产的目的"①。相对而言，资本主义财富生产用物的生产替代了古代社会人口自身的生产作为支配性的生产活动，它的生产表现为物的交换价值的这种抽象财富生产，而不再像古代社会的财富生产那样表现为直接的使用价值的具体财富生产。也就是说，在财富生产的手段和目的上，资本主义财富生产与古代社会的财富生产是完全颠倒的。这样一来，在资本主义的财富生产中，正如马克思所说："个人从属于像命运一样存在于他们之外的社会生产；但社会生产并不从属于把这种生产当作共同财富来对待的个人。"② 资本主义财富生产也就取得了完全"空虚化"和"异化"的表现形式。虽然它在交换价值的生产的前提下，"产生出个人同自己和同别人相异化的普遍性的同时，也产生出个人关系和个人能力的普遍性和全面性"③，但是在与资本的狭隘性相适应的生产时代中，"人的内在本质的这种充分发挥，表现为完全的空虚化"④。为此，马克思指出，留恋于古代社会中人的发展的"原始的丰富"——它基于使用价值的具体财富生产，停留于现代资本主义社会中人的发展的"空虚化"浪漫——它基于交换价值的抽象财富生产，都是可笑的，它们将作为合理的对立面同资产阶级的狭隘观点一起"升入天堂"。⑤ 即它们所立足的财富生产方式都将被更高级的社会生产方式替代。

另一方面，囿于资本的狭隘性，以交换价值的生产为基础的资本主义财富生产，必然狂热地榨取雇佣工人的剩余劳动来使资本增殖。它现实地反映在资本的矛盾运动中即是：在财富生产过程中，资本虽然要最大限度

---

① 《马克思恩格斯全集》第 30 卷，人民出版社 1995 年版，第 479 页。

② 《马克思恩格斯全集》第 30 卷，人民出版社 1995 年版，第 108 页。

③ 《马克思恩格斯全集》第 30 卷，人民出版社 1995 年版，第 112 页。

④ 《马克思恩格斯全集》第 30 卷，人民出版社 1995 年版，第 479 页。

⑤ 参见《马克思恩格斯全集》第 30 卷，人民出版社 1995 年版，第 112 页。

地否定必要劳动时间，但又要肯定必要劳动时间；在流通与生产相统一的总过程中，资本既要在流通领域中最大限度地否定劳动力商品的交换价值，但又要在生产领域中依仗劳动力商品的使用价值，即表现为资本自身的"生产和价值增殖之间的矛盾"①，或者说直接外在地表现为资本与雇佣劳动的矛盾并直接地通过工人与资本家之间的贫富分化与对立现象反映出来。这样，"资本不可遏制地追求的普遍性，在资本本身的性质上遇到了限制，这些限制在资本发展到一定阶段时，会使人们认识到资本本身就是这种限制，因而驱使人们利用资本本身来消灭资本。"②由此资本主义社会形态将被新的社会形态替代。

其次，从基于财富生产而产生的资本权力来看，它在培育与自身相适应的社会意识形态的同时，也必然将资本的狭隘性反映在资产阶级作为统治阶级的这种意识形态之中。马克思指出，随着资本主义财富生产的社会化发展和生产力的提高，资本也就越来越"表现为异化的、独立化了的社会权力，这种权力作为物，作为资本家通过这种物取得的权力，与社会相对立"③。

在财富生产活动中，资本的目的就是最大限度地攫取财富来增强自身，即最大限度地榨取雇佣工人的剩余劳动，它的这一本能意志必然要求获得"再生产"和"新生产"它自身的一切条件，其中既包括"扩大再生产"资本与雇佣劳动之间剥削关系的社会物质条件，又包括在观念形态上维持并维护这种资本剥削的社会意识条件。也就是说，随着资本生产与流通的扩大，资本必然要求将这种"创造财富的方式"规制在体现自身本能意志的"狭隘的资产阶级形式"之中，进而产生体现资产阶级这个统治阶级意志的政治制度、经济制度和社会制度。在这些资产阶级制度中，资本已经

---

① 《马克思恩格斯全集》第 30 卷，人民出版社 1995 年版，第 395 页。
② 《马克思恩格斯全集》第 30 卷，人民出版社 1995 年版，第 390—391 页。
③ [德] 马克思：《资本论》第 3 卷，人民出版社 2004 年版，第 294 页。

成为社会权力，是由资本家执行的资本权力。例如，作为社会意识的资本主义拜物教现象就是宣扬资本权力的话语形态。这样的拜物教现象就是反映资本意志并与其相适应的社会观念，它将资本家与雇佣劳动者之间的社会关系颠倒地表现为物与物之间的社会关系，目的是在物化的社会关系中遮蔽资本榨取剩余劳动的实质，在维护资本关系的前提下掩盖雇佣工人与资本家之间的贫富分化与对立现象。拜物教的意识形态作为使物神秘化的"粗俗的唯心主义"[①]在迎合资本及其社会权力的需要的同时，也将资本的历史狭隘性与资本主义社会的历史狭隘性定格在这样的矛盾景观中："以物的依赖性为基础的人的独立性"[②]。

再次，从与资本主义生产关系相同一的财富分配关系来看，资本主义的财富生产方式以资本的历史狭隘性为前提，即是说，它以"创造财富的方式的狭隘的历史发展阶段"[③]和"狭隘的资产阶级形式"为前提。那么，这种狭隘的形式就会被它不断地再生产出来，它不仅生产出作为财富的物质产品，而且还会不断地再生产出这些产品在其中生产出来的资本主义生产关系，也就是不断地再生产出同样性质的财富分配关系。[④]既然以资本的历史狭隘性为前提而不断被生产出来的资本主义生产关系，本质上就是反映在资本对雇佣劳动的财富掠夺关系上，并在现实中被作为结果不断地再生产出来，那么它必然决定了财富分配关系的实质——工人创造的财富不断地被资本家掠夺和占有。对此，马克思在《资本论》第三卷第五十一章（该卷的《分配关系和生产关系》一章）中，进行了具体的批判分析。在马克思看来，资本的历史狭隘性必然要求这样的社会形式：其一，被劳动生产出来的产品（财富）在资本家和工人之间进行分配之前，即分割成

---

① 《马克思恩格斯全集》第 31 卷，人民出版社 1998 年版，第 85 页。

② 《马克思恩格斯全集》第 30 卷，人民出版社 1995 年版，第 107 页。

③ 《马克思恩格斯全集》第 30 卷，人民出版社 1995 年版，第 540 页。

④ 参见 ［德］马克思：《资本论》第 3 卷，人民出版社 2004 年版，第 995 页。

利润、地租和工资之前，是以生产条件的分配为前提的；其二，利润、地租以资本为前提和工资以雇佣劳动为前提，这种分配关系本身只是历史地规定的资本剥削雇佣劳动创造的财富的这一生产关系的表现。即是说，在生产资料和劳动这两个基本生产条件（要素）采取了一种历史地形成的社会形式——前者采取资本的形式，后者失去生产资料而采取了雇佣劳动的形式。在这种前提下，劳动创造的剩余价值以利润（地租）的形式巧妙地外化为资本家的赢利和归其所有的增值的财富。它说明围绕劳动产品的所谓财富分配关系只不过是资本榨取剩余价值的生产过程及其内含的剥削关系的反映而已。由此，在以资本的历史狭隘性为前提的资本主义财富生产与财富分配过程中，社会生产力的发展直接与工人自身的发展对立，而成为了资本的不断增长的财富力量。力求降低生产成本而最大限度地榨取工人的剩余劳动，成为提高社会生产力的强有力的杠杆，只不过，社会生产力的提高必然表现为工人的赤贫化和资本家的财富不断扩大化的对立现象，即资本主义经济的社会形态中必然出现的越来越严重的贫富对立现象。因此，在《哥达纲领批判》中，马克思一方面批判了仿效资产阶级经济学家的庸俗社会主义者，因为他们把产品分配看成不依赖资产阶级生产方式（它的性质由生产条件的分配表现出来）的东西，从而把社会主义描写为主要是围绕着分配兜圈子；另一方面又指明克服基于财富剥削关系的资本主义分配关系的现实路径，即既然作为财富的劳动产品或消费资料的分配，都只是生产条件本身分配的结果，那么将生产的物质条件作为劳动者自己的集体财产，进而废除雇佣劳动，就会产生跟狭隘的资产阶级形式不同的财富分配关系。① 在马克思看来，既然反映资本的历史狭隘性的资本主义财富生产关系及其财富分配关系都具有历史的暂时性质，那么，作为社会历史发展的规律，"分配关系，从而与之相适应的生产关系的一定

---

① 《马克思恩格斯选集》第 3 卷，人民出版社 1995 年版，第 306 页。

的历史形式，同生产力，即生产能力及其要素的发展这两个方面之间的矛盾和对立一旦有了广度和深度"①，就表明财富生产的发展和它的狭隘的资产阶级形式之间的冲突和危机来到，"资产阶级的关系已经太狭隘了，再也容纳不了它本身所造成的财富了"②。这时，基于矛盾运动的资本主义财富生产在资本本身的狭隘性质上遇到了限制，当生产过剩的危机来到时，它"会使人们认识到资本本身就是这种限制，因而驱使人们利用资本本身来消灭资本"③。这样，资本主义社会形态将会被新的社会形态替代。

综合观之，资本主义经济的社会形态基于资本自身的矛盾运动，体现了资本的历史狭隘性的内在本质，毕竟最大限度地榨取剩余劳动（财富）是资本生产与流通的目的所在，因而它必然在其社会形态之中造成越来越严重的贫富分化与对立现象，这是从资本的历史狭隘性的内在本质透视资本主义社会财富现象的理论路径。那么反之，在现象反映本质的地方，对资本主义社会财富现象的历史批判必然要求历史性地剖析和批判资本的历史狭隘性，由此，这也是马克思的财富现象批判，基于批判性剖析资本的内在矛盾运动，从而科学地阐明社会历史发展的必要路径之一。

三、资本及其社会形态的历史过渡性

基于前文所述做一综合判断：无论是立足于对资本的历史文明面的批判考察，还是立足于对资本的历史狭隘性的批判剖析，马克思从阐明社会历史发展的角度，对资本主义财富现象进行的历史批判始终坚持了历史科

① ［德］马克思：《资本论》第 3 卷，人民出版社 2004 年版，第 1000 页。
② ［德］马克思、恩格斯：《共产党宣言》，人民出版社 1997 年版，第 33 页。
③ 《马克思恩格斯全集》第 30 卷，人民出版社 1995 年版，第 390—391 页。

学地辩证法原则——资本主义经济的社会形态作为人类社会历史发展进程中社会财富生产的特有历史形式，它既彰显了资本本身独特的伟大文明作用，又凸显了资本与生俱来的历史狭隘性；与此同时，资本的历史文明面与资本的历史狭隘性所构成的矛盾景观在本质上是建基于资本与雇佣劳动之间财富剥削与被剥削的对立关系及其矛盾运动之上的，由此，它们只会造成同一社会事实：贫富分化与对立的财富现象。无论是资本的历史文明面，还是资本的历史狭隘性，它们的矛盾表象越凸显，资本主义社会贫富分化与对立的财富现象就越突出。因此，对这一财富现象的历史批判，必然要求批判分析资本的历史文明面与历史狭隘性，由此得以阐明的社会历史发展的科学原理是：资本主义生产方式"是一种特殊的、具有独特历史规定性的生产方式"[1]，它跟社会历史上其他曾存在过的生产方式一样，其把社会生产力及其资本所有制（生产资料的资本主义私有制）形式的特定阶段作为自己的历史条件，这个条件既是以往生产方式发展的历史结果，也是新的社会形态的生产方式由此产生的既定基础，同它的这种历史规定的生产方式相适应的财富生产关系和财富分配关系都具有同样的历史过渡性。

既然资本的历史文明面和历史狭隘性，在资本主义社会的财富生产过程中，无论怎样推动社会生产力最大限度的发展，还是无限制地把符合资产阶级形式财富生产关系和分配关系再生产出来，它们在社会财富现象上都改变不了这一事实："不管阶级对立具有什么样的形式，社会上一部分人对另一部分人的剥削却是过去各个世纪所共有的事实"[2]，那么，资本主义生产方式跟过去曾有的社会生产方式一样必然是历史过渡性的生产方式。这在马克思对财富现象予以历史批判的理论路径上推论出来的结论

---

① [德] 马克思：《资本论》第 3 卷，人民出版社 2004 年版，第 994 页。
② 《马克思恩格斯选集》第 1 卷，人民出版社 1995 年版，第 292 页。

是：财富剥削、私有制和阶级斗争是三大密切相关的"问题"。

在马克思看来，资本主义私有制以及与它自身相适应的财富生产关系和分配关系，是建立在资本阶级对劳动阶级进行财富剥削的基础上的，这意味着，被资本当作为增殖手段的社会生产力的发展一旦受到这种所有制关系束缚时，资本阶级与劳动阶级的阶级斗争必然激化。这时，两大阶级之间的贫富分化与对立现象将成为社会革命的导火索，于是，"用暴力消灭"则是"忠告资本退位并让位于更高级的社会生产状态的最令人信服的形式"①。尖锐的贫富分化与对立作为财富现象所呈现的经济事实，是劳动者转化为最彻底的无产阶级的条件，也是无产阶级通过暴力的阶级斗争消灭基于财富剥削的资本主义私有制，进而消灭导致自身由此存在的条件。也就是说，尖锐的贫富分化与对立的财富现象是资本危机爆发时无产阶级消灭资本的原因，也是无产阶级消灭自身而要消灭的条件。这也是马克思和恩格斯在《共产党宣言》中指出的，财富剥削和私有制的消灭，同时就是"阶级和阶级斗争"的消灭，"代替那存在着阶级和阶级对立的资产阶级旧社会的将是这样一个联合体，在那里，每个人的自由发展是一切人自由发展的条件"②。在这个自由人联合体中，贫富分化与对立的财富现象同样被消灭。由此看来，将财富剥削、私有制和阶级斗争三大密切相关的问题放在马克思对财富现象予以历史批判的理论路径中探讨，基于马克思把无产阶级指认为将财富现象批判从理论上升到实践高度的物质力量的价值判断（参见本书第二章第三节），同样可推论出马克思阐明社会历史发展的价值承诺。

当然，通过对资本主义社会财富现象的历史批判阐明社会历史的发展，并非仅仅是马克思在历史观上的价值承诺，因为它本身就是在现象反

---

① 《马克思恩格斯全集》第 31 卷，人民出版社 1998 年版，第 149 页。
② 《马克思恩格斯选集》第 1 卷，人民出版社 1995 年版，第 294 页。

映本质的地方对资本主义生产方式予以历史性剖析而获得的科学结论。

贫富分化与对立的财富现象作为必然结果是因为资本主义财富生产方式绕之旋转的是资本与雇佣劳动的矛盾对立关系。这一矛盾对立关系是马克思在"三大社会形态"理论中批判性剖析资本主义社会形态的历史地位的一个重要切入点。在马克思看来，虽然在人类第一大社会形态阶段，即在"人的依赖关系"的社会阶段，也已经存在私有制，但这种生产、生活资料私有制同人类第二大社会形态即资本主义社会形态的私有制有本质区别，前者在奴隶制度与农奴制度下是以劳动者与其劳动条件（生产、生活资料）相结合为基础的私有制，而后者在资本主义制度下是以各个独立的劳动者同劳动条件（生产、生活资料）的分离为基础的私有制，很明显，后者是建基于前者的解体之上的。虽然在人类社会历史的进化的过程中，资本主义私有制同样是剥削他人劳动成果的社会制度，但形式上是以自由的劳动为基础的剥削制度，它剥削他人劳动成果的方式和条件同以前的剥削制度相比，"都更有利于生产力的发展，有利于社会关系的发展，有利于更高级的新形态的各种要素的创造"①。然而，这种文明形式并不能抹掉它"最残酷无情的野蛮"历史。它冲毁了人的依赖关系，但又形成了人对物的依赖关系。在人的表面是个体独立、自由的形式下，资本主义私有制是"对直接生产者的剥夺，是用最残酷无情的野蛮手段，在最下流、最龌龊、最卑鄙和最可恶的贪欲的驱使下完成的"②。资本主义生产方式与资本主义私有制在本质上是同一的，它们在经济的社会形态中表现出来的"自然规律"，就是要使劳动者与劳动条件的分离成为前提，一方面是社会的生产和生活资料转化为资本，使资本家成为其财富不断得到扩张的一极；另一方面使广大劳动群众转化为雇佣工人，使其成为自由的"劳动贫民"

① ［德］马克思：《资本论》第 3 卷，人民出版社 2004 年版，第 927—928 页。
② ［德］马克思：《资本论》第 1 卷，人民出版社 2004 年版，第 873 页。

这一极。资本主义生产方式一旦形成，就是以不断扩大财富再生产的规模再生产这种分离和两极对立。在财富现象上，贫富两极分化与对立既在前提意义上反映了资本主义生产方式由此确立的"最残酷无情"的手段与条件，也在结果意义上反映了这一生产方式必然造成的后果。当然，它也在原因意义上说明：当这种生产方式"再也容纳不了它本身所造成的财富"[①]时，就必然被新的社会形态的生产方式所替代。

在马克思看来，资本主义不可避免的历史命运是"剥夺者被剥夺"，它的生产方式以及相应的财富生产关系和财富分配关系是历史性的，是趋向新社会形态的一个必然的过渡点。马克思指出，一旦无产者的劳动社会化程度进一步提升，土地和其他的劳动资料进一步转化为社会公共使用的劳动资料，就会采取新形式进一步剥夺私有者。[②]那时要剥夺的不再是从事独立经营的生产者，而是以剥削生产者来扩张财富的资本家了。这种剥夺是内在规律的必然作用，是通过资本集中的方式进行的，即许多小资本被一个大资本吞并。随着这种少数大资本对多数小资本的剥夺，财富生产规模与协作形式将不断地扩展，科学技术将被自觉地应用于生产活动，土地将被日益地予以计划利用，劳动资料进一步转化为共同使用的劳动资料，结合的社会劳动将日益节省公共的生产资料，国际性的世界市场形成，资本主义制度日益国际化。这样，一方面，随着资本巨大垄断性掠夺这一过程中的全部利益和财富的集中化，因财富剥削而形成的奴役、退化和贫困的现象将扩大化；另一方面，随着在资本主义生产过程中联合和组织起来的工人阶级的不断壮大，他们的反抗力量也日益增长。因资本集中而形成的资本垄断成为这一过程中繁盛兴起的生产方式的桎梏。劳动的社会化和生产资料的集中，与它们的资本主义外壳越来越不相容了。这个资

---

① [德] 马克思、恩格斯：《共产党宣言》，人民出版社 1997 年版，第 33 页。
② 参见 [德] 马克思：《资本论》第 1 卷，人民出版社 2004 年版，第 872—875 页。

本主义外壳必将被炸毁，剥夺者终将被剥夺。资本主义社会的丧钟也就要敲响了，它必然被新的社会形态替代。

第三节　历史发展过程中的自然、人与社会及其相互关系

　　基于唯物史观的历史科学原则，马克思通过财富现象批判阐明了人的发展（参见本书第三章）和社会的历史发展，但也在前提意义上阐明了自然不断人化的历史过程，强调人类史与自然史的彼此制约。由此可以说，马克思的财富现象批判实质上有其重视自然、人与社会这三者之间协调发展的理论视角和价值诉求。他在批判性剖析资本主义财富现象的过程中不仅揭示了资本对剩余劳动予以最大限度榨取的财富掠夺现象，而且透视了资本对自然资源的肆意掠夺现象，进而在此基础上全面阐明了资本主义经济的社会形态被新的更高级的社会形态替代的历史必然性。这一切表明，马克思的人类学研究与摩尔根的人类史研究不同 ①，他主要是通过批判性剖析人类文明时代的资本主义社会危机来阐明社会历史的发展及其发展过程中自然、人与社会三者之间的辩证关系。

---

① 恩格斯在《家庭、私有制和国家的起源》中曾指出摩尔根的关于人类史的"这幅图景"跟他们（马克思和恩格斯）的关于人类史的"那幅图景"的区别："我在这里根据摩尔根的著作描绘的这幅人类经过蒙昧时代和野蛮时代达到文明时代的开端的发展图景，……不过，这幅图景跟我们此次遨游终了时将展现在我们面前的那幅图景比较起来，就会显得暗淡和可怜；只有在那个时候，才能充分看到从野蛮时代到文明时代的过渡以及两者之间的显著对立。"（[德] 恩格斯：《家庭、私有制和国家的起源》，人民出版社 1999 年版，第 26 页）很显然，摩尔根关于人类史的研究主要是实证性分析人类社会从蒙昧时代、野蛮时代向文明时代的过渡；而马克思关于人类史的研究主要是批判性剖析以雇佣劳动制为特征的文明时代"第三个剥削形式"的资本主义社会及其向未来共产主义社会的过渡，并由此历史性地辩证阐明人类社会历史的发展及其发展过程中自然、人与社会三者之间的辩证关系。

一、财富现象批判视域中的自然史与人类史

马克思的财富现象批判坚持唯物史观的历史科学原则。在与恩格斯共同著写的《德意志意识形态》中，马克思指出，历史科学是一门唯一的科学，自然史和人类史不可分割，"只要有人存在，自然史和人类史就彼此相互制约"①。马克思反对作为"深奥的哲学问题"的抽象自然观，因而批判将自然和历史予以对立和割裂开来的观点。这种观点把自然和历史看作好像是两种互不相干的事物，"好像人们面前始终不会有历史的自然和自然的历史"②。在马克思看来，不仅人类与自然的"斗争"促进了人类生产力在社会历史中的发展，而且"人和自然的统一"还在每一个历史时代的工业发展史中不断地发生改变。③ 全部人类历史"第一个需要确认的事实"就是有生命的个人的"肉体组织以及由此产生的个人对其他自然的关系"，任何历史记载都应当从地质、山岳水文、气候等"这些自然基础以及它们在历史进程中由于人们的活动而发生的变更出发"。④

在人类社会发展的不同历史阶段，人类与自然之间的关系由于人们的财富生产活动而"发生的变更"有本质区别。在"人的依赖关系（起初完全是自然发生）"⑤的社会形式即前资本主义的传统社会中，人们的财富生产能力只是在狭小和相对封闭的自然范围内发展着，表现为对自然的敬畏，并且"财富不表现为生产的目的"⑥，而人才是生产的目的。这种始终以维护和再生产人本身为目的的财富生产活动对自然界的打扰程度是十分

---

① [德] 马克思、恩格斯：《德意志意识形态》（节选本），人民出版社 2003 年版，第 10 页注②。
② [德] 马克思、恩格斯：《德意志意识形态》（节选本），人民出版社 2003 年版，第 20 页。
③ [德] 马克思、恩格斯：《德意志意识形态》（节选本），人民出版社 2003 年版，第 21 页。
④ [德] 马克思、恩格斯：《德意志意识形态》（节选本），人民出版社 2003 年版，第 11 页。
⑤ 《马克思恩格斯全集》第 30 卷，人民出版社 1995 年版，第 107 页。
⑥ 《马克思恩格斯全集》第 30 卷，人民出版社 1995 年版，第 479 页。

有限的，因人们的生产活动引起的人和自然之间的"物质变换"是可自然调节的，人与自然之间的关系总体上是处于一种生态和谐状态。事实上，在传统社会中，人们的采猎、畜牧和农耕等财富生产活动只是一种获取"天然产物"或增加"自然产物"的"攫取性活动"，其社会生产还处于一种"天然经济形态"或"自然经济形态"。在这样的经济形态中，生产生活资料以维持人口自身的生产始终是社会存在和发展的"根基"，社会关系的生产也仅是不断维持和强化传统社会的"等级制"而已。马克思说："这里问题的关键其实在于：在所有这些形式中，土地财产和农业构成经济制度的基础，因而经济的目的是生产使用价值……"① 生产满足人自身生理生存需求的自然劳动产品或使用价值，使人在这种满足基本生存的自然状态下"生产的东西不多于他直接的需要。他需要的界限也就是他生产的界限"②。所以，这样的人类生产活动及其规模，虽然能使"人与自然的统一"发生一定的历史变更，但并不会因自然的"攫取性活动"而破坏自然自身的"新陈代谢"。

但是，在"以物的依赖性为基础的人的独立性"③的资本主义社会中，"人们信赖的是物，而不是作为人的自身"④，个人在资本主义社会关系中的独立性成为一种幻想的表面形式，人的社会关系颠倒为物的关系并被这种物的关系支配，于是在物的关系逻辑下，人类的"一切情欲和一切活动都必然湮没在贪财欲之中"⑤，人与自然之间的关系在资本主义财富生产活动中所"发生的变更"是一种空前变异。在物的关系为人的社会关系造成了"普遍的基础"的资本主义阶段，资本逻辑是物的关系逻辑反映在资本

---

① 《马克思恩格斯全集》第 30 卷，人民出版社 1995 年版，第 476 页。

② [德] 马克思：《1844 年经济学哲学手稿》，人民出版社 2000 年版，第 180 页。

③ 《马克思恩格斯全集》第 30 卷，人民出版社 1995 年版，第 107 页。

④ 《马克思恩格斯全集》第 30 卷，人民出版社 1995 年版，第 110 页。

⑤ 《马克思恩格斯全集》第 3 卷，人民出版社 2002 年版，第 343 页。

主义生产方式中并以贪财欲的实现而表现出来的资本扩张财富的贪婪本性。一方面，它把资本对贪财欲的满足建立在对他人的剩余劳动的最大限度的"榨取"的基础上；另一方面，它又通过最大限度地驱使剩余劳动加工自然对象的方式把人类在自然经济条件下有限的自然需求变异为对抽象财富（"交换价值"）的无限占有欲。在马克思看来，资本扩张财富的无限欲望，不仅建立在对他人劳动成果的掠夺上，而且建立在对自然资源的无止尽的掠夺上，并使这两者互为条件地彼此结合实现对抽象财富的无限占有。它使人与自然之间的关系发生了本质变异，因为它与前资本主义社会中人们的财富生产活动对自然的有限消费需求有本质区别。其一，它颠倒了前资本主义社会财富生产的目的和手段，通过获取自然产品的使用价值而满足人自身生理生存的需要不再是生产的目的，而是手段，以此作为手段来实现资本扩张财富这一目的。它使社会生产不再是具体的使用价值的生产，而是交换价值的生产，虽然它具有生产商品的使用价值的具体形式，但在实质上是以商品财富与交换价值的生产来满足人类超出自身生理生存需要之外的虚假需求作为自为存在的机制与目的。其二，它使资本化的人类劳动不再是引起人类社会与自然界之间物质变换的有限的可自我调节的劳动，而是在雇佣工人、科学技术和机器的结合劳动中对自然资源予以掠夺性索取的工业生产。资本化的人类劳动一方面丧失了人类自然需求所予以现实性设定的自然限度，成为无限度的扩张活动，整个自然界在资本逻辑的主宰下成为满足资本无限扩张财富欲望的"原料库"；另一方面它必然野蛮甚至血腥地拆除民族间的和国家间的地域藩篱，事实上就是如此，而成为全球性的国际化的"生态殖民主义生产"，因而全面性地破坏了人类社会与自然界之间的生态平衡。

在马克思的财富现象批判的视域中，"人与自然的统一"在已有的社会发展的不同历史阶段上所"发生的变更"，恰好在对比中表明资本逻辑所主宰的社会生产力对自然资源无限度的掠夺，不仅在程度上而且在结果上，加重和实现了资本对他人剩余劳动的榨取和财富掠夺；反之，资本不断强化和加重对雇佣劳动者的剩余劳动的榨取也必然意味着加大了对自然的掠夺程度。由此可见，资本主义财富生产表现为双重剥削或掠夺：既对人形成了财富剥削，又对自然界形成了财富①剥削，也即是说，既对劳动创造的交换价值进行财富掠夺，又对自然资源内含的使用价值进行财富掠夺。这种双重剥削或掠夺虽然在资本实现财富贪欲的手段上互为条件，但剥削性质是一致的，并且资本对劳动者的财富剥削程度愈重，它对自然的财富剥削程度也就愈大，反之也是一样的。如果说，前一种剥削是马克思的历史科学批判性研究的人类史现象，后一种剥削是马克思的历史科学所指认的自然史现象，那么，在对资本主义财富现象予以历史批判的视域中，确实如马克思在唯物史观的意义上所说的："只要有人存在，自然史和人类史就彼此相互制约"②。由此进一步推论可得：只要存在资本逻辑，资本主义财富剥削现象所反映的自然（生态）危机和人类（社会）危机的解决也必然彼此相互制约。

这样，在马克思的财富现象批判的视域中，一者，因人格化的资本对人的财富剥削而形成了资本主义社会贫富分化与对立的现象，以及由此形成了工人无产阶级赤贫化的历史趋势；二者，因工业化的资本对自然的财富掠夺而形成了资本主义历史阶段人与自然之间的对立现象，以及由此形成了自然界新陈代谢断裂的必然趋势。这两者作为必然的逻辑推论，在对资本主义社会财富现象予以实证批判和历史批判中具有同等的理论地位和历史使命。如果说，工人无产阶级是财富现象批判从理论上升到实践高度、现实地消灭资本私有制和剥削现象、进而实现人类解放的主体

---

① 在《资本论》中，马克思曾多次明确地将自然条件和资源称为"劳动资料的自然富源"和"生活资料的自然富源"。

② ［德］马克思、恩格斯：《德意志意识形态》（节选本），人民出版社 2003 年版，第 10 页注②。

力量，那么，自然界及其自我调节的生态规律同样是财富现象批判从理论回到现实的地平、客观地显示消除资本掠夺现象的重要性、进而阐明自然解放的客体力量。在财富现象批判的视域中，这两种力量的辩证结合是基于两者相互制约的历史性原则之上最终解决资本主义危机，进而使两者在未来的共产主义社会实现联合的必然选择。在这个意义上，如果说资本主义财富现象所反映的人与人之间矛盾的解决需发挥工人无产阶级这一主体力量的历史作用——它最终要彻底消灭的是人剥削人的现象，因而是完成了的人道主义，那么，资本主义财富现象所反映的人与自然界之间矛盾的解决也同样需发挥自然及其客观规律这一客体力量的现实作用——它最终要彻底排除的是资本掠夺自然的现象，因而是完成了的自然主义。因此，这两种解放力量的辩证结合而生成的共产主义运动，正如马克思所说："这种共产主义，作为完成了的自然主义 = 人道主义，而作为完成了的人道主义 = 自然主义，它是人和自然界之间、人和人之间的矛盾的真正解决，……它是历史之谜的解答，而且知道自己就是这种解答。"①

　　虽然马克思在与恩格斯同著的《德意志意识形态》中阐述唯物史观时认为"我们需要深入研究的是人类史"②，但不意味着他无视自然史。事实上，即使在重点研究人类史的《德意志意识形态》中，马克思也表述了自己的历史唯物主义自然观。他不仅反对将自然与历史的关系、人与自然的关系予以对立和割裂的抽象自然观；③而且认为全部人类历史第一个需要确认的事实就是有生命的现实的个人对自然的关系，任何历史记载都应当

---

①　[德] 马克思：《1844 年经济学哲学手稿》，人民出版社 2000 年版，第 81 页。

②　[德] 马克思、恩格斯：《德意志意识形态》（节选本），人民出版社 2003 年版，第 10 页注②。

③　参见 [德] 马克思、恩格斯：《德意志意识形态》（节选本），人民出版社 2003 年版，第 20—21 页。

从"人与自然的统一"因人们的物质生活而发生的变更出发。① 正如马克思的"异化劳动"理论不仅有关于人对人的剥削和社会关系的异化的论述，而且还有对人与自然的关系的异化的指认一样，马克思建基于唯物史观之上的财富现象批判不仅揭示了根源于资本主义生产方式的人对人的财富剥削及由此引发的社会危机，而且揭示了根源于工业化资本生产的资本对自然的资源掠夺及由此引发的生态危机。虽然马克思深入研究了资本主义社会危机，而没有集中论述资本主义的生态危机，但结论是一致的，即一旦基于剥削他人剩余劳动、掠夺自然资源而形成的最大限度发展的社会生产力，不再促进资产阶级所有制关系的发展而是与这种狭隘的所有制关系相冲突时，资本主义经济的社会形态的危机也就暴发了。狭隘的资产阶级关系再也容纳不了资本贪婪剥削剩余劳动、掠夺自然资源所集聚的财富了。它"会使人们认识到资本本身就是这种限制，因而驱使人们利用资本本身来消灭资本"②。这样，资本主义社会形态也就必然被未来的共产主义社会形态替代。

可以说，马克思的财富现象批判即使在他那个时代只是看到了工业资本主义对自然生态的破坏而致使人与自然的关系变异，但他结合资本对劳动的财富剥削现象分析资本对自然资源的贪婪掠夺的这一辩证原理，无疑为我们分析并解决当代金融资本主义所造成的社会危机和生态危机提供了重要的启示意义。

二、财富现象批判视域中社会的发展与人的发展

已有的自然史和人类史显示资本对自然和人的双重剥削和掠夺，既满

---

① 参见 [德] 马克思、恩格斯：《德意志意识形态》（节选本），人民出版社 2003 年版，第 11 页。

② 《马克思恩格斯全集》第 30 卷，人民出版社 1995 年版，第 390—391 页。

足了资本对财富的贪欲，又最大限度地促进了社会生产力的发展。这时，剩余劳动、自然资源同科学技术、工业机器、分工、增长的人口等被转变成了资本进行财富积累的"生产力"要素，且是"不费资本分文"社会性要素。它们作为"结合的劳动"使资本得以排斥"单个的直接劳动"，从而提高了资本对自然和人予以双重财富剥削的整体效应和社会性生产能力，此时的"一切社会生产能力都是资本的生产力"①。这种基于对自然和人进行双重财富剥削的社会性"结合劳动"同样地使资本扩张了"力求全面地发展生产力"②的能力。但正是在这个意义上，如同马克思指出的，"资本把财富本身的生产，从而也把自己的现有前提的不断变革，设定为它自己再生产的前提。"③ 这个前提就是"对生产关系，从而对全部社会关系不断地进行革命"，不然，它及其代表的阶级和社会经济形态就不能生存下去。这里的"生产关系"和"社会关系"概念，不仅内涵人与人之间的关系，而且内涵了人与自然之间的关系。或者说，基于这种"生产关系"之上的"全部社会关系"涵括了人与自然之间的自然关系，但在现实的社会活动中，它本质上表现为人与人之间的社会关系或社会形式。④

由此，在马克思对资本主义社会予以财富现象批判的视域中，资本主义危机其实体现在三个方面：一是自然和人被资本剥削而形成的危机；二是"资本的生产力"的危机；三是资本关系或资本主义社会关系（生产关系）的危机。自然和人被资本剥削而形成的危机，即在自然生态现象上表现为自然资源趋于枯竭、贫乏，而在社会财富现象上表现为劳动者的赤贫化以及由此日益加重的资本与劳动之间的贫富分化与对立。"资本生产力"的危机，即它必然受资本与劳动之间贫富分化与对立的极限所束缚而成为

① 《马克思恩格斯全集》第 30 卷，人民出版社 1995 年版，第 587 页。
② 《马克思恩格斯全集》第 30 卷，人民出版社 1995 年版，第 539 页。
③ 《马克思恩格斯全集》第 30 卷，人民出版社 1995 年版，第 540 页。
④ ［德］马克思、恩格斯：《共产党宣言》，人民出版社 1997 年版，第 30 页。

破坏力量和革命的因素。资本关系或资本主义社会关系（生产关系）的危机，即它必然囿于资本和资产阶级的历史狭隘性，在资本自身的矛盾运动中被资本自身培育的已翻转为社会性的生产力所否定和革除，由此被新的更高层次的社会关系取代。这三个方面的危机之间虽然有现象与本质的表里关系，但在三者彼此之间的逻辑关联上却表现为互为因果的逻辑关系。也就是说，在这个互为因果的链条上任何一个危机的消除，整个资本主义危机也就得以解决，因为它意味着在人类社会历史上资本主义经济的社会形态被新的更高级的社会形态替代。

由此可见，在马克思的财富现象批判的视域中，如果说从社会生产力的发展的角度看，资本对自然与人的双重剥削而最终生成的基于"结合的劳动"的、具有"整体效应"的社会生产力，是辩证否定资本主义经济的社会形态的积极因素，进而内在地表明了这种社会形态被未来的共产主义社会替代的必然性；那么，从人的社会关系（生产关系是其现实的感性的源泉）的发展的角度看，资本对剩余劳动的榨取而由此形成的资本主义社会中的人的社会关系，同样地是促成资本主义经济的社会形态被否定的因素，并以自身的辩证发展体现了社会历史的发展和进步。也就是说，在财富现象批判的视域中，马克思不仅从剖析资本主义社会生产力的发展的角度阐明了社会历史的发展，而且从批判分析资本主义社会形态中人的社会关系（生产关系）的发展的角度阐明了社会历史形态的更替。

在马克思看来，人与人之间的关系表现为自然关系与社会关系两个层面，而人与人之间的关系尤其是社会关系并非与财富现象无关，它反而是财富现象的本质所在，毕竟财富现象的本质就是体现在"物的关系"背后的"人的社会关系"。另外，人与人之间的关系固然是自然关系与社会关系的统一，但在现实的社会生活中并不存在单纯意义上的自然关系，只存在将自然关系涵括于自身之中的社会关系，恰如资本对剩余劳动予以剥削的社会关系（生产关系）一样——其人与人之间的社会生产关系的现实情况如何必然反映了"人与自然的关系"因人的剩余劳动而"发生的变更"①。由此在马克思的财富现象批判的视域中，既然：其一，人的发展必然现实地体现在人的社会关系的发展上（参见本书第三章第二节"对财富现象的历史批判与人的全面发展"）；其二，社会的发展本身在不同历史阶段上的区分也反映在人的社会关系的历史演进上，那么，从财富现象的角度批判分析资本主义社会形态中的人的社会关系，尤其是处于资本主义财富生产过程之中的生产关系，就既能阐明人的发展是"历史的产物"②，又能阐明社会的发展，尤其经济的社会形态的发展，是"一种自然史的过程"③。当然，这与马克思通过对资本主义财富现象予以历史批判来阐明人的发展与社会发展的辩证同步性的历史辩证法逻辑是一致的。

　　与以往的社会形态中的经济生产不同，资本主义社会形态中的财富生产有一个显著特征，即资本生成为一种强制性的社会关系，能够驱使雇佣劳动者超出自身生活的需要而从事更多的剩余劳动。因此，马克思说："作为他人辛勤劳动的制造者，作为剩余劳动的榨取者和劳动力的剥削者，资本在精力、贪婪和效率方面，远远超过了以往一切以直接强制劳动为基础的生产制度。"④而资本主义社会的生产制度之所以能最大限度地发挥资本不断"超越出发点"的扩张财富能力，就在于它绕之旋转的社会关系是资本家剥削雇佣工人的资本关系，并且它还在社会意识形态上将这种人的社会关系物化地表现为"物之间的社会关系"（"物的依赖关系"）。

　　应该说，马克思的历史辩证法就是基于确证对资本主义财富现象予以

---

① ［德］马克思、恩格斯：《德意志意识形态》（节选本），人民出版社 2003 年版，第 11 页。
② 《马克思恩格斯全集》第 30 卷，人民出版社 1995 年版，第 112 页。
③ ［德］马克思：《资本论》第 1 卷，人民出版社 2004 年版，第 10 页。
④ ［德］马克思：《资本论》第 1 卷，人民出版社 2004 年版，第 359 页。

历史批判而得出的结论之上而形成的"总体辩证法"①。或者说，它是建基于辩证剖析资本主义社会中人的社会关系的历史阶段性而表现出来的一种"总体性辩证法"。因此，马克思在《1857—1858年经济学手稿》和《资本论》第一卷第一章中全面考察和阐述了人的社会关系发展所经历的三个历史阶段：第一个历史阶段是"直接的社会关系"，即"人的依赖关系"；第二个历史阶段是"物之间的社会关系"，即"物的依赖关系"；第三个历史阶段是"自由人联合体"，即实现了人的全面发展的"自由个性"。在这样的历史辩证法的逻辑陈述中，马克思不仅在人类社会发展的总体性上阐明了人的全面发展过程，而且在人的社会关系的阶段性历史演进中阐明了人类社会发展的三大社会形态及其历史阶段性。其中，人的社会关系发展的第二个历史阶段即资本主义阶段，它在人类社会发展的历史总体上只是其中的一个历史过渡性阶段，具有历史发展的暂时性，而不具有资产阶级经济学家所描述的永恒性。

在人的社会关系表现为以物的依赖性为基础的"物之间的社会关系"的资本主义历史阶段，虽然它反映的人的发展状态比在第一个历史阶段即"人的依赖关系"阶段上有了很大的历史进步性，但它并不是人的全面发展的完成和实现。从古代社会的"人的依赖关系"发展到现代资本主义社会的"物的依赖关系"，在这样的社会发展的历史更替中，虽然人在资本主义社会关系中获得了一定程度上的独立性，不再像古代社会中的人（如氏族成员、奴隶或封建农奴）那样必须从属于一定的自然共同体，因而摆脱了对氏族首领、奴隶主和封建地主的等级从属和人身依附，使人在资本主义社会关系中获得了基于物的依赖性的独立性。但是，这时人所获得的独立性仅仅是在市场交换意义上的契约关系上的独立性，它以劳动者与物

---

① 这里借鉴了卢卡奇的概念。他在《历史与阶级意识》中指出马克思的历史辩证法是一种总体性辩证法。参见［匈］卢卡奇：《历史与阶级意识》，杜章智等译，商务印书馆1992年版，第58—64页。

质生产、生活资料的分离为前提，即在资本主义私有制前提下，资本家阶级掌握物质生产、生活资料，劳动者阶级丧失这些必需资料，因而形成了这样一种占主导地位的社会关系：劳动者基于对物质生活资料的依赖以维持自身的生存，作为市场交换之契约关系中的独立主体方，他得以将自己的劳动（力）以雇佣的形式出让给资本家，由此形成了资本家榨取雇佣劳动者的剩余劳动的财富剥削关系，即资本家与雇佣劳动者之间的剥削与被剥削的社会关系。因此，人在资本主义社会关系中的独立性仅仅是作为一种幻想和表面形式而已，它被资本主义私有制即一种反映物的依赖的契约关系所支配。相对于古代社会，即人的社会关系发展所处的第一个历史阶段，在第二个历史阶段上的资本主义阶段的"物之间的社会关系"，虽然为人的全面自由发展创造了更多的历史条件，但它由于自身的狭隘性，只会将人的发展局限于"受抽象统治"或"受观念统治"的历史境地。一旦抛掉反映了"狭隘的资产阶级形式"的社会关系，人将会在劳动创造的财富成为人们共同的社会财富——这种财富作为先进的社会生产力突破了"狭隘的资产阶级形式"的束缚而成为"自由人联合体"的物质基础。这样，在人的社会关系发展的第三个历史阶段上，人将会在"自由人联合体"中建构起与自身、他人、社会、自然的丰富而全面的关系。人的发展也就既不受"人的依赖关系"的限制，也不受"物的依赖关系"的局限，而成为展现人的"自由个性"的全面发展，社会的发展也因资本主义社会关系被未来的"自由人联合体"替代而获得辩证阐明。

有一个很鲜明的结论：人的发展与社会的发展是马克思的财富现象批判所要阐明的两个互相关联的主题，并且在马克思的财富现象批判的视域中，人的发展本身就是表征社会发展这一必然性的历史过程，同样地，社会的发展本身也就是凸显人的发展这一目的性的自然过程。人的发展与社会的发展，这两者之间彼此互释的逻辑关系在马克思对人类社会历史予以总体性阐明的历史辩证法中得以呈现。

当然，马克思的财富现象批判对人的发展和社会的发展的科学阐明，无疑是建基于唯物史观的历史科学原则之上的——作为对财富现象予以实证的历史主义批判，它要求"在历史的发展过程中揭示社会经济关系的本质"。为此，无论是在现实经验层面还是在理性逻辑层面，马克思科学阐明人的发展和社会的发展的理论基点就是对现实的资本主义财富现象所进行的实证历史主义批判。由此，马克思进而在历史辩证法的逻辑陈述中总体性阐明人的发展与社会的发展的内在关联，就并非是无经验实证的纯粹历史理性批判。它的一个本质特征就是：既避免了国民经济学的那种无历史批判的实证主义——这充其量是无视人的存在与发展的资本主义社会断代史且是盲目武断的昔尼克主义，又避免了黑格尔历史哲学的那种纯思辨批判的、实则非实证批判的历史主义——这充其量是无视社会存在与发展的人类精神生产史且是神秘主义的唯灵论。

在马克思的财富现象批判视域中，正如资本与劳动之间的财富剥削与被剥削的社会关系（生产关系）决定了资本主义社会中政治的、宗教的、经济的等其他的社会关系一样，由此正如资产阶级与劳动者阶级之间贫富分化与对立的财富现象是资本主义社会的生产、交换、分配、消费等领域中的财富异化现象的感性根源一样，因人的发展与社会发展而形成的危机是资本主义经济的社会形态中由创造财富的方式的"狭隘的资产阶级形式"① 所导致的一切危机的本质抽象与概括。未来的共产主义社会也正是因为能解决资本主义社会所无法解决的危机而成为新的更高级的社会形态。在马克思看来，共产主义社会既是人的全面自由发展的历史过程的实现，也是社会历史发展的自然规律的实现。当然，未来的理想社会也就是人的发展与社会的发展"在以往发展的全部财富的范围内"② 历史性的和

---

① 《马克思恩格斯全集》第 30 卷，人民出版社 1995 年版，第 479 页。
② ［德］马克思：《1844 年经济学哲学手稿》，人民出版社 2000 年版，第 81 页。

谐生成的，"它是人和自然界之间、人和人之间矛盾的真正解决"①。在这个意义上，"社会是人同自然界的完成了的本质的统一，是自然界的真正复活，是人的实现了的自然主义和自然界的实现了的人道主义。"②

由此可见，马克思对未来理想的共产主义社会的价值预期反映了他通过财富现象批判所要确立的财富观就是：关于人、自然与社会和谐发展的财富观。

三、关于人、自然与社会和谐发展的财富观

早在中学毕业论文《青年在选择职业时的考虑》中，马克思就高度理性主义地论述了人的发展与社会发展的统一性："神让人在社会上选择一个最适合于他、最能使他和社会变得高尚的地位。"③如果说此时的马克思之所以没有从财富现象批判的角度分析人与社会的协调发展，是因为他的理想主义情结没有触及社会关系中人与人之间的物质利益矛盾，那么，博士毕业后，马克思在《莱茵报》工作时期"对林木盗窃法和摩塞尔河地区农民处境的研究"④（恩格斯语），之所以被激发了财富现象批判的逻辑开端，"推动他由纯政治转向研究经济关系，并从而走向社会主义"⑤，是因为此时的马克思不仅看到社会现实生活中人与人之间的经济关系以及人与自然资源（林木、土地等）之间的经济关系，而且看到了社会关系中人与人之间的财富利益对立现象是通过人与自然资源之间的经济关系反映出来的。由此，在其后的政治经济学研究中，马克思显然看到了自然史与人类

---

① ［德］马克思：《1844 年经济学哲学手稿》，人民出版社 2000 年版，第 81 页。
② ［德］马克思：《1844 年经济学哲学手稿》，人民出版社 2000 年版，第 83 页。
③ 《马克思恩格斯全集》第 1 卷，人民出版社 1995 年版，第 455 页。
④ 《马克思恩格斯〈资本论〉书信集》，人民出版社 1976 年版，第 587 页。
⑤ 《马克思恩格斯〈资本论〉书信集》，人民出版社 1976 年版，第 587 页。

史通过人的经济活动而发生的彼此关联。虽然人通过创造财富的劳动生产出了人与人之间的社会关系，生产出了全部的社会组织结构与全部的社会发展史，但这样的历史不外是"自然界对人来说的生成过程"①。由此不难理解，"人对自然的关系直接就是人对人的关系，正像人对人的关系直接就是人对自然的关系，就是他自己的自然规定"②。或者说，从某一角度看，人与人之间的社会物质利益关系本身就涵括和体现了人对自然的关系。虽然创造社会财富的劳动过程"首先是人与自然之间的过程，是以自身的活动来中介、调整和控制人和自然之间物质交换的过程"③，但毕竟只有在一定的社会关系范围内，才有人们对自然界的关系，才会有创造财富的劳动生产。因此，当马克思阐明人的发展——人通过创造财富的劳动创造了人自身时，必然既关涉人与自然之间的关系变迁，即自然史的发展；又关涉人与人之间的社会关系变革及由此产生的社会历史的发展，即人类史的发展。这正如马克思所说："只要有人存在，自然史和人类史就彼此相互制约。"④

既然如此，那么在自然和人类社会发展的每一个历史阶段上，人与人之间的社会关系必然反映了人与自然之间的关系，反之一样。具体在资本主义的历史阶段，建基于资本与劳动之矛盾运动的资本主义财富生产方式，不仅在人与人之间的社会关系上体现出了资本家阶级与劳动者阶级之间因财富剥削与被剥削的关系而产生的阶级之间财富两极分化与对立，而且在人与自然的关系上反映出了同样的对立关系，即因资本无限扩张财富的欲望而导致的人与自然的对立。

早在《1844年经济学哲学手稿》中，马克思就曾指出，资本主义社

① ［德］马克思：《1844年经济学哲学手稿》，人民出版社2000年版，第92页。
② ［德］马克思：《1844年经济学哲学手稿》，人民出版社2000年版，第80页。
③ ［德］马克思：《资本论》第1卷，人民出版社2004年版，第207—208页。
④ ［德］马克思、恩格斯：《德意志意识形态》（节选本），人民出版社2003年版，第10页。

会关系中贫穷与富有的对立，以及由此反映出来的人与自然物（包括对象化加工自然对象的劳动产品）的分离与对立，已经被斯密、李嘉图、蒲鲁东、傅立叶、圣西门等人抽象地概括为"无产与有产的对立"，但他们并没有把"无产与有产的对立"理解为劳动与资本的对立，因而无法从资本主义生产关系的历史性的角度看到这种关系与"古罗马、土耳其等"历史时期的私有制关系的本质区别，也就不能从社会历史发展的辩证批判性视角来解读资本主义社会中无产与有产之间的贫富对立，更不可能看到未来的共产主义社会扬弃资本主义阶段上的因财富剥削和异化而生成的私有财产所具有的积极意义。[1] 在马克思看来，只有将无产与有产之间的贫富对立理解为劳动与资本之间的对立，才是从它的能动关系上、它的内在关系上来理解的对立，作为矛盾来理解的对立。[2] 由此才能从内在矛盾运动的角度看待资本主义私有财产被积极扬弃的历史必然性。这样，"通过私有财产及其富有和贫困——或物质的和精神的富有和贫困——的运动，正在生成的社会发现这种形成所需的全部材料。"[3] 在马克思看来，由此生成的共产主义社会是"人与自然界的完成了的本质的统一"[4]，既是"人向自身、向社会的即合乎人性的人的复归"[5]，又是"自然界的真正复活"[6]。这种共产主义是"历史之谜的解答"，是"人和自然界之间、人和人之间的矛盾的真正解决"。[7]

虽然青年马克思在《1844年经济学哲学手稿》中是从人本学唯物主义而不是从历史唯物主义角度，剖析资本主义社会中因劳动的异化而出现

① 参见 ［德］马克思：《1844年经济学哲学手稿》，人民出版社2000年版，第78页。
② 参见 ［德］马克思：《1844年经济学哲学手稿》，人民出版社2000年版，第78页。
③ ［德］马克思：《1844年经济学哲学手稿》，人民出版社2000年版，第88页。
④ ［德］马克思：《1844年经济学哲学手稿》，人民出版社2000年版，第83页。
⑤ ［德］马克思：《1844年经济学哲学手稿》，人民出版社2000年版，第81页。
⑥ ［德］马克思：《1844年经济学哲学手稿》，人民出版社2000年版，第83页。
⑦ ［德］马克思：《1844年经济学哲学手稿》，人民出版社2000年版，第81页。

的贫富对立现象，但他的财富现象批判却历史性地穿透了资本主义私有制的客观内在矛盾——资本与劳动之间的矛盾关系，以此来阐述社会历史发展的动力与进程。况且，马克思此时已然意识到，基于人与自然之间、人与人之间的矛盾解决的人、自然与社会三者之间的协调发展与"以往发展的全部财富"①的关联。马克思这样的批判性剖析而又理性建构的理论思路后来在系统阐述唯物史观的过程中逐渐清晰并进一步得到完善、发展。

后来，同样是批判资本对雇佣劳动的财富剥削现象，马克思由此在唯物史观的历史科学视域中进一步阐明了人、自然与社会三者之间的矛盾关系及其协调发展的历史运动。在与恩格斯合著的《德意志意识形态》和《共产党宣言》中，生产力被马克思视为人类物化劳动的实践力量反映了人与自然之间的关系；生产关系被马克思视为人类在改造自然的劳动实践中形成的人与人之间的关系；这两者之间的矛盾运动推动了人类社会形态的更替和历史发展。由此而生成的共产主义并不是应当确立的状况，也不再是现实应当与之相适应的理想，它是消灭现存对立状况的现实的运动，这个运动是由现有的前提产生的。②共产主义被马克思视为人类在物质生活资料的生产与再生产的历史性实践活动中解决人与自然之间、人与人之间、阶级与阶级之间矛盾的"自由人联合体"。在《1857—1858年经济学手稿》中，马克思的"三大社会形态"理论还从历史的辩证发展的维度阐述了人的发展与社会发展的一致性，把共产主义社会视为人的发展的第三个历史阶段——"自由个性"的阶段。这一"自由个性"阶段建基于两个基础之上：其一，人的全面发展；其二，"他们的共同的、社会的生产能力成为从属于他们的社会财富。"③在实现了对私有财产和人的异化

---

① ［德］马克思：《1844 年经济学哲学手稿》，人民出版社 2000 年版，第 81 页。
② ［德］马克思、恩格斯：《德意志意识形态》（节选本），人民出版社 2003 年版，第 31 页。
③ 《马克思恩格斯全集》第 30 卷，人民出版社 1995 年版，第 107 页。

的辩证扬弃的共产主义社会，人的全面发展与社会财富实现了目的与手段的有机统一。

很显然，马克思的财富现象批判理论突出阐明了人的发展与社会发展，但并没有强调对自然史的研究，也没有专门论述过人类社会历史发展过程中人与自然之间的协调发展问题。尤其是基于唯物史观的历史科学原则，马克思说："自然史，即所谓自然科学，我们在这里不谈。"[①] 但马克思的历史科学原则强调了一个前提，即自然史和人类史是不可分割的，且彼此相互制约。在马克思看来，人直接地是能动的自然存在物，历史是人的真正自然史；[②] 而经济的社会形态的发展就是一种自然史的过程；[③] 创造财富的劳动首先是人和自然之间的物质变换过程[④]，是"人类生活永恒的自然条件"[⑤]。可以说，马克思"在这里不谈"的自然是自然科学研究对象的"第一自然"，这样的自然并非是"人化的自然""社会的自然"和"历史的自然"。当马克思阐明人的发展与社会的发展时，他并没有忽视基于"人化的自然""社会的自然"和"历史的自然"的前提来论述人与社会的历史发展。这其中也必然涵括了马克思对人与自然之间的关系、人与人之间的关系的论述。

在马克思成熟时期的著作文本中，"社会"是一个抽象的概念，是区别于人与自然之间的关系但又基于人与自然之间的关系之上的、人与人之间的总体关系的范畴；"社会形态"则是"社会"概念的具体所指，即"社会形态"是基于生产力（人与自然之间的关系）发展的一定阶段并与之相适应的经济基础和上层建筑的统一体，它具体由"社会"的经济、政治、

---

① ［德］马克思、恩格斯：《德意志意识形态》（节选本），人民出版社 2003 年版，第 10 页。

② 参见［德］马克思：《1844 年经济学哲学手稿》，人民出版社 2000 年版，第 105—107 页。

③ 参见［德］马克思：《资本论》第 1 卷，人民出版社 2004 年版，第 10 页。

④ 参见［德］马克思：《资本论》第 1 卷，人民出版社 2004 年版，第 208 页。

⑤ ［德］马克思：《资本论》第 1 卷，人民出版社 2004 年版，第 215 页。

文化等组织结构组成。但从马克思的财富现象批判理论的经济学语境来看，马克思关于"社会形态"的研究是有所侧重的，是侧重"从社会经济结构方面"① 来进行研究，或者说是侧重于对"经济的社会形态"的研究。② 也就是说，马克思的批判理论所阐明的"社会发展"侧重指的是"经济的社会形态的发展"。

马克思认为，社会财富生产的"承担者同自然的关系以及他们相互之间的关系，他们借以进行生产的各种关系的总体，就是从社会经济结构方面来看的社会"③。这样来看的"社会"就涵括了两方面的关系：其一是财富生产者同自然之间的关系，即人与自然之间的关系；其二是"他们相互之间的关系"，即人与人之间的关系。因而社会发展也就关涉人与自然之间、人与人之间的关系发展状态，而这两方面关系的发展状态本质上既反映了基于自然不断人化的人的发展，又反映了基于人的不断社会化的人自身发展。由此可见，社会发展本身也就是人的发展。这一思想，从马克思关于财富生产的"经济的社会形态"的论述中也清晰可见。马克思认为，社会财富生产过程"既是人类生活的物质生存条件的生产过程，又是一个在特殊的、历史的和经济的生产关系中进行的过程，是生产和再生产着这些生产关系本身，因而生产和再生产着这个过程的承担者、他们的物质生存条件和他们的互相关系即他们的一定的经济的社会形式的过程"④。这样，社会财富生产体现在三个方面：其一是社会财富生产过程的"承担者"的生产，即人的发展，因为它表现为人自身的生产；其二是"他们的物质

---

① ［德］马克思：《资本论》第 3 卷，人民出版社 2004 年版，第 927 页。
② 马克思在《资本论》第一版序言中指出，"本书的最终目的就是揭示现代社会的经济运动规律"，而"我的观点是把经济的社会形态的发展理解为一种自然史的过程"。他明显强调了对"经济的社会形态"的研究和理解。（参见 ［德］马克思：《资本论》第 1 卷，人民出版社 2004 年版，第 10 页。）
③ ［德］马克思：《资本论》第 3 卷，人民出版社 2004 年版，第 927 页。
④ ［德］马克思：《资本论》第 3 卷，人民出版社 2004 年版，第 927 页。

生存条件"的生产；其三是"他们的相互关系"的生产，即"社会关系"的生产。在这三个方面中，人的发展即人自身的生产，是社会财富生产的最终目的，而"物质生存条件"的生产和"社会关系"的生产则不仅是人的发展的两个主要途径，而且也是财富生产的两个主要内容。进一步说，"物质生存条件"的生产主要涉及人与自然之间的关系，并以自然的不断人化和人能动地改造自然的能力的发展，体现了社会财富生产在"生产力"方面的内容；"社会关系"的生产则主要涉及人与人之间的关系，并以人的不断社会化和人的交往能力的发展，体现了社会财富生产在"生产关系"方面的内容；由此，"生产力和生产关系"就构成了"社会的个人发展的不同方面"①。正是基于生产力与生产关系的辩证运动而生成的社会发展也就是人自身的发展。

总的说来，在马克思的财富现象批判视域中，社会发展与人的发展具有内在的历史统一性，且关涉人与自然之间、人与人之间的关系变迁，由此既表明了马克思对自然史的理解②，也表明了马克思对人类史的理解。社会发展与人的发展的统一和在此过程中自然史与人类史的相互制约，这在批判性解构资本主义财富生产方式的基础上理性建构的就是这样的财富观：自然、人与社会的协调发展。也就是说，马克思基于唯物史观对资本主义财富现象的批判并非是为批判而批判，而是"破中有立"，马克思所要"立"论的就是在历史发展规律上的经济哲学阐明：关于自然、人与社

---

① 《马克思恩格斯全集》第 31 卷，人民出版社 1998 年版，第 101 页。

② 孙承叔认为，马克思基于人的历史性实践活动的观点，将自然理解为人类对象化实践活动的条件和前提，但并非把自然前提作为历史发展的唯一根据。这样，否定自然前提是错误的，停留于自然前提同样是错误的。（参见孙承叔：《真正的马克思》，人民出版社 2009 年版，第 46—52 页）由此可推论：马克思并没有否定自然前提，也没有刻意停留于自然前提，但却在唯物史观的视域中阐述了由自然前提转变而来的人化自然、社会实践中的人和人类社会这三者的历史发展问题，即如何实现人化自然、人、社会三者协调发展的问题。

会三者协调发展的历史唯物主义财富观。

马克思财富现象批判的如此理论路径和思想阐明无疑具有重要的当代启示意义。这也是我们接下来需要重点分析的问题。

第五章　马克思财富现象批判的当代意义

众所周知，马克思将其所处的并予以全面批判的社会指称为"现代资产阶级社会"。在这个意义上，马克思说："'现代社会'就是存在于一切文明国家中的资本主义社会，它或多或少地摆脱了中世纪的杂质，或多或少地由于每个国度的特殊的历史发展而改变了形态，或多或少地有了发展。"① 当然，如果说马克思的那个时代的社会是现代社会，那么与马克思所在的"现代社会"相对区别开来的就是如今的"当代社会"。然而，这样的相对区别并不意味着这两者有什么本质上的不同。从马克思的三大社会形态理论来看，它们在本质上都具有"以物的依赖性为基础的人的独立性，是第二大形式"② 的基本特征。也就是说，这种在时代上虽有相对区别但确实又本质关联的现实存在，也恰好能确认马克思的财富现象批判理论在当代社会理所当然地具有相应的积极意义。

第一节　当代人的存在与发展问题域中的财富现象批判

阐明人的现实存在与历史发展是马克思通过财富现象批判予以实现的重要旨意之一（参见本书第三章）。由此理论路径关照和透析当代社会，资本及其拜物教的社会意识形态仍然"时代在场"，时代的迷魅与当代人

---

① ［德］马克思：《哥达纲领批判》，人民出版社 1997 年版，第 24 页。
② 《马克思恩格斯全集》第 30 卷，人民出版社 1995 年版，第 107 页。

被物的增长所颠倒、被财富的抽象虚幻性所愚弄形成了越来越明显的互证生成的关系。给予实证的根据就是：一方面，在这个经济全球化的时代，即使全世界财富的生产更有效率，但贫富差距却在空前扩大；另一方面，人在全面且深度物化的社会关系（或"全球关系"）中被资本意识控制，进而形成了这一矛盾景观：基于对物的依赖的财富幻境，而又表现出期盼操持财富差异性之个体独立存在的类似"股民"镜像。当代社会贫富分化与对立的财富现象与人的现实存在及其发展问题完全处于马克思的财富现象批判的全息视域中。

一、财富现象与当代人的现实存在及其发展

以资本的现代本性为根据来界说，无论是从近代到当代，还是从当代西方到东方，一切财富现象都有其本质上的"家族相似性"。或者说，一直张扬着资本的财富扩张本性的资本文明，除了在当代社会意识形态上不断营造财富的抽象性与虚幻性存在而得以堂而皇之地愚弄为之创造了巨额财富的劳动者之外，必然赋予当代社会以某一种内在特质，进而呈现出与当代社会相伴而生的现代性问题。譬如，与社会关系的物化、普遍性的异化、科技理性的张扬、形式化的抽象控制、消费主义的奢靡享受等如影随形的是：当代人的存在与发展越发被物的增长所颠倒，越发自恋"以物的依赖性为基础的人的独立性"①，并在观念上偏执于将人自身的发展幻化为对他人、社会、自然的财富占有能力的发展。

这是一个同样迷魅的时代。每一个现实的个人，即使是个体的社会下层劳动者，都被资本的拜物教观念愚弄至自我迷失的幻境，就类似于：工薪阶层口袋里的"黄金鸟"以全部积蓄和高额银行贷款的形式被房产商"诱

---

① 《马克思恩格斯全集》第 30 卷，人民出版社 1995 年版，第 107 页。

骗"出来后，还以为购房是从暴利资本家那里获得"优惠"的增殖资产而无端窃喜。

资本与劳动的对立、资本阶层对劳动阶层的财富剥削依然是当代社会贫富分化与对立的根源。劳动阶层的致贫和匮乏在生产过剩的时代始终存在。这样的历史"匮乏"成了时代转换后依然存在的必然性。如果以此解读萨特的"匮乏"思想，那么，从不可避免的贫穷与匮乏出发——也确如萨特所指出的——人的物质生活就是悲苦之舞，只不过如今的人在异化的舞台上跳舞时却总是带着物性的沉重镣铐。[①] 基于这种悲苦之舞的悲观主义情绪，萨特用"已定形物"（如货币）这种"着了魔的物"——它们控制了人并通过它们的存在反映和加强了人与人之间的分离[②]——来表述了马克思关于社会关系物化的思想。在这个意义上，只要资本的"时代在场"和由此必然出现的贫富分化、对立的财富现象存在，就完全可以借用萨特在他的名剧《间隔》中的名言——"他人就是地狱"来表述和理解当代人在物化的社会关系中所具有的"仇富"心态。

与萨特不同，同样具有潜在的悲观主义倾向的当代思想家鲍德里亚，却在"后匮乏社会"[③] 的"物体系"中看到了人被符码控制的"炫富"心态——符号消费。虽然鲍德里亚不赞成马克思的劳动价值论，但他实质上在马克思的拜物教批判理论的基础上揭露了资本世界的"物体系"通过文化意识形态对人的抽象操控。即使鲍德里亚因片面理解马克思的"劳动"

[①]　参见张一兵、夏凡：《人的解放》，河南人民出版社 2011 年版，第 214—219 页。

[②]　参见［法］萨特：《辩证理性批判》，林骧华、徐和瑾、陈伟丰译，安徽文艺出版社 1998 年版，第 324 页。

[③]　英国当代著名的思想家安东尼·吉登斯认为"后匮乏社会"的含义之一就是"物质普遍化丰富的社会"，并认为马克思暗示了工业社会的巨大财富能够满足每个人的所有可能需要，匮乏最终消失。（参见［英］吉登斯：《失控的世界》，周红云译，江西人民出版社 2001 年版，第 116—117 页。）

概念①，而在重新理解资本时认为："在工业化阶段，为了增加剩余价值，资本家们没有将需要视为发展所必需的要素。因此，资本不得不面对一个由它自身产生的矛盾。一旦当矛盾接近不可调和的边缘时，资本也发现了一种新形式的农奴：作为某种消费力量的个体"②，但他毕竟看到了人在当代消费社会中作为消费者也同样地被资本盘剥和奴役的现实存在——人在产能过剩的当代消费社会里普遍存在的炫耀性符号消费，不仅证明人仍旧被资本的意识形态规控，而且同样地迎合了资本扩张财富的贪欲。在这个意义上，把鲍德里亚的观点做进一步的推理，也就有这一结论：在当代消费社会，人普遍自恋于奢侈消费的"炫富"心态，并不意味着他们在差异性的符号系列中获得了自由的非同一性存在，反而意味着他们在被物性符号抽象规控的同时已成为当代资本的盘剥对象和财富来源，就如同不同部门的雇佣工人基于各自现实的差异性劳动过程而都不可避免地被整个资本阶级盘剥了剩余劳动（财富）一样。由此看来，在当代消费社会，资本与劳动者（消费者）之间的社会关系同样如马克思当初的判断，即越来越表现为一个社会阶级（资产阶级）对另一个社会阶级（劳动者阶级）的财富掠夺和剥削，只不过形式更加隐蔽而已。

---

① 当鲍德里亚在再现资本主义现实时认定"剩余价值不再来源于艰苦的劳动，而是由商品直接创造出来。符号学等价比现实要更加真实。'交往'取代了生产，工人的异化不是在工作中而是在日常生活的家中发生的。"（参见周嘉昕：《鲍德里亚之后，再无政治经济学批判?》，《南京社会科学》2013 年第 7 期）很明显，这一"认定"反映了鲍氏及其追随者虽不否认资本在工业化阶段对剩余价值的攫取（马克思的剩余价值学说），但将马克思的"劳动"概念仅仅理解为传统的"单一劳动"，而忽视了马克思在《资本论》中阐明剩余价值理论时所分析的"劳动"是由雇佣工人、科学技术、机器、分工等组成的"结合的劳动"。他们用"单一劳动"艰苦与否来判定劳动者是否受剥削。因此，他们明显是基于这一片面理解——至少是原因之一——而将劳动生产领域中剥削奴役现象予以"取代"和"转移"，用符号政治经济学批判"取代"政治经济学批判，将工人在劳动中的异化"转移"为在日常生活中的异化。

② ［法］鲍德里亚：《符号政治经济学批判》，夏莹译，南京大学出版社 2009 年版，第70 页。

不仅阶级之间因财富掠夺而必然存在贫富分化与对立的财富现象，而且在金融资本更加灵活地跨国流动的当今时代，资本主义从资本家占有工人的剩余价值开始，到资本主义国家跨国占有非资本主义国家的剩余价值，再到发达资本主义国家联合起来占有不发达国家的剩余价值，因而不难理解为何当今时代不仅人与人之间的贫富差距在扩大，而且国与国之间的贫富差距同样在不断扩大。也就是说，即使在当今时代，"全球经济一体化也使得全世界财富的生产更有效率，但是贫富差距在空前扩大"[①]。这样的贫富分化与对立的财富现象本质上还是根源于资本与劳动的矛盾运动和全球资本对剩余价值的无限贪欲。即使在人的交往突破地域性交往而扩大为世界性交往的当今时代，资本的狭隘本性并没有改变，它依然以全球化扩张的方式对凡是存在资本流通的地方进行剩余劳动和财富的最大化榨取。

概述当代人存在与发展的尴尬境遇，即：人在全面且深度物化的社会关系（或"全球关系"）中被资本意识控制，基于对物的依赖的财富幻境，而又表现出期盼操持财富差异性之个体存在的这一矛盾景观。它类似于，在这个全球炒股的时代中，操持或多或少的股票（一种所谓的符号财富并被人们据以幻想无限增值的凭证）的个体股民的"浮躁"镜像。用马克思的三大社会形态理论中的原话表述，即"以物的依赖性为基础的人的独立性，是第二大形式"[②]。也就是说，当代人存在与发展的矛盾景观仍然存在于马克思所指认的三大社会形态的"第二大形式"，人在这种形式下，虽然受制于当代全球性资本文明的狭隘性的抽象规控，但我们同样可以像马克思那样乐观地认为，正是在这种形式下，人"才形成普遍的社会物质变换、全面的关系、多方面的需要以及全面的能力的体系"[③]。基于这样的判

---

①　茅于轼：《中国人的焦虑从哪里来》，群言出版社 2013 年版，第 11 页。

②　《马克思恩格斯全集》第 30 卷，人民出版社 1995 年版，第 107 页。

③　《马克思恩格斯全集》第 30 卷，人民出版社 1995 年版，第 107 页。

断，当代人在全球化时代的尴尬境遇，同样印证了马克思的观点：其一，在"以物的依赖性为基础的人的独立性"阶段，虽然"物之间的社会关系"为人的全面发展创造了历史条件，但它由于自身的狭隘性并不能将人的全面发展推进到底，由于"物的依赖关系无非是与外表上独立的个人相对立的独立的社会关系"，故而"与人的依赖关系相对立的物的依赖性"必然导致这样的现实存在：现实的个人"受抽象统治""受观念统治"。① 其二，在资本文明创造了史无前例的强大生产力的前提下，资本主义世界市场为人的"交往"提供了广阔的空间，它虽然更清楚地表明每一单个人的解放程度体现为历史转变为世界历史的程度，但在将现存的处于对立条件下的资本主义"交往关系"演进到由联合起来的人们予以共同掌握之前，人还没有条件积极扬弃它那支配人、奴役人的偶然性基础，也就是说，还不能把它变为人们发挥自己全面能力、实现个性自由的现实性基础。

二、财富现象批判视域中当代人的问题

如果说，将当代人的问题归于马克思的财富现象批判的视域中分析的原因之一在于：当代人的尴尬境遇本质上就是马克思所指认的"以物的依赖性为基础的人的独立性"② 这一矛盾景观，那么，马克思当初在实证描述工业资本主义财富现象并对其予以历史主义批判时，即使没有想到金融资本主义在如今的消费社会有了"枯木逢春"的气象，但他由此开辟的理论路径——通过财富现象批判阐明人的存在与发展——依然是我们阐明当代人的问题的重要理论视域。

与马克思身后的那些当代的思想家的悲观主义气质相比，我们没有理

---

① 参见《马克思恩格斯全集》第 30 卷，人民出版社 1995 年版，第 114 页。
② 《马克思恩格斯全集》第 30 卷，人民出版社 1995 年版，第 107 页。

由指责马克思基于唯物史观的乐观主义判断，这是因为马克思予以实证的历史主义批判始终是从"人类社会或社会的人类"①的立脚点出发来剖析现代资本主义社会中人与人之间的社会关系及其所表现出来的贫富分化与对立的财富现象。无论是在萨特那里还是在鲍德里亚那里，他们陷入悲观主义的理论境地与他们立足于古代的历史本体或本真存在来剖析当代人的存在的社会批判理论有直接关联。萨特一直将"匮乏"作为人的历史本体的原初定在。由此，当萨特将当代人与人之间的敏感而对立的社会关系概括在"他人就是地狱""他人就是刽子手"这样的命题中时，总是能使我们想到霍布斯早就描述过的原始丛林中因人们之间的利益争夺而出现的情形：人与人之间就像狼对狼一样。鲍德里亚虽然看到了"后匮乏社会"中物品的丰盛，但他无疑是将原始社会中人际交往的耗费性"象征交换"视作唯一的本真存在，甚至将其看作是克服当代社会文明诸多弊病的治世良方。这总是让我们将鲍德里亚的"复古"主张与莫斯对原始社会的考证结论联系在一起——因为莫斯认为象征交换是在原始社会中居于主导地位的一种整体文化结构。与萨特和鲍德里亚的社会批判理论不同，马克思不仅认为只有充分"解剖"了现代资本主义的"市民社会"才能正确认识古代社会，而且认为历史唯物主义的立足点就是"人类社会"，他的视域超出了"市民社会"，达及了未来的"人类社会"。由此可以推论：在马克思看来，只有从"人类社会"的立足点出发，才能正确评判现代资本主义"市民社会"中人的存在与发展的问题与症状，正如只有全面"解剖"了现代"市民社会"中人与人之间的社会关系，才能正确理解古代社会中人与人之间的社会关系一样。总之，用马克思的观点表述就是：人体解剖是猴体解剖的一把钥匙。

现当代的西方马克思主义者自反驳和批判第二国际的经济决定论开

---

① 《马克思恩格斯文集》第 1 卷，人民出版社 2009 年版，第 502 页。

始，"转向对具有历史主体性的人和人的日常文化生活的研究"①。应该说，萨特、马尔库塞、弗洛姆、阿多诺、列斐伏尔、哈贝马斯和鲍德里亚②等人作为当代西方马克思主义的代表人物，他们对人的存在与发展的症状问题确实有着基于深邃洞察的生动描述和精彩批判，但西方马克思主义的批判理论之所以最终形成了作茧于"书斋"的理论镜像和悲观主义的理论气质，也与其抛弃马克思所开创的政治经济学批判的理论传统，转向文化意识形态批判有本质关联。③而马克思的政治经济学批判是科学切入财富现象批判、深层剖析资本主义社会贫富分化与对立之根源的具体体现（参见本书第二章第二节）。这就意味着，即使萨特等人用文学语言描述了这样的劳资之间的贫富对立：一边是劳动者（工人）贫困无依，他们只能"自由"地卖着；另一边是暗自窃喜地贪婪数点钞票的资本家，他们假装无视"总体化过程"④的财富剥削实质，"高尚"地买着。但是萨特等人往往从具体的日常生活中不足以阐明社会生活本质的次要而又偶然的事件来批判这样一些文学的或文化的现象。尽管像列斐伏尔这样的有识之士曾在《日常生活批判》中认为当代资本主义的奴役和剥削既发生在重大的政治经济关系之中，又是由日常生活的组织来实现的，但西方马克思主义者（包括

① 程建家、马钦荣:《西方马克思主义的批判理论镜像及其启示》,《马克思主义研究》2014 年第 3 期。

② 有学者将鲍德里亚界定为后马克思主义者而非西方马克思主义者。我们认为既然西方马克思主义与后马克思主义具有地域内涵的一致性和时间上的前后相继性，就不能将后马克思主义简单地排除在西方马克思主义的范围之外，鲍德里亚自然也就不能被简单地认定为非西方马克思主义者。至于鲍德里亚是否传统的马克思主义者则需另当别论了。

③ 参见程建家、马钦荣:《西方马克思主义的批判理论镜像及其启示》,《马克思主义研究》2014 年第 3 期。

④ "总体化过程"是萨特在《辩证理性批判》中所指认的、进入资本市场中的个人都自愿的一种个体存在，他们看似是自由的交换，但自愿和自由背后的真相是工人为生活所迫，不得不"自由"地出卖自己，然后就是被资本剥削和压迫。

列斐伏尔本人）普遍认为由日常生活的组织实现的资本主义奴役和剥削是更深更重的。于是，即使有被他们描述的资本主义贫富分化与对立现象，他们也并不是像马克思的财富现象批判那样从劳资之间的政治经济关系的角度予以历史唯物主义的政治经济学批判，而是将其作为日常生活中的文化奴役现象予以文化意识形态批判，完全颠倒了政治经济关系与文化意识形态之间的主次地位。由此，当代西方马克思主义通过文化意识形态批判来解构当代人的"类"和"群列"存在，阐明的无非是新个体主义人学的价值存在。他们充其量是像旧哲学那样立足于"市民社会"，从资本主义社会中人的原子主义的经验存在来阐明当代社会新个体主义人学的价值诉求，而不是从根基上去积极解剖和辩证否定"市民社会"本身。因此，当代西方马克思主义对当代人的存在与发展问题的阐明无非是向蒲鲁东主义的回归，或者说是蒲鲁东主义在当代社会的变种，因为他们在这样重新理解资本而不消灭资本的前提下，阐明、迎合的是当代社会中类似于自由、分散的个体股民的心态——总是幻想自己操持的股券像资本一样自行增值并进而获得财富——及其类似于小资产阶级的利益要求。这无异于像蒲鲁东那样自诩是劳动阶级的代表来解决劳苦大众的贫困问题——均分资本给每一个工人，要将工人改造成一个个的小资本家。如果说当代资本管理的"福特制"受到了蒲鲁东主义的启示的话，那么西方马克思主义的新个体主义人学则自觉地在资本主义文化意识形态领域阐明了当代的"福特制"，它无视资本主义社会一切财富异化现象的产生就根源于劳资矛盾的这一事实存在。西方马克思主义注定解决不了现实的贫富差距日益扩大而由此凸显的当代人的问题，因为它本身就缺失马克思实证批判资本主义财富现象而具有的历史主义维度，看不到资本集聚而非分散是历史发展的趋势，正如当代社会大资本吞并小资本、大股东吞并小股东也是必然的历史趋势一样。

当代西方马克思主义通过文化意识形态批判，也能看到当代社会中因人操持财富的量性区别而在众多个体相互差异性存在基础上的分化与对立现象，但它明显是立足于或预设于当代人原子主义的个体彼此分离的经济存在，来阐明当代人在量的规定性上的差异性存在与发展问题的。由此，它在本质上是迎合而非批判人的存在与发展被物化的社会关系所中介、隔离、分裂的资本主义文化意识形态，而不可能从当代人操持财富的质性区别上看到人的贫富分化与对立的本质根源。也就是说，当代西方马克思主义的文化意识形态批判根本不可能从政治经济关系上看到资本阶级与劳动阶级贫富分化与对立的本质根源就是资本对劳动的奴役、压榨和财富剥削。进一步推理：即使它无论从"匮乏"角度可能描述到当代人的"仇富"现象，还是从"后匮乏社会"角度可能比较恰当地刻画了当代人的"炫富"现象，但它也不可能深刻洞见到"仇富"和"炫富"现象在实质上就根源于当代社会劳资之间的贫富分化与对立。当代西方马克思主义无视当代社会贫富差距日益扩大的现实存在跟资本阶级对劳动阶级予以财富剥削之间的本质关联，进而不可能在当代政治经济关系上批判资本、否定资本，因而也就不可能从根本上解决当代人存在与发展的病症问题。

于是当代社会有趣的一幕是存在的，即西方马克思主义的意识形态学说与西方的某些经济学说（或追随西方经济学的所谓东方经济学说）彼此呼应。在实质上，西方某些经济学说鼓吹的财富正义仅止于产品分配的正义而已，而不是触及私有资本存在的社会分配（即生产资料分配）正义。这样，它论证和指认的是这一因果关系：由于不同个体在工作效能上的量性差异就有了在产品操持差异上的财富地位不同——这也是西方马克思主义的意识形态学说解构同一性所要达到的效果；同时，它也能从个体的效能差异上貌似公允地评判"仇富""炫富"甚至"暴富"的合理性与不合理性——这无疑是与西方马克思主义的意识形态学说相一致的、在解决当代人存在与发展的病症问题时的"遮羞布"。

通过分析当代西方马克思主义批判理论的理论路径可知，它不能从根源上阐明并解决当代人的问题，与它背离马克思基于唯物史观进行财富现象批判的理论路径有直接关联。这说明，即使是在当代社会，要真正阐明当代人的存在与发展问题并指明解决问题的方向，很有必要回到马克思的财富现象批判的视域中，在理论路径上以"人类社会或社会的人类"为立脚点回归政治经济学批判。① 在马克思的财富现象批判的理论视域中，政治经济学批判是深层追问资本社会贫富分化与对立之本质根源的必然所在，这由此成为科学阐明人的现实存在及其历史发展的理论前提，因而为我们阐明和解决当代人存在与发展问题提供了重要的理论启示意义。

三、资本不能从根本上解决当代人的问题

基于唯物史观的历史科学原则，马克思通过对资本主义财富现象予以实证的历史主义批判不仅阐明了人的现实存在，而且阐明了人的历史发展（参见本书第三章第一、二节）。由此反观当代社会，在辩证批判资本且承认资本在当代社会仍然有其历史文明面的前提下，马克思的财富现象批判所具有的当代意义之一就是它表明当代人的存在与发展同样具有如下特征：

其一，从人的现实存在看，在当代资本社会之中，商品、货币（金钱）和资本三者以物性财富形式所反映的社会关系在总体上构制了当代社会人的现实本质存在。也就是说，在当代社会关系的总体上，商品作为以物的形式反映的社会关系、货币（金钱）作为物的外壳遮掩下的社会关系和资

---

① 英国著名的左翼思想家佩里·安德森曾在《西方马克思主义探讨》（高铦、文贯中、魏章铃译，人民出版社 1981 年版）中指认过西方马克思主义背离马克思的政治经济学批判的理论事实，并阐明了回归马克思的政治经济学批判的必要性和重要性。国内学者也有相关论述，相关的论述参见程建家、马钦荣的《西方马克思主义的批判理论镜像及其启示》（《马克思主义研究》2014 年第 3 期）和周嘉昕的《鲍德里亚之后，再无政治经济学批判?》（《南京社会科学》2013 年第 7 期）。

本作为以物为媒介的社会关系，一同构架了当代人的现实本质存在，当代人的现实本质表现为这些社会关系的总和。这样，当代人的社会关系在现实性上同样表现为"物的形式""物的外壳"和"以物为媒介"，即表现为马克思所指认的物化现象。由此，当代人的现实本质的物化在实质上就是物性财富现象颠倒地表现并决定了人的现实本质存在。于是：一者，人的物性存在表明当代人的现实存在仍然处于马克思所阐明的"以物的依赖性为基础的人的独立性"①的特殊历史阶段；二者，人的社会关系的物化存在表明当代人的现实存在仍然深嵌于马克思所指明的物性关系的假象之中，并在意识状态中表现为对物性财富予以单面欲求的资本意识。这两者表明商品、货币（金钱）和资本作为财富形式仍然是当代人确证自身本质存在的手段而非目的，从而成为人们竞相追逐、操持和炫耀的对象。它意味着当代人创造财富的劳动能力异化为人得以现实存在的手段，这在意识观念上张扬了财富的物性假象对人的控制，并与社会关系的物化现象相互生成和彼此互证，进而遮掩了财富在本质上作为一种人与人之间的社会关系的实质——仍然是通过当代社会绕之旋转的劳资关系而表现出来的资本对劳动的财富占有。但无论怎样被遮蔽，它作为客观存在，必然在财富现象上表现为当代社会人与人之间贫富差距的日益扩大。也就是说，当代人的现实本质存在在财富现象批判的视域中得以阐明的事实结论是：因资本或资本意识的社会性存在及其对财富的贪欲本能，必然致使当代社会人与人之间财富分化与对立。这样，一者是人与人之间（财富现象质态上的劳资之间）的贫富分化与对立，一者是人的社会关系物化的现实本质存在，这两者在资本贪欲的狭隘本性的前提下实质上形成了表里互释。或者说，通过对贫富分化与对立的财富现象予以批判来揭露资本的贪婪本质也就能现实地阐明当代人的现实本质存在。它说明，从社会财富现象的角度看，

---

① 《马克思恩格斯全集》第 30 卷，人民出版社 1995 年版，第 107 页。

无论是当代人与人之间的贫富分化与对立，还是当代人的社会关系物化的现实本质存在，它们作为当代人的问题呈现，在本质上是根源于资本对财富的贪婪本性。

其二，从人的需要所反映的人自身发展看，当代人的个性愈发以占有一般财富代表的致富欲和金钱（货币）欲这种"恶"的形式表现出来，但它在资本社会之中正如马克思所指出的——已经完全超越了基于"人的依赖关系"之上的"历史地自行产生的需要即由生产本身产生的需要"①，而反映了人的多方面需要和全面能力的发展。人的那种"由生产本身产生的需要"已经随着当代资本社会商业景观、物性奢侈、货币金融和交换价值的发展而退出了历史的主流领域。如果说当代人的个性需要是等价于人的多方面需要和全面能力发展的需要，那是因为当代人的发展具备这样的历史条件，即当代人的基于必要劳动时间之上的自由时间（即剩余劳动时间）的相对增加。如果说当代人的金钱（货币）欲、财富欲不同于传统社会中人的"贪欲"这种欲望形式，那是因为传统社会中人的"贪欲"还只能在强制的奴役劳动基础上体现了财富"享乐"的意义，而当代社会中人的金钱（货币）欲和财富欲则在自由交易劳动力的雇佣劳动的基础上体现了财富"生产"的意义。这样，当代人的个性需要所体现的人的发展是人的独立而自由的时间的增加，并由此得以拓展了人的独立而自由的活动空间，因为它形成了当代人普遍的社会交往和全面关系的发展。于是，当代人在欲求"以物的依赖性为基础的人的独立性"②的存在价值的前提下，确实能获得人身在时间、空间、社会交往和活动地点等方面的独立性，能够自愿选择个人的职业和工作，自主地支配（或出让）自己的劳动力，自由地从事个人的事业，并产生了如马克思所指认的符合人的发展趋向的需

---

① 《马克思恩格斯全集》第 30 卷，人民出版社 1995 年版，第 524 页。
② 《马克思恩格斯全集》第 30 卷，人民出版社 1995 年版，第 107 页。

要——"科学研究和艺术创作的需要"。这种需要在资本社会确实从正面实现了"以物的依赖性为基础的人的独立性"存在的价值，即人们在自由时间里通过科学研究探索自然奥秘、挑战自然极限的方式凸显自身的社会价值，通过艺术创作感悟人生真谛的方式体验自身的个体价值，从而使人的各种能力得到锻炼、培养和发展。但是，当代资本社会的狭隘性资本和资本意识的存在必然致使当代人的需要是在对立的形式中发展和实现的。一方面，在劳动异化和财富异化的前提下——这在财富现象批判视域中就是资本力图最大限度地榨取剩余劳动的狭隘本性必然导致的，个人在自由时间（即剩余劳动时间）里实现的"科学研究和艺术创作的需要"总是表现为人的"奢侈"；另一方面，在资本的狭隘性意识存在的前提下——它在财富现象批判视域中表现为人总是把自身能力的发展幻想成对他人、社会、自然的财富占有能力的发展，个人占有一般财富代表的金钱（货币）欲和致富欲的个性需要又总是流露出当代人类似于传统贪欲的"自然必要性"。毫无疑问，在当代资本社会要完全扬弃这种人的对立形式的需要进而实现人真正的自由、全面发展是不可能的，因为当代资本社会毕竟是资本和资本意识主导的社会——资本和资本意识是致使当代人的需要存在于对立形式之中的前提，它只会因自身的狭隘本性导致当代社会在财富现象上表现为日益加重的贫富分化与对立，从而使当代人的需要处于更加鲜明的对立形式之中。

其三，从人的劳动所反映的人自身发展看，当代人在资本社会中的一般性劳动仍然是马克思在唯物史观视域中所指认的、处于"物的依赖关系时期"的对立性劳动。当代社会是发达的商品经济社会，基于当代社会工业化的机器体系和金融资本在国际范围内的自由流动，随着科学技术的日益进步和社会分工的国际化发展，当代人的劳动能力能够创造前所未有的巨大财富。但正如马克思的财富现象批判所阐明的，资本流通范围的扩大化本身是资本扩张财富力量的本质表现，并成为资本生产在地域上扩张的手段和需要。在当代资本社会，国际资本流通的地域范围愈大，雇佣劳动或异化劳动在地域空间中存在也就愈是扩大化、普遍化。于是，国际化生产领域中对立性劳动的特征就更加凸显，因为它是由资本社会中的雇佣劳动的性质所决定的，即表现为雇佣劳动者与劳动创造的财富之间的对立。当代金融资本在国际范围内以各种方式兑换财富的能力的不断扩张，在本质上，依赖于当代产业生产领域中对立性劳动在交换价值上的货币表现。否则，国际范围内劳动力商品的消失只能使金融资本兑换财富的扩张能力停留在各种金融证券的纸面上，并同样导致国际金融危机。当然，当代金融资本也更能使对立性劳动在国际市场上像其他的广泛流通的商品一样获得在交换价值上的货币表现，它彻底冲毁了传统的人身依附关系。劳动者在当代社会以货币这个中介物为依赖基础的独立性特征更加明显。在此种程度上的独立性个人确实形成了全面的关系和多方面的需要组成的能力体系，使人获得了此前不曾有的劳动对象化的主体性感受。随着生产领域中大机器的普遍运用和科学技术广泛的应用，当代人的劳动强度相对降低，自由时间相对增加，从而使当代人在劳动中有了自我实现的主体性感受。这应该说是资本社会中"以物的依赖性为基础的人的独立性"[1]长期发展的结果，并形成了人的发展趋向更高层次的历史趋势。但在当代资本社会，人所感受到的、凸显了自身主体性力量的劳动，在本质上，并非自由的劳动，因为它只要是基于物的依赖关系之上的雇佣劳动就必然是对立性劳动，是导致财富异化的非对象化劳动。它反而在社会关系更加物化的当代社会凸显了当代人对物的目的性满足与自娱。劳动成了获得物性满足和自娱的手段。应该说，当代人将自身能力的发展视为物性满足与自娱的主体性感受，与当代资本社会的社会关系深度物化有很大关系，但由此生成的人自身发展的情态并非是"散尽金银"来追求主体独立自由的财富释怀，

---

[1]　《马克思恩格斯全集》第30卷，人民出版社1995年版，第107页。

而是"纸醉金迷"地幻想在无限制地占有财富的欲望中"娱乐至死"。当代人的这种"人为财死"的典型性心态在当代社会并不因为劳动选择自由、劳动强度下降而释怀，反而为此助长了不劳而获的观念——通过雇佣对立性劳动占有他人的剩余劳动（财富），并将其作为个体价值坐标置放在由人的发展而形成的全面的能力体系之中。这是资本逻辑对当代社会个体的抽象驾驭。它只会使当代个体性的人在自身发展过程中强化物性的虚幻存在，颠倒自身发展的手段与目的，助长了资本对劳动予以财富掠夺的社会意识，进而漠视当代社会由此必然出现的贫富分化与对立的财富现象。

马克思的财富现象批判立足于"人类社会或社会的人类"① 这个出发点，并不否认资本的文明面，也不否认在"以物的依赖性为基础的人的独立性"的资本主义社会阶段，人能"形成普遍的社会物质变换、全面的关系、多方面的需要以及全面的能力的体系"②。但只要当代社会存在由资本的狭隘性导致的贫富分化与对立现象——事实上它已经通过如今经济全球化时代日益扩大的贫富差距鲜明地显现出来，那么马克思的财富现象批判给予我们的启示就是：即使我们承认当代社会还需要利用资本促进社会生产力发展的文明作用，但也理应认识到资本并不能从根本上解决当代社会人的存在与发展问题。

第二节　当代社会发展过程中的财富现象批判

阐明人类社会的历史发展是马克思通过财富现象批判予以实现的另一

---

① 《马克思恩格斯文集》第 1 卷，人民出版社 2009 年版，第 502 页。

② 《马克思恩格斯全集》第 30 卷，人民出版社 1995 年版，第 107 页。

重要的理论旨意。(参见本书第四章)由此回照当代社会,已经出现过的当代金融危机在事实上表明了马克思的财富现象批判的深刻性:以资本为主导的社会总是逃避不了由资本的历史狭隘性导致的"占有剩余"的危机。在马克思的财富现象批判视域中,如果说当代社会因金融资本瓜分剩余价值和社会财富的现象而引发了关于"财富正义"的公平分配问题的争论,那么,当今消费社会对财富分配现象的批判还必须回归到财富生产方式这个出发点,即回归到在财富生产领域因劳资矛盾而必然要求我们在更深层现象上进行的财富现象批判——针对贫富分化与对立现象进行实证的历史主义批判。这样,才能使我们在当代社会危机问题确实凸显的事实前提下,科学把脉当代社会的和谐发展问题。而且,马克思结合资本对劳动的财富剥削现象剖析资本对自然资源的贪婪掠夺的这一辩证视角,无疑也为我们科学分析和解读当代社会发展过程中的金融危机和生态危机提供了重要的启示意义。

一、财富现象与当代社会发展的现实存在

在如今这个时代,随着世界经济、金融一体化的实现以及世界市场的成熟运作,作为货币的资本或作为资本的货币配置社会资源的意义被张扬,由此,金融资本在社会财富坐标系中的地位明显被抬升。于是,货币的量值或货币变体的符号额度在似乎成为创生财富之效能尺度的同时,也意味着其似乎已经成为衡量某一国家、团体或个人的财富实力与地位的重要指标。尤其是当代社会中各种各样的所谓"财富榜",榜单上显示的就是用货币的数量符号标示的财富排序。在金融资本的社会地位日益凸显的当今时代,货币及其变体的魅力更加微妙,它不仅成为了当代社会财富幻象的主题,而且成为了人们在社会情感上所表现出来的致富欲的对象。这样,在当代社会仍然存在马克思曾深刻描述过的社会现象:"货币不仅是

致富欲望的一个对象，而且是致富欲望的唯一对象。"①在当代社会，金融资本相对于马克思曾着力批判过的产业资本而言虽然在社会财富坐标系中地位日益凸显，但当代社会仍然是资本主导的社会。由此，马克思对资本社会的财富现象批判在当代社会仍然具有重要的现实意义。况且，当代社会出现过的金融资本危机在事实上表明了马克思的财富现象批判的深刻性：以资本为主导的社会总是逃避不了由资本的历史狭隘性导致的"占有剩余"的危机。

在马克思的财富现象批判视域中，当代社会既然是以资本为主导的社会，那么资本与劳动的矛盾关系必然是它绕之旋转的中轴，并且存在这一事实：资本的秉性就是最大限度地榨取剩余劳动，财富创生的动力就是少数人的货币资本对多数人的劳动成果的占有，社会财富现象在根本意义上表现为社会贫富分化与对立。在当代资本社会之中，财富的社会本质仍然是"不平等"，"少数人富有与多数人贫困"是当代资本社会内在地实存着的矛盾现象。②

当代社会"少数人富有与多数人贫困"或者说社会贫富分化与对立的财富现象，在本质上仍然根源于劳资矛盾。但当代社会的劳资矛盾却总是被无形遮掩，应该说与金融资本在当代社会中的作用被夸显以及由此形成的误识——对金融资本的性质与作用的误判——有很大的关系。

在布雷顿森林体系瓦解、货币与黄金脱钩之后，当代社会的金融资本最终都表现为虚拟化货币的资本化。从这个意义上说，金融资本与当代市场经济中的虚拟资本或虚拟资产的性质是一致的。反映金融资本性质属性

---

① 《马克思恩格斯全集》第30卷，人民出版社1995年版，第174页。
② 张雄在分析金融资本社会的"财富幻象"时指出，根源于资本主义制度的内在逻辑："货币—资本—财富"，财富的社会本质是不平等，资本主义社会内在地实存着"五大矛盾"。"少数人富有与多数人贫困"的矛盾是其中之一（参见张雄：《财富幻象：金融危机的精神现象学解读》，《中国社会科学》2010年第5期。）

的现象之一就是货币的虚拟化、符号化。尽管货币在金融市场中是象征财富的东西，是人们和企业竞相追逐的对象，但它归根到底只不过是一种虚幻的财富。① 正如马克思所指认的，同货币所代表的虚幻的财富相对立的是"整个现实的财富界。货币是现实财富的纯粹抽象，因此，保留在这种形态上的货币是个想象的量。在一般财富显得是以完全物质的、可感觉的形式本身存在的地方，一般财富仅仅存在于我的头脑里，是一种纯粹的幻想。货币作为一般财富的物质代表，只有当它重新投入流通，和特殊形式的财富相交换而消失的时候，才能实现。……如果我把货币保留下来，它就会在我的手里蒸发为财富的纯粹的幻影"②。在当代社会中，货币虚拟化、符号化的各种载体，如纸币、有价证券（马克思将其称为"虚拟资本"）以及当代金融市场中衍生出来的各种"虚拟资产"或"金融衍生品"，它们自身并没有价值，不能直接进入社会生产消费和生活消费，且有着共同的性质——对现实财富具有索取权的"法律证书"。它们是"现实财富的转让凭证"。货币的虚拟化、符号化表明金融资本或资产作为当代社会的一种财富形式在性质上具有虚拟性。在今天，金融资本或资产在虚拟经济的财富运动中脱离实体经济而急剧膨胀的事实，并不能改变金融资本或资产作为虚拟财富的性质，只能说明金融资本或资产作为虚拟财富的性质更加突出，虚拟财富的符号价值变动与现实财富的内在价值变动之间存在更

---

① 范宝舟基于马克思的历史哲学的视域在对财富幻象予以解读时指出，货币积累并不代表实际财富的增加，货币作为与实际财富本质相异的虚幻财富只不过是人们在纯粹观念中的财富幻象（参见范宝舟：《财富幻象：马克思的历史哲学解读》，《哲学研究》2010 年第 10 期）高峰立足于马克思的财富观点（只有现实的物质财富才能进入生产消费和生活消费）认为，说货币是虚幻的财富，并非指货币不是一种实际的存在，也并非指货币不能随时交换市场中的各种商品，而是指货币自身在直接形态上不能进入人类的生产消费和生活消费，它只有转化为物质产品，才能变成现实的财富（参见高峰：《论财富》，《政治经济学评论》2003 年第 2 辑。）

② 《马克思恩格斯全集》第 31 卷，人民出版社 1998 年版，第 367—368 页。

加严重的脱节——它在一定条件下，如马克思所指明的"一当信用发生动摇"①的条件下，就会发生"特种危机"。也正如马克思由此指出的，这种危机"对工业和商业发生反作用。这种危机的运动中心是货币资本，因此它的直接范围是银行、交易所和金融"②。很显然，马克思在此指认的"特种危机"就是当代国际社会曾存在过的金融危机。③

但是，当代社会金融资本的本质属性并非是其虚拟性，而是其力图最大限度地分割剩余价值的历史狭隘性。正如货币与货币流通的存在并非是资本得以历史性产生的决定性条件一样，在今天，货币的虚拟化也并非是金融资本之所以存在和凸显的决定性因素，由货币的虚拟化而表征金融资本的虚拟性也就并非是金融资本的本质属性。金融资本在当代社会的存在和凸显至少需要两个条件或因素：其一是基于要素市场中商品流通之上的货币虚拟化或符号化；其二是虚拟化货币的进一步资本化，也就是说，虚拟化货币可以作为产业资本家的"融资"用来购买生产要素，其中最重要的必不可少的购买行为就是雇佣能生产剩余价值的雇佣劳动力。毫无疑问，只有后者才是当代社会金融资本得以现实地循环运动的根本性前提条件。它的目的是获得这样的权限——分割产业领域（包括以"服务"为主的第三产业）中产业工人生产的剩余价值。这样，金融资本与产业资本"联手"瓜分和占有剩余价值的事实说明，资本在当代社会的狭隘本性并无改变。

在马克思的财富现象批判的视域中对金融资本予以辩证批判，同样可以明辨金融资本的社会作用和经济功能。一方面，金融资本也有其历史文

---

① 《马克思恩格斯全集》第 46 卷，人民出版社 2003 年版，第 650 页。

② 《马克思恩格斯全集》第 44 卷，人民出版社 2001 年版，第 162 页。

③ 张雄在理性分析基础上指出，"马克思所说的'特种危机'与当下国际金融危机在事件发生的'基因'原理方面，有着家族相似之处。"（参见张雄：《财富幻象：金融危机的精神现象学解读》，《中国社会科学》2010 年第 5 期。）

明面，它在当代市场经济中的经济作用是非常重要的。无论是当代各种虚拟形式的货币（如纸币、电子货币等），还是各种有价证券及其派生出来的衍生金融资产，都是当代市场经济正常运转的重要经济工具，它们作为金融资本的组成部分有助于现实财富生产的扩大和社会生产力的提升。货币和像货币一样发行、流通的债券、股票等各种有价证券及相关金融产品，不仅是资本社会的重要融资渠道，而且是社会资本优化配置的重要手段。与这些金融资本密切相关的金融业是集中反映和调节当代社会经济运行的重要平台，并具有提高社会资源配置效率、推动社会经济运转和分散社会经济风险等重要作用。另一方面，因资本固有的历史狭隘性，金融资本在当代社会有明显的负面作用，它在财富现象上加重了社会贫富分化与对立的程度。因为金融资本既作为产业资本便捷的融资渠道能助推产业资本扩大化占有雇佣工人的剩余劳动，又作为获取剩余价值的"法律证书"能为金融"大鳄"掠夺社会财富开辟新的途径——通过操纵资本市场进行金融投机，金融"大鳄"即可在虚拟资本形式上获取暴利并通过"兑现"而占有大量的社会财富。金融资本的凸显只会使劳资矛盾扩大化和普遍化，根本不可能缓解社会的贫富分化问题。尤其是在经济全球化与虚拟化彼此深度勾连的当今时代，大金融资本攫取剩余价值和社会财富具有了前所未有的便利条件，更是凸显了当代资本社会的财富本质就是"不平等"，从而加重了当代社会的贫富分化与对立，并由此增添了当代社会金融危机的复杂内涵。①

　　基于实证的历史主义批判的历史科学原则，马克思的财富现象批判也

---

① 马拥军认为，当代社会的金融危机作为虚拟经济的危机，通常都会带来以产业资本的财富运动为基础的实体经济的危机，也就是传统意义的经济危机，从而成为货币危机与经济危机交织在一起的危机，于是成为一种疑难杂症，减轻其中一种症状必然导致另外一种症状的加重。（参见马拥军：《消费社会、虚拟经济与生态危机》，张雄等主编：《中国经济哲学评论·2011 财富哲学专辑》，社会科学文献出版社 2012 年版。）

不否认资本的历史文明面。但它给予我们更重要的理论启示是：在当代社会，对金融资本及相关资本市场的积极作用的评价并不能无视它的狭隘的本质属性，否则它在加剧当代社会贫富分化与对立的同时必然使金融危机的疑难杂症反复出现。

虽然当代社会中的金融资本具有区别于产业资本的"虚拟性"特征，但它的本质属性并非是"虚拟性"，而是最大限度地瓜分剩余价值的历史狭隘性。若误识或混淆金融资本的本质属性与非本质属性，就会出现某些学者所认为的那样：金融资本在当代市场经济中所实现的价值不依赖生产使用价值的劳动也能"兑现"。这无疑是一种错误认识。这样，在对金融资本的本性判定失误的前提下，也就必然形成这一结果：其一，虚夸它"创造"财富、提升社会生产力的经济作用，遮掩它占有剩余劳动（价值）的本质；其二，无批判性地对待当代社会财富差距扩大之根源，缺失财富现象批判之实证的历史主义维度。

从本质上看，当代资本社会绕之旋转的轴心依然是资本与劳动之间的矛盾关系。虽然金融资本在这个消费社会时代能辅助产业资本在一定程度上扩容劳资之间矛盾运动的范围，但根源于资本的狭隘性而由其导致的社会贫富分化与对立现象必然越来越明显，它无疑在事实上是当代社会贫富差距越来越大的本质根源。这也无疑是马克思的财富现象批判理论之所以能够回照当代社会的重要原因。

在马克思的财富现象批判视域中，厘清当代资本形态的本质属性是为了说明资本的社会运动形式或其财富生产方式对财富运动所具有的决定性作用，其实证的历史主义批判原则并不必然会"误导"当代社会低估金融资本在市场经济中重要的经济作用，却有助于人们剖析当代社会贫富差距不断扩大的本质根源，进而在认清当代社会危机根源的同时正确评判当今时代的财富现象，而不至于在"财富正义"的概念下忽视与财富分配问题本质相关的财富生产方式。这正如马克思在《1857—1858 年经济学手稿》

中指出的："财富生产的'规律和条件'与'财富分配'的规律是不同形式下的同一规律，而且两者都在变化，都经历同一历史过程，总的来说，只不过是一个历史过程的各个要素。……改变了的分配将以改变了的、由于历史过程才产生的新的生产基础为出发点。"①

因此，在马克思的财富现象批判视域中，如果说当代社会因金融资本瓜分剩余价值和社会财富的现象而引发了关于"财富正义"的公平分配问题的争论，那么，当今消费社会对财富分配现象的批判还必须回归到财富生产方式这个出发点，即回归到在财富生产领域因劳资矛盾而必然要求我们在更深层现象上进行的财富现象批判——针对贫富分化与对立现象进行实证的历史主义批判。这样，才能使我们在当代社会危机问题确实凸显的事实前提下，科学把脉当代社会的和谐发展问题。

二、财富现象批判与当代社会发展的危机解读

当代消费社会存在与发展的危机根源表明，金融资本在社会财富体系中的地位凸显同样彰显了其尽最大限度占有剩余价值和社会财富的狭隘性，由此在社会财富现象上所显示的贫富差距更加扩大的事实同样要求我们对当代资本社会给予实证的历史主义的财富现象批判。

尽管当代西方马克思主义（包括所谓的"后马克思主义"）对如今消费社会的理解给予了新维度（尤其是在文化意识形态的形上层面）的思考和批判，但在对这个被列斐伏尔（Lefebvre）所圈点的"被控消费的官僚社会"予以批判的理论中，无论是以德波（Debord）为代表的景观社会批判，还是以鲍德里亚（Baudrillard）为代表的符号社会批判，虽然他们对当代社会的意象消费和符号拟象消费有着精彩的形上追问与批判，但他们

---

① 《马克思恩格斯全集》第 31 卷，人民出版社 1998 年版，第 245—246 页。

单向的形上思考无疑忽略了马克思曾着力批判的商品生产社会这个形下根基。尤其是鲍德里亚基于麦克卢汉的媒介学说的技术决定论单向度阅读消费社会中的真假辨识，以至于他臆想用前文明时代的象征文化全面替代现存的文化，走向一种在绝望情绪下给予当代社会嘲讽式的批判理论。① 他们在形上批判中的理论无望和当代西方经济学中新自由主义的狂妄骄奢，在危机复杂呈现的当代社会中相对无语且同样的虚弱无能。如果说西方新自由主义经济学在发展主义的狂躁中完全缺失了对当代市场经济中财富运动的、基于劳动价值论的实证批判，以至于它在金融危机面前显得幼稚可笑，那么当代西方马克思主义中的某些学者对当代社会的单向度形上批判则同样忽视了对当代资本社会的形下追问与实证批判，以至于他们在形而上地透视社会危机过程中倾向于一种黑格尔式的思辨批判，但这样的形上批判并无助于从根本上科学解读社会危机。以上分析表明，对当代社会的批判很有必要回转到马克思基于劳动价值论的财富现象批判——通过政治经济学批判对当代资本社会危机予以实证性的根层追问与历史主义的科学批判。

基于科学的劳动价值论，马克思在唯物史观的视域中对资本主义财富现象的批判不仅直接揭示了人格化的资本对劳动创造的交换价值的财富剥削，而且间接阐明了人格化的资本对自然资源内在的使用价值的财富剥削，这双重剥削在资本实现财富扩张的手段上互为条件，也必然导致彼此关联的双重危机——在马克思看来，一重危机是人类史领域的社会经济危机，另一重危机是自然史领域的自然生态危机。（参见本书第四章第三节）尽管马克思的财富现象批判只是在他那个时代看到了工业资本主义对自然生态的破坏而致使人与自然的关系变异，但马克思结合资本对劳动的财富剥削现象剖析资本对自然资源的贪婪掠夺的这一辩证视角，无疑为我们分

---

① 参见仰海峰：《商品社会、景观社会、符号社会——西方社会批判理论的一种变迁》，《哲学研究》2003 年第 10 期。

析并解决当代金融资本主义所造成的社会危机和生态危机提供了重要的启示意义。

从这个角度看，西方生态学马克思主义似乎延续了马克思的批判思路，成为了当代最先接种危机疫苗的接种者。[①] 威廉·莱易斯（William Leiss）、戴维·佩珀（David Pepper）、约翰·贝拉米·福斯特（John Bellamy Foster）和詹姆斯·奥康纳（James O'Conner）等当代西方生态学马克思主义者基于马克思的危机理论和新陈代谢理论明确指出，当代资本主义社会存在着剥削阶级与被剥削阶级之间的和人与自然之间的"双重矛盾"，并由此存在着"双重危机"，即社会经济危机和生态危机，资本主义社会持续发展是一个绿色骗局，建设一个超越资本主义社会的生态社会主义社会是必要的和现实的，因为生态社会主义社会是一个既没有人剥削人也没有人剥削自然的和谐而公正的社会。[②]

相对于其他学者而言，奥康纳可以说是当代西方生态学马克思主义的先锋代表之一。他的代表作《自然的理由》曾引起当代学者们的广泛关注。该作承继了马克思对资本主义社会生产方式的矛盾运动予以辩证否定的批判思路，在劳动价值论的基础上，对当代社会生态危机的形成进行了较为系统的政治经济学批判。奥康纳认为，在当代资本社会，具体劳动从属于抽象劳动，因为资本生产的目的是为了追求抽象交换价值和利润而不是满足人们对具体使用价值的需求。[③] 在追逐利润的过程中，不断被激化的是

---

① 马拥军通过对当代消费社会及其虚拟经济危机的经济哲学分析，认为唯一能把人们从醉生梦死的消费社会中唤醒的可能性是生态危机，生态危机为人类社会提供了疫苗，而西方生态学马克思主义是这种疫苗的最先接种者。（参见马拥军：《消费社会、虚拟经济与生态危机》，张雄等主编：《中国经济哲学评论·2011 财富哲学专辑》，社会科学文献出版社 2012 年版。）

② 参见李世书：《生态学马克思主义的自然观研究》，中央编译出版社 2010 年版，第 2 页。

③ 参见［美］詹姆斯·奥康纳：《自然的理由》，唐正东译，南京大学出版社 2003 年版，第 515—521 页。

资本主义生产方式（生产力与生产关系）与生产条件①之间的矛盾。"资本主义从经济的维度对劳动力、城市的基础设施和空间，以及外部自然环境或环境的自我摧残性的利用和使用——之所以是自我摧残性的，那是因为，当私人成本转化为社会成本的时候，健康和教育的成本，城市交通的成本，房屋及商业性的租金，以及从自然界中榨取资本要素所要付出的代价都会上升，自然资源数量的减少会导致资源价格的上升，从而使资本主义生产成本提高，影响生产发展，造成生产不足的危机。"②资本为了弥补利润下降就会进一步提高资本积累率，增大对原料和自然资源的需求，对自然造成更加严重的破坏，这又进一步加剧了因争夺自然资源而引起的生产不足的危机。这样恶性循环下去，生产不足的危机必然导致生产条件的重构。"生产条件的重构意味着一种双向的作用——更为社会化的生产力维度上的生产条件形式，以及更为社会化的生产关系形式，生产条件就是在这种生产关系中被生产出来的。简而言之，更为社会化的生产关系形式、生产力形式以及生产条件形式总和在一起，便内含着一种转向社会主义的可能性。"③

从形式上看，奥康纳和马克思对资本主义社会的批判确实组成了一个二难推理：都立足于劳动价值论对资本主义生产予以政治经济学批判，结果无论是马克思推论的生产过剩的经济危机还是奥康纳推论的生产不足的

---

① 奥康纳总结了马克思著作中关于生产条件的理论观点，认为资本生产的条件有三种类型：第一种是以自然因素为主的"外在的物质条件"；第二种是以劳动者的劳动力为代表的生产的个人条件；第三种是包括运输工具、政府、国家在内的社会生产的公共条件。这些条件在商品生产中必不可少，但资本主义生产方式是使这些生产条件被迫采取了商品的形式，使这些生产条件尤其是自然资源的使用价值遭受耗竭的命运，造成生态危机，使资本主义生产方式难以为继。（参见许婕：《生态社会主义视域下的马克思主义政治经济学重构》，《前沿》2011年第12期。）

② ［美］詹姆斯·奥康纳：《自然的理由》，唐正东译，南京大学出版社2003年版，第284页。

③ ［美］詹姆斯·奥康纳：《自然的理由》，唐正东译，南京大学出版社2003年版，第275页。

生态危机，都是资本主义社会必然被新的社会形态替代。但从实质上看，奥康纳在政治经济学批判方面与马克思有本质区别，反而跟西方非生态学马克思主义者一样都坚持了单向度的批判。如果说西方非生态学马克思主义单向度地坚持文化意识形态的形上批判固然看不见"形下"的世俗的商品生产领域中资本对劳动的剥削，那么，以奥康纳为代表的生态学马克思主义即使回转到对资本主义商品生产的形下批判，但它单向度侧重的是资本主义生产方式（生产力与生产关系）与生产条件之间的外在矛盾的外因论批判，同样无视资本主义生产方式的内在矛盾以及资本主义生产关系中资本对劳动的剥削，因而他们在实质上都偏离了马克思的社会危机批判的理论意旨：通过政治经济学批判对资本主义财富剥削现象予以根层追问和实证的历史主义批判，从而在这种财富现象批判中阐明人类社会形态的依次更替。马克思的财富现象批判在劳动价值论的基础上，对资本主义生产关系中资本与劳动之间的矛盾予以唯物史观视域中的政治经济学批判，科学地揭示了资本主义社会生产的剩余价值规律。资本因榨取剩余劳动而使自身财富无限扩张的趋势与广大劳动者阶级因被剥削致贫而有效购买需求日益缩小的趋势之间的矛盾对立，也就是决定资本主义社会出现生产相对过剩的经济危机的重要因素之一。当生产相对过剩的经济危机使资本主义生产关系无法容纳社会化大生产的生产力时，资本主义生产方式及经济制度将走向灭亡并被新的社会形态所取代。并且，在马克思的历史科学视域中，人类史中人格化的资本对人的财富剥削与自然史中人格化的资本对自然界的财富剥削是相互制约的。由此，基于劳动价值论即可推论（马克思没有明确提出的）这一观点：自然生态危机的加重在资本主义时代是发端于并被决定于社会经济危机，也就是说，资本对人予以财富剥削的生产关系是决定资本对自然界予以财富剥削的动力因。很明显，当代社会因"结合劳动"（由科学技术的进步、分工的发展、机器的智能化和工人的劳动联合而成）的作用，马克思所揭示的生产相对过剩已经回转为当代社会存在的前提条件，但奥康纳侧重于对当代资本主义生产方式的单向度外因论批判却形成了生产不足的结论。虽然奥康纳也看到了资本主义社会中的双重矛盾：既有与资本对人的剥削而相关的生产方式内部的生产力与生产关系之间的矛盾，它导向经济危机；又有与资本对自然界的剥削而相关的生产方式与外在生产条件之间的矛盾，它导向生态危机。但奥康纳侧重外因论推断也就注定他之所以错误判定了生态危机决定经济危机的原因，从而用人格化的资本或资本化的人与自然之间的矛盾分析替代了资本与人之间的矛盾分析。因此，以奥康纳为代表的当代西方生态学马克思主义者具有重大的嫌疑：利用当代社会生态危机中人与自然之间的矛盾转移人们对资本全球性榨取剩余劳动的财富剥削现象的批判视线。这样，当代西方生态学马克思主义虽然在理论分析上有其当代意义的某些可取之处，但必然在事实与结论不分的情况下形成本末倒置的批判思路，从而不仅不能从根源上批判并解决当代社会危机，而且背离了马克思财富现象批判的理论意旨。

回归到马克思的财富现象批判视域中，基于劳动价值论剖析当代社会的生态危机，可以发现：生态危机的实质是自然资源所有权以市场价格的形式分割剩余劳动（价值）而表现出来的资本扩张财富的矛盾悖论。① 由

---

① 鲁品越从马克思的剩余价值理论和生产价格理论出发，基于劳动价值论对当代社会的生态危机予以了明确阐述。他认为，生态危机反映的资本逻辑是自然资源所有权对剩余价值的分割。当代社会的发展进程将人与人的关系施加于自然资源之上，创制了自然资源所有权。资源所有权进入市场后，本来不具有价值的自然资源便能分割其它商品的劳动价值而产生了"自然资源价格"。它实质是自然资源所有权因分割剩余价值而生成的价格，产生了资本扩张财富的逻辑体现在自然资源上的悖论形式：自然资源的价格促使人们开发资源而开拓资本扩张空间，然而由此也产生了对资本扩张的阻力——其分割的剩余价值越多，其价格越是上涨；其价格上涨又会引起对自然资源的疯狂开发，一旦开发速度超过再生速度，那么生态危机爆发的同时，资本将因缺乏资源环境而失去扩张财富的空间。(参见鲁品越：《从资本逻辑到金融风暴》，张雄等主编：《中国经济哲学评论·2011 财富哲学专辑》，社会科学文献出版社 2012 年版。)

此，生态危机与马克思所阐明的经济危机都体现了资本主义生产方式的内在狭隘性和资本扩张财富的极限。同样地，从要素资本共同占有、分割全社会乃至全球的剩余劳动（价值）的角度看，当代社会的生态危机和金融危机都反映了这样的结论：资本体现在人与自然的关系上和人与人的关系上的财富扩张都有其极限。

第三节 批判与建构：历史方位中的社会主义财富观

如前所述，马克思阐明人的发展与社会的发展的财富现象批判在当今时代仍然具有重要的现实意义。况且，马克思基于唯物史观的财富现象批判并非是为批判而批判，他通过财富现象批判所要立论的就是关于自然、人与社会协调发展的历史唯物主义财富观。如果说这一财富观是始终伴随着人与社会发展的重大问题，那么在马克思阐明人与社会的历史发展的同时它也构成了马克思唯物史观的一个重要方面。关于自然、人与社会协调发展的财富观也就成为马克思通过财富现象批判评判人类社会历史发展的一个基本视角。由此，马克思的财富现象批判不仅在历史发展的总体趋势上为我们辩证把握当代社会的发展提供了普遍性的启示意义，而且还在历史发展的阶段方位上为我们科学把握我国社会主义的和谐发展提供了特殊性的启示意义。

一、中国当前的财富现象与社会主义的历史方位

改革开放四十多年来，当代中国已经处于经济现代化建设的"大话语"之宏大叙述之中。在大变革、大转型、大发展的当下宏大背景下，社会财富总量迅速增长，尤其是"我们在解决困扰中华民族几千年的绝对贫困问

题上取得了伟大历史性成就，创造了人类减贫史上的奇迹"①，这些作为客观存在的事实已经将人们生活的物质状态与精神状态同时给予了非同一般的格式化生成。由此，当代中国的财富现象无论在社会的物质存在方面还是在社会的精神存在方面都有着生动而鲜明的感性表现。尤其是在社会的精神存在方面，阶层化的民众心理意识在反映社会财富流转方式——经济的、政治的、文化的、生态的等各种社会资源与社会劳动之间的经济关系的同时，使得中国的财富现象迅速集聚成精神现象学的丰富理论资源。

其一，以城市的中、下等收入阶层和广大农民阶层为代表的弱势群体，对改革开放过程中社会财富流转、积累的现实问题已然表现出了普遍理解的正能量风格。因物质生活水平的相对提升和绝对贫困问题的解决，他们不再像他们的父辈那样从萨特阐述的"匮乏"思想出发看待利益分化与贫富差距的相关现象，但他们还是知道在城市过往的"下岗"被转业（失业）、在农村过往的"以农业支持工业"和在社会资源再分配过程中某些"月光下的交易"对他们意味着什么——失去对社会资源的实际占有和过往的社会劳动转化成社会资源后的被（他人）占有。因此，即使他们在这个阶层利益资源分化的市场经济时代已极大地翻转了"不患寡而患不均"的传统思想，但也很难根除他们对改革开放过程中实现"暴富"的富有阶层的财富之合法性的怀疑。由此，在社会主义新时代勤劳致富精神的强大支撑下，草根民众潜在的"仇富"心理意识虽时隐时现，但通过一致赞赏"反腐败"治理成就而获得了情绪宣泄和精神振奋，这成为了中国社会客观存在的精神现象。

其二，改革开放过程中的"富人一代"仍然在为如何操持财富而疑虑，但当他们还在为自己的财富何时能被社会民意承认而伤神并趋向公关性示范——参与或组织社会慈善事业和扶贫事业时，"富二代"却已经在诸多

---

① 习近平：《在全国脱贫攻坚总结表彰大会上的讲话》，人民出版社2021年版，第22页。

复杂目光中粉墨登场。中国的"富二代"虽然在父辈给予他们西方式精英化教育培养的环境中不一定从吉登斯的"后匮乏时代"的角度看待社会问题，但他们"炫富"的行为和心理不仅显示了他们并不忌讳民众对他们继承父辈财富之合法性的猜忌；而且显示了他们倾向于奢侈品消费的心理，这对其他阶层，特别是中产阶层中的中青年群体，产生了同样"炫富"的示范效应。由此寻求社会差异性认同的"炫富"心理也是中国社会客观存在的精神现象。

社会的精神存在反映社会的物质存在。很明显，中国当前在社会精神层面出现的一些现象——无论是"暴富""仇富"的隐性状态还是"炫富"的显性状态，都是对社会物质层面出现的财富现象的反映。这一物质层面的财富现象在现阶段归根结底的意义上表现为社会贫富差距的实存现象。毕竟，虽然中国共产党历经百年奋斗成功解决了中国社会的绝对贫困问题，但并不意味着相对贫困问题的不存在。它与中国四十多年改革开放过程中因社会利益资源调整或再分配而在新格局下出现的社会资源与社会劳动之间的利益关系互动有着本质关联。一方面，既得利益者因占有、控制社会资源而形成了占有劳动创造的"剩余"的先机，以马太效应迅速积累了巨额财富并富荫"二代"；另一方面，放弃或失去了社会利益资源的广大劳动者又不得不依存于一定的社会利益资源之上才能获得并丰富自己的物质生活资料，从而就不得不面临相对意义上的积贫积弱的现实存在，因为他们劳动创造的"剩余"必然有一部分被社会资源占有者所占有。

其实，早在20世纪90年代，中国改革开放的总设计师——邓小平就已经预见到了中国经过改革开放实现富裕繁荣过程中可能出现的贫富分化现象，并充满睿智地指明了这一现象所反映的社会问题的严峻性——"我们讲要防止两极分化，实际上两极分化自然出现。……少数人获得那么多财富，大多数人没有，这样发展下去总有一天会出问题。分配不公，会导致两极分化，到一定时候问题就会出来。这个问题要解决。过去我们讲先发展起来。现在看，发展起来以后的问题不比发展时少"①。在这里，邓小平所明确指出的——"实际上两极分化自然出现"，是富有实事求是的高尚品格的体现。"新华社《财经国家周刊》2010 年报道，据世界银行测算，中国早在 2009 年的基尼系数就达到 0.47（欧洲在 0.24—0.36），远超国际警戒线 0.4。中国的财富集中度远远超过美国，美国 5% 的人口掌握了 60% 的财富，中国则是 1% 的家庭掌握了 41.4% 的财富。"② 从改革开放四十多年的历程看，根源于社会利益资源与社会劳动之间、占有社会利益资源的少数既得利益者与失去社会资源的大多数劳动者之间的财富占有与被占有的矛盾关系，作为结果就是邓小平所指出的"两极分化自然出现"。

不可否认，中国改革开放四十多年来人民大众确实普遍富裕了，人们的物质生活水平也确实有了绝对性的提升，中国当前在迈进小康社会、实现第一个百年奋斗目标的道路上已经取得了决定性的胜利。但在这个前提下，中国在实现富裕繁荣的经济发展过程中事实上作为结果存在的贫富差距与分化现象，反过来又作为原因成了引起其他财富现象的现象。通过脱贫攻坚，中国社会的贫富差距相对缩小，但还不能否定贫富差距与分化现象的事实存在。因为贫富差距与分化的事实一直存在于我们的改革开放进程中，它就必然既作为结果又作为原因成了中国当前复杂多样的财富现象的最集中的表现。

回顾中国的改革开放史。中国社会财富的迅猛增长似乎让人们又看到了资本进行积累与财富扩张的历史轨迹，毕竟在改革开放过程中各种社会资源的调整与再分配在源头上造成了社会资源与劳动之间矛盾运动的同时，也形成了这一社会幻像：社会资源作为人们过去的社会劳动异化的结果重新以资本的巨大魅影魁然出现在被人为构建的市场体系之中，由此作

---

① 《邓小平年谱（1975—1997）》（下），中央文献出版社 2004 年版，第 1364 页。
② 转引自卢岚：《社会转型时期民众心态焦虑问题谈》，《唯实》2013 年第 3 期。

为资本的社会资源与活劳动之间的市场交易和矛盾运动必然服从资本扩张财富的逻辑。根源于资本与劳动之间的矛盾运动而出现的贫富两极分化与对立也就自然呈现在了社会主义发展道路上。在这条道路上，同样有根源于劳资矛盾的社会（经济）危机、阶级认同的信任危机和掠夺自然资源的生态危机。于是，当代社会主义社会发展与资本主义社会发展的"趋同论"甚嚣尘上。

对此，邓小平早就说过："我们干的是社会主义事业，最终目的是实现共产主义。……社会主义的目的就是全国人民共同富裕，不是两极分化"①，"在中国现在落后的状态下，走什么道路才能发展生产力，才能改善人民生活？这就又回到是坚持社会主义还是走资本主义道路的问题上来了。如果走资本主义道路，可以使中国百分之几的人富裕起来，但是绝对解决不了百分之九十几的人生活富裕的问题。而坚持社会主义，实行按劳分配的原则，就不会产生贫富过大的差距。"②江泽民强调过："实现共同富裕是社会主义的根本原则和本质特征，绝不能动摇。"③胡锦涛也要求："使全体人民共享改革发展成果，使全体人民朝着共同富裕的方向稳步前进"④。习近平更是在领导中国人民反贫困的社会主义新时代建设中明确强调："……贫穷不是社会主义，如果贫困地区长期贫困，面貌长期得不到改变，群众生活水平长期得不到明显提高，那就没有体现我国社会主义制度的优越性，那也不是社会主义，必须时不我待抓好脱贫攻坚工作"⑤。很明显，自改革开放以来，中国共产党的历代领导人从经济发展的手段与目标辩证统一的角度，明辨了社会主义道路与资本主义道路的本质不同。

---

① 《邓小平文选》第三卷，人民出版社 1993 年版，第 110—111 页。
② 《邓小平文选》第三卷，人民出版社 1993 年版，第 64 页。
③ 《习近平新时代中国特色社会主义思想学习纲要》，人民出版社 2019 年版，第 44 页。
④ 《习近平新时代中国特色社会主义思想学习纲要》，人民出版社 2019 年版，第 44 页。
⑤ 习近平：《在全国脱贫攻坚总结表彰大会上的讲话》，人民出版社 2021 年版，第 3 页。

在马克思的财富现象批判的视域中，对社会贫富分化与对立的财富现象的实证历史主义批判，既反对黑格尔式的非实证的思辨理性批判或唯心主义历史观领域中的精神实证主义批判，又反对资产阶级古典政治经济学式的非历史主义的纯实证主义经济学批判。由此，它在当下所具有的理论意义之一就是：对中国现阶段财富现象的、基于实证历史主义批判之上的问题剖析与解决，必须辩证认定中国社会主义的历史方位。

马克思是科学社会主义的奠基人之一，但马克思不仅从来没有给社会主义进行过严格的理论界定，而且更没有主观预知未来社会主义的发展任务。因此马克思说："在将来某个特定的时刻应该做些什么，应该马上做些什么，这当然完全取决于人们将不得不在其中活动的那个特定的历史环境。但是，现在提出这个问题是不着边际的，因而实际上是一个幻想的问题，对这个问题的唯一答复应当是对问题本身的批判。"[①] 但这并不表明未来社会主义的历史方位不可预知。当马克思基于唯物史观的历史科学确认资本主义与共产主义分别属于人类历史发展三大阶段中的"第二阶段"和"第三阶段"时，他也就预设了这两个阶段之间存在着一个"过渡时期"或"转变时期"，即"在资本主义社会和共产主义社会之间，有一个从前者变为后者的革命转变时期"[②]。对此，列宁在确认马克思的思想时说："通常所说的社会主义，马克思把它称作共产主义的'第一'阶段或低级阶段。"[③] 在马克思看来，这个"过渡"的特殊阶段"是刚刚从资本主义社会中产生出来的，因此它在各方面，在经济、道德和精神方面都还带着它脱胎出来的那个旧社会的痕迹"[④]。

既然社会主义还是"刚刚从资本主义社会中产生出来的"过渡性社会

---

① 《马克思恩格斯选集》第 4 卷，人民出版社 1995 年版，第 642 页。

② ［德］马克思：《哥达纲领批判》，人民出版社 1997 年版，第 24 页。

③ ［俄］列宁：《国家与革命》，人民出版社 2001 年版，第 91 页。

④ ［德］马克思：《哥达纲领批判》，人民出版社 1997 年版，第 14 页。

形态，那么社会主义所能改变的就是"生产条件的分配"，而不是"生产条件本身"。① 而改变"生产条件的分配"就是旨在通过变革社会关系（生产关系）为发展生产力、创造社会财富奠定应有的社会基础。它体现了从资本主义"脱胎"而出的现实的社会主义必然具有彼此关联的双重历史任务：其一是改变"生产条件的分配"和变革社会关系；其二是发展生产力。

由此看来，中国社会主义的改革开放在"特定的历史环境"下——政治上跨越了资本主义"卡夫丁峡谷"但经济上并没有跨越、能进入"真正的社会主义"所必需的生产力发展阶段，进行各种社会资源的调整与再分配也就是为了完成变革社会关系和发展生产力的双重历史任务。但中国社会主义的历史方位显示：改革开放四十多年来，通过各种社会资源的调整与再分配，在尤为出色地完成大力发展生产力从而解决社会物质财富不足的历史任务过程中，自然难免出现马克思所预见的"它在各方面，在经济、道德和精神方面都还带着它脱胎出来的那个旧社会的痕迹"②。这说明：其一，马克思基于唯物史观的历史科学对于"过渡性社会主义"的历史方位的预见是科学的，这一预见已经在当代社会有了实证根据：就社会贫富差距与分化的财富现象而言，当今处于初级阶段上的中国社会主义与资本主义有着所谓"趋同"的相似"痕迹"，并反映"在经济、道德和精神方面"。其二，既然处于社会主义初级阶段上的当代中国反映在"经济、道德和精神方面"的财富现象与资本主义贫富两极分化、对立的财富现象有相似的"痕迹"，那么，马克思对资本主义社会所进行的财富现象批判必然能为我们科学剖析当代中国的财富现象提供积极的启示意义。

当然，中国社会主义初级阶段上所出现的财富现象与资本主义财富现象固然有所谓"趋同"的相似"痕迹"，但并不意味着两者有相同的本质。

---

① 参见刘荣军：《财富、人与历史——马克思财富理论的哲学意蕴与现实意义》，人民出版社 2009 年版，第 419 页。

② ［德］马克思：《哥达纲领批判》，人民出版社 1997 年版，第 14 页。

从中国社会主义的历史方位看，既然社会主义是从资本主义向共产主义转变的"过渡时期"，那么，它必然具有双重的历史阶段性特点：既有"由之而来"的"第二个阶段"（资本主义阶段）的特点，也有"向之而去"的"第三个阶段"（共产主义阶段）的特点。[①] 这也就是邓小平所指出的，中国社会主义的本质反映在发展手段上是通过变革和利用各种社会资源条件来解放生产力、发展生产力，即这种创造社会财富的手段和资本主义社会追逐财富的目的具有"相似性"，进而被人将"此之手段"与"彼之目的"混为一谈。或者说，主张"趋同论"的人并没有从社会主义的历史方位上看到中国社会主义的本质的另一方面特征，即反映在目标上是"消灭剥削，消除两极分化，最终实现共同富裕"[②]。这是趋向共产主义的。因此，从社会主义的历史方位看，中国的社会主义改革开放在提升生产力、创造财富的过程中，即使在财富现象上因通过变革和利用各种社会资源条件（包括利用国外"资本"）的这种"手段"而导致了剥削现象和两极分化现象，但这也符合马克思的财富现象批判基于唯物史观的历史科学作出的这一判断：在社会的历史发展过程中，利用资本所创造的生产力财富形成对资本自身的历史性否定。毕竟从历史方位看，中国社会主义与资本主义在社会发展的目标上有本质区别，中国通过改革开放推进社会主义事业的最终目标是消灭剥削，消除两极分化，实现共同富裕，为人的全面发展创造历史条件，进而实现共产主义。

二、财富现象批判与社会主义对资本的驾驭

很显然，如果说马克思基于唯物史观的历史科学对社会主义历史方

---

① 参见杨筱刚：《马克思主义："硬核"及其剥取》，人民出版社 2006 年版，第 105—106 页。

② 《邓小平文选》第三卷，人民出版社 1993 年版，第 373 页。

位的界定表明处于"过渡时期"的社会主义必然具有变革社会关系（生产关系）和发展生产力的双重历史任务，那么对于跨越了资本主义"卡夫丁峡谷"的中国社会主义来说，她不仅更是肩负这样沉重的历史任务，而且尤其缺失马克思所指认的"实现解放劳动"的"第一个条件"①，即缺失实现真正的社会主义所必需的、由资本时代所创造的社会生产力这一重要的经济条件。因此，当中国的社会主义改革开放只能通过变革生产条件（或社会资源）的分配来完成快速推进社会生产力发展这一重大的历史课题时，资本与劳动之间财富占有与被占有的关系也就成为了中国当前出现的社会资源既得利益者占有他人剩余劳动的理论本原与现实本在。但这符合马克思财富现象批判的历史性判断，即马克思通过财富现象批判阐明社会历史发展的理论表明：资本虽有历史狭隘性的一面，但资本也有最大限度推动生产力发展的文明面。（参见本书第四章第二节）由此可见，马克思的财富现象批判与他对社会主义历史方位的界定具有辩证互文性的重要理论启示意义：其一，财富现象批判既不否认资本的历史文明面，也不否认现实的社会主义在"那个特定的历史环境"②下利用资本文明面创造生产力财富的努力；其二，社会主义的历史方位说明她确实有利用资本快速促进生产力发展的历史任务，但这与单凭资本逻辑最大限度地追逐财富的当代资本主义有本质区别，因为社会主义具备"实现解放劳动"的政治条件，她完全能有效驾驭资本力量；其三，从社会主义的历史方位看，当前中国社会主义在发展过程中对资本的驾驭，这本身也是马克思的财富现象批判在剖析资本与劳动之间的矛盾运

---

① 马克思在 1854 年所写的《给工人议会的信》中就曾指出，"实现解放劳动"应具备两个条件。"第一个条件"是实现社会主义的经济条件，即由资本时代所创造的社会生产力；"第二个条件"是实现社会主义的政治条件，指的是无产阶级夺取了国家政权。（参见《马克思恩格斯全集》第 10 卷，人民出版社 1962 年版，第 134 页。）

② 《马克思恩格斯选集》第 4 卷，人民出版社 1995 年版，第 642 页。

动时作为理论启示所显示的必然要求；当然，这最终也是为了服从这一需要：从唯物史观的原则高度上批判、超越资本和扬弃资本市场，不断发展和完善中国特色社会主义市场经济，建构"以人民为中心"的社会主义财富观，推动中国社会的全面进步与发展，进而实现中华民族的伟大复兴之梦。

在这个意义上，当代中国社会主义的改革开放在推进社会生产力发展的手段上即使自觉实现社会资源条件（或要素）资本化也并不可怕，这不是一个值得争论的问题①，就如同市场经济是姓"资"姓"社"的问题一样。既然现阶段的中国社会主义也有市场经济，而市场经济就是众多生产力要素之间尤其是资本与劳动之间关系得以展开的平台，那么，中国在社会主义发展的初级阶段自觉培育社会主义市场经济和通过改革开放变革社会关系、创生资本运行的社会条件或直接利用外来资本参与经济建设，都具有有效配置社会资源推动社会生产力快速发展的重大现实意义。纵观现当代社会不同的国家发展战略，唯有中国特色社会主义发展战略对资本和市场有着最成功的利用，它能使其与社会公平、和谐相结合，进而既促进社会和谐的实现又极大地促进了社会生产力和经济的发

---

① 鲁品越在辩证分析"一场争论：要素资本化过程中的福与祸"时认为，中国社会主义在改革开放过程中将资源要素资本化或以资本的形式和力量配置资源确实出现了反映资本本性的种种暴利和腐败行为，但我们不能因噎废食而否认剩余价值资本化在社会扩大再生产过程中推动生产力发展的重要工具性作用。其一，资本本身并非恶魔，它作为通过市场配置资源以进行扩大再生产的工具，资本主义可以用，社会主义也可以用，只要社会主义国家运用政治条件驾驭和导控资本行为，资本就会成为发展社会主义生产力、增强社会主义国家综合国力和提高人民生活水平的强大力量；其二，资本力量是比政府权力更为广泛的社会关系力量和资源配置力量，只有引入资本来作为扩大再生产的社会手段，社会主义才能创造出赶超资本主义的生产力，从而显示社会主义制度的优越性，才能建成真正的社会主义；其三，社会主义中国利用资本力量配置资源要素，并不等于实行资本主义制度。当代中国需要资本，但不需要资本主义。（参见鲁品越：《社会主义对资本力量：驾驭与导控》，重庆出版社 2008 年版，第 37—48 页。）

展。①经过四十多年的改革开放，中国已经成为当今世界的第二大经济体，这是我国社会主义有效驾驭资本和市场成功地提升社会主义生产力财富的实践明证。从对财富现象予以历史主义批判的角度看，它在实质上也体现了马克思基于资本与劳动之间的辩证矛盾关系对资本文明面的明辨。在马克思看来，虽然资本与雇佣劳动之间是财富剥削与被剥削的对立关系，但"资本的文明面之一是，它榨取剩余劳动的方式和条件，同以前的奴隶制、农奴制等形式相比，都更有利于生产力的发展，有利于社会关系的发展，有利于更高级的新形态的各种要素的创造"②，且在结果上，这样的劳资关系在货币发挥中介作用的市场经济条件下也能促成"普遍勤劳"——"由于劳动是雇佣劳动，劳动的目的直接就是货币，所以一般财富就成为劳动的目的和对象。作为目的的货币在这里成了普遍勤劳的手段。生产一般财富，就是为了占有一般财富的代表。这样，真正的财富源泉就打开了"③。在这里，资本作为货币所有者与要求在商品市场上实现自身交换价值的劳动相对立，但在这个以雇佣劳动为基础的地方，货币不仅不对这种劳资关系起瓦解作用，而且成为"发展一切生产力即物质生产力和精神生产力的主动轮"④。同样在这里，不仅"个人的勤劳是没有止境的"，而且"勤劳

---

① 孙承叔从对资本的不同认识而生成的不同国家发展战略的角度，将这些国家战略分为三种基本类型：第一种是强化资本，忽视社会和谐的资本主义发展战略；第二种是传统社会主义发展战略，它强调计划经济，把社会平等、和谐放在第一位，而忽视经济与市场的发展；第三种是中国特色社会主义发展战略，把市场、资本与社会公平、和谐相结合，以经济的发展促进社会和谐的实现。由此推论：中国特色社会主义发展战略是当代世界正确对待资本问题的国家发展战略。（参见孙承叔：《资本与历史唯物主义——〈马克思恩格斯全集〉中文第二版第30、31卷的当代解读》，《西南大学学报》（社会科学版）2013年第1期。）

② ［德］马克思：《资本论》第3卷，人民出版社2004年版，第927—928页。

③ 《马克思恩格斯全集》第30卷，人民出版社1995年版，第176页。

④ 《马克思恩格斯全集》第30卷，人民出版社1995年版，第176页。

是富有发明创造才能的"。①

由此看来，在我国社会主义初级阶段，为了激发人们"普遍勤劳"的致富欲望进而推动社会生产力的快速发展，我们有必要在市场经济领域承认并利用资本原则。但这并非是无条件的，而是有这一前提条件——社会主义对资本的有效驾驭与导控。毕竟，马克思的财富现象批判给予我们的理论启示是：资本固然有其历史文明面，但资本始终具有极其狭隘的本性。

在马克思的财富现象批判视域中，资本狭隘、卑劣的本性就是它在不同的社会领域用不同的手段对雇佣劳动者创造的剩余价值的最大限度地占有与剥削。因此，"……资本的限制就在于：这一切发展都是对立地进行的，生产力，一般财富等等，知识等等的创造，表现为从事劳动的个人本身的异化，他不是把他自己创造出来的东西当作他自己的财富的条件，而是当作他人财富和自身贫穷的条件。"②在马克思看来，社会贫富两极分化与对立的财富现象就根源于资本基于劳资关系之上的财富扩张与剥削，资本"发家致富"的逻辑原则是与构成资本自行运动前提的雇佣劳动的利益相冲突和对立的。对资本来说，经济越发展，它由此攫取的财富就越多，社会贫富两极分化的现象也就越严重。现当代国际社会的发展现状生动地注解了马克思的这一财富现象批判理论。例如，20 世纪是世界经济发展最快的世纪，然而却也是贫富两极分化最严重的世纪，"根据世界银行1998/1999 世界发展报告，至 1999 年底，不到世界人口 16%的富人，却占有世界 80%的财富。如果拿世界上 20%富人和 20%穷人的人均 GNP相比，那么这种差距在 1965 年为 30:1，1990 年扩大为 60:1，而到 2000年则达到 74:1。现在最富有国家年人均 GNP 达到 2 万、3 万甚至 4 万美元，

①　《马克思恩格斯全集》第 30 卷，人民出版社 1995 年版，第 176 页。
②　《马克思恩格斯全集》第 30 卷，人民出版社 1995 年版，第 540—541 页。

而全世界最穷的 12 亿人每天生活费则不到 1 美元，这就是资本主义发展的现实"①。

因此，就当代社会贫富两极分化的国际大背景而言，如同我国社会主义经济建设已深度介入国际化分工和世界市场经济体系之中是不争的事实一样，我国虽然拥有当今世界第二大经济大国这顶华丽桂冠，但仍然摆脱不了中国社会贫富两极分化的事实存在和这一有待破解的难题。② 中国社会在改革开放过程中形成贫富两极分化的难题虽然与经济全球化背景下国际资本输入有关，但也与我国在所有制结构多元化过程中私人资本主义和个体私有经济得到快速扩张有本质关联。基于不完全统计，我国现阶段中外私人资本在 GDP 中所占比重已超过 65%，而劳动者报酬却呈下降趋势——对我国 GDP 结构予以收入法分析，劳动报酬所占比重在 1990 年为53.4%，但在 2007 年就已经降至 39.74%。③ 由此可见，现阶段的中国社会已经形成资本与劳动之间关于社会财富分配的矛盾关系，资本与社会的或个体的劳动之间事实上已经形成了财富占有与被占有、剥削与被剥削的关系。

即使我们反对将马克思财富现象批判视域中的"剥削"概念庸俗化，

---

① 转引自孙承叔：《资本与历史唯物主义——〈马克思恩格斯全集〉中文第二版第 30、31 卷的当代解读》，《西南大学学报》（社会科学版）2013 年第 1 期。

② 我国著名经济学家、中国社会科学院荣誉学部委员于祖尧认为，我国改革开放 30 多年来，尽管我国经济总量跃居世界第二位，外贸总额居世界第一位，但同时又积累了三个"老大难"问题，社会财富（生产资料）分配和收入分配不公、两极分化严重是三个"老大难"问题之中还未破解的一个难题。由此，他还列出了系列翔实的数据予以佐证。如，2004 年 10%最低收入家庭的资产在我国全部家庭总资产中仅占 1.4%，而10%最高收入家庭的资产却占 45%，二者差距达到了 32 倍，目前这一差距已扩大到40 倍。（参见于祖尧：《13 亿人民的消费需求：发展取之不竭的"金矿"》，《马克思主义研究》2014 年第 3 期。）

③ 参见于祖尧：《13 亿人民的消费需求：发展取之不竭的"金矿"》，《马克思主义研究》2014 年第 3 期。

也认为在当代社会尤其是在中国社会主义社会中"应当从剩余价值的分配与使用的全过程来看待'剥削',而不能只看到'占有剩余价值'的行为片断"①,但中国社会现阶段事实上存在的贫富两极分化现象,固然要求对这种财富现象予以实证的历史主义批判,也说明不能无视中国在社会主义初级阶段同样作为事实存在的财富(剩余价值)剥削现象。其实,邓小平早就在社会主义本质论中指认了这一点,即社会主义的本质内涵显示它并不是纯而又纯的理想化社会,而是在"解放生产力、发展生产力"过程中自然会出现部分剥削现象,社会主义在本质上是一个不断"消灭剥削,消除两极分化,最终实现共同富裕"的过程。

"消灭剥削,消除两极分化"并不是在"没有剥削"的历史虚无主义的纯粹状态下进行的,而是一个不断地对资本剥削现象进行限制和化解的历史过程。在社会主义改革开放过程中,资源要素资本化,资本当然会占有(分配)到相当的剩余价值,但在财富现象批判视域中要求社会主义驾驭、导控资本的一个必然"节点"是:社会主义民主国家在引导这些剩余价值的使用过程中"还富于民"。这是与马克思的财富现象批判理论要求剩余价值(财富)向人复归的思想一脉相承的,也是中国社会在社会主义发展道路上消灭剥削,消除两极分化的财富现象,进而建构"以人民为中心"的中国特色社会主义财富观的必然路径。

三、建构"以人民为中心"的社会主义财富观

从马克思的财富现象批判的理论视角看,资本既不能最终解决人的全面发展问题,又不能解决社会发展过程中人与人之间、人与自然之间的和谐发展问题。与此同时,马克思的财富现象批判并非是为批判而批判,而

---

① 鲁品越:《社会主义对资本力量:驾驭与导控》,重庆出版社 2008 年版,第 72 页。

是通过实证的历史主义批判来阐明财富生产在人与社会的历史发展过程中的重要作用，进而阐明他基于唯物史观的历史科学之上的理想旨意：建构人与自然、社会和谐发展的历史唯物主义财富观。另外，从马克思对社会主义历史方位的界定以及社会主义在完成自身历史任务过程中必然要求对社会贫富两极分化的财富现象予以实证的历史主义批判来看，马克思的财富现象批判并不否认资本提升社会生产力财富的文明作用，而中国社会主义的改革开放在利用资本快速推进生产力发展的同时必然要求对资本予以驾驭与导控，强调社会主义的本质就是"解放生产力，发展生产力，消灭剥削，消除两极分化，最终达到共同富裕"①。"社会主义财富属于人民"②，中国社会主义建设要实现的就是"不断满足人民群众对美好生活的需求"的科学发展。

为此，习近平指出："坚持以人民为中心的发展思想。发展为了人民，这是马克思主义政治经济学的根本立场……把增进人民福祉、促进人的全面发展、朝着共同富裕方向稳步前进作为经济发展的出发点和落脚点。这一点，我们任何时候都不能忘记，部署经济工作、制定经济政策、推动经济发展都要牢牢坚持这个根本立场。"③ 中国特色社会主义新时代建构"以人民为中心"的新发展观与马克思的历史唯物主义财富观是一脉相承的，中国特色社会主义在强调社会建设、经济建设、政治建设、文化建设、生态文明建设平衡发展的整体规划与布局中即是要求建构"以人民为中心"的人与自然、社会和谐发展的社会主义财富观。

"以人民为中心"就是"要坚持人民主体地位，顺应人民群众对美好生活的向往，不断实现好、维护好、发展好最广大人民根本利益，做到发展为了人民、发展依靠人民、发展成果由人民共享……维护社会公平正

---

① 《邓小平文选》第三卷，人民出版社 1993 年版，第 373 页。

② 《邓小平文选》第三卷，人民出版社 1993 年版，第 171 页。

③ 《习近平关于"不忘初心、牢记使命"论述摘编》，中央文献出版社 2019 年版，第 135 页。

义，解决好收入差距问题，使发展成果更公平惠及全体人民"①。"以人民为中心"的社会主义财富观应与"以物为本"的传统财富观（这种财富观典型地表现为：国家层面上的 GDP 崇拜、企业层面的利润崇拜和个人生活层面的消费崇拜②）本质性地区别开来。建构"以人民为中心"的社会主义财富观就必须明确回答社会主义社会为什么发展、怎样发展、为谁发展以及朝哪个方向发展的问题。正是在这种意义上，建构"以人民为中心"的社会主义财富观，就是要始终坚持人民群众在社会主义财富生产的经济实践活动中的主体地位，发挥人民群众的积极性和创造性，尊重人民群众勤劳致富的首创精神；就是要以实现人的全面发展为目标，"从财富的创造、财富的分配和财富的消费这三个主要环节着手"③ 不断实现好、维护好、发展好最广大人民群众的根本利益；就是要将人民群众的"社会劳动的自然力"所带来的剩余价值投入到人的发展上④，切实保障人民群众依法享有的经济、政治和文化权益，关注人民群众的生活质量和幸福指数，关心人的价值、权益和自由，促进人的全面发展。

然而，马克思的财富现象批判在理论意义上给予的启示是：建构"以人民为中心"的社会主义财富观既反对非实证批判的纯粹理想主义推论，也反对非历史主义批判的纯粹经济主义推论。它恰如马克思通过对资本主义社会贫富分化与对立的财富现象所给予的实证历史主义批判，进而阐明历史唯物主义财富观一样，马克思既反对黑格尔式的非实证批判的思辨历史主义唯灵论，也反对古典政治经济学式的非历史主义批判的经济学实证主义自然论。在这里，非实证批判的纯粹理想主义推论与黑格尔式的非实

---

① 《习近平关于"不忘初心、牢记使命"论述摘编》，中央文献出版社 2019 年版，第 136—137 页。

② 参见丁大月：《发展新思路》，中国国际广播出版社 2000 年版，第 37—38 页。

③ 余培源：《构建以人为本的财富观》，《哲学研究》2011 年第 1 期。

④ 参见鲁品越：《社会主义对资本力量：驾驭与导控》，重庆出版社 2008 年版，第 111 页。

证的思辨历史主义唯灵论一样，非历史主义批判的纯粹经济主义推论与古典政治经济学式的非历史主义批判的经济学实证主义自然论一样，都是要么在精神存在领域确认资本精神的永恒性，要么在自然存在领域确认资本原则的永恒性，而在根本上是"敌视人"的。在财富现象批判的方法论视域中，建构"以人民为中心"的社会主义财富观理应坚持实证的历史主义批判的历史科学原则。一者，建构"以人民为中心"的社会主义财富观并非是无社会经济发展之实证经验批判的纯粹理想主义推论，毕竟社会主义在利用资本提升生产力财富的同时，也必然要强调社会主义"消灭剥削，消除两极分化，最终实现共同富裕"的历史过程是以批判性正视资本对劳动的财富剥削现象这一经验事实为前提的；二者，建构"以人民为中心"的社会主义财富观也并非是无社会历史发展之历史主义批判的纯粹经济主义推论，因为中国社会主义虽然为了完成变革社会关系和发展生产力的历史任务而重塑了资本文明面的这一辉煌"结果"，但不意味着它能否认这是在特殊历史阶段（方位）上基于劳资之间矛盾运动的经济发展史。

如果说，马克思对资本主义社会贫富两极分化与对立的财富现象所进行的批判，在实质上反映了必须对基于劳资之间矛盾运动的资本财富扩张进行实证的历史主义批判，那么当代中国在建构"以人民为中心"的社会主义财富观的过程中也必然要求对当代资本扩张财富的运动予以实证的历史主义批判。这也是社会主义的历史方位所必然要求的。

一方面，从对当代资本发展予以实证经验批判的角度看，当代资本主义确实在步履艰难的重重危机之后暂时找到了缓解危机的新的扩张空间，但这是在资本全球化浪潮和科技创新浪潮格外汹涌的新时代，以资本对全球剩余劳动的榨取，进而形成国与国之间、民族与民族之间、阶层与阶层之间的贫富差距进一步扩大为代价的。由此造成了当代国际社会政治治理成本的严重耗损，因为这样的贫富差距扩大和两极分化必然使当代国际社会表现出这样的恶果：以债务危机形式表现出来的国家破产和社会动荡；以货币"战争"形式表现出来的经济风险转嫁和国际对抗；以领土、领海、领空争端形式表现出来的自然资源争夺；以宗教原教旨主义的国际恐怖主义形式表现出来的地域文化冲突等。这一切从根源上看都是当代国际资本争夺扩张空间造成的。由此看来，这一观点依然是正确的，即资本成为一切匮乏、愚昧、罪恶和穷困的根源。毫无疑问，当代中国在自身建构"以人民为中心"的社会主义财富观的现实经济实践活动中，只有结合当代国际社会的发展现状对资本扩张运动给予实证经验批判，才能避免纯理想主义地空谈"社会主义一定能战胜资本主义"，才能在务实评判资本促进生产力财富增长的空间的同时，利用资本在国际经济舞台上对抗"掠夺成性"的国际资本主义，显示中国社会主义的优越性。

另一方面，从对当代资本扩张运动予以历史主义评判的角度看，虽然当代资本发展找到了新的扩张空间，但其扩张发展的三大悖论：其一，资本扩张的经济悖论；其二，资本扩张的生态悖论；其三，资本扩张所引起的"人的发展悖论"，决定了资本扩张空间存在着难以逾越的边界，从根本上决定了资本及其经济的社会形态并非永恒存在，总有一天必然退出历史舞台。① 故此，当代中国在坚持改革开放过程中利用资本提升社会生产力财富，这必须要求对资本坚持历史主义批判的立场和前提，否则将最终

---

① 鲁品越认为，其一，资本扩张是以克制消费为前提的，产生的结果是消费品增长迅速并过剩，由此破坏了资本扩张的前提条件，于是形成了供大于求的"经济悖论"；其二，资本扩张是将越来越多的自然资源吸收到经济体中消耗掉，将其变成废物排出经济体外，因此资本自身扩张的自然前提必然被破坏，自然资源渐渐匮乏，生态环境日益恶化，资本扩张也就失去其前提条件，形成资本扩张的"生态悖论"；其三，资本扩张还表现为对"社会劳动的自然力"（社会关系）的无止境开发，产生了使人片面发展的社会分工体系和文化系统，严重压缩了人的全面发展空间，人沦为"单向度的人"，产生了人的发展危机。由此，资本扩张有其极限，总有一天会退出历史舞台，这是不以人的意志为转移的客观历史规律。（参见鲁品越：《社会主义对资本力量：驾驭与导控》，重庆出版社 2008 年版，第 54—57 页。）

偏离建构"以人民为中心"的社会主义财富观的航道，毕竟，从历史发展的客观规律看，资本不可能最终解决人与自然、社会的和谐发展问题。

马克思的财富现象批判所具有的当代意义启示我们：在建构"以人民为中心"的社会主义财富观的经济实践活动中，必须既在实证经验层面又在历史发展规律层面坚持对资本在社会发展过程中的作用予以实证的历史主义批判。

"当代中国需要资本"①，但这是以坚持对资本予以实证的历史主义批判为前提的。只有这样，在建构"以人民为中心"的社会主义财富观的经济实践活动中，才能实事求是地批判中国社会因私人资本主义和个体私有经济的快速增长而出现的各种纷繁复杂的社会问题，如权钱交易、贪污腐败、结党营私、虚假广告、唯利是图、正义缺失、生态污染，等等；才能全方位剖析和评判中国社会基于劳资矛盾运动而生成的贫富两极分化的财富现象，进而正确地认识到社会主义对资本予以驾驭和导控的重要性及其对于"消灭剥削，消除两极分化，最终实现共同富裕"的重要现实意义。

马克思的财富现象批判所具有的当代意义启示我们：当今时代的贫困问题和贫富分化现象，既要基于唯物史观对其坚持政治经济学的双重批判，又要由此认识到解决贫困问题和消除贫富分化现象，并非仅仅是社会经济问题，更是社会政治问题。

这一启示作为真理之光，能够在今天回答：作为马克思主义执政党，中国共产党为什么能"在全球贫困状况依然严峻、一些国家贫富分化加剧的背景下"②，成功领导中国人民"在解决困扰中华民族几千年的绝对贫困问题上取得了伟大历史性成就，创造了人类减贫史上的奇迹"③。一方面，

---

① 鲁品越：《社会主义对资本力量：驾驭与导控》，重庆出版社2008年版，第49页。
② 习近平：《在全国脱贫攻坚总结表彰大会上的讲话》，人民出版社2021年版，第9页。
③ 习近平：《在全国脱贫攻坚总结表彰大会上的讲话》，人民出版社2021年版，第22页。

中国共产党自成立以来，就坚持自己的初心使命，"帮助穷苦人翻身得解放，赢得了最广大人民广泛支持和拥护，夺取了中国革命胜利，建立了新中国……完成社会主义革命，确立社会主义基本制度，推进社会主义建设"①，尤其是党的十八大以来"党中央把脱贫攻坚摆在治国理政的突出位置，把脱贫攻坚作为全面建成小康社会的底线任务，组织开展了声势浩大的脱贫攻坚人民战争"②，"为摆脱贫困创造了根本政治条件"③；另一方面，"改革开放以来，党团结带领人民实施了大规模、有计划、有组织的扶贫开发，着力解放和发展社会生产力，着力保障和改善民生，取得了前所未有的伟大成就"④，尤其是 2012 年以来"中央、省、市县财政专项扶贫资金累计投入近 1.6 万亿元……统筹整合使用财政涉农资金，强化扶贫资金监管，确保把钱用到刀刃上。真金白银的投入，为打赢脱贫攻坚战提供了强大资金保障"⑤，为创造彪炳史册的中国脱贫奇迹提供了坚实的物质基础与经济条件。

在历史的今天，中国共产党正在团结带领中国人民稳步迈向第二个百年奋斗目标。由此，在新时代中国改革开放和经济发展的社会主义现代化征程上，利用和驾驭国内外资本夯实社会主义生产力之充分、平衡发展的物质财富根基，不断满足人民群众对美好生活的需求，是解决当前中国特色社会主义初级阶段上的主要矛盾的必要选择。在此过程中，对根源于资本与劳动的矛盾运动而生成的贫富分化现象及其相关社会问题，坚持马克思唯物史观视域下的财富现象批判极其重要。它既能显示中国共产党领导中国人民走中国特色减贫治理道路、开创中国特色反贫困理论的伟大人类

---

① 习近平：《在全国脱贫攻坚总结表彰大会上的讲话》，人民出版社 2021 年版，第 3 页。
② 习近平：《在全国脱贫攻坚总结表彰大会上的讲话》，人民出版社 2021 年版，第 5 页。
③ 习近平：《在全国脱贫攻坚总结表彰大会上的讲话》，人民出版社 2021 年版，第 3 页。
④ 习近平：《在全国脱贫攻坚总结表彰大会上的讲话》，人民出版社 2021 年版，第 3 页。
⑤ 习近平：《在全国脱贫攻坚总结表彰大会上的讲话》，人民出版社 2021 年版，第 13—14 页。

史意义，又能极大地显示当代中国的民族精神与社会担当。这也是我们建构"以人民为中心"的社会主义财富观，进而实现中华民族伟大复兴的中国梦的必要前提之一。

参考文献

1.《马克思恩格斯文集》，第 1、2、3 卷，人民出版社 2009 年版。

2.《马克思恩格斯选集》，第 1、2、3、4 卷，人民出版社 1995 年版。

3.《马克思恩格斯全集》，第 1、3、25、30、31、32、44、46、47 卷，人民出版社 1995 年版。

4.《马克思恩格斯全集》，第 26 卷第 1、2、3 册，人民出版社 1974 年版。

5.《马克思恩格斯〈资本论〉书信集》，人民出版社 1976 年版。

6.[德] 马克思：《资本论》，第 1、2、3 卷，人民出版社 2004 年版。

7.[德] 马克思：《1844 年经济学哲学手稿》，人民出版社 2000 年版。

8.[德] 马克思：《马克思古代社会史笔记》，人民出版社 1996 年版。

9.[德] 马克思：《哥达纲领批判》，人民出版社 1997 年版。

10.[德] 马克思、恩格斯：《德意志意识形态》（节选本），人民出版社 2003 年版。

11.[德] 马克思、恩格斯：《共产党宣言》，人民出版社 1997 年版。

12.[德] 恩格斯：《家庭、私有制和国家的起源》，人民出版社 1999 年版。

13.[德] 恩格斯：《反杜林论》，人民出版社 1970 年版。

14.[俄]《列宁全集》第 38 卷，人民出版社 1959 年版。

15.[俄] 列宁：《国家与革命》，人民出版社 2001 年版。

16.《邓小平年谱（1975—1997)》（下），中央文献出版社 2004 年版。

17.《邓小平文选》第三卷，人民出版社 1993 年版。

18.《习近平新时代中国特色社会主义思想学习纲要》，人民出版社 2019 年版。

19.《习近平关于"不忘初心、牢记使命"论述摘编》，中央文献出版社 2019 年版。

20.《习近平谈治国理政》第 3 卷，外文出版社 2020 年版。

21.习近平：《在全国脱贫攻坚总结表彰大会上的讲话》，人民出版社 2021 年版。

22.[德] 康德：《历史理性批判文集》，商务印书馆 1990 年版。

23.[德] 黑格尔：《精神现象学》上册，贺麟、王玖兴译，商务印书馆 1979 年版。

24.[德] 黑格尔：《精神现象学》下册，贺麟、王玖兴译，商务印书馆 1979 年版。

25.[德] 黑格尔：《法哲学原理》，范扬、张企泰译，商务印书馆 1961 年版。

26.[德] 费尔巴哈：《费尔巴哈哲学著作选集》上卷，三联书店1959年版。

27.[英] 配第：《赋税论》，马妍译，中国社会科学出版社2010年版。

28.[法] 布阿吉尔贝尔：《谷物论论财富、货币和赋税的性质》，商务印书馆1979年版。

29.[法] 弗朗索瓦·魁奈：《魁奈〈经济表〉及著作选》，宴智杰译，华夏出版社2006年版。

30.[法] 杜尔阁：《关于财富的形成和分配的考察》，唐日松译，华夏出版社2007年版。

31.[英] 斯密：《国民财富的性质和原因的研究》上卷，郭大力等译，商务印书馆2003年版。

32.[英] 李嘉图：《政治经济学及赋税原理》，周洁译，华夏出版社2005年版。

33.[瑞士] 西斯蒙第：《政治经济学新原理》，商务印书馆1964年版。

34.[法] 圣西门：《圣西门选集》第1卷，商务印书馆1979年版。

35.[法] 圣西门：《圣西门选集》第3卷，商务印书馆1985年版。

36.[法] 傅立叶：《傅立叶选集》第2卷，商务印书馆1982年版。

37.[法] 傅立叶：《傅立叶选集》第3卷，商务印书馆1982年版。

38.[英] 欧文：《欧文选集》上卷，商务印书馆1965年版。

39.[英] 欧文：《欧文选集》下卷，商务印书馆1965年版。

40.[法] 蒲鲁东：《什么是所有权》，孙署冰译，商务印书馆2009年版。

41.[法] 蒲鲁东：《贫困的哲学》上卷，余叔通、王雪华译，商务印书馆2000年版。

42.[匈] 卢卡奇：《历史与阶级意识》，商务印书馆1995年版。

43.[法] 萨特：《辩证理性批判》，林骧华、徐和瑾、陈伟丰译，安徽文艺出版社1998年版。

44.[英] 吉登斯：《失控的世界》，周红云译，江西人民出版社2001年版。

45.[美] 莱斯利·阿瑟·马尔霍兰：《康德的权利体系》，赵明、黄涛译，商务印书馆2011年版。

46.[日] 堂目卓生：《解读亚当·斯密〈道德情操论〉与〈国富论〉》，杨玲译，求真出版社2012年版。

47.[日] 河上肇：《〈资本论〉入门》上册，何仲珉译，人民出版社1988年版。

48.[英] 佩里·安德森：《西方马克思主义探讨》，高铦等译，人民出版社1981年版。

49.[法] 鲍德里亚：《符号政治经济学批判》，夏莹译，南京大学出版社2009年版。

50.[美] 詹姆斯·奥康纳：《自然的理由》，南京大学出版社2003年版。

51.[美] 约瑟夫·熊彼特：《经济分析史》第1卷，商务印书馆1991年版。

52. 张一兵：《回到马克思——经济学语境中的哲学话语》，江苏人民出版社 2009 年版。

53. 张雄：《经济哲学——从历史哲学向经济哲学的跨越》，云南人民出版社 2002 年版。

54. 鲁品越：《资本逻辑与当代现实：经济发展观的哲学沉思》，上海财经大学出版社 2006 年版。

55. 鲁品越：《社会主义对资本力量：驾驭与导控》，重庆出版社 2008 年版。

56. 鲁品越：《深层生成论：自然科学的新哲学境界》，人民出版社 2011 年版。

57. 鲁品越：《人间正道——重读〈社会主义从空想到科学的发展〉》，人民出版社 2013 年版。

58. 孙承叔：《真正的马克思》，人民出版社 2009 年版。

59. 姚顺良主编：《马克思主义哲学史：从创立到第二国际》，北京师范大学出版社 2010 年版。

60. 刘荣军：《财富、人与历史——马克思财富理论的哲学意蕴与现实意义》，人民出版社 2009 年版。

61. 丁冰：《圣西门、傅立叶和欧文》，经济科学出版社 1986 年版。

62. 丁大月：《发展新思路》，中国国际广播出版社 2000 年版。

63. 杨筱刚：《马克思主义："硬核"及其剥取》，人民出版社 2006 年版。

64. 刘召峰：《拜物教批判理论与整体马克思》，浙江大学出版社 2013 年版。

65. 张雄：《财富幻象：金融危机的精神现象学解读》，《中国社会科学》2010 年第 5 期。

66. 鲁品越：《剩余劳动与唯物史观理论建构》，《哲学研究》2005 年第 10 期。

67. 鲁品越：《劳动价值的物化形态与人化形态——"产值悖论"及其解决途径》，《财经研究》2009 年第 2 期。

68. 鲁品越：《劳动与交往：创造人类历史的经纬线》，《哲学分析》2011 年第 3 期。

69. 卜祥记：《〈资本论〉的理论空间与哲学性质》，《中国社会科学》2013 年第 10 期。

70. 范宝舟：《财富幻象：马克思的历史哲学解读》，《哲学研究》2010 年第 10 期。

71. 马拥军：《消费社会、虚拟经济与生态危机》，张雄等主编：《中国经济哲学评论·2011 财富哲学专辑》，社会科学文献出版社 2012 年版。

72. 余培源：《构建以人为本的财富观》，《哲学研究》2011 年第 1 期。

73. 孙承叔：《资本与历史唯物主义——〈马克思恩格斯全集〉中文第二版第 30、31 卷的当代解读》，《西南大学学报》（社会科学版）2013 年第 1 期。

74. 陈先达：《历史唯物主义视野中的财富观》，《哲学研究》2010 年第 10 期。

75. 丰子义：《关于财富的尺度问题》，《哲学研究》2005 年第 6 期。

76. 张辑：《对经济发展与财富的哲学思考》，《东南学术》2001 年第 3 期。

77. 于祖尧：《13 亿人民的消费需求：发展取之不竭的"金矿"》，《马克思主义研究》2014 年第 3 期。

78. 仰海峰：《商品社会、景观社会、符号社会——西方社会批判理论的一种变迁》，《哲学研究》2003 年第 10 期。

79. 刘荣军：《马克思三大社会历史形态理论中的社会财富观》，《哲学研究》2009 年第 7 期。

80. 赵林：《论德国哲学的神秘主义传统》，《文哲史》2004 年第 5 期。

81. 赵林：《西方文化转型的历程：信仰与理性关系的辩证演进》，《江海学刊》2012 年第 1 期。

82. 陈飞：《黑格尔法哲学中的财富思想》，《广西社会科学》2012 年第 10 期。

83. 张盾：《财产权问题与黑格尔法哲学的当代意义》，《人文杂志》2011 年第 5 期。

84. 周嘉昕：《鲍德里亚之后，再无政治经济学批判?》，《南京社会科学》2013 年第 7 期。

85. 许婕：《生态社会主义视域下的马克思主义政治经济学重构》，《前沿》2011 年第 12 期。

86. 张旋：《生态乌托邦的危害及其出路》，《国外社会科学》2016 年第 6 期。

87. 周露平：《马克思对黑格尔贫困理论的批判性超越》，《中国地质大学学报》（社会科学版）2020 年第 7 期。

88. 程建家：《虚拟生存的意义性探究》，《自然辩证法研究》2001 年第 2 期。

89. 程建家：《网络的价值承载与伦理关涉——消解网络社会伦理恐慌的理性思考》，《自然辩证法研究》2010 年第 8 期。

90. 程建家：《农村老龄贫困群体社会心理"扶贫"探析》，《安徽农业大学学报》2012 年第 1 期。

91. 程建家、马钦荣：《西方马克思主义的批判理论镜像及其启示》，《马克思主义研究》2014 年第 3 期。

92. Jean Baudrillard, *The Mirror Of Production*, Tr, Mark Poster, Telos Press , 1975.

93. Francis Fukuyama, *The End of History and the Last Man*, New York:Free Press, 1992.

94. J. Derrida, *Specters of Marx,* New York and London: Routledge, 1994.

95. Marx Weber, *Economy and Society, Berkeley*: University of California Press, 1978.

96. Georg Simmel, *The philosophy of Money*, London, Routledgd & Kegan Paul Ltd, 1978.

97. Wesley J. Smith, *Rat Is a Pig Is a Dog Is a Boy: The Human Cost of the Animal Rights Movement,* New York: Encounter Books, 2010.

后　记

《马克思的财富现象批判及其当代意义》的书稿历经多次修改，最终还是决定付梓出版。细想开来，初稿的写作最为艰辛。几年前，初稿完成时，有业界同仁几次力荐出版，我都予以回谢好意。当初婉拒出版，不是要敝帚自珍，而是自知不合时、不合意。

书中文字抹不去时光的痕迹，那年初稿成型时曾填词数阙作跋记，表艰难写作的心路。移录如下：

浪淘沙慢

学又三年，却舟车常伴，于沪杭之间。论题作形上思，虑穷，目光逡巡所至，校园有国定、武东、武川三区。感念师恩，闻有书香。逢早春，慈父问药西天，即逝。悲伤作，感念无常。题终有所小成，遂作词感怀。

梦觉寒窗又一曙，光阴淡淡。哪堪激怀，却惊蝶思入梦无香。嗟因循、久作青子衿。国定秀、武东蕴文，岁月逝、最忆武川，顿念文字激扬。

悲乎，先父驾鹤。便忍把孝，几度问孔孟。偶见枝头新蕾，存千般万种，恩怀念念。纵有心经，岂心性命理，造化无常。

恰到如今，学太白吟，青泥尤自盘盘。知何时、却恋形上思？但闻沧桑变，犁耕有古今。入夜漫漫，更忆桂子香。

词意简陋。然而，其中的感怀却与我时时伤感"子欲养而亲不在"之痛楚，彼此萦绕不已。虽久久不能释怀，但书稿的出版亦可聊表念思，祈祷慈父在天堂一切安好！

此外，书稿出版的当下合时，因其主旨内容的阐述有当下之意义适洽的新时代背景。中华民族伟大复兴进程中第一个百年奋斗目标的实现，创造了人类减贫史上的奇迹，困扰中华民族几千年的绝对贫困问题得以历史性解决。中国特色的反贫困理论是马克思主义反贫困理论中国化的最新成果，中国特色的减贫道路本身离不开马克思要求批判和超越资本主义的思想指引。马克思的财富现象批判赋予无产阶级"在实践的高度上"终结资本主义并完成反贫困的历史使命。今天，作为无产阶级政党，中国共产党团结带领人民群众把自己的初心与使命具体落实在了脱贫攻坚的社会主义建设实践之中。反贫困在马克思的财富现象批判视域中获得了多重属性，在持续推进社会主义生产力财富增长、不断满足人民群众对美好生活的需要的新时代，它是前提、手段，也是目的。在中国特色社会主义新时代的历史方位中，中国共产党已经迎来百年华诞，且风华正茂。中国共产党作为社会主义现代化的关键领导者，团结带领中国人民基于反贫困的辉煌成就开启的中国特色社会主义现代化新征程，就是在当今多重现代性治理的全球化趋势中、批判并否定资本主义基于劳资矛盾运动的西方现代化方案的同质性及其霸权设定的最佳路径。因此，本书的出版为中国共产党百年华诞献礼就有着更深远的意义。

书稿的出版有其比较合意之处，也是实然。其一，毕竟经过与时俱进地再次修改——尤其是在马克思的财富现象批判视域中对比思考、剖析了当前新冠疫情危机之下的贫富差距在不同社会制度中的不同表现及其危机导向，我已经在自己能力所限之下尽力而为地"尽人事"矣。其二，多年来心心念念的文稿完善与思考，也收获了课题立项的喜悦，与本书稿相关的国家社会科学基金项目"马克思的生态财富思想及其当代价值"（项目号 20BZX022）也已处于在研状态，就此而言，本书稿也当属此国家社会科学基金项目的前期阶段性成果。

书稿最终得以出版也要衷心感谢人民出版社的王世勇老师和王怡石老师，尤其钦佩两位老师在本书出版过程中尽职尽责的专业素养与职业情操。

最后，特别要感谢我挚爱的妻子张连杏女士和两个聪明可爱的孪生女儿，没有她们的支持、帮助与理解，我要完成此著作是不可能的。

当然，书稿虽经反复修改和增删调整，但仍然瑕疵颇多。因此，笔者一直以"自我异化的扬弃同自我异化走的是同一条道路"（马克思语）来汗颜自勉，也特此真诚期望收获更多专家、学者和读者的建设性的斧凿意见，大家的批评意见必将有助于笔者在接下来的研究过程中行走在扬弃"异化"的道路上。

程建家

2021 年 4 月 16 日于杭州

责任编辑：王怡石
封面设计：王欢欢

图书在版编目（CIP）数据

马克思的财富现象批判及其当代意义/程建家 著 . — 北京：
人民出版社，2022.7
ISBN 978－7－01－024043－5

I.①马… II.①程… III.①马克思主义－贫困问题－研究 IV.① A811.64

中国版本图书馆 CIP 数据核字（2022）第 261269 号

马克思的财富现象批判及其当代意义
MAKESI DE CAIFU XIANXIANG PIPAN JIQI DANGDAI YIYI

程建家 著

人民出版社 出版发行
（100706 北京市东城区隆福寺街 99 号）

北京汇林印务有限公司印刷 新华书店经销

2022 年 7 月第 1 版 2022 年 7 月北京第 1 次印刷
开本：710 毫米 ×1000 毫米 1/16 印张：21.75
字数：286 千字

ISBN 978－7－01－024043－5 定价：99.00 元

邮购地址 100706 北京市东城区隆福寺街 99 号
人民东方图书销售中心 电话（010）65250042 65289539